Schumacher

Alberta Rommel
Margarethe von Savoyen

Alberta Rommel

Margarethe von Savoyen

Die Lebensgeschichte der Frau Ulrichs des Vielgeliebten
von Wirtemberg

Biographischer Roman

STIEGLITZ VERLAG, E. HÄNDLE
D-7130 Mühlacker
A-8952 Irdning/Steiermark

Schutzumschlag: HF Ottmann, Leonberg
Margarethe von Savoyen. Ausschnitt aus einem Altarflügel.
Schwäbischer Maler um 1470.
Landesmuseum im Alten Schloß, Stuttgart.

Vorsatz: Schloß und Kloster von Ripaille am Genfer See
zur Zeit der Regierung Amadeus VIII. von Savoyen.

ISBN 3-7987-0243-8

Alle Rechte, auch die des auszugsweisen Nachdrucks, der fotomechanischen Wiedergabe und der Übersetzung, vorbehalten.

© Stieglitz Verlag, E. Händle
D-7130 Mühlacker
A-8952 Irdning/Steiermark,
1986

Fotosatz: Ing. G. Probst Ges.m.b.H., Ebreichsdorf
Druck und Bindearbeiten: Wiener Verlag, Himberg bei Wien

*Für Hans-Martin Decker-Hauff, dessen Anregung
und hilfreichem Rat dieses Buch
seine Entstehung verdankt.*

I   Der Vater

August 1431

1

Zartblau wölbte sich der Morgenhimmel über dem Genfer See. Er war ganz klar, nur über den hohen Alpenbergen mit ihren Schneekuppen jenseits des Sees schwebten ein paar schimmernde Wolken. Die Berge standen wie blasse Schatten im Frühdunst, dunkler zeichnete sich vor ihnen die Linie des bewaldeten Südufers ab.

Die schön verzierte herzogliche Barke hatte vom Nordufer abgestoßen und strebte nun, von den gleichmäßigen Schlägen der Ruderer getrieben, über das ruhige, kaum von einer leichten Brise bewegte Wasser jenem dunkelgrünen Ufer zu, das allmählich näher rückte.

Im Schatten des buntgestreiften seidenen Sonnendaches, das den vorderen Teil des Bootes beschirmte, saßen fünf junge Leute, drei Mädchen und zwei Jünglinge. Das kleinste und jüngste der Mädchen hielt den Blick der Ferne zugewandt und sang leise vor sich hin. Der violette Rock bauschte sich um die zierliche Gestalt, die Perlenstickerei glitzerte auf dem hübschen Häubchen, unter dem blonde Löckchen sich um das frische, kindliche Gesicht kräuselten. Margaretha, Prinzessin von Savoyen, von ihrer ganzen Umgebung Margit genannt, wiegte sich im Singen ein wenig hin und her, ihre Augen lachten in den wunderschönen Sommermorgen hinaus, denn sie freute sich wie immer auf den Besuch, den sie vorhatte.

Dicht hinter ihr hockten auf niedrigen Bänkchen ihre beiden Gespielinnen Rose und Anette. Sie kicherten und tuschelten unentwegt miteinander, denn obwohl sie Tag und Nacht zusammen waren, hatten sie sich doch stets unendlich viel zu erzählen. Einer der jungen Männer, die die Mädchen zu ihrem Schutz begleiteten, ein prächtig gekleideter Rotschopf mit lustiger Stupsnase, saß hinter den beiden, der andere, schmalere und dunklere, lehnte lässig an der Brüstung in der äußersten Spitze des Bootes und blickte ins Wasser hinab, ohne sich zu rühren. Der leichte Fahrtwind nahm eine Strähne seines langen, tiefschwarzen Haares zurück, auf seiner feingeschwungenen Nase zeichnete sich ein kleiner dunkler Punkt ab.

Rose und Anette kicherten noch lauter. Margit wurde aufmerksam und beugte sich nach rückwärts: „Was habt ihr nur? Was ist denn so komisch?"

Anette konnte kaum sprechen. „Rose sagt — Rose sagt..."

Rose brachte unter Prusten hervor: „Der Achajus hat eine Fliege auf der Nase, und er merkt es gar nicht..."

„Das ist doch keine Fliege..." Rose war kurzsichtig, Anette wollte sich ausschütten vor Lachen.

„Nein", nun prustete auch Margit, „das ist getrocknetes Blut, er hat sich die Nase angestoßen..."

„Geschieht ihm recht, warum muß er sie denn in alles stecken."

„Sei doch nicht so bösartig, Rose. Er hat eine hübsche Nase, finde ich."

„Er ist ein Schleicher, und man weiß nie, wie man mit ihm dran ist. Das ist doch wahr, Madame Margit, oder nicht?"

„Ich finde ihn interessant", flüsterte Anette.

Philipp Maria von Savoyen, den alle am Hof nur den Achajus nannten, blickte mit unbewegter Miene in das am Bug aufschäumende Wasser und tat, als merke er nicht, daß von ihm die Rede war. Seine Stellung am Hof des Herzogs von Savoyen war schwierig. Die Piemont-Achaja hatten einst ihr eigenes Ländchen besessen, einer von ihnen hatte eine griechische Prinzessin geheiratet, die ihm den Anspruch auf ein paar Mittelmeerinseln brachte, die niemals jemand den Türken zu entreißen vermochte. Doch blieb diesem Seitenzweig der Savoyer der Titel: von Achaja. Ihr Land verloren sie durch einen geschickten, wenn auch bösen Schachzug von Margits Urgroßvater, dem sogenannten Grünen Grafen. Er hatte den Vetter Achaja, der Streit mit ihm gesucht hatte, gefangengesetzt und sang- und klanglos verschwinden lassen und dann das Ländchen als erledigtes Lehen eingezogen, obwohl Erben vorhanden waren. Einer von diesen hatte zwar die Wirren nach dem Tod von Margits Großvater, dem Roten Grafen, dazu benutzt, das Erbe wieder an sich zu bringen, es aber nicht lange behalten können. Der Streit ging hin und her, und darüber starben die Savoyen-Achaja allgemach aus. Philipp Maria war der letzte und stammte aus einer nicht ebenbürtigen Verbindung seines Vaters, so daß er nicht erbberechtigt gewesen wäre, selbst wenn es noch irgend etwas zu erben gegeben hätte. Doch war er immerhin ein Sproß des Hauses Savoyen, und als er, noch ein kleiner Knabe, eltern- und besitzlos in dieser Welt zurückblieb, hatte ihn der Herzog Amadeus VIII. an seinen Hof geholt, wo er mit dessen Kindern aufwachsen durfte. Seit einem Jahr war er Margarethas kleinem Hofstaat zugeteilt. Zusammen mit dem rothaarigen Jean de Nyon tat er Dienst bei ihr und hatte die Pflicht, sie überall hin zu begleiten.

Margit betrachtete jetzt nachdenklich sein ernstes, verschlossenes Profil mit dem kleinen Fleck auf der feinen Nase: „Interessant finde ich ihn wohl auch, aber ich könnte mich nie in ihn verlieben, glaube ich."

Wenn man an einem Hof aufwuchs, wußte man über die Liebe Bescheid, auch wenn man noch sehr jung war. Margit war zwölf Jahre alt, und sie hielt sich für so ziemlich erwachsen, zumal sie als Prinzessin auch wie eine Erwachsene behandelt wurde. Zwar wußte sie, daß ihr Betragen nicht immer das einer Dame war, aber als Liebling ihres Vaters konnte sie sich viel erlauben, und ihr Selbstbewußtsein ließ nichts zu wünschen übrig. Amadeus VIII., der vor fünfzehn Jahren von Kaiser Sigismund zum Herzog erhoben worden war und als ein höchst bedeutender Fürst in ganz Europa geehrt wurde, liebte diese kleine Tochter abgöttisch, da sie seiner verstorbenen Gemahlin glich, um die er noch immer trauerte.

Die dunklen, viereckigen Türme des Schlosses von Morges, in dem Margit geboren war und zur Zeit wohnte, blieben immer weiter zurück. Margit dachte mit Vergnügen daran, daß dort auch ihre Lehrer und ihre Hofmeisterin, Madame Giulietta di Marino, zurückblieben. Letztere hätte sie ja eigentlich auch begleiten müssen, aber da der Vater das Gesicht der Madame nicht leiden konnte, war man ohne sie gefahren. Margit war froh darüber, denn die Madame versuchte gelegentlich, dem Übermut der Prinzessin Zügel anzulegen. Sie war die einzige, die sie noch ein wenig als Kind behandelte, und das fand Margit durchaus unangebracht. Schließlich wurde bereits über ihre Heirat verhandelt, und sie hatte sogar Aussicht, Königin von Neapel und Sizilien zu werden, und das bald, und somit konnte sie sich doch nicht von Lehrern und Hofmeisterinnen herumkommandieren lassen. Sie lachte darüber, daß die Lehrer seufzend über ihr schlechtes Latein die Köpfe schüttelten. Sie war nicht dumm, im Gegenteil gescheit und schnell von Begriff. Aber die Gelehrsamkeit war nun einmal nicht ihr Fall, daran mußten die Lehrer sich gewöhnen, ob sie wollten oder nicht. Niemals würde sie ihren jüngeren Bruder Philipp begreifen, der den ganzen Tag hinter den Büchern saß — freiwillig. Aber Philipp, dessen Geburt der Mutter das Leben gekostet hatte, war auch zart von Gesundheit und hinkte ein wenig. Aus Margit dagegen strahlten Gesundheit und Lebenslust, sie mochte nicht viel sitzen, sie liebte das Reiten, das Federballspiel und den Tanz.

Hier auf dem See war Margit freilich an die kleine Sitzbank gefesselt. Aber Musik konnte man doch trotzdem haben, Gesang wenigstens. Sie beugte sich vor: „Achajus, willst du uns nicht etwas singen?"

Der Jüngling am Bug wandte langsam den Kopf und sah Margit an. Seine Augen waren hellblau, was einen seltsamen Kontrast zu seinem tiefdunklen Haar ergab. „Wenn Ihr es wünscht..." Er hatte offenbar keine

Lust, aber wenn die Prinzessin es wünschte, mußte er gehorchen.

Sie nickte und lachte ihm aufmunternd zu. Da erhob er sich und winkte. Jean de Nyon kam nach vorn. Er hatte seine Laute mitgebracht, stimmte sie und ließ sich auf einer Taurolle nieder. Der Achajus lehnte neben ihm an der Brüstung.

Jean begleitete, Philipp Maria sang. Seine Stimme war klar und schön, und eine gewisse eindringliche Herbheit gab ihr einen eigentümlichen Reiz. Es war eine Stimme, die gefangennahm und sich sofort Aufmerksamkeit erzwang.

Alle lauschten. Kein Kichern war mehr zu hören, sogar die Ruderer bewegten ihre Riemen so leise sie konnten, und die beiden herzoglichen Leibwächter, die wie immer im Hintergrund standen, beugten sich vor, um besser verstehen zu können. Was der Achajus sang, war eine Ballade, ein langes Lied, das er von einem provenzalischen Sänger gelernt hatte. Es handelte von einem Ritter, der in die Welt hinauszog, weil die Dame seiner Liebe ihn abgewiesen und verstoßen hatte. In Zorn und Verzweiflung schwor er, keinen Ritter am Leben zu lassen, dem er begegne und der sich in einen Kampf mit ihm einlassen wolle. Jene Dame aber bereute sehr bald ihre Härte, und da ihr Gewissen ihr keine Ruhe ließ, kleidete sie sich in Eisen und zog aus, den Mann ihrer Liebe zu suchen. So begegnete eines Tages der kampflüsterne Ritter, der schon manchen Gegner unterwegs erledigt hatte, einem blutjungen Reitersmann, der sein Visier herabgelassen hatte und den Speer einlegte, als er den fremden Ritter auf sich zusprengen sah. Sie kämpften, und der junge Ritter stürzte in den Sand. Von einem ihm sonst fremden Mitleid ergriffen, sprang der Sieger vom Pferd, beugte sich über den Gestürzten und öffnete sein Visier. Da erkannte er die Dame, die er über alles in der Welt geliebt hatte — aber sie war tot, und keine Klage ihres verzweifelten Mörders konnte sie ins Leben zurückrufen.

Das Lied war zu Ende, die schöne, herbe Stimme schwieg. Alle Zuhörer saßen noch wie gebannt. Einer der Leibwächter seufzte, zwei der Ruderer wischten sich über die Augen. Rose schluchzte.

Margit strahlte den Sänger begeistert an. „Schön", sagte sie. „Schön. Wie du doch singen kannst! Aber wie ging es weiter? Was tat er?"

„Es ist anzunehmen, daß er nicht weiterzuleben wünschte", sagte der Achajus kühl, trat wieder an seinen Platz am Bug und lehnte sich zurück. „Es ist anzunehmen", wiederholte er.

„Ach!" Auch Margit seufzte. Aber dann lächelte sie, schüttelte ihre goldfarbenen Löckchen zurück und warf damit auch die Schwermut ab. „Da kann man eben nichts machen", sagte sie.

Dann blickte sie wieder den Achajus an und merkte, daß sein Blick auf ihr lag, forschend und irgendwie bannend. Sie schaute weg und schüttelte sich wieder. Ich glaube, ich mag ihn doch nicht, so schön er auch singt, dachte sie.

2

Hinten in der Barke stand ein verdeckter Korb, der alles barg, was man für ein kleines Frühstück brauchte. Jean machte den Mundschenk und kredenzte den Damen mit schwungvoller Verneigung die kleinen Becher mit Süßwein. Man knabberte Nüsse und Marzipan, und Kuchen aller Sorten gab es im Überfluß. Auch die Leibwächter griffen zu, und den Ruderknechten wurden auf Margits Anweisung hin dicke Stücke Kuchen in die Münder gestopft — „sie müssen arbeiten und haben darum mehr Hunger als wir", sagte sie. In Savoyen verband man dem Ochsen, der da dreschen ging, das Maul nicht, und Margits Vater sorgte nicht umsonst dafür, daß alle alten Sitten in seinem Land treulich eingehalten wurden.

Das Südufer glitt näher. Die Barke steuerte gerade auf einen Hügel zu, dessen sanfter Hang sich baumbestanden zum Ufer hinabneigte. Schon waren die kurzen, stumpfen Türme des Schlosses von Ripaille zu erkennen, die sich aus dem dunklen Grün heraushoben. Rechter Hand sah man in der Bucht das Schloß von Thonon liegen, darüber hoch oben die kleine Stadt mit Mauern und Türmen.

Das Schloß Ripaille hatte Bona von Burgund gebaut, die Gattin des Grünen Grafen und beste Regentin, die Savoyen je gehabt hatte, ehe Margits Vater sie übertraf. Sie kam als junge Frau aus Burgund nach Thonon, verliebte sich sogleich in die Landschaft am See und beschloß, von nun an nur noch hier zu wohnen. Sie war eine so bedeutende Frau, daß weder ihr Gatte noch später ihr Sohn, denen es beiden gewiß nicht an Energie fehlte, ihr je zu widersprechen wagten. Was sie wünschte, geschah, und so wurde für sie das Schloß von Ripaille auf der Höhe der bewaldeten Landzunge gebaut. Seitab von allen Straßen und Städten lag es dort halb verborgen in seinen Gärten und Wäldern, und eben darum hatte es sich auch Margits Vater als Lieblingssitz erwählt und weilte dort, wann immer es ihm möglich war.

Die Barke legte an dem kleinen Steg an, der hier aus dem Wasser herausragte. Ein Laufbrett wurde ausgelegt, ohne die ihr von allen Seiten hingestreckten Hände zu berühren, sprang Margit als erste an Land. Die anderen folgten. Nur die Ruderknechte blieben zurück, sie legten sich behaglich im Schatten naher Gebüsche zur Ruhe, die jungen Leute stiegen, gefolgt von den Leibwächtern, den schnurgeraden Weg hinauf, der zum Schloß führte.

Sie begegneten keinem Menschen, es war ja immer noch früh am Tage. Erst an dem überwölbten Toreingang, der den hohen, den ganzen Schloßbezirk umschließenden Mauerring unterbrach, standen dann einige mit Hellebarden bewehrte, in die savoyischen Farben gekleidete junge Männer, die Haltung annahmen, als sie die Prinzessin erkannten.

Margit nickte ihnen zu und ging, ihren violetten Rock raffend, durch das Tor. Ohne Zögern und so rasch, daß die anderen ihr kaum folgen konnten, lief sie über den weiten grasbewachsenen Platz — sie wußte ja, wo sie ihren Vater finden würde.

Baugerüste ragten rechter Hand auf. Dort waren viele Männer beschäftigt, zu graben und Steine zu schichten. Eine niedrige Mauer und ein schmaler Wassergraben umschlossen die große, langgestreckte Baustelle. Über den Graben führte eine kleine Zugbrücke. Karren mit Baumaterialien rumpelten hinüber.

Margit wartete, bis die Wagen, denen Arbeiter mit Schubkarren folgten, die Brücke passiert hatten. Solange spähte sie über die Mauer. Sie sah den Vater stehen, eine lange hellgraue Gestalt, die purpurrote Kappe, die er trug, leuchtete in der Morgensonne. Er erteilte den Bauleuten Anweisungen, seine Hände zeigten hierhin und dorthin, neben ihm stand der Architekt und Bauleiter, der eifrig nickte und sich immer wieder verbeugte.

Jetzt war die Brücke frei, und Margit lief hinüber, mit ausgebreiteten Armen stürmte sie auf den Vater zu. Er wandte sich um, sah sie, und sein schönes, ernstes Gesicht erstrahlte in einem freudigen Lächeln. Auch er breitete die Arme aus, und sie warf sich hinein, lächelnd und mit den Füßen strampelnd wie ein kleines Kind, und er drückte sie an sich und schwang sie in die Runde. Das war die Art, wie sie sich immer begrüßten. „So, da bist du ja, mein kleiner Vogel", rief er. „Da bist du!"

Er stellte sie zu Boden und strich ihr die Löckchen aus der Stirn. „Das wird ein schöner Tag werden, wenn du bei mir bist."

„Ja", rief sie jubelnd, „ein ganz wunderschöner Tag, Herr Vater. Seht nur, wie die Sonne schon für uns lacht."

Er ließ sie los. Ein paar Augenblicke lang blickten sie einander in schweigender Freude und Liebe in die Augen.

Herzog Amadeus von Savoyen, der achte seines Namens, war ein großgewachsener, schlanker Mann. Sein langes, graues Gewand mit Kapuze glich einer Mönchskutte, doch war es aus feinstem Tuch gefertigt, und in den Strick, der es umgürtete, waren Goldfäden eingeflochten. Eine Kette aus massivem Gold, an der ein Kreuz hing, lag auf seiner Brust, und auch die kleine purpurrote Kappe, unter der das dunkelbraune, leicht gewellte Haar bis auf die Schultern herabfiel, war reich mit Gold bestickt. Diese Tracht trug der Herzog immer, wenn er in Ripaille weilte, „das Kleid eines Einsiedlers", nannte er sie.

Das Kleid sollte zeigen: hier in Ripaille war sein Träger kein Mann der Welt mehr, sondern einer, der ihr entsagt und sich nur der Zwiesprache mit Gott geweiht hatte. Daß die Welt aber dem zum Trotz den Herrscher eines Landes, das er groß gemacht hatte, dringend brauchte und ohne Unterlaß in die angebliche Einsamkeit eindrang, wußte Margit ebensogut wie jeder andere am Hof. Auch wußte sie, daß der Vater in all seiner ehrlichen Hingabe an die ernsten, schweren Dinge des Glaubens, dennoch das schöne weltliche Spiel mit Goldgeflimmer und festlicher Farbenpracht, mit Wappen und herzoglicher Würde durchaus nicht lassen konnte, und sie hielt das für ebenso natürlich und selbstverständlich, wie er selbst es tat.

Die jungen Leute ihres Hofstaates waren Margit gefolgt und standen wartend abseits. Der Herzog grüßte mit einer Handbewegung hinüber, die die vier zugleich entließ. Sie verneigten sich und gingen über die Brücke davon.

Herzog Amadeus faßte Margits Hand. „Komm! Du mußt zuerst sehen, was hier inzwischen entstanden ist." Er führte sie zu dem Neubau und langsam an den Baustellen entlang, an denen überall gemauert und gehämmert wurde. „Siehst du, die Türme fangen schon an, in die Höhe zu wachsen."

Ja, man sah die runden Stümpfe bereits in Manneshöhe schön aufgemauert stehen, dahinter die Hauswände und Türeingänge. Dies riesige Gebäude, das der Vater hier errichten ließ und dem seine ganze Liebe und sein ganzer Eifer galten, sollte seine „Eremitage" werden, der Sitz eines kleinen Ritterordens, den er gründen wollte, ja, eigentlich schon gegründet hatte, denn die „Ritter", würdige Männer, vertraute Räte und Freunde des Vaters, waren bereits ausgewählt und verpflichtet worden. Sieben Ritter sollte die „Einsiedelei" aufnehmen, sieben kleine Häuser aneinandergereiht bildeten den großen Bau, jedes würde ein paar Stuben umfassen, eine Küche, einen Keller, ein Zimmer für einen Diener, ein jedes bekam einen großen Treppenturm neben die Eingangstür gesetzt, der weit übers Dach emporragen sollte. Auch würde zu jedem Haus ein Garten gehören, den sein Bewohner selbst bebauen konnte, wenn er wollte, und sein eigenes Gemüse und seine eigenen Blumen ziehen. Im übrigen hatte er die Pflicht, an den Andachten in der Kirche, die Herzog Amadeus ebenfalls zu bauen plante, teilzunehmen, sich mit geistlichen Fragen und weltlichen Wissenschaften zu beschäftigen und — das stand als besonderer Artikel in den Statuten, die der Herzog ausgearbeitet hatte — sich täglich an der schönen Natur, den Wundern Gottes am blauen See und in Wald und Flur zu erfreuen. „Und abends werden wir im geselligen Kreise zusammensitzen und über alle Fragen, die sich uns am Tage aufgedrängt haben, sprechen", erklärte der Herzog begeistert. Er selbst würde der Prior dieses weltlich-geistlichen Ordens sein und ihn nach seinen Vorstellungen leiten.

Nachdem Margit alles gesehen hatte, was es hier bis jetzt zu sehen gab, nahm der Vater wieder ihre Hand, und sie gingen miteinander zum Tor. „Die Brücke ist neu", sagte Margit. Zuvor hatten nur ein paar Bretter über dem Graben gelegen. „Man kann sie auf- und niederziehen, das ist lustig."

„Man kann die Einsiedelei ganz und gar von der Welt abschließen, wenn man will. Ich habe dies Brücklein meine ‚glückhafte Zugbrücke' getauft."

„Fein", sagte Margit und hüpfte wie ein Kind an des Vaters Hand auf und ab, „glückhaft, das gefällt mir, das ist ein schönes Wort."

„Ja, das fand deine Mutter auch. Ich habe an sie gedacht, als ich die Brücke so nannte", antwortete der Vater leise.

Sie gingen zu den Gebäuden des Klosters hinüber, das der Herzog als ganz junger Mann hier zum Andenken an seinen Vater, den Roten Grafen, gegründet hatte. Die zehn Augustinermönche, die hier lebten, hatten die Aufgabe, täglich für das Heil der Seele Amadeus des Siebten zu beten, und an jedem Montag wurde eine Seelenmesse für ihn gelesen. Durch den Torbogen schritten Vater und Tochter an den schlichten weißen Mauern entlang und kamen dann durch eine kurze Allee verzweigter Linden zum Schloß.

Die Zimmer des Schlosses, das nicht groß, aber sehr wohnlich war, hatte man so gelassen, wie der Rote Graf sie eingerichtet hatte. Amadeus VI. hatte die Farbe Grün über alles geliebt und darum nicht nur sich selbst und seine ganze Dienerschaft in Grün gekleidet, sondern auch die Zimmer aller Schlösser, in denen er zu wohnen geruhte, mit grünen Wandbehängen, Decken, Möbeln und Fensterläden ausgestattet. Sein Sohn aber liebte Rot, und so war nach dem Tode des Grünen Grafen alles umgestaltet worden — auch in Ripaille —, alles leuchtete nun in Rot, was in den Räumen nur irgend Farbe haben konnte. So herrschte hier, als Vater und Tochter durch die Zimmerflucht gingen, eine wahre Abendsonnenstimmung, obwohl es doch das helle Vormittagslicht war, das durch die langen Vorhänge schien. Margit gefiel das. Wie schwebend ging sie an des Vaters Hand durch das warme Glühen — wohin? Das wußte sie gut genug, es war immer das erste, was sie beide taten, wenn sie den Vater besuchte: sie hielten eine stille Andacht in der Schloßkapelle ab.

Dort in dem kleinen dämmrigen Raum knieten sie dann nebeneinander auf zwei Kissen, der Vater hatte wie immer das Gesicht in den Händen vergraben, Margit aber hob das ihre lächelnd zu der Statue des heiligen Moritz auf, dem Schutzheiligen des Hauses Savoyen, der freundlich auf sie herabschaute. Sie betete mit zusammengelegten Händen ernsthaft und innig. Sie betete — wie immer hier — für den Vater. „Lieber heiliger Moritz, hilf mir, daß er glücklich wird und bleibt, hilf mir, ihn fröhlich zu machen. Hilf mir, daß ich so werde wie die Mutter und daß ich sie ihm immer besser ersetzen und alle Schatten von seiner Stirne wegstreichen kann."

Dann kniete sie still da und dachte nach. Das Sterben des Roten Grafen war schwer und schrecklich gewesen, und der erst achtjährige Thronfolger hatte ihm, am Bett seines Vaters kniend, beiwohnen müssen, wie es Sitte und notwendig war. Von jener Nacht an ließ den jungen Amadeus, der nun seinem Vater in der Herrschaft folgen mußte, das Rätsel des Todes nicht mehr los. Immer lagen die Schatten der Vergänglichkeit über ihm, stets mußte er über die Geheimnisse dieses Fortgehens ins Jenseits nachgrübeln und seinem Gott in leidenschaftlicher Rede Fragen stellen. Die Angst um das Seelenheil seines Vaters, der, Gott verfluchend, gestorben war, ließ ihn als 19jährigen das Kloster von Ripaille errichten. So pflichtbewußt er sich auch seines Amtes als Landesherr annahm, die ungelösten Fragen trieben ihn immer wieder in die Einsamkeit.

Es war ein überernster, innerlich zerquälter junger Mensch, den die zierliche und fröhliche Marie von Burgund 1401 heiratete. Aber dieser Ehebund bedeutete für Amédée, wie man in Savoyen sagte, das große Glück. Denn Maries unzerstörbarer Heiterkeit gelang es, die Schatten aufzuhellen. Sie glättete mit ihren sanften, kleinen Händen die allzu frühen Furchen auf der Stirn ihres Gatten, sie machte, daß er lächeln lernte, daß die traurigen Augen manchmal heiter aufblitzten, daß seine angeborene Freude an Festlichkeit, Kunst und Schönheit sich Bahn brach und ebenso — wenn auch nur gelegentlich — der Sinn für Humor, der, überdeckt, dennoch in seiner Natur steckte. Aber mehr noch, sie weckte auch die ebenso in ihm angelegte großartige Tatkraft, die ihn zu dem vorbildlichen Fürsten machte, von dem man rühmend in ganz Europa sprach und den der römische König und zukünftige Kaiser hoch ehrte. Das Gesetzbuch, das er in jahrelanger Arbeit fertigstellte, galt als das beste seiner Art, das es je gegeben hatte, an alles war hier gedacht, jedem gab es sein Recht, auch den Ärmsten.

Mit diplomatischem Geschick gelang es dem jungen Herzog, der er nun war, sein Land zu erweitern, er fügte Savoyen eine Landschaft nach der anderen hinzu, und zwar ohne nur eine Schlacht schlagen oder einen einzigen Mann opfern zu müssen. Er war ein Organisator ersten Ranges, dazu ein guter Rechner, der die Finanzen seines Landes hob und allgemeinen Wohlstand schuf. Er arbeitete Tag und Nacht und brachte alles fertig, was er sich vorgenommen hatte, aber immer war Marie bei ihm, saß stickend und nähend in einem Winkel seines Arbeitszimmers, und manchmal hob er den Blick von seinen Papieren, sah sie zärtlich an und sagte: „Lach doch einmal, Marietta, mein Lieb. Ich höre das so gern..." Und dann lachte sie ihr leises, warmes, gurrendes Lachen. Er nannte sie seine Taube.

Aber dann kam das große Unglück über ihn, daß seine Marie im achten Kindbett starb. Hier in Ripaille — in einem der roten Zimmer des Schlosses — war das Unfaßbare geschehen, das Amadeus aufs neue den Furien seiner Fragen und Ängste auslieferte und alle Schatten zurückrief. Nun packte ihn wieder die Sehnsucht nach einem frommen, geistlichen Leben in Einsamkeit und Totengedenken. Dazu kam noch, daß er vier seiner heißgeliebten Kinder verlieren mußte: Erst die überzarten Zwillinge, Knaben, die nicht recht lebensfähig waren und schon ein Jahr nach ihrer Geburt starben. Dann die „erste" Margaretha, die auch kaum ein Jahr alt wurde. Als dann bald darauf wieder ein Mädchen zur Welt kam, erhielt es den Namen des kürzlich verstorbenen — die Italiener nannten das „rifare", wiedermachen, man hatte nun das Verstorbene wieder, der gleiche Name verbürgte die gleiche Seele im neuen Körper. Ja, aber dann war auch noch Bona gestorben, die bildschöne, um drei Jahre ältere Schwester Margits, deren Klugheit und Anmut jeder bewundert hatte. Vor einem Jahr war sie plötzlich einem heimtückischen Fieber erlegen.

„Warum nimmt Gott mir alle, die ich liebe?" Wer hätte auf solch eine Frage eine Antwort geben können? Margit konnte es so wenig wie alle anderen. Doch sie konnte etwas tun, was sonst niemand fertigbrachte: Die Trauer und das Fragen in des Vaters großen, dunklen Augen für kurze Zeit wenigstens vertreiben, ihn lächeln, ja sogar lachen machen. Sie war drei Jahre alt gewesen, als die Mutter starb, und bewahrte nur eine schattenhafte Erinnerung an sie. „Schau in den Spiegel, wenn du wissen willst, wie sie aussah", riet ihr der Vater. Margit hatte die Fröhlichkeit ihrer Mutter geerbt, zusammen mit ihrer zierlichen Gestalt und ihrem Goldhaar. Und sie hatte es sich zur Aufgabe gesetzt, ganz früh schon, als kleines Kind, den Vater aufzuheitern, so gut sie es vermochte.

Es war auch keine allzu schwere Aufgabe, fand sie. Jetzt, als sie beide nach beendeter Andacht in den schönen, lichten Tag hinauswanderten, durch den Wald, den Sonnenlichter und Schatten durchspielten, gelang es ihr mit ihrem Geplapper über allerlei Nichtigkeiten sogar, den Vater ein übers andere Mal lachen zu machen. Dann lachte sie mit, nicht tief und gurrend wie die Mutter einst, sondern hell und kichernd − „du pfeifst ja wie ein Vögelchen", sagte der Vater und nannte sie deshalb seinen „kleinen Vogel".

Zuerst zeigte der Wald von Ripaille noch Parkcharakter. Große Bäume standen auf grünen Lichtungen, wo es auch hier und da eine gepflegte Blumenrabatte gab, denn der Herzog beschäftigte ein ganzes Heer von Gärtnern, die die Umgebung des Schlosses zu pflegen hatten. Auch Hecken waren da, und hinter einer von ihnen hervor drang liebliches Flötenspiel.

„Das klingt ja, als ob Louis hier wäre", rief Margit.

„Ja, das ist er auch. Wahrscheinlich liegt er da irgendwo im Gras und läßt sich etwas vorspielen, der Faulpelz." Der Vater sagte das ohne viel Interesse. Er kümmerte sich nur wenig um das Tun und Treiben seines zweitältesten Sohnes. Louis war ein guter Kerl und ein großer Freund der Musik. Aber es fehlte ihm gänzlich an Tatkraft, und das machte, daß der Vater nicht viel mehr als ein gleichgültiges Achselzucken für ihn übrig hatte. Seine Aufmerksamkeit und seine Liebe konzentrierten sich gänzlich auf seinen ältersten Sohn, der wie jeder älteste Sohn des Hauses auch Amadeus, also Amédée, hieß und zu den größten Hoffnungen berechtigte. Es sah so aus, als werde er, was Klugheit und Unternehmungsgeist betraf, in die Fußstapfen seines Vaters treten, wenn er einmal Amadeus IX. heißen würde. Er war schon neunundzwanzig, ein reifer Mann mit politischen Einsichten und Fähigkeiten, der den Vater vielfach in diplomatischen Missionen vertrat. Zur Zeit reiste er in Italien, er begleitete den König zur Kaiserkrönung nach Rom. Margit wußte, daß der Vater mit dem Gedanken umging, ihm, sobald die „Einsiedelei" fertig gebaut war, die Regierungsgewalt zu übertragen, um sich ganz nach Ripaille und in sein Ordensschloß zurückzuziehen.

Der Vater begann auch gleich von Amédée zu sprechen. „Erst neulich kam ein Bote, sie müssen langsam reisen, weil das Gefolge der Majestät so groß ist. Viel zu groß für meinen Begriff. Was will er mit all den Leuten? Nun, Amédée ist meistens um ihn, der König fragt ihn sogar um Rat — was wollen wir mehr? Es sei sehr heiß dort, schreibt er, aber er sei wohlauf und hoffe so unter der Hand auch auf dieser Reise etwas für Savoyen herausschlagen zu können."

Das Flötenspiel verklang hinter ihnen. Der Weg stieg etwas an. Jetzt war dichter Wald um sie.

„Soll ich Euch einen schönen Stock suchen?" bot Margit an. „Es geht doch ein wenig den Berg hinauf..." Der Vater pflegte meist mit einem dicken, selbst geschnitzten Knotenstock auszugehen; heute hatte er ihn zu Hause gelassen.

„Nicht nötig. So ein alter Humpelgreis bin ich nun doch noch nicht. Und hier brauche ich ja niemanden zu verhauen."

„Ich bin brav, ja." Sie lachte hell. „Nehmt Ihr ihn denn nur darum mit?"

„Zu einem rechten Einsiedler gehört ein Stock, weißt du. Für alle möglichen Zwecke. Und", setzte er leise murmelnd hinzu, „wenn der Einsiedler zugleich ein

Fürst ist, kann er auch gelegentlich zur Selbstverteidigung dienen."

„Aber Ihr seid ein beliebter Fürst. Euch greift niemand an."

„Das kann man nicht wissen." In anderem Ton fuhr er fort: „Weißt du übrigens, daß Maria in Thonon ist?"

„Ich hab es gehört, ja. Ach, lieber Herr Vater, ich möchte heute nachmittag hinüberreiten, um sie zu begrüßen. Darf ich?"

„Warum nicht? Sie will sich dort erst von der Reise erholen, morgen kommt sie zu mir."

Maria war Margits älteste Schwester und mit dem Herzog von Mailand verheiratet. Es war ein weiter Weg, von Italien heraufzureiten. Aber Margit konnte nicht begreifen, wie eine Reise einen Menschen ermüden könne. Sie reiste für ihr Leben gern. Sie war oft in Chambéry gewesen und mehrmals in Turin, die sich beide um die Ehre stritten, die Hauptstadt des Herzogtums zu sein. Die Savoyer blieben nicht gern lange an einem Ort, so wohnten sie einmal hier, einmal dort auf ihren zahlreichen Schlössern, und auch Margit liebte die Abwechslung.

„So müde wird sie doch nicht sein, daß sie nicht ein wenig mit mir schwatzen kann", sagte sie.

Der Vater seufzte. „Sie wird dir nicht viel Gutes sagen können. Dieser Visconti ist der größte Narr, den die Erde je trug. Wir haben ihn in die Zange genommen, der Burgunder und ich. Aber ob es etwas genützt hat...?"

„Ist Maria nicht glücklich?"

„Wir werden ja hören..." Der Vater knurrte vor sich hin. „Schwierigkeiten über Schwierigkeiten..."

Sie hatten die Höhe erreicht. Da stand unter einem großen Nußbaum ein hölzernes Bänkchen. Hier war der Lieblingsplatz des Vaters. Man konnte da aus dem Schatten der Bäume eine offene Schneise hinabblicken auf den See, der jetzt noch blauer war als am frühen Morgen und über den ein paar weiße und rote Segel hinzogen.

Sie setzten sich. Aber Margit merkte, daß der Vater jetzt wieder trüben Gedanken nachhing. Sie versuchte, ihn auf sein Lieblingsthema, den Bau der Einsiedelei, zu bringen und schwatzte eifrig drauflos, aber diesmal verfing das erprobte Mittel nicht. Er hörte ihr nicht zu. Seine Augen blickten in die blaue Ferne mit dem traurig-fragenden Blick, der ihr stets so weh tat.

Schließlich wußte sie sich nicht anders zu helfen, sie fuhr mit ihrer kleinen Hand rasch vor seinen Augen hin und her: „Nicht traurig schauen, lieber Herr Vater", bettelte sie zärtlich. „Es ist doch alles gut..."

Er fing ihre Hand und hielt sie in der seinen fest. „So hat sie auch getan, genauso. Sie sagte auch immer, es sei alles gut. Und dann starb sie mir weg wie ein Licht, das unversehens erlischt..."

„Jetzt bin ich da", sagte Margit und schmiegte sich an ihn.

„Du wirst mich auch verlassen", flüsterte er, indem er seinen Arm um ihre Schultern schlang, so als werde sie sich gleich von ihm lösen und fortflattern wie vom Wind weggeblasen.

„Nie, nie, nie!" rief Margit und drängte sich eng in seinen Arm.

„Sag das nicht, Kind. Es wird bald sein. Sie sind erst vor ein paar Tagen wieder zurückgeritten nach Cosenza — die Räte des Anjou. Die Verhandlungen schreiten voran." Er seufzte wieder. „Der Vertrag wird wohl im nächsten Jahr abgeschlossen werden. Ich will Aufschub verlangen, deiner Jugend wegen. Aber mehr als zwei, drei Jahre werde ich dich nicht mehr in meiner Nähe behalten können..."

„Wenn es Euch traurig macht, dann heirate ich eben überhaupt nicht", schlug Margit vor. „Dann bleibe ich immer bei meinem lieben Herrn Vater. Ich könnte ja Nonne werden und drüben im Konvent wohnen..."

„Bei den Mönchen?" Nun lächelte er. „Das wäre doch ein wenig sonderbar..."

"Was Ihr befehlt, darf nie sonderbar sein. Das ist immer gut und richtig, ob andere Leute es nun sonderbar finden oder nicht."

„Doch nicht ganz und immer", wehrte er ab. Ein feines Rot stieg in sein zarthäutiges Gesicht. Er wußte sehr gut, daß es manches gab, was andere an ihm und seinem Betragen „sonderbar" fanden. „Was Ihr befehlt, darf nie sonderbar sein." Ja, er war Herr über die Verneigungen, die höflich zustimmenden Worte aller, denen er begegnete, aber nicht über ihre Gedanken, nicht über ihr Geflüster und heimliches Lächeln hinter seinem Rücken.

Er nahm sich zusammen und sagte gemessen: „Du weißt sehr gut, daß eine Tochter des Hauses Savoyen dazu da ist, sich in den Dienst eben dieses Hauses und des Landes, das uns anvertraut ist, zu stellen."

„Ich weiß es", sagte sie folgsam und nickte.

„Louis von Anjou wird vermutlich einmal König sein. Mehr noch zählt: er ist der Schwager des Königs von Frankreich. Savoyen ist — machen wir uns doch nichts vor — immer noch von der Freundschaft Frankreichs abhängig, und obwohl dort jetzt diese Kämpfe mit den Engländern die letzten Reserven fressen..." Er brach ab und starrte wieder in die Ferne.

„Louis von Anjou hat aber nichts mit den Engländern zu tun", sagte Margit.

„Er hat aber mit Alfonso von Aragon zu tun. Er ist bis jetzt nur Herzog, und ich fürchte fast, er wird es bleiben und meine kleine Margit wird eine ‚Königin ohne Land' sein."

„Er wird sein Königreich erobern. Ihr habt mir doch selbst erzählt, daß er es schon einmal beinahe genommen hatte."

„Beinahe! Vor zwölf Jahren!"

„Ja. Er war erst siebzehn und ist mit einer Flotte vor Neapel gefahren und hat die Königin Johanna gezwungen, ihn zu ihrem Erben zu erklären. Ich weiß alles. Er hat wie ein Löwe um sein rechtmäßiges Erbe gekämpft, ich bewundere ihn dafür."

„Jawohl, er hat sich Jahr um Jahr mit dem Aragon herumgeschlagen, der sich ebenfalls für den rechtmäßigen Erben hält. Und bei der Belagerung von Tarent ist er bös verwundet worden."

„Die Wunde sei verheilt, so haben wir doch gehört."

„Mag sein. Aber es heißt, er fühle sich seither nicht wohl. Und warum sitzt er jetzt untätig in Cosenza herum?"

„In zwei Jahren, wenn ich zu ihm komme, wird er gesund und bereits König sein."

„Hoffen wir es." Der Vater konnte das Seufzen nicht lassen. Er murmelte: „Ein kranker Mann, ein ärmliches Scheinkönigtum, ein düsteres altes Schloß, eine düstere Stadt — und dorthin soll ich mein armes Vögelchen fliegen lassen, es verkaufen um der wankelmütigen Freundschaft der Franzosen willen, die selbst in tausend Nöten stecken?"

„Oh, wenn es mir dort nicht gefällt", sagte sie aus den Falten seines Umhanges heraus, „so gehe ich einfach durch und komme zu meinem lieben Herrn Vater zurück."

„Eine Savoyerin geht nicht durch", das klang nun streng.

„Nun gut", gab sie nach, „ich gehe nicht durch. Aber ich komme zu Besuch. Das wird mir mein Gatte schon gestatten. Ich reite in einem Zug von Cosenza bis zum schönen, blauen See..."

„Täusche dich nicht, der Weg ist weit."

„Nicht für mich! Ich werde nicht müde. Ich komme mit einem prächtigen Gefolge, mit lauter wunderschönen Rittern und Damen. Und mein lieber Herr Vater freut sich und rüstet ein großes Fest zu meinem Empfang. Er denkt sich alles ganz genau aus, was die Musiker spielen sollen und die ganze Ausschmückung und alles." Sie wußte ja, der Einsiedler von Ripaille liebte Feste und verstand, sie wundervoll bis ins kleinste zu organisieren. Sie sah, daß sein Blick sich belebte, und fuhr strahlend fort: „Und alle sind da, Amédée und unser Louis — die haben beide inzwischen geheiratet und führen ihre schönen Frauen zum Tanz. Wir tanzen alle, schnelle Tänze und langsame, und mein lieber Herr Vater..." Sie bog sich vor und sah ihm von der Seite ins Gesicht.

Nun hatte sie erreicht, was sie wollte. Er lachte. „Der soll wohl auch noch tanzen? In seiner Kutte?"

„Nein, in einem schönen roten Kleid, das über und über mit Gold bestickt ist."

„Das war einmal, Kind, das war einmal."

„Ihr sollt sehr gut getanzt haben."

„*Sie* tanzte sehr gut. Ich sehe sie noch an meiner Hand dahinschweben, wirklich beinahe schweben, so leicht ging sie — in weißem Atlas, der im Licht der Kerzen glänzte. Ich höre noch die Melodie der Flöte, dazu das dumpfe wie auch das helle Tönen der kleinen Trommeln..."

„Ich kann auch so schwebend tanzen." Margit sprang auf und glitt, ihren Rock spreitend, mit gemessenem Tanzschritt über den Rasen. Sie drehte das rosige Gesicht zurück: „Kann ich's nicht ebenso gut wie die Mutter?"

„Beinahe, Kind, beinahe."

Sie lief zur Bank zurück und ergriff seine Hand. „Kommt, tanzt mit mir! Tanzt! Hier sieht es ja niemand."

Es gelang ihr, ihn von der Bank emporzuziehen. „Wir sind in Ripaille", rief sie. „‚Faire ripaille‘, so sagen die Leute, das heißt: ‚Frohe Feste feiern‘."

Aber nun wehrte er sich doch. „Unband, du. Ich werde gerade tanzen. Überhaupt — ich muß zurück. Meine Räte sitzen da und warten auf mich. Und der Herr tanzt hier mit seiner kleinen Tochter übers grüne Gras." Aber er lachte noch immer und sah jetzt ganz erstaunlich jung aus.

„So laßt uns gehen und dazu singen." Sie faßte seine Hand fester und begann mit ihrer süßen, hellen Kinderstimme ein Tanzliedchen zu schmettern. Er konnte nicht widerstehen, er summte mit. „Faire ripaille, faire ripaille", sang sie.

Sie hielten sich an den erhobenen Händen, wie man zum Tanz ging, so schritten sie leicht beschwingt den Pfad durch den Wald hinab. Als sie in den Park kamen, beugte er sich zu einer Rose nieder, die in einem Beet am Weg blühte, und pflückte sie. Er hielt sie im Schreiten an seine Nase und dann an die ihre. „Süßer Duft, süßer Duft", summte er, und dann sagte er ganz leise: „Lieber Gott, großer Gott, nimm mir nicht auch sie. Laß sie mir, nimm mir alles, aber sie — sie nicht." Und dann — gleich darauf — sagte er laut: „Wir wollen zum Grab der Mutter gehen — nur für einen Augenblick, denn die Räte warten ja, aber wir wollen dort vorbeigehen."

„Ja", rief Margit. „Und wir wollen ihr die Rose schenken und ihr ein kleines Lied singen. Das hört sie im Himmel, und dann freut sie sich."

3

Am Nachmittag ritt Margit mit ihrem kleinen Gefolge nach Thonon. Jetzt glühte Hitze über dem Land, aber das störte sie nicht. Man ritt ja am Ufer des Sees entlang, wo schöne Bäume Schatten gaben und immer ein ganz leichtes Lüftchen ging.

Die Pferde hatte sie im Stall von Ripaille ausgeliehen. Margit ritt den kleinen Rappen, der dort immer für sie bereitstand. Sie klopfte ihm manchmal liebevoll den Hals, denn sie und das Pferdchen verstanden einander ausgezeichnet.

Es war nicht weit bis zum Schloß Thonon. Im Hof sahen sie Bedienstete und Waffenknechte in den Mailänder Farben. Im Haus war es still. Margit brach wie ein Wirbelwind in die düstere Halle ein. „Ach, hier ist's herrlich kühl", rief sie. „Wo ist Ihre Hoheit, die Frau Herzogin?"

Die hier Dienst taten, eilten herbei. „Sie ruht, Euer Gnaden." Doch Margit stürmte schon die Treppe hinauf.

Die erste Tür, die sie aufriß, führte gleich ins richtige Zimmer. Da ruhte wirklich Maria, Herzogin von Mailand, auf einem teppichbelegten Lager. „Maria! Schwesterchen! Endlich."

Margit fiel vor dem Lager auf die Knie, umfaßte die Liegende und küßte sie. „Endlich. Wie lange haben wir uns nicht mehr gesehen! Wie lange!"

Maria mochte geschlafen haben. Sie schlug ganz verwirrt die Augen auf. „Ach — Margit — du." Sie setzte sich auf. „Ich dachte schon..."

„Du dachtest", Margit lachte hell, „da käme ein Mörder und wollte dich erwürgen. Besonders gut bewacht bist du allerdings nicht, ich kam im ersten Anlauf zu dir durch..."

„Ach — hier doch nicht." Maria strich sich über die Stirn. „Mörder, hier im gelobten Land? Ach, Margit, schön daß du da bist. Ich bin so froh, hier zu sein, ich kann dir gar nicht sagen wie sehr."

Maria sah trotz dieser Versicherung nicht froh drein. Margit war ein wenig erschrocken über ihr Aussehen. Zwar war die Schwester acht Jahre älter als sie — also jetzt gerade zwanzig — aber sie sah wie dreißig aus, blaß, matt, mit grämlichen Linien um Mund und Augen. „Du bist müde. Entschuldige, daß ich dich so überfallen habe. Komm, leg dich wieder."

Aber Maria stand auf. „Nein. Ich muß doch dich und dein Gefolge geziemend begrüßen." Sie strich ihren Rock glatt, und nun war auch sofort eine Kammerfrau da, die ihr das Häubchen auf dem dunklen Haar zurecht rückte.

Die Tür war hinter Margit offen geblieben, draußen stand verlegen ihr Gefolge. Sie winkte die vier herein. Maria, nun ganz Herzogin, richtete ein paar freundliche Worte an sie, dann wurden sie entlassen. Auch die Kammerfrau verließ das Zimmer, nachdem sie die Herzogin aufs neue auf dem Ruhebett plaziert und ihr eine Decke über die Knie gelegt hatte.

„Soll ich auch gehen?" fragte Margit. „Du möchtest schlafen?"

„Nein, nein. Ich freue mich ja, daß du da bist. Ich bin noch ein wenig angegriffen von der Reise, es war doch ein anstrengender Ritt, und die Hitze hat mir zugesetzt. Ich hatte Kopfschmerzen, als ich ankam, aber jetzt ist es besser. Die Luft hier am See tut mir bereits gut. Du glaubst nicht, wie drückend es zuletzt in Mailand war."

Margit hatte sich auf zwei übereinandergetürmten Kissen vor dem Ruhelager niedergelassen. Sie legte der Schwester die Hand auf die Stirn. „Jetzt wird es bald ganz gut sein", sagte sie.

„Wie kühl deine Hand ist! Leidest du nie unter der Hitze?"

„Nie. Weder unter Hitze noch unter Kälte."

„Beneidenswert. Du bist so herrlich jung, Schwesterchen. Und noch hübscher geworden, wie mir scheint."

„Dank für das Kompliment." Sie konnte es nicht zurückgeben. Sie spricht, als sei sie eine alte Frau, dachte sie. „Du solltest immer hier bleiben", sprach sie aus.

„Ach, ich wollte, ich könnte es."

„Der Vater freut sich auf dich. Er sagte mir, du kämest morgen herüber. Louis ist auch in Ripaille."

„Was macht Louis?"

„Oh, er liegt im Gras und hört den Flötenspielern zu. Hast du Amédée gesehen? Er reist mit dem König und war ja kürzlich mit ihm in Mailand."

„Nein. Ich bin abgereist, ehe König Sigismund Mailand erreichte. Ich wußte nicht, daß Amédée bei ihm ist. Ich wollte dem ganzen Rummel ausweichen."

„Du hast dich um eine Menge schöner Festlichkeiten gebracht", rief Margit bedauernd aus.

„Ich habe mich um neue Demütigungen und Zurücksetzungen gebracht."

Es klang so bitter, daß Margit nach Marias Hand griff, die schlaff auf der Decke lag.

„Ach, Maria! Ist dein Gatte immer noch nicht lieb zu dir?"

„Lieb?" Jetzt lachte Maria matt auf. „Lieb? Er ist nie lieb. Und auch nicht mein Gatte, nur dem Namen nach. Ich habe ihn in den letzten zwei Jahren nur einmal zu

Gesicht bekommen, und da hat er mir nicht einmal die Hand gereicht."

„Verrückt. Das verstehe ich nicht."

„Ja, er ist verrückt. Das ist es ja eben. Der Vater wußte es. Er hätte das nicht tun dürfen, mich dem Narren geben. Jetzt gibt er sich die größte Mühe, mir zu meinem Recht zu verhelfen, das ist wohl wahr. Immer wieder bedrängt er den Visconti, mehrere Verträge sind abgeschlossen worden, worin Seine Gnaden versprach, mit mir auf dem schönsten seiner Schlösser zu leben, aber er denkt eben nicht daran, solche Verträge zu halten — der Narr!" Sie stieß das letzte Wort böse zwischen den Zähnen hervor.

„Wie sieht er denn aus?" fragte Margit neugierig.

„Fett und häßlich. Er hat kaum mehr Haare auf dem Kopf."

Margit kicherte.

„Kein Mensch wird klug aus ihm. Die er in der einen Stunde lobt und umschmeichelt, jagt er in der nächsten fort. Er verstellt sich und lächelt, und dann schlägt er zu. Er ist krank vor Mißtrauen. Du weißt, daß er seiner ersten Frau den Kopf abschlagen ließ, weil sie ihn angeblich betrogen hatte. Dabei war nicht das Geringste an der Sache. Mir kann es eines Tages ebenso gehen, ich warte nur darauf."

„Aber Maria, das ist ja schrecklich..."

„Er hält mich wie eine Gefangene. Dort in Mailand bin ich allerdings wohl bewacht, aber nicht zu meinem Schutz, sondern damit niemand zu mir kommt. Vor allem kein Mann. Ich wohne in einem Flügel des Kastells, den nur Frauen betreten dürfen. Aber auch ins Kastell kommt nur, wer sich schriftlich angemeldet und dann noch sechs Kontrollen passiert hat..."

„Hat er solche Angst?"

„Immer. Furchtbare Angst, er könne ermordet werden wie einst sein Bruder. Nachts schleicht er stöhnend, dicht umringt von seinen Pagen, im Kastell herum, so sagen sie, und er prüft unaufhörlich, ob auch alle Türen verriegelt sind, ob alle Fenstergitter fest sitzen und die

Wachen auf ihren Posten stehen. Manchmal läßt er um Mitternacht Gefangene, die er in verborgenen Kerkern hält, vor sich bringen und prügeln und schickt sie dann wieder in andere, noch versteckere Kerker, und diese Leute wissen nicht, warum sie eingesperrt sind und warum dies alles geschieht."

Margit ballte die Fäuste. „Dieses abscheuliche Untier. Aber Maria, du kannst doch froh und dankbar dafür sein, daß du nicht mit diesem dicken Scheusal zusammenleben mußt."

„Gewiß. Das bin ich auch, du hast wohl recht. Das ist die einzige gute Seite der Sache. Die andere aber ist die Demütigung, der ich unablässig ausgesetzt bin. Die Gefangenschaft. Nichts darf ich tun, nicht einmal ausreiten. Daß er mir die Reise hierher gestattet hat, ist nur dem Vater zu verdanken, der den Narren ganz stark unter Druck gesetzt hat. Aber erreichen, daß ich dort als Herzogin leben kann, das bringt selbst der Vater nicht fertig. Nicht einmal der Schein wird gewahrt. Wenn der Tyrann je einmal sein sicheres Schloß verläßt, hat er die del Maino an seiner Seite, die er über und über mit Schmuck behängt."

„Wer ist das — die del Maino?"

„Seine Mätresse. Eine Bürgerliche. Nicht einmal besonders schön. Ich weiß nicht, was er an ihr findet, und weiß noch weniger, was sie an ihm findet. Aber sie sollen einander lieben, angeblich. Sie hat ihm zwei Töchter geboren. Die eine ist bereits verheiratet, und ihr Mann, der Feldherr Francesco Sforza, soll einmal den Thron erben. Ich habe ja keine Kinder."

„Du Arme." Margit drückte die Hand der Schwester.

„Bemitleide mich nicht", flüsterte Maria. „Das ist besonders schwer zu ertragen, daß alle Welt mich bemitleidet."

„Hoffentlich stirbt das Scheusal bald", rief Margit heftig aus. „Vielleicht findet doch einmal ein Mörder seinen Weg in das verriegelte Schloß. Hoffentlich. Dann kannst du einen anderen heiraten, einen schönen und netten Mann, der dich lieb hat..."

Wieder lachte Maria bitter auf. „Was für ein Kind du noch bist! Einen schönen und netten Mann — wo gibt es denn das? Liebe? Für Prinzessinnen doch nicht." Sie setzte sich plötzlich auf und streckte ihre Hand zu dem seidenen Vorhang hinauf, der über ihr das schmale Fenster verhängte. Ihre Finger strichen über die Stickerei, die sich auf der feinen Seide abzeichnete. Zwei eng verschlungene Buchstaben, M und A. „Ach, Margit, hier haben sie die ersten Jahre ihrer Ehe verbracht, Marie und Amédée. So sollte das sein, ja. Ein Herz und eine Seele, untrennbar verbunden. Margit, die Ehe unserer Eltern war eine Ausnahme, wie der Vater ja überhaupt ein Ausnahmemensch ist. So etwas gibt es sonst nicht — nirgends."

Margit ergriff eines der Kissen, auf dem ebenfalls die verschlungenen Buchstaben eingestickt waren, dazu das Bild eines Falken und einer Taube. Auch sie fuhr die Linien nach. „Doch", sagte sie fest. „Das muß es auch sonst geben. Ich jedenfalls werde meinen Gatten lieben und er mich."

„Betrüg dich doch nicht. Du meinst, du wirst den Anjou lieben können? Er ist siebzehn Jahre älter als du."

„Er ist ein Kriegsheld", erklärte Margit feurig.

„Held? Seinen Thron zu erobern hat er jedenfalls nicht fertiggebracht. Jetzt sitzt er in Cosenza und spielt den Kranken. Geld hat er auch nicht. Er wartet sehnlichst, nicht auf dich, Liebchen, sondern auf deine Mitgift, glaub mir das."

„Warum willst du ihn schlecht machen?" fragte Margit empört.

„Weil ich meine Erfahrungen habe. Weil ich nicht möchte, daß du dir falsche, kindische Hoffnungen machst und dann enttäuscht zusammenbrichst."

„Ich breche nicht so leicht zusammen." Margit schlug mit der Faust auf das Kissen. „Ich will versuchen, meinen Mann zu lieben, und wenn das nicht geht, dann werde ich mir auch nicht viel daraus machen."

Maria hörte ihr nicht zu. Sie sagte verträumt: „Ja, ich hatte mir ein ganz falsches Bild von meinem künftigen

Mann gemacht. Vielleicht tut das jedes Mädchen. Ich dachte, er werde aussehen und sein wie mein Vater..."

„Ich möchte auch einen Mann, der ist wie unser Vater — nur fröhlicher." Das letzte setzte Margit leise hinzu und ließ das Kissen zu Boden gleiten.

„Er kann nicht fröhlich sein."

„Manchmal schon."

„Selten. Weißt du, ich wundere mich, daß er es über sich bringt, drüben in Ripaille in den roten Zimmern zu wohnen. In einem von ihnen starb sein Vater, in einem anderen seine Frau."

„In diese beiden geht er auch nur, um für die Verstorbenen zu beten. Aber es gibt ja viele Zimmer drüben."

„Kein Wunder, daß er so viel betet." Maria ließ den Kopf zurücksinken. Mit eintöniger Stimme redete sie zur bemalten Decke empor. „Wenn man daran denkt, wie der Rote Graf starb, unter Lästerungen, und wie er die Hostie zurückwies! Und das zarte Kind, das der Vater damals war, mußte das wüste Geschrei mit anhören — eine ganze Nacht lang. Unser Großvater konnte sich nicht drein finden, daß er sterben sollte, er, ein starker Mann in der Blüte seines Lebens. Er glaubte, er sei vergiftet worden."

„Es war der Wundbrand", schaltete sich Margit ein.

„Alle wußten das, ja. Aber er war wirren Geistes und beschuldigte den Arzt. Er schrie immerfort, man solle ihn einsperren und foltern, damit er gestehe. Es war Grandeville, den ihm der Herzog von Burgund geschickt hatte, ein großer Herr, der Arzt von Königen."

„Ich weiß."

„Schließlich sperrten sie ihn wirklich ein. Aber Otto de Grandson verhalf ihm zur Flucht."

„Das war der Vater unseres Henri de Grandson, nicht wahr?"

„Ja. Und damals der Rat Bonas, der Regentin. Und dann starb der Rote Graf. Und da brach die Hölle los. Der neue Herzog war ein Kind, und jeder wollte ein Stück der Erbschaft erschnappen. So ist es, Margit, so geht das zu in der Welt. Am schlimmsten trieb es der Achaja."

„Der Vater unseres Achajas?"

„Der Großvater. Man hatte den Arzt Grandeville auf der Flucht geschnappt. Der Achaja veranlaßte, daß man ihn folterte. Er wollte den Burgundern eins auswischen und ein Druckmittel gegen die Regentin in die Hand bekommen, damit sie ihm Piemont herausgebe. Sie tat es auch, unaufgefordert, sie wollte vorbeugen. Aber es half nichts mehr. Der Arzt hatte gestanden, sie habe ihn aufgefordert, den Roten Grafen zu ermorden. Die Mutter ihren geliebten Sohn, der allen ihren Ratschlägen folgte wie ein Lämmchen? Irrsinn. Aber jene, denen diese Aussage zupaß kam, taten, als glaubten sie daran. Otto de Grandson sollte es ihr geraten haben. Ihn bekamen sie nicht, er floh nach England. Bona wurde unter Druck gesetzt. Aber dann entkam der Arzt und floh zum Herzog von Burgund. Und der Prozeß wurde wieder aufgenommen, denn das kam nun wieder den Burgundern gelegen. Und Grandeville widerrief alles und wurde freigesprochen."

„Ja, ich weiß", wiederholte Margit. „Nachher sagte er, er sei unter der Folter bereit gewesen, alle Sterbefälle der letzten dreihundert Jahre auf sich zu nehmen." Trotz allem mußte sie ein wenig lachen.

„Er war ein kluger Kopf. Sie mußten ihm tüchtig Schmerzensgeld zahlen. Piemont-Achaja bekam der Herzog von Burgund und dazu die Vormundschaft über den jungen Amédée. Der Intrigant, der die ganze Geschichte ins Rollen gebracht hatte, mußte mit langer Nase abziehen. Auch Bona zog sich ins Ausland zurück. Sie hatte genug von dem ganzen Wirrsal. Ich kann es ihr nachfühlen."

Margit schüttelte sich. Warum wärmte die Schwester die alten, düsteren Geschichten wieder auf? Sie selbst wußte das ja alles, wenn auch nicht genau, aber es verlangte sie auch gar nicht nach Einzelheiten. „Das ist doch alles vorbei, Marietta", sagte sie zärtlich bittend. „Jetzt ist ja alles so schön, niemand intrigiert, niemand tut böse Dinge, der Vater hat alles in Ordnung gebracht."

„Ja, so sieht es aus." Maria ließ sich wieder zurücksinken. „Alles ist schön, alles gut — vielleicht. Man atmet auf, wenn man hier ist, ja. Aber vielleicht — vielleicht ist das nur ein Schein oder es dauert nicht lange... Ich sage dir, überall in der Welt geht es böse zu! In Frankreich haben sie dieses Mädchen, das sich die Jungfrau nannte, und so viel für sein Land und seinen König getan hat, den Engländern ausgeliefert und als Ketzerin verbrannt, obwohl viele sie als Heilige verehrten."

„Nun hör doch auf, rief Margit verzweifelt aus, „immer die schlimmen Geschichten."

Maria stöhnte. „Ja, ihr wollt nicht hören hier, nicht sehen, ihr fahrt singend auf dem See, lauscht in schönen Gärten dem Flötenspiel, der Vater baut eine Einsiedelei mit sieben Türmen, in der nur über Weisheit und Schönheit geredet werden soll — so lange, bis das Schlimmste über euch kommt."

„Über uns kommt nichts Schlimmes", rief Margit zornig. „Der Vater hat ein so gutes Gesetzbuch gemacht, bei uns werden nur die bestraft, die wirklich Böses getan haben, und dann hat jeder vor ihnen Ruhe."

„Die Schlimmsten sind nicht die, die man erwischt und hängt. Es sind die, die im Geheimen Böses sinnen und tun, ohne daß man es ihnen ansieht. Und solche gibt es überall. Übrigens, ich sah, daß du den Achajus in deinem Gefolge hast."

„Er soll mich beschützen, er und Jean de Nyon."

„Nimm dich vor dem Achajus in acht. Wenn mich nicht alles täuscht..."

„Was? Der Vater mag ihn so gern."

„Der Vater ist so arglos wie du. In solchen Dingen seid ihr beide Kinder."

„Du willst doch nicht sagen, daß der Achajus Verbrechen begeht?"

„Das nicht gerade. Als ich nach Mailand ging, war er noch fast ein Kind und dennoch, schon damals hatte ich den Eindruck, er spioniere heimlich herum. Ich traute ihm jeden bösen Streich zu, obwohl er niemals einen verübte."

„Rose hat gesagt, er sei ein Schleicher und müsse seine Nase in alles stecken. Aber ich kann das nicht glauben."

„Immerhin stammt er aus einer entrechteten Familie — durch unsere Vorfahren entrechtet, wie wir zugeben müssen — und aus einer Nebenehe, was ihn zu einem macht, der nichts zu erwarten hat. Solche sind immer ehrgeizig und versuchen, sich an denen zu rächen, die zufrieden mitten im Recht sitzen. Ihnen ist nie zu trauen und dem bildschönen Philipp Maria schon gar nicht, dem Enkel eines anderen Philipp Maria, der ein Erpresser war..."

„Du mißtraust ihm, weil er Philipp Maria heißt wie dein schrecklicher Gatte?"

„Nein. Ich mißtraue ihm, weil ich mehr vom Leben weiß als du. Ich will nicht sagen, du solltest ihn wegjagen, das würde wohl alles verschlimmern, aber hüten sollst du dich vor ihm und die Augen offen halten."

Marias eigene Augen standen weit offen, wie sie so emporstarrte. Ihre Augen sind so traurig wie die des Vaters, wenn er sehr hart mit Gott gerungen hat, dachte Margit.

Mit beiden Händen umfaßte sie Marias Arm. „Maria, du mußt hierbleiben", rief sie. „Für immer bei uns bleiben, beim Vater..."

„Wie gern täte ich's, wie gern", flüsterte Maria. „Vielleicht könnte ich hier auch wieder so zuversichtlich werden, wie du es noch bist. Aber es geht nicht, Margit. Ein paar Wochen... Aber dann muß ich zurück."

„Dieser Visconti vermißt dich doch nicht."

„Niemand würde mich vermissen. Aber ich muß die Stellung halten. Ich bin Herzogin von Mailand, rechtmäßig. Ich darf nicht zurückweichen vor den Launen eines Narren und seiner Mätresse. Verstehst du? Das ist auch die Meinung des Vaters."

„Ja. Heute sagte ich im Spaß zu ihm, wenn es mir in Cosenza nicht gefiele, würde ich ausreißen und zurückkommen. Da wurde er ganz böse und antwortete: Eine Savoyerin reißt nicht aus."

„Eine Savoyerin muß durchhalten, eine Savoyerin darf niemals aufgeben, es geschehe, was da wolle. Und darum muß ich in das heiße, unselige Mailand zurück."

„Dann genieße wenigstens die Wochen, die du hier sein kannst. Schick alle trüben Gedanken zur Hölle, wo sie hingehören. Vielleicht veranstaltet der Vater für dich ein Fest, was meinst du? Heute morgen sagte er zu mir: Das wird ein schöner Tag, weil du da bist. Wie schön werden erst die Tage werden, wenn Maria, Marietta da ist!"

„Er hat dich lieber als mich, weil du der Mutter gleichst."

„Du gleichst ihm selbst, das ist mehr."

„Findest du?" Maria lächelte schwach. „Aber ich habe nicht seine Kraft. Ich weiß es, er muß sie sich auch immer wieder erringen... Wer in Wahrheit fromm sein könnte wie er..."

Margit wollte antworten, doch da wurden sie unterbrochen.

Jemand kratzte an der Tür, und noch ehe die Schwestern antworten konnten, erschien ein verstörtes Gesicht im Türspalt — die Kammerfrau stand da, die Schwestern sahen, daß sie zitterte. „Vergebung, Euer Gnaden. Ich bitte — ein Bote ist gekommen..."

Maria fuhr auf. „Ein Bote?" Sie wurde noch blasser, als sie zuvor gewesen war. „Aus Mailand?"

„Nein — aus — aus — ja, ich weiß nicht, es ist in der Nähe von Mailand. Aber nicht — nicht, was Euer Gnaden denken. Aus dem Hoflager Seiner Majestät des Königs Sigismund — eine Nachricht..." Sie verstummte.

„Laß ihn hereinkommen, schnell", rief Margit. Sie sah die Schwester an. „Was kann das sein?" fragte sie erregt. „Eine Nachricht...?"

„Eine schlimme Nachricht — o Gott", stöhnte Maria.

Margit zog das Kleid der Schwester zurecht, da stand der Bote schon im Zimmer. Ein junger Mann, das lange

Haar hing in wirren Strähnen um das staubverkrustete Gesicht, die Kleider waren schmutzbedeckt... Er deutete einen Kniefall an.

„Euer Gnaden — eine Nachricht — ich habe ein Schreiben..." Der Mann war noch außer Atem.

Maria empfing das Schreiben. Sie versuchte, es zu öffnen, aber ihre Hände zitterten zu sehr. Sie ließ es sinken.

„Von wem? Das Schreiben?" drängte Margit. „Vom Herzog von Piemont?" Das war Amédées Titel als Thronfolger.

„Vom Grafen von Montafon, dem Reisebegleiter Seiner Gnaden. Der Herr Herzog Amédée..."

„Sprich, sprich!"

„Ach, Euer Gnaden, es ist eine schlimme Botschaft, die ich bringe. Der Herr Herzog ist heute vor drei Tagen gestorben."

„Gestorben?" Margit konnte es nicht fassen. „Nein, das kann nicht stimmen, das ist nicht möglich", rief sie fast schrill. „Der Vater hat mir gesagt... Gestern kam ein Schreiben, Amédée sei wohlauf, so schrieb er selbst..."

„Ich bin sehr schnell geritten", sagte der junge Mann mit gedämpfter Stimme. „Ich bin persönlicher Eilreiter Seiner Majestät. Die Majestät ist sehr bekümmert über diesen Todesfall. Ich sollte nach Ripaille zu Seiner Gnaden, dem Herrn Herzog reiten, aber ich hörte, die hohen Damen seien in Thonon und dachte, sie sollten vielleicht erst hier — um dann dem Herrn Vater..." Er verstummte.

„So plötzlich? So — ohne Krankheit?" brachte Maria mühsam hervor.

„Es war eine Seuche, die mehrere Männer im Gefolge des Königs befallen hat. Ein böses Leiden der Gedärme. Die Hitze dort in der Poebene oder auch schlechtes Wasser, das soll schuld sein, sagen sie. Man kann nicht helfen. Der junge Herr war nur drei Tage lang krank."

„Ein kräftiger Mann — und so schnell", flüsterte Maria.

Margit stand da wie gelähmt. Nur ein Gedanke hatte Raum in ihr: ‚Der Vater! Auch das muß ihn noch treffen. Der Vater! Der Vater!'

„Wir danken dir für die schnelle Übermittlung der Botschaft", sagte Maria mit schwankender Stimme, doch mit der gehaltenen Würde der Herzogin, „wir danken der Majestät für die gnädige Anteilnahme an unserem Schmerz. Du brauchst nicht nach Ripaille zu reiten, wir werden Seiner Hoheit die traurige Nachricht übermitteln. Laß dir in der Küche Essen geben und ruhe eine Nacht, ehe du zurückreitest."

„Ich danke Euer Gnaden." Der Bote beugte das Knie und ging.

Maria hatte jetzt das Schreiben geöffnet. Sie las es und sank dann auf das Ruhebett zurück. Sie verkrampfte die Hände im Schoß. „Auch das noch, Amédée, der beste Mann, den Savoyen hatte außer dem Vater. Der Thronfolger, der geborene Herzog... O Gott, wir sind vom Unglück verfolgt." Sie weinte. „Und wer soll das nun dem Vater sagen?"

Margit riß sich aus ihrer Erstarrung. „Ich. Ich reite sofort."

„Sollte man dem armen Vater nicht noch eine Nacht...?"

„Nein. Er muß es sofort erfahren." — „Und durch mich", setzte sie in Gedanken hinzu. „Bleib du hier, Maria. Komm morgen, wie du's vorhattest. Dann trösten wir ihn gemeinsam. Aber jetzt... Leb wohl." Sie lief aus dem Zimmer.

Die jungen Leute ihres Gefolges eilten herbei. Sie rief ihnen die schreckliche Nachricht entgegen, da blieben sie wie erstarrt stehen. Rose schluchzte sofort auf. Aber als Margits Blick flüchtig über die vier hinglitt, erkannte sie auf einem der jungen Gesichter statt des fassungslosen Schreckens, den die anderen zeigten, etwas wie das Aufleuchten einer triumphierenden Freude, das aber fast im gleichen Augenblick wieder verschwand. Der Achajus freut sich ja, fuhr es Margit durch den Kopf. Aber sie vergaß in ihrer Erregung den Gedanken sofort wieder. „Kommt! Kommt schnell!" rief sie.

Die Tränen liefen ihr übers Gesicht, während sie den Strand entlangritt. Im Hof von Ripaille sprang sie vom Pferd. Herzog Amadeus kam eben aus der Kirche, wo er die Messe gehört hatte. Der lange Zug der Mönche bewegte sich dem Kloster zu, der Vater kam allein den Weg zum Schloß herüber.

Margit stürzte auf ihn zu. „Vögelchen?" fragte er, erschrocken stehenbleibend.

Sie warf sich in seine Arme, drückte das tränennasse Gesicht an seine Brust.

„Was ist, Kind, was hat man dir getan?" rief er. Er glaubte, ihr selbst sei ein Unglück geschehen.

„Ach Vater, Vater, sei nicht traurig, nicht allzu traurig, bitte, bitte."

„Warum soll ich traurig sein?"

Sie löste sich von ihm und ergriff seine beiden Hände. „Ich muß es dir mitteilen." In ihrer Erregung sagte sie du, was ganz ungehörig war. „Aber du darfst nicht traurig sein. Es ist etwas ganz Schlimmes geschehen: Amédée ist in Italien gestorben. Ganz schnell und plötzlich. Es war ein Darmleiden. Aber sei nicht traurig, bitte. Schau, er ist im Himmel und glücklich..." Durch ihre Tränen sah sie den Vater flehend an.

Er sagte, was sie erwartet hatte: „Auch das noch." Es war, als sänke seine Gestalt in sich zusammen. „Auch das noch, mein Gott!"

Sie hielt ihn so fest, als befürchte sie, er werde umsinken. Doch dann straffte sich seine Gestalt wieder. „Danke, Kind", sagte er leise.

Er las den Brief, den sie ihm reichte. Dann legte er den Arm um sie, und sie gingen schweigend zum Schloß. Die Wachen, die an der Tür standen, sahen ihnen mit bestürzten Gesichtern nach. Sowohl der Herzog wie seine Tochter weinten.

Vor der Tür der Kapelle drückte der Vater Margit an sich. Sie wiederholte, was sie immer wieder gesagt hatte: „Er ist im Himmel, lieber Herr Vater, er ist im Himmel."

„Stirb mir nicht auch du!" flüsterte er. Dann aber richtete er sich hoch auf, jeder Zoll Seine Hoheit, der Herzog Amadeus von Savoyen, der sich stolz einem starken Gegner stellt. „Und jetzt werde ich mit Gott sprechen", sagte er in geradezu drohendem Ton, fügte dann leise für sich zwischen den Zähnen hinzu: „Das Traurigste an der Sache ist, daß ich jetzt den Faulpelz Louis zum Herzog von Piemont ernennen muß."

Dann schloß sich die Tür hinter ihm. Und Margit konnte sich trotz all ihres Kummers und ihrer Tränen des Gedankens nicht erwehren, daß der liebe Gott jetzt dort drinnen in der Kapelle etwas zu hören bekommen werde, was ihm keine Freude machen würde!

II Der Kranke

April—November 1434

1

Drei Jahre später ritt die jüngste Tochter des Herzogs von Savoyen, die bereits pro forma Herzogin von Anjou und künftige Königin von Neapel und Sizilien war, durch die Länder ihres Vaters und über die Berge nach Nizza, um von dort die Reise nach Cosenza zu Schiff fortzusetzen.

Schon vor beinahe zwei Jahren war der Heiratsvertrag zu Chambéry unterzeichnet und die Ehe, wie es üblich war, mit einem Stellvertreter eingesegnet worden. Doch hatte Amadeus die Bedingung gestellt, daß sein Kind, das jetzt noch zu jung sei, erst im Jahre 1434 nach der Geburt des Herrn ihrem Gatten zugeführt werde. Dann sollte im Dom zu Cosenza die eigentliche Hochzeit stattfinden, eine Doppelhochzeit, da gleichzeitig auch der jüngste Bruder des „Königs", der Herzog von Maine, sich mit einer italienischen Prinzessin vermählen würde.

Jedermann am Hof zu Savoyen wußte, daß der Anjou in Cosenza nicht reich war, daß die Kriege mit Aragon sein ganzes Vermögen verschlungen hatten, und auch, daß diese Hochzeit eine ärmliche Sache geworden wäre, hätte nicht der Herzog Amadeus eine hübsche Summe zugesteuert. Auch die junge Braut, die nun fünfzehn Jahre alt, aber immer noch kindhaft klein und zierlich war, wußte das. Es kümmerte sie aber ebensowenig, wie sie sich vor der Begegnung mit dem mehr als doppelt so alten Gatten fürchtete, den sie noch gar nicht kannte. Sie hatte sein Bild empfangen, sie fand, er sehe hübsch und sympathisch aus, man hatte ihr gesagt, Louis von Anjou sei ein gutherziger, freundlicher und dabei sehr tapferer

Mann, und das genügte, um ihr die Zukunft in rosigem Licht erscheinen zu lassen.

Das Reisen machte ihr — wie immer — keine Beschwer. Es war Frühling, frische Winde wehten, überall sproßte das Grün hervor, und die Bäume begannen zu blühen, die Ferne lockte. Die kleine, unermüdliche Reiterin genoß den Sonnenschein, und wenn der Regen auf ihre Reisehaube herabklatschte und ihr die Tropfen über die Nase rieselten, so fand sie das lustig und begann ein Lied zu singen, in das ihre Umgebung einstimmen mußte, ob sie wollte oder nicht.

Vom Vater hatte sie sich schwer getrennt. Für einen kurzen Augenblick war ihr sogar ein wenig bang zumute geworden, als sie beide das letzte Mal auf dem Bänkchen unter dem Nußbaum in Ripaille gesessen und durch das noch fast kahle Gezweig auf den See hinaus geblickt hatten, und als der Vater sagte: „Du weißt nicht, wie ungern ich dich von mir gebe, Vögelchen. Manchmal mache ich mir Vorwürfe..."

„Vorwürfe? Ach nein..."

Er antwortete nicht und zeichnete nur mit seinem Knotenstock Muster in die Erde vor der Bank.

„Alle Mädchen müssen heiraten", sagte sie tröstend. „Ich komme dann auf Besuch, wie ausgemacht, nicht wahr?"

„Hör zu, Kind. Wenn es dort — wenn es Schwierigkeiten gibt, wenn du dich unglücklich fühlen solltest, wenn sie dich nicht so behandeln, wie es dir als meiner Tochter zukommt — sende nach mir, ich werde eingreifen. Im Notfall kommst du zurück, ich sorge dafür."

Sie dachte daran, daß er einst — vor drei Jahren — hier an dieser Stelle zu ihr gesagt hatte: „Eine Savoyerin reißt nicht aus." Das schien er jetzt vergessen zu haben. Aber schon damals hatte er Bedenken gehabt, was ihre Zukunft anbetraf. Ebenso Maria. Warum? Es lag wohl in ihrer beider Natur, sich Sorgen zu machen. ‚Aber mir — mir liegt das nicht', dachte sie und schüttelte entschlossen die leichte Beklemmung ab, die sie überkommen hatte. „Ich weiß, daß ich immer Rückhalt und

Stütze an Euch haben werde, und fürchte mich nicht", hatte sie gesagt.

„Meine Margherita ist ein mutiger kleiner Falke", hatte er, auf das savoyische Wappentier anspielend, geantwortet.

Margherita nannte er sie jetzt immer und sprach viel italienisch mit ihr, denn man hatte gehört, dies sei die Hofsprache bei den Anjou in Cosenza. So wollte sie selbst nun auch nicht mehr anders als Margherita heißen.

Savoyen umfaßte viele Gebiete, in denen die verschiedensten Sprachen gesprochen wurden, es reichte jetzt, nachdem der Vater es vergrößert hatte, weit hinunter ins Italienische und bis ans Meer. Und durch alle diese Länder bewegte sich nun der Brautzug, und in den Städten, die er durchzog, riefen die Leute ihr Hoch in Französisch oder Italienisch, aber immer mit strahlenden Gesichtern, denn die junge, fröhliche Braut gefiel ihnen allen über die Maßen. „Sie ist reizend. Sie sieht aus wie ein Kind", riefen sie.

Margherita von Savoyen reiste mit einem nicht zu großen, aber auserlesenen Gefolge zu ihrem Gatten. Sie selbst hielt, umgeben von einigen Herren, immer die Spitze des Zuges. Den Beschluß machten die berittenen Leibwächter und der Troß der Diener, Pferdeknechte, Köche und Küchenjungen, auch ein paar Musikanten waren dabei. Schwere Wagen beförderten das Heiratsgut und all jene Dinge, die man auf der Reise brauchte. Obenauf saßen die Dienerinnen und Zöfchen, lachten, sangen und neckten sich mit den nebenherlaufenden Burschen. Auch etliche Ochsen wurden als lebender Mundvorrat mitgetrieben.

Die jungen Edelleute und Damen hielten sich auf ihren hübschen, geschmückten Pferden dicht hinter der Braut. Rose und Anette waren dabei, auch Jean de Nyon, der meist an Roses Seite ritt. Der Achajus würde den Zug nicht bis Cosenza, sondern nur bis Nizza begleiten, mit etlichen anderen jungen Leuten würde er nach Chambéry zurückkehren, denn er gehörte jetzt nicht mehr zu Margheritas Haushalt, sondern zu dem des

Thronfolgers Louis, so hatte es der Herzog bestimmt. Immerhin konnte er jetzt auf der Reise auch manchmal eines seiner Lieder vortragen, wenn man im Freien rastete oder abends in einem Schloß, einem Kloster oder einer fürstlichen Herberge beisammen saß. Philipp Maria von Savoyen-Achaja, mit dem Querbalken des Bastards über dem Savoyerkreuz im Wappen, war jetzt ein bildschöner, großer und schlanker Jüngling von 19 Jahren; er verdrehte allen Frauen die Köpfe, ohne — wie es schien — je selbst Feuer zu fangen. Das kühle, in sich gekehrte Wesen hatte er noch nicht abgelegt.

Natürlich hatte der Vater der Braut auch etliche würdige Herren und Damen mitgegeben, ein paar seiner Räte, einige Vettern und andere Verwandte, dunkel und erlesen gekleidete Herren mit großen, von Tüchern umwundenen Hüten und Damen mit prachtvollen Hauben. Bei den Banketts, die die Städte oder Burgherren den hohen Gästen gaben, glitzerten ihre Gewänder von edlen Steinen und Perlen. Des Vaters Vetter Aymon de Bauges führte den Zug.

Von den Brüdern begleitete sie keiner. Philipp bereitete sich in Paris auf den geistlichen Stand vor, und Louis lag zur Zeit krank. Er hatte übrigens vor einem Jahr eine Prinzessin von Cypern geheiratet und war bereits Vater einer Tochter, die Margherita aus der Taufe hatte heben dürfen. Maria freilich würde sich in Genua der Hochzeitsfahrt anschließen. Die Schwestern hatten sich seit jenem Besuch Marias am Genfer See vor drei Jahren nicht wieder gesehen.

In Turin wurde ein paar Tage gerastet, dann ging es weiter in die Berge hinein und über den Col di Tenda, den einzigen Paß, über den man nach Nizza gelangen konnte. Margherita liebte es, durch Bergtäler und steile Hänge hinauf- und hinabzureiten und zu schneebedeckten Häuptern aufzublicken. Sie war vom See aus einige Male im Hochgebirge gewesen, das auch ihr Vater liebte. Und jetzt genoß sie es, hoch über den Tälern auf steinigen Straßen dahinzureiten und zu sehen, wie sich die märchenhafte, lichte Ferne wunderbar vor ihr auftat und tief unten weiß gischende Bäche zwischen Felsen herabstürzten. Am liebsten hätte sie ihr Pferd angespornt und wäre im Galopp die vielen Windungen der Straße hinabgesprengt, sie dachte, es müsse sein, als flöge man, und ihr fiel ein, daß der Vater sie manchmal seinen „kleinen Falken" nannte. Wie ein Falke schweben, vom Luftstrom getragen... Aber sie mußte natürlich zwischen den würdigen Herren bleiben, im Schritt reiten und sich immer wieder der Unbilden und Beschwerden der Reise wegen bedauern lassen. Der Savoyer Falke durfte nicht fliegen.

Endlich gelangte der Zug nach Nizza ans Mittelmeer, das so blau unter dem Himmel lag wie der Genfer See bei schönem Wetter und kaum Wellengang zeigte. Im Schloß zu Nizza mußte man noch zwei Tage warten, bis das große Schiff, das nun das Brautgefolge aufnehmen sollte, bereit war.

Am letzten Abend vor der Abfahrt fand im Saal des Schlosses die Verabschiedung jener statt, die morgen wieder heimkehren würden. Mit nur vierzig Personen Gefolge würde Margherita an Bord gehen, alle anderen ritten über die Berge zurück.

Die Musikanten spielten zum Essen, dann wurden die Tische weggetragen, man setzte sich im Halbkreis zusammen, in dessen Mitte der Achajus trat, um ein paar Lieder des Abschieds zu singen.

Zunächst stimmte er ein heiteres savoyardisches Hochzeitslied an, das jeder kannte und in dessen Refrain viele Stimmen einfielen. Der Rhythmus war so mitreißend, daß Margherita gerne getanzt hätte, aber da das hier nicht anging, konnte nur ihr kleiner seidenbeschuhter Fuß ein wenig den Takt mitklopfen.

Dann folgte ein Liebeslied, das die Trauer des Abschiednehmens besang: „Weh, daß ich scheiden muß von dir..." Es war nur natürlich, daß der Sänger dabei Margherita anblickte, sie war ja der Mittelpunkt dieses Abends, alle, die zurückgingen, mußten ja von ihr — in erster Linie von ihr — scheiden.

Margherita blickte zu dem Singenden auf. In himmelblaue Seide gekleidet, stand er, vom Schein vieler Kerzen und vom Flackerlicht des Kamins überspielt, vor dem Dunkel des großen Raumes, die Laute im Arm, da er sich selbst begleitete. Und wie aus einem ungewissen Zauberschimmer von Licht und Dämmerung sahen sie, wie er nun immer näher trat, seine seltsamen hellen Augen an, während die herbe und doch so eindringlich schmeichelnde Stimme warb, klagte und flehte: „Ach scheiden, ach scheiden, mein Herz tut mir weh..."
Margherita begriff vollkommen, daß Anette, die neben ihr saß, sich nicht beherrschen konnte, daß Tränen über ihre Wangen liefen und daß sie ein über das andere Mal seufzte. Auch hier und dort im Kreise schluchzte man. Margherita selbst fühlte ihr Herz ganz stark klopfen, sie hätte nicht gerade sagen können, daß es ihr „weh" tat, aber daß es nicht unbeteiligt blieb, war zu spüren. In ihr regte sich ein wunderliches Gefühl, das weniger Wehmut als Sehnsucht war. Sehnsucht wonach? Sie wußte es nicht, aber sie merkte, daß dies Gefühl sie zugleich verwirrte und glücklich machte. Und als der Achajus sich bei einem heiteren Liedchen einmal mit einer Verneigung und einem Lächeln an die Gräfin Antonia di Masetti wandte, die Margheritas kleinem Hofstaat vorstand, da wünschte Margherita brennend, er möge doch wieder sie ansehen. War nicht sie die Herrin des Festes? Nur an sie sollte er sich wenden, für sie singen, für niemanden sonst...

Aber als dann der Sänger endgültig schwieg und sich in den Hintergrund zurückzog, da riß sie sich entschlossen aus der Verzauberung und besann sich auf ihre Pflicht. Sie erhob sich. Ihre helle Stimme klang durch den Saal. „Meine Lieben, wir müssen scheiden, das haben wir eben gehört, und wir wissen es. Ich wünsche allen denen, die gehen, eine gute Reise und glückliche Heimkehr. Grüßt mir Seine Hoheit, den Herzog, meinen Vater. Sagt ihm, daß ich glücklich bis hierher gelangt bin und glücklich weiterfahre. Daß ich aber mit Liebe an ihn denke wie an euch alle, die ich nun eine lange Zeit hindurch — leider — nicht mehr sehen werde. Lebt wohl."

Zurufe und Beifall dankten ihr, Begeisterung, ja Zärtlichkeit schwangen darin mit. „Lebt wohl, süße Margherita, lebt wohl und werdet glücklich!" rief eine Stimme aus dem Hintergrund auf italienisch. „Süße Margherita, süße Margherita, lebt wohl", stimmten alle wie in einen Refrain ein.

In der Nacht gab es noch viel Gewisper und Getuschel und heimliches Hinundherhuschen in den dunklen, vielfältig durcheinanderlaufenden Gängen des alten Schlosses. Aber davon merkte Margherita nichts, sie schlief wie immer fest und tief.

Doch sie war eine Frühaufsteherin. Noch ehe die Kammerfrauen am nächsten Morgen ihr Zimmer betreten hatten, schlüpfte sie aus dem breiten, für drei gedachten Bett, in dem sie ganz allein schlafen durfte. Sie hüllte sich in einen weiten Morgenmantel und nestelte ihr wirres Haar auf. Das Schloß war von einem schönen, etwas wilden Garten mit Zypressen und Ölbäumen und vielen blühenden Büschen umgeben, in dem zu so früher Stunde niemand war. Sie wollte hinauslaufen, wie sie es auch zu Hause oft tat, den frischen Morgen begrüßen, auch in der Kapelle ein Gebet sprechen! Bis die Kammerfrauen erschienen, würde sie wieder unter ihren Decken liegen. Sie hatte diesen Brauch von ihrem Vater gelernt, der, wenn er in Ripaille war, im Morgendämmern aufstand, in seiner Kapelle betete, dann in den Garten und zum Nußbaum hinaufging und schließlich zur Frühmesse zurückkehrte. „Ich muß Gott und den hellen Morgen begrüßen gehen", sagte er.

Aber sie kam nicht dazu. Während sie noch ihre Haube suchte, hörte sie vor dem Fenster einen süßen, lockenden Ton wie das zarte Trillern eines Vogels. Sie horchte: Eine Nachtigall am Morgen? Dann aber war es, als zirpten ein paar kurz angeschlagene Lautensaiten auf, eine kleine Melodie... Neugierig lief sie zum Fenster.

Sie schwang den langen Vorhang zurück. Draußen stand ein goldroter Himmel hinter den Bäumen, das

Zimmer lag zu ebener Erde, und aus den Büschen, die sich nahe ans Fenster drängten, schlug ihr ein süßer Duft entgegen. Zwischen den Sträuchern aber stand ein Mann, der leise auf der Laute klimperte, die er umgehängt trug. Sie erkannte sofort das schmale, blasse Gesicht, das zu ihr aufsah.

„Achajus? Was machst denn du hier?" Das Du der Kinderzeit rutschte ihr heraus, so verwundert war sie. Das Fenster war sehr schmal, sie konnte gerade ihren wirrlockigen Kopf hinausstrecken.

„Was werde ich wohl hier machen?" fragte er sehr leise zurück. „Was anderes als zu dem Fenster der kleinen, süßen Hoheit emporschmachten."

Sie lachte hell auf. „Schmachten? Willst du mir ein Ständchen bringen? Am frühen Morgen? Du wirst bald viele entzückte Zuhörer haben."

„Ich kann's nicht wagen", sagte er. Sein Gesicht sah sehr ernst aus. „Ich weiß selbst nicht, warum ich mit der Laute hergekommen bin. Vielleicht, weil sie mir hilft, das Beben meiner Finger zu verbergen."

Sie sah, daß seine langen, schönen Hände immerfort über die Saiten strichen, ohne sie jetzt aufklingen zu lassen. Dies Hinundherstreichen schien ihr so sinnlos wie seine Worte. „Ich glaube, du solltest lieber noch ein bißchen schlafen", sagte sie.

„Schlafen? Wie könnte ich schlafen? Ich bin die ganze Nacht um das Schloß gewandert, um mein Herz zu beruhigen, das sich doch nicht beschwichtigen läßt. Ach scheiden, ach scheiden..." Er brach ab, als müsse er ein Schluchzen unterdrücken.

Sie lachte noch immer. „Ach was, das ist ein Lied, weiter nichts. Ihr" — jetzt sagte sie Ihr — „geht doch nach Chambéry zurück, wo all die schönen Damen am Hof sehnlichst auf Euch warten..." Sie ahmte die gezierte Sprechweise der Dichter und Sänger nach.

Er hatte den Kopf zurückgelegt, daß die dunklen Haarsträhnen auf seine Schultern fielen. Ein seltsam schmerzliches Lächeln verzerrte seinen Mund. „Und Ihr wißt wirklich nicht, ahnt gar nicht — wie gleichgültig mir all diese Damen sind, daß meine Gedanken bei Tag und Nacht nur einer einzigen folgen?" Er kam noch etwas näher. „Ja, ich weiß, süße Margit, daß du nie gesehen, nie gespürt hast, wie sehr ich dich liebe, seit unserer Kindheit, seit ich dir über alle Wege folgen durfte. Und nun, da du erwachsen bist, quält mich deine Schönheit bis zur Raserei."

Es war, als breche eine Leidenschaft aus ihm hervor, die sie nie in ihm vermutet hatte. Sie erschrak vor dem Ausdruck seines ihr so nahen Gesichtes und zog ihren Kopf ein wenig zurück. „Nein, Achajus, dergleichen sollt Ihr nicht sagen", flüsterte sie. „Ich heiße auch nicht mehr Margit und bin die Gattin des Herzogs von Anjou", setzte sie mit einem Versuch, Würde zu zeigen, hinzu.

„Ich weiß, ich weiß", stieß er hervor. „Und ich bin ein Nichts, ein Knecht, nur ein Bastard, einer, auf den man überhaupt nicht achtet, ein geduldeter Bettler..." Nun war soviel verzweifelter Schmerz in seiner Stimme, daß er ihr leid tat.

„Achajus, so ist es doch nicht. Ihr seid ein Savoyer und ein Freund."

Aber er hörte nicht. „Nein, nein", er schrie fast, obwohl er immer noch flüsterte. „Jede Stunde werdet Ihr alle, Ihr ebenbürtig und in Hochmut Geborenen, den Bastard verachten. Nie wird Prinzessin Margherita mich für würdig erachten, mir ihre Gunst zu schenken..."

„Aber Achajus — das ist doch nicht wahr", sie fühlte sich hilflos diesem Ausbruch gegenüber.

„Würdet Ihr — mich erhören?"

Er kam ganz nahe, und sie zog den Kopf noch weiter zurück. ‚Diese hellen Augen... Sie haben einen dunklen Ring um die Iris, sonst sind sie hell wie Wasser, durchsichtig — wie die eines Raubvogels', dachte sie.

Jetzt fiel er auf die Knie. „Ich weiß, daß ich nicht würdig bin. Aber ich liebe Euch, ich liebe Euch. Das ist die Wahrheit." Er weinte, obwohl er dagegen ankämpfte und das Schluchzen verbiß.

„Achajus", bat sie hilflos. „Das bildet Ihr Euch doch nur ein. Nun regt Euch nicht auf, das hat doch keinen Sinn... Ich liebe Euch ja nicht. Das hat mit Hochmut nichts zu tun."

„Margit, Margit, stoßt mich nicht so von Euch", flehte er, mit verstörtem, tränenfeuchtem Gesicht zu ihr aufblickend. „Ich habe mein Herz vor Euch bloßgelegt, mich in Eure Hände gegeben..."

„Ich verrate nichts", versprach sie. Sie streckte ihre Hände durch die enge Öffnung des Fensters hinaus. Er ergriff sie und bedeckte sie mit Küssen. Doch sie zog sie schnell wieder zurück. „Ihr müßt gehen. Ich..." Sie horchte nach rückwärts. „Ich kann nicht länger... Steht auf! Ihr geht nach Savoyen. Dort..." Sie mochte nicht nochmals auf die schönen Damen hinweisen. „Dort ist dann alles gut", schloß sie etwas unsicher.

„Nichts ist gut. Dort gibt es keine Margit mehr. Ach, ich weiß, ich bin ein Narr." Er stand auf.

Sie glaubte hinter sich ein Geräusch zu hören, flüsterte nur noch rasch: „Lebt wohl! Seid in Wahrheit kein Narr!", zog sich schnell zurück, warf den Vorhang zu und den Morgenmantel über einen Stuhl, denn es klapperten wirklich Schritte auf dem Gang. Als die Kammerfrauen eintraten, lag sie wieder tief unter ihren Decken vergraben. Sie zitterte ein wenig, aber sie dachte, es sei die kühle Morgenluft, die sie frösteln gemacht hatte.

2

Bei dem schönen, ruhigen Frühlingswetter war die Schiffahrt ein reines Vergnügen. Margherita hielt sich meist an Deck auf und ließ sich den Fahrtwind um die Wangen wehen. Sie stellte fest, daß sie das Meer liebte, die ins Unendliche wogende Fläche, die blitzenden Schwingen der Möwen im Blau, schimmernde Wolkengebirge über der Küste. — „Ich weiß nicht, was schöner ist, das Meer oder unser See daheim", sagte sie.

In Genua wurde angelegt, hier kam, wie verabredet, Maria, Herzogin von Mailand, mit kleinem Gefolge an Bord.

„Es ist so schön, daß dein Gatte dich wieder einmal hat ziehen lassen", sagte Margherita zu ihr, „so hab' ich doch wenigstens einen von meinen Lieben an meiner Seite, wenn ich Hochzeit mache."

„Ich weiß auch nicht, was meinem Gatten eingefallen ist, daß er mir die Reise gestattete. Eine seiner unberechenbaren Launen... Aber der Vater selbst hätte dich nach Cosenza geleiten und dich dort deinem Bräutigam zuführen müssen, es wäre seine Pflicht gewesen. Mich wundert sehr, daß er seinen Liebling allein ziehen ließ."

„Nun, ganz allein war ich nicht", antwortete Margherita lachend. „Er konnte wirklich nicht, der Arme. Eine Versammlung Abgesandter aus sieben Ländern in Genf, ein Staatsbesuch aus, ich weiß nicht woher, in Chambéry..."

Sie saßen unter einem Sonnendach im Heck des Schiffes auf bequemen Sitzen, die beiden Schwestern waren allein. Das Gefolge hatte sich diskret zurückgezogen. Wieder einmal konnten sie ungestört plaudern — „wie damals", sagte Margherita. „Weißt du noch, in Thonon? Aber du siehst besser aus als damals, eigentlich jünger..." Sie betrachtete die Schwester. „Glücklicher. Hat — hat sich in deinem Verhältnis zu deinem Gatten etwas geändert?"

„Nein", Maria war ein wenig errötet, was sie noch jünger und hübscher aussehen ließ. Sie lenkte ab. „Wie geht es dem Vater? Er ist jetzt fünfzig. Ist er gealtert?"

„Ich merke keine Veränderung. Er ist immer noch einer der schönsten Männer, die ich kenne. Aber denke dir, wenn er ganz in die Einsiedelei übersiedelt, will er sich einen langen Bart wachsen lassen. Es wird schrecklich aussehen." Margherita kicherte.

„Verachtung der Mode, Verachtung der Welt. Ist die Einsiedelei fertig?"

„Bis auf kleine Einzelheiten, ja. Ein wunderschönes, großes Schloß, Maria, du solltest es sehen. Die sieben

Türme ragen weit über die Dächer hinaus. Sieben Häuser, eins am anderen. Vornean das große des Vaters mit der Konferenzhalle."

„Er hat also doch vor, sich auch weiterhin der Welt zu widmen?"

„Er muß. Alles, was er aufgebaut hat, ginge ja in die Brüche."

„Er will Louis nicht als Regenten einsetzen?"

„Mit der Zeit wird er auch das tun müssen. Das Recht der Erbfolge... Er ist bestrebt, ihn in das, was er zu tun hat, einzuführen. Aber er sagt, das sei ein schweres Stück Arbeit."

„Anna von Lusignan hat es also noch nicht fertiggebracht, den trägen Louis etwas lebendiger zu machen?"

„Vernarrt ist er in sie. Und tut alles, was sie will."

„War er denn auch zu träge, dich nach Cosenza zu geleiten, oder hat Anna das nicht gewollt?"

„Aber nein." Margherita schüttelte den Kopf. „Es war so gedacht, und er hätte es getan — natürlich. Aber er liegt zu Bett. Eine dumme Sache mit dem Rücken. Du weißt doch, daß er am Morgen seiner Hochzeit gestürzt ist? Nicht? Irgendein Diener hat Seifenwasser vor seiner Tür verschüttet. Er glitt aus, als er heraustrat, und stürzte auf den Rücken. Nun hat er von Zeit zu Zeit diese Schmerzen. Auch Fieber dabei."

„Nein, davon wußte ich nichts. Ich hörte nur ein Gerücht — er soll einen Unfall auf der Jagd gehabt haben."

„Ach, das war ein paar Tage vor der Hochzeit. Da ist ihm nichts passiert. Es war in den Bergen. Als er unter einer Felswand ritt, löste sich hoch über ihm ein Steinbrocken und sauste dicht hinter ihm in den Abgrund. Das Pferd wurde ganz wild, aber ein Jäger griff zu und hielt es. So kam Louis mit dem Schrecken davon. Man muß wirklich sagen, er ist zur Zeit ein Pechvogel."

„Hm." Maria sah nachdenklich auf das Meer hinaus. „Er denkt nicht daran, daß diese Unfälle — nun, daß irgendwer absichtlich den Stein löste oder die Seife verschüttete?"

Margherita lachte verblüfft auf. „Du denkst an Attentate? Aber wer sollte denn unseren guten Louis umbringen wollen? Nein, er ist ja so beliebt. Und überhaupt — in Savoyen? Daran denkt niemand."

„Man kann nie wissen. Ist Anna schön?"

„Oh — bildschön. Die Herren sagen: Wie eine Venus. Reiches, dunkles Haar, herrliche Augen, gewachsen ist sie wirklich wie eine Göttin. Alle beten sie an."

Und die kleine Margit ist überhaupt nicht eifersüchtig, dachte Maria lächelnd, man merkt, daß sie in Wahrheit doch noch ein Kind ist! „Von der großartigen Hochzeit habe ich gehört", sagte sie.

„Wer hat nicht davon gehört? Ein Fest, wie es noch nie da war — natürlich, da der Vater es selbst arrangiert hatte."

„Keine Eifersucht auch hier. Ihr eigenes Hochzeitsfest wird bei der Armut der Anjou nicht gar so prächtig ausfallen, aber sie denkt nicht daran zu vergleichen — „erzähl, Kleines", sagte Maria.

Margherita strahlte vor Eifer. „Also höre: Eine große Gesandtschaft ging nach Cypern, sie einzuholen. Die Ehe wurde dort eingesegnet. Und weißt du, wer als Louis' Stellvertreter mit der Braut vor dem Altar stand? Du errätst es nicht: der Achajus. Der Vater hatte das so bestimmt..."

„Der Achajus? Ausgerechnet? Was fiel dem Vater nur ein?"

„Er hat ihn in letzter Zeit sehr bevorzugt und ihm auch andere ehrenvolle Aufträge gegeben. Er ist jetzt in Louis' Hofstaat und wird ganz und gar als Verwandter behandelt."

„In Louis' Hofstaat? Und er hat mit dieser schönen Anna vor dem Altar gestanden? Da dürfte Gefahr im Anzug sein."

„Gefahr für Anna?"

„Oder für Louis, wie man's nehmen will. Der Achajus dürfte jetzt eine große Wirkung auf Frauen ausüben, so wie ich ihn einschätze."

„Ja", sagte Margherita etwas zögernd, „doch ja." Sie legte die Hände im Schoß zusammen und blickte auf sie nieder. Dann aber lachte sie leise. „Sie schmachten ihn alle an. Anette weint jede Nacht, weil sie sich jetzt täglich weiter von ihm entfernt." Sie dachte, den Blick gesenkt: ‚Diese Hände hat er geküßt. Soll ich es Maria erzählen? Besser nicht...'

„Ich begreife den Vater nicht", sagte Maria.

„Wahrscheinlich glaubt er in seiner Gerechtigkeit, ihm etwas schuldig zu sein. Er möchte ihn vielleicht vergessen machen, daß er ein Entrechteter ist." — ‚Dieses Wort hat er gebraucht', dachte sie.

„Er ist ein Bastard und kann keine Rechte beanspruchen."

Margherita sah noch immer nachdenklich vor sich hin. Ein Nichts, ein Bastard, ein Bettler... „Ich glaube, er empfindet es schwer, ein Bastard ohne Rechte zu sein."

„Möglich. Aber du wolltest von der Hochzeit erzählen, Schwesterchen."

„Ja, natürlich. Denke dir, Anna mußte sich drei Wochen lang in Nizza ausruhen von der Seefahrt und verbrauchte dabei eine Unmenge Geld, das der Vater herausrücken mußte. Sie hatte ein riesiges Gefolge bei sich: Sechsundzwanzig Kammerfrauen zum Beispiel, ihre Amme mit sieben Kindern, zwei Zwerginnen... Sie sagte, alle diese seien seit ihrer Kindheit bei ihr und sie könne nicht ohne sie leben."

„Da sieht man wieder einmal, wie einfach wir aufgezogen wurden, Margit."

„Ohne Zwerginnen, ja. Ich hörte, der Vater habe früher auch einen Hofzwerg gehabt. Aber er schickte ihn in Pension, er verachtet ja das Spiel mit Zwergen und Narren. Übrigens — Anna trug orientalische Gewänder, als sie ankam, sagen sie. Lauter glitzernde Schleier. Und einen Papagei hatte sie auch bei sich, der flog ihr davon, man fing ihn erst nach ihrer Abreise ein und brachte ihn ihr nach. Sie weinte seinetwegen. Er redet französisch. Na also: Im Februar kam sie endlich an. Wir standen alle vor dem Stadttor, viele Fürsten dabei, die zur Hochzeit gekommen waren, unsere Verwandten von Burgund und von Flandern, auch mein zukünftiger Herr Schwager, René, der Herzog von Lothringen, war dabei. Ein netter, freundlicher Mensch, so ein bißchen wie Louis, rundlich und gemütlich. Ach, es war so schade, daß du nicht dabei warst", rief Margherita, die Schwester umarmend.

„Ich konnte und durfte nicht, du weißt."

„Ja, ich weiß. Aber du hättest das Fest miterleben sollen. Jeden Tag zwei Banketts, und bei jedem eine Vorführung oder ein Aufzug. Herolde mit Wappen und zwölf Ritter mit den Bannern der savoyischen Länder am ersten Tag, später ein Schiffswagen mit Sirenen, die wunderschön sangen, ein Amor, der weiße Rosen an Stelle von Pfeilen verschoß. Noch viel, ach, ich weiß gar nicht mehr alles. Jeden Abend gab es einen Ball, wir trugen immer verschiedene Kleider, sowohl zu den Banketts wie zum Tanz. Du hättest sehen sollen, wie schön der Vater aussah, als er so würdig in Weiß und Gold einherschritt. Die Herren trugen goldene Kettchen an ihren Kleidern, die bei jedem Schritt klirrten, das gab solch eine liebliche Begleitung zur Musik, auch das hatte sich der Vater ausgedacht und die Kettchen verteilt."

Sie sah Marias Lächeln und fügte hinzu: „Weißt du, ich glaube, er wollte, ehe er der Welt ganz entsagt, noch einmal zeigen, wie schön er Feste arrangieren kann. Am letzten Abend trugen wir alle beim Tanz verschiedene Farben, der Vater hatte die Gruppen, die miteinander tanzen sollten, zusammengestellt und auch die Gewänder ausgewählt, so daß die Farben schön zueinander paßten: Anna war in Hellviolett, Louis in Gold und der Achajus an ihrer anderen Seite in Dunkelrot."

„Wieder der Achajus!"

„Sie drehte sich abwechselnd mit ihrem Mann und dem Achajus im Kreis. Wir waren alle ganz entzückt, sie sahen so wunderschön aus. Sogar Louis machte eine gute Figur, da konnte er noch ganz gut tanzen, erst später wurde sein Rücken so schlimm."

„Wenn nur seine Ehe nicht schlimm wird. Ihr seid von einer Vertrauensseligkeit, die ihresgleichen sucht, alle miteinander."

„Gar nicht. Was den Achajus angeht, da habe ich neulich..." Sie brach ab. Maria sah sie fragend an. ,Ach was, ich erzähle es ihr doch', dachte sie. „Er hat mir eine Liebeserklärung gemacht, jawohl", platzte sie heraus, „neulich erst, am Morgen vor der Abreise. Er kam an mein Fenster..."

„Das hat er gewagt? Dir, der Braut des Anjou, den Hof zu machen? Sag, hat das früher schon je einer versucht?"

„Nein. Es ist die erste Liebeserklärung, die ich bekommen habe", antwortete Margherita, strahlend vor Stolz. „Und was für eine. Er war ganz außer sich, fiel auf die Knie, weinte..."

„Liebe Zeit, das war gespielt, um ein Gimpelchen zu fangen. Tränen stehen Männern in solchen Fällen immer zu Gebot."

„Wie erfahren du bist!"

„Man wird es mit der Zeit. Aber hör, Kleines, im Ernst, laß dich warnen: Fall nicht auf ein solches Spiel herein."

Margherita sah wieder auf ihre Hände hinab. „Ich kann mir nicht helfen, Maria, mir kam es vor, als sei das alles echt gewesen. Er kämpfte mit seinen Tränen, er wollte nicht weinen." Die ernste Besorgnis im Gesicht der Schwester machte sie lächeln. „Aber Maria, ich habe wirklich nicht vor, ihn zu erhören."

„Erhören? Weißt du überhaupt, wovon du sprichst?"

„Natürlich. Aber er reitet ja jetzt bereits über die Berge nach Chambéry zurück. Ich habe ihm gesagt, daß daheim die schönen Damen auf ihn warten."

„Daß Anna von Lusignan auf ihn warte?"

Jetzt kicherte Margherita wieder. „Das hab ich nicht gesagt, bloß gedacht."

„Du hältst es für möglich, daß sie...?"

„Er gefällt ihr, das sieht man. Louis würde natürlich nichts merken. Aber nein, im Ernst glaub' ich's nicht. Niemand wagt am Hof ein echtes Liebesspiel, solange der Vater noch in der Nähe ist."

„Sind seine Ansichten immer noch so streng?"

„Strenger denn je. Dem Achajus würde es schlimm ergehen, wenn der Vater wüßte, daß er mir, der angetrauten Frau eines anderen Mannes, seine Liebe erklärt hat. Ich habe versprochen zu schweigen. „Weißt du, der Vater hat mir erklärt: Tugend und Sittlichkeit seien die Grundpfeiler eines wahren christlichen und menschenwürdigen Lebens. Was den Menschen vom Tier unterscheidet, sei das Wissen um seine Pflicht, das Wissen, daß Gott die Übung der Tugend von uns fordere, damit die Welt zu keinem Tummelplatz der Laster und des Bösen werde. Und ein Hof, der sich um Hochgestellte schare, müsse mit gutem Beispiel vorangehen, denn auf ihn schaue das Volk, und dessen Gesundheit und geordnetes Leben hänge daran, daß es sich seine Reinheit und seinen Gehorsam gegen Gottes Gebote bewahre. Und es sei ein Jammer, daß sich so viele Hochgestellte, auch Geistliche bis hinauf zum höchsten Amt, ihrer Pflicht, hier ein Beispiel zu geben, nicht bewußt seien."

„Das hast du gut auswendig gelernt", sagte Maria ein wenig bitter. „Bist du denn bereit, dich an diese Grundsätze zu halten — ein ganzes Leben lang?"

„Natürlich. Da es die des Vaters sind. Und richtig obendrein."

„Und du würdest auch an deinem Hof...?"

„So gut es ginge, ja. Rose und Jean de Nyon sehen einander gern, sie sind ein Pärchen, das ist klar. Aber ich möchte alles daransetzen, daß eine Heirat zwischen ihnen zustande kommt. Ich habe sowohl meinen Kaplan wie den Rat Grandson gebeten, die nötigen Schritte einzuleiten."

‚Sie ist doch kein Kind mehr', dachte Maria staunend. Sie seufzte wieder. „Mit mir wäre der Vater nicht zufrieden", sagte sie nach eine Pause sehr leise.

Margherita blickte erstaunt in das errötete Gesicht der Schwester, dann ging ihr ein Licht auf. „Du hast einen Liebsten", rief sie freudig aus. „Schwesterchen, darum schaust du jetzt so anders und glücklich drein."

„Ich habe einen Gatten", flüsterte Maria. „Wenigstens vor Gott. Wir haben uns vor dem Altar Treue geschworen und einen Priester gefunden, der unsere Verbindung eingesegnet hat. In aller Heimlichkeit."

„Aber Maria, bist du da nicht in schrecklicher Gefahr?"

„Das bin ich. Ich habe das Schicksal jener Beatrix, der ersten Frau des Visconti, immer vor Augen. Aber wir nehmen das auf uns, wir beide. Unser Glück ist es uns wert, zudem wohne ich nicht mehr im Kastell, ich habe ein Haus außerhalb der Stadt bezogen, und die Bewachung ist dort nicht mehr so streng wie früher. Das hat der Vater durchgesetzt. Aber Margit, nicht wahr, du schweigst wie das Grab? Auch der Vater darf nichts erfahren. Er würde von Bigamie sprechen. Er würde nicht begreifen, daß eine verachtete Strohwitwe auch ein wenig Glück braucht, um nicht zugrunde zu gehen."

„Ich begreife es, Maria."

„Trotz aller Grundsätze?"

„Aber ja. Da ist doch nichts von Laster, Unsitte und schlechtem Beispiel dabei."

„Ob unsere Verbindung darum Gott wohlgefälliger ist, weil wir einander heimlich angehören? Der Vater würde sagen: nein..."

„Ach was, du mußt glücklich sein, Maria. Das ist das Wichtigste. Ich freue mich." Die Schwestern umarmten einander.

„Gott erhalte dir dein gutes Herz und deinen frohen Mut", murmelte Maria an Margheritas Schulter.

„Ich denke, er wird es wohl tun", antwortete die Schwester fröhlich.

Als das Schiff wie geplant in Salerno anlegte, um Verpflegung und Trinkwasser einzunehmen, wartete dort am Kai ein Bote des Herzogs von Mailand. Maria sah das Weiß und Rot, in das er gekleidet war, und wurde leichenblaß. Das Schreiben, das er Maria überreichte, enthielt den kurzen Befehl des Visconti an seine Gattin, sofort auf dem schnellsten Weg zurückzukehren.

„Geh nicht", rief Margherita, ebenso erschrocken wie Maria. „Komm mit mir. Geh nicht!"

„Ich muß", sagte Maria. „Meinst du, ich wollte eine Auseinandersetzung zwischen Mailand und Cosenza auf dem Gewissen haben? Deine junge Ehe mit solch einer Affäre belasten? Ich muß zurück. Vielleicht", setzte sie hinzu, wie um sich selbst zu beruhigen, „vielleicht ist es nur eine seiner unberechenbaren Launen."

„Ganz gewiß ist es nur das", stimmte Margherita eifrig zu.

„Leb wohl, kleine Schwester. Ich hätte gerne auf deiner Hochzeit getanzt. Schade. Leb wohl."

Sie weinten beide, als sie sich zum Abschied umarmten.

3

Eine stattliche Gruppe reich gekleideter Männer empfing den Brautzug vor dem Stadttor von Cosenza. Vom Pferd herab spähte Margherita eifrig nach ihrem Gatten aus. Da stand vornean, herrlich angetan mit flottem Barett und kurzem rotem Umhang, der junge Herzog von Maine. Sie erkannte ihn sofort, denn er war ja bei ihrer Trauungszeremonie in Chambéry der Stellvertreter seines Bruders gewesen. Und auch der dickliche Mann in Braun neben ihm war ihr nicht fremd, er hatte ihr ebenso breit lächelnd wie jetzt, auf Louis' Hochzeit die Grüße seines Bruders und einen Strauß weißer Rosen überbracht. Da standen die beiden, die Brüder ihres Gatten, aber wo war er selbst?

Der Herzog von Maine half ihr vom Pferd und begrüßte sie mit tiefer Verneigung und huldigenden Worten, Renatus, genannt René, der den Titel Herzog von Lothringen führte, küßte sie herzlich und drückte sie an seine breite Brust. „Willkommen, schöne Braut, willkommen. Seine Hoheit freut sich unendlich. Er wird Euch am Tor des Palastes begrüßen."

Zu fragen: Warum ist mein Gemahl denn nicht zum Stadttor gekommen?, schickte sich nicht. Margherita lächelte und dankte und ließ sich die anderen Herren, die Räte und Ritter des Herzogs, vorstellen.

Der Ritt durch die Stadt war ein Triumphzug. In den geschmückten Gassen jubelten die begeisterungsfähigen Italiener der jungen Braut emphatisch zu. Manchmal kam der Zug kaum voran. Frauen warfen sich vor Margheritas Pferd zu Boden und hoben die Hände zu ihr wie zu einer Heiligen, andere küßten ihren Steigbügel. Blumen flogen, eine fing sie auf und winkte damit der Menge zu. Man hatte kurz vor Cosenza noch einmal in einer vornehmen Herberge gerastet. Margherita war in ein wunderschönes lichtblaues Gewand gekleidet worden, sie trug eine hohe Haube, von der ein golddurchwirkter Schleier wehte. Sie wußte, daß sie schön aussah, daß ihre kindhafte Erscheinung und ihr frisches Gesicht die Menge entzückte. Unbefangen freute sie sich an allem, fühlte sich von der allgemeinen Begeisterung getragen und ritt strahlend durch die engen, düsteren Gäßchen der alten Stadt, die ihre Lieblichkeit und ihr Lachen zu erhellen schienen.

So gelangte der Zug schließlich zum Schloß, das, ein großer, dunkler, zinnengekrönter Bau aus der Normannenzeit, erhöht über der Stadt lag. Und dort vor dem alten, schweren Torbau erwartete nun wirklich Herzog Louis von Anjou, Erbe von Neapel und Sizilien, seine Braut. Sie sah ihn stehen, auf einen Stab gestützt, aber aufrecht, einen nicht allzu großen Mann im Pelzumhang und langem, reich verziertem Gewand. Unter dem von einem Goldreif umschlossenen Hut blickten ihr, tief in den Höhlen liegend, seine Augen entgegen. Es lag ein seltsam starrer, harter Ausdruck auf dem schmallippigen, graublassen Gesicht, das keine Regung zeigte. „Ist er das?" fragte sich Margherita, nun doch erschrocken. ‚Das kann er doch nicht sein. Es ist unmöglich. Ein alter Mann — älter als der Vater. Er soll einunddreißig sein, der Vater ist fünfzig. Keine Ähnlichkeit, gar keine, mit dem Bild, das man mir geschickt hat und das einen hübschen jungen Mann zeigt. Aber dieser da steht vornean mit dem Goldreif um den Hut. Warum bewegt er sich nicht, warum lächelt er nicht? Freut er sich denn gar nicht darüber, daß ich zu ihm komme?'

Es war wieder der Herzog von Maine, der sie vom Pferd hob, der Mann mit dem Goldreif rührte sich nicht. Als Margherita dann vor ihm stand und sich verneigte, beugte auch er langsam den Rücken, er streckte die Hand aus, und als sie die ihre hineinlegte, spürte sie einen krampfhaften Druck. Der Mann neigte sich tiefer, als wolle er die kleine Hand küssen, ließ es aber und richtete sich wieder auf. Dabei verzerrte sich sein Gesicht für einen Augenblick, als litte er unerträgliche Schmerzen. Und da begriff Margherita: Dieser Mann war krank, schwer krank und vermochte sich ohne Schmerzen nicht zu bewegen. Man hatte in Savoyen wohl gehört, die alte Wunde mache ihm noch einige Beschwer, aber man hatte nicht gewußt, daß er so krank war. Ihre Enttäuschung ertrank in Mitleid. Was mußte es diesen Mann kosten, sie trotz seiner Schmerzen hier vor dem Tor zu empfangen? Seine Augen blickten sie ja an, als fürchte er sich vor ihr, als sei es der leibhaftige Tod, der vor ihm stände, und nicht seine junge Braut.

Sie drückte seine Hand und lächelte ihn freundlich beruhigend an. Im Augenblick fiel ihr nichts ein, was sie sonst hätte tun können, um ihr Mitgefühl auszudrücken.

Er hielt ihre Hand und wandte sich mühsam um. Mit langsamen, schweren Schritten, führte er sie durch ein Spalier sich verneigender Höflinge über den Platz zum Palasttor. Die wenigen Stufen, die zum Portal emporführten, überwand er mit Hilfe seines Stockes und einer sichtbaren großen Anstrengung.

Sie betraten eine steinerne Halle, die mit Teppichen ausgelegt war. Hier ließ der Herzog Margheritas Hand los und verneigte sich wieder. Mit heiser krächzender Stimme brachte er ein mühsames: „Willkommen, Euer

Gnaden, willkommen", hervor und setzte noch, um Atem ringend, hinzu: „Ich hoffe, Ihr werdet Euch hier wohlfühlen und nichts vermissen." Damit überlieferte er sie mit einer kleinen Kopfwendung seinem Bruder Renatus, drehte sich um und schritt langsam und aufrecht durch die sich teilende Menge der Höflinge auf einen Seitengang zu, der hier in die Halle mündete. Margherita blickte ihm nach und sah, daß zwei Männer, die dort gewartet hatten, ihn sofort unter beide Arme faßten und mehr in die Dunkelheit des Ganges hineinschleppten als führten.

Sie drehte sich um, und ihr bekümmert fragender Blick traf sich mit dem des Thronfolgers. Der nickte: „Seine Hoheit fühlt sich nicht ganz wohl", erklärte er leise. „Aber es hat nichts zu bedeuten. Morgen zur Hochzeit wird er wohlauf sein. Und Ihr könnt versichert sein, liebreizende Frau Schwägerin, er freut sich ebensosehr über Eure Ankunft wie wir alle."

Margherita bezweifelte das zwar, lächelte aber, ließ sich Erfrischungen reichen, nippte an einem Weinbecher und begrüßte eine weitere Schar Personen, die man ihr vorstellte. Dann wurde sie in ihre Gemächer geleitet, wo sie ruhen und sich auf die Anstrengungen des folgenden Tages vorbereiten sollte, wie ihr gesagt wurde.

Natürlich hatte Margherita nicht die geringste Lust zu ruhen. Man hatte ihrem eigenen kleinen Hofstaat noch etliche Damen des neapolitanischen Hofes zugesellt. Zunächst versuchte sie, ihr nicht sehr gutes Italienisch ausprobierend, ein wenig mit diesen zu plaudern. Sie waren zumeist jung und gefielen ihr gut. Zum Glück stellte es sich heraus, daß die meisten von ihnen französisch sprachen. Bald war ein zwitscherndes Gespräch im Gange. Alle waren entzückt von ihrer neuen Herrin, küßten ihren Rock und ihre Hände und versicherten ihr, sie hätten sie sich längst nicht so reizend und so jung vorgestellt. „Ach", sagte eine mit einem Seufzer, „ich sehe: Jetzt wird es doch ein wenig lustiger werden an diesem traurigen Hof. Wie gut wird uns allen das tun, wie gut."

Nach einer Weile entließ Margherita dann die Damen und bat nur Rose und Anette und einige Kammerfrauen, ihr dabei zu helfen, sich einzurichten. Inzwischen waren die Kisten und Ballen gebracht und geöffnet worden, die ihre persönliche Habe enthielten. Margherita ließ es sich nicht nehmen, selbst mit auszupacken und alle die Dinge, die zu ihrem täglichen Bedarf gehörten, in den Räumen, die ihr zur Verfügung standen, unterzubringen.

Es war ein ganzer Seitenflügel des riesigen, labyrinthartigen Schlosses, den sie bewohnen sollte. Die großen, kalten Zimmer waren mit einer Pracht eingerichtet, von der man erst bei näherem Hinsehen bemerkte, wie zerschlissen und mangelhaft sie war. Überall brannten Kerzen oder Öllichter, denn die winzigen Fensterluken ließen kaum Licht herein. Margherita fand, es sei hier längst nicht so schön wie in den roten, warm durchleuchteten Zimmern in Ripaille oder in ihren hohen Gemächern in Morge, wo durch große Bogenfenster das blaue Licht des Sees hereinspiegelte. Aber sie wußte ja: So schön wie an ihrem geliebten See konnte es eben nirgendwo in der Welt sein, sie hatte gar nicht erwartet, hier ein Paradies vorzufinden. Unverdrossen ging sie daran, der schäbigen Pracht dieser Zimmer etwas aufzuhelfen, und die Freundinnen und Dienerinnen unterstützten sie dabei mit viel Gelächter, das wunderlich von den uralten kahlen Wänden widerhallte. Sie liefen hin und her, drapierten bunte Tücher über die fleckigen Truhen, verteilten bestickte Kissen über die Ruhebetten und steiflehnigen Stühle, füllten die leere Ankleidekammer mit Margheritas schönen Gewändern, stellten Krüge und Silberschüsseln auf und schleppten Wassereimer herbei, so daß Margherita sich endlich den Reisestaub abwaschen konnte. „Wir müssen einen Maler haben, der uns Ranken und Blumen auf diese langweiligen Wände zaubert", rief Rose.

„Du hast ganz recht", antwortete Margherita, deren rosiges Gesicht eben triefend aus der Silberschüssel auftauchte, „das müssen wir haben, Rosen und Grünzeug an den Wänden. Auch im Toilettezimmer und im Gabinetto. Ich werde es meinem Gatten sagen."

Aber wie sie das aussprach, zögerte sie dann doch, und das Handtuch, das ihr Anette reichte, hing für einen Augenblick schlaff herab, ehe sie ihr Gesicht in ihm vergrub. ‚Werde ich überhaupt Gelegenheit haben, ihm irgend etwas zu sagen? Mein Gatte — er ist es vor Gott. Der Ehevertrag wurde in der Kirche zu Chambéry beschworen. Aber jetzt? Ein steifer, schwerkranker alter Mann, den die Diener wegschleppen...Wir werden sehen', tröstete sie sich dann selbst und trocknete sich das Gesicht ab.

Am Nachmittag kam die zweite Braut an, jene italienische Dame, die, wie Margherita wußte, Cambella, Principessa Ruffo de Sessa hieß. Die Mädchen hörten die Fanfarenrufe, und Margherita und ihre Freundinnen drängten ihre Köpfe in jene Luken, die auf den Schloßhof hinabsahen.

Drunten wimmelte es von Menschen. Der Brautzug war schon im Hof. Eine Sänfte wurde vor dem Portal niedergesetzt. Ein winziges Fußspitzchen im Seidenschuh schob sich daraus hervor. Charles, der Herzog von Maine, noch schöner angetan als am Vormittag, stürzte vor, half seiner Braut aus der Sänfte und küßte sie stürmisch. Man hatte Margherita erzählt, daß er die Dame schon seit Jahren kenne und glühend verliebt in sie sei. Er wollte sie jetzt gar nicht mehr aus seinen Armen lassen, das Seidentuch, das sie über dem Haar trug, glitt herab, die an den Fenstern Lauernden sahen ein feines, wie aus Elfenbein geschnittenes Gesicht unter tiefschwarzem Haar, Juwelen glitzerten... „Ach, wie ist sie schön", rief Margherita begeistert aus.

„Ihr seid schöner", erklärte Anette sofort mit Überzeugung.

Margherita richtete sich lachend auf. „Durchaus nicht. Weißt du, Mädchen mit dunklem Haar sind, wenn sie schön sind, immer besonders schön. Ich bin ganz nett, aber..." Sie verstummte. — ‚Ich habe ja auch keinen Gatten, der glühend in mich verliebt ist', dachte sie, ,da ist es nicht wichtig, ob ich etwas mehr oder weniger schön bin.'

Später ließ sich Schwager René bei ihr melden. Er staunte über die Veränderung, die die Zimmer erfahren hatten. „Seid Ihr eine Zauberin?" fragte er lachend. „Ihr streut Schönheit um Euch her. Wo habt Ihr das gelernt?"

„Bei meinem Herrn Vater", antwortete sie. „Er sorgt immer dafür, daß alles schön ist, was ihn und uns umgibt."

„Noch eine verblüffende Eigenschaft mehr zu all den anderen, die Euren frommen und klugen Vater einzigartig machen."

„Er ist auch einzigartig."

„Ist es Euch schwer geworden, ihn zu verlassen?"

„Ja. Aber andererseits sehe ich auch gerne einmal etwas Neues."

Er lachte auf. „Nun, neu wird Euch hier manches vorkommen. Ob aber auch ebenso gut wie das, woran Ihr gewöhnt seid?" Er trat einen Schritt näher. „Ich bin gekommen, kleine Schwägerin, um zu fragen, ob Ihr meint, es werde Euch hier gefallen? Ob Ihr alles habt, was Euch genehm ist, oder ob wir irgend etwas tun können, um Euch zu erfreuen und Euch das Einleben zu erleichtern?"

Sie strahlte ihn an. „Das ist sehr freundlich von Euch. Aber ich glaube, ich habe alles, was ich brauche. Meine Anette hier meinte, vielleicht könne ein Maler auf die Wände grüne Ranken und bunte Blumen malen, das würde hübsch aussehen. Aber das hat Zeit. Anette, laß uns einen Augenblick allein." Sie schickte die errötete Freundin weg und sah dann groß und offen, aber ganz ernst zu dem Mann auf, der lächelnd vor ihr stand. „Da Ihr gerade hier seid, mein lieber Herr Schwager, möchte ich Euch gern etwas fragen."

„Bitte, kleine Majestät. Stets zu Euren Diensten."

„Ich bin noch keine Majestät, Herr Schwager."

Er lachte. „Wir machen manchmal eine Anleihe an die Zukunft, wir hier. Es gibt viele, die den Erben der Krone von Neapel-Sizilien jetzt schon König nennen und als Majestät ansprechen. Von Rechts wegen müßte er es ja auch sein. Was wolltet Ihr fragen?"

„Nicht wahr, mein Gatte ist sehr krank?"

Nun wurde auch er ernst und sichtlich etwas verlegen.

„Bitte versucht nicht, mich zu täuschen. Sagt mir, wie es steht. Er nimmt sich mit so viel Mühe zusammen."

„Das habt Ihr gesehen?" Er versuchte nun nicht mehr auszuweichen.

„Natürlich."

„Er selbst hofft, man bemerke es nicht allzusehr. Ja, er nimmt sich geradezu heldenhaft zusammen. Er wird das auch morgen bei den Hochzeitsfeierlichkeiten tun, habt keine Sorge."

„Aber wird er diese Feierlichkeiten überhaupt durchstehen können?"

„Wir hoffen es. Er *will* es jedenfalls, und er hat einen sehr starken Willen."

„Aber *muß* das denn sein? Diese ganze dreitägige Hochzeit, die ihm doch zu einer Qual werden muß? Man sieht doch, wie sehr er leidet. — Das heißt, ich habe es gesehen. Ich bin ja seine Frau. Da schaut man mit aufmerksameren Augen als andere, nicht wahr", setzte sie leise hinzu.

„Mit Augen der Liebe? Das ist in diesem Fall doch kaum möglich." Er faßte ihre Hand. „Margherita, seid Ihr enttäuscht? Böse? Ja, er ist sehr schwer krank..."

Sie schüttelte heftig den Kopf. „Warum sollte ich böse sein?"

„Ihr könntet Euch betrogen fühlen. Glaubt mir, wir hatten nicht erwartet, daß diese seltsame Krankheit solche Ausmaße annehmen würde. Die Wunde war längst verheilt, die kleinen Übel, die sich zunächst einstellten, nahmen die Ärzte nicht ernst. Seine Hoheit ist nicht der Mensch, der jammert. Alles schien gut, Louis ein gesunder Mann, als wir die Verhandlungen mit Eurem Herrn Vater einleiteten. Und als die Lähmungserscheinungen auftraten, die Schmerzen, sagten die Ärzte, das werde alles sehr schnell wieder vorübergehen. Der schlimme

Zustand, die Wende zum Schlechten trat erst ein, als Ihr schon unterwegs wart. Und wir hoffen ja immer noch auf Besserung, auf Genesung. Wir hoffen, daß er wieder werden wird wie früher." René sprach eifrig auf sie ein. "Er muß Euch jetzt kalt, unfreundlich erscheinen. Aber ich versichere Euch, er war ein freundlicher, umgänglicher Mensch, ehe..." Er brach traurig ab.

"Ich glaube es", sagte sie.

"Ihr sollt nichts entbehren. Das Leben hier soll wieder heiterer werden. Wir wollen Feste veranstalten. In nächster Zeit werden wir des öfteren zur Jagd ausreiten..."

Ihre Augen leuchteten auf, doch dann senkte sie den Kopf. "Und *er* kann nicht dabei sein? Dann werde ich auch nicht mitreiten."

"Aber nein, Ihr müßt. Er selbst will nicht, daß man ihn bedauert; daß Ihr ein Trauerleben führen sollt..."

"Wir werden sehen", sagte Margherita, eine Lieblingswendung ihres Vaters benutzend.

"Auf alle Fälle: Macht Euch keine Sorgen der Hochzeit wegen. Es wird ein schöner Tag werden — morgen. Eine Doppelhochzeit im Dom, der Bischof wird die Paare einsegnen. Ihr werdet noch Verhaltungsmaßregeln bekommen. Aber jetzt... Hättet Ihr Lust, Eure neue Schwägerin kennenzulernen? Es findet drüben im anderen Bau ein kleiner Empfang statt..."

"O ja, das möchte ich natürlich gern. Ich habe sie vom Fenster aus gesehen, sie ist sehr schön."

Jetzt lachte er wieder. "Ach, wie schade, daß ich nicht an Louis' Stelle bin", sagte er, sie liebevoll betrachtend.

Sie war ganz Würde. "Ich meine gehört zu haben, daß Ihr verheiratet seid", wies sie ihn zurecht.

"Leider ja", seufzte er.

Ihr helles Lachen durchschwirrte den großen Raum. "Schämt Euch, so etwas zu sagen. Überdies", setzte sie ernster hinzu, "Ihr solltet Euch wirklich nicht an Eures kranken Bruders Stelle wünschen, wißt Ihr."

"Schachmatt. Mir scheint, daß Ihr zu jenen Frauen gehört, die immer recht haben", schloß René liebenswürdig.

4

Die kirchliche Feier verlief tatsächlich ohne Störung. Der Dom von Cosenza, ein alter, großer Bau mit schweren Pfeilern, war durchflutet von Hymnengesang, Weihrauchwolken, farbigem Licht, das durch die hochgelegenen bunten Fenster einfiel. Die Schar der Hochzeitsgäste, die ihn füllte, glänzte in der Schönheit farbenfroher Gewänder und blitzenden, funkelnden Schmuckes, Margherita trug über ihrem Schleier ein kleines, mit Diamanten besetztes Krönchen von herrlicher Arbeit, ein Geschenk ihres Gatten, ihr Kleid war wunderschön, wurde an Reichtum aber noch von dem der jungen Cambella Ruffo übertroffen, das über und über mit funkelnden Steinen besetzt war.

Der Bischof im prächtigen Ornat segnete die beiden Paare ein, und Margherita hätte nach ihrer Art all die Feierlichkeiten in vollen Zügen genossen, wäre nicht die Sorge um den Mann gewesen, an dessen Seite sie nun vor dem Altar stand. Er hielt sich vollkommen aufrecht wie am Tag zuvor und jetzt sogar ohne Stock. Mit zusammengepreßten Lippen und dem Ausdruck äußerster Anspannung auf dem weißen, eingefallenen Gesicht, blickte er doch ernst und gesammelt den Bischof an, ein Bild ruhiger Würde, die sich in keinem Augenblick etwas vergab.

Margherita bewunderte seine Tapferkeit und war immer nahe daran, vor Mitleid mit ihm zu weinen.

„Ich bitte Euch herzlich, laßt es ihn nicht merken, daß Ihr erkannt habt, wie sehr er leidet. Er glaubt, seine Mühsal gut zu verbergen. Nehmt ihm nach Möglichkeit nicht diesen letzten Halt seines königlichen Stolzes", hatte Schwager René eindringlich zu ihr gesagt, ehe er sie zu der vor dem Schloßtor wartenden Sänfte geführt hatte.

So stand sie lächelnd neben ihm, bemüht, ebenso sorglos glücklich wie andächtig auszusehen. Aber ihre Gedanken konzentrierten sich die ganze Zeit über nur darauf, wie sie ihm Halt geben könnte, falls seine

Kräfte versagen sollten. Als sie ein leichtes Schwanken seines mit einem schweren Mantel belasteten Körpers spürte, suchte ihre Hand sofort die seine und hielt sie fest. Sie ließ sie los, griff aber nach einer Weile, als sich das Schwanken wiederholte, aufs neue zu. Ganz am Ende der heiligen Handlung aber, als der Herzog plötzlich zur Seite sank und dabei schwer keuchte und sich auf die Lippen biß, faßte sie ihn ganz fest unter dem Arm und hielt ihn so unauffällig wie möglich aufrecht, bis der Schwächeanfall vorüber war. Eben setzte lauter Gesang von den Emporen ein, und der Bischof drehte sich zum Altar um, da wandte der Herzog dem kleinen Mädchen an seiner Seite leicht das Gesicht zu, und zum ersten Mal stand etwas wie Freundlichkeit, fast ein Lächeln in seinen Augen. „Danke", formten seine Lippen, und Margherita lächelte zurück.

Langsam durchschritten sie den Mittelgang, dem Portal zu. Und da sie jetzt Hand in Hand gingen, hatte sie immer wieder Gelegenheit, ihn ein wenig zu stützen und ihre Schritte seinem mühsamen Gehen anzupassen, so daß es eher aussah, als sei sie es, die ganz langsam zu schreiten wünschte.

So traten sie in das strahlende Sonnenlicht hinaus und in den ungeheuren Jubel des Volkes, der ihnen vom Kirchplatz herauf entgegenbrauste. Sie standen, winkten, grüßten, Blumen flogen, Hüte wurden in die Luft geworfen. „Eviva il re! Eviva la regina bellissima!"

Unten stand eine große Sänfte für sie beide bereit. Es galt nur, den Herzog die Stufen hinabzubringen. Bruder René ging an der einen Seite des Kranken, Margherita an der anderen. Daß sie seinen Arm nahm, sah wie Höflichkeit oder Zärtlichkeit aus. So gelang das schwierige Unternehmen, der Herzog erreichte ohne Unfall seine Sänfte.

Als sie nebeneinander auf dem Bänkchen saßen, ließ Louis von Anjou seinen Kopf mit einem Stöhnen nach hinten auf das Rückenkissen fallen und keuchte schwer. Also verbarg er wenigstens vor ihr sein Leiden nicht mehr. Das erleichterte Margherita, so mußte sie nicht länger die Unwissende spielen. Sie legte sanft die Hand auf die seine, die krampfhaft zuckte, und flüsterte: „Seid geduldig, gleich wird alles wieder besser."

Von draußen drang durch die offenen Fenster der Jubel des Volkes herein, der jetzt dem zweiten Hochzeitspaar galt, das vor der Domtür stand. Doch dann setzte sich die Sänfte in Bewegung, und auch um sie brauste der Jubel auf.

Der Herzog richtete sich empor. Mit starrem Gesicht nickte er den Jubelnden zu, während Margherita die Blumen, die in die Sänfte geworfen wurden, lachend auffing und mit ihnen winkte wie bei ihrem Einzug. Dann aber legte sie schnell die Hand auf den Arm ihres Gatten und flüsterte: „Wir müssen jetzt ein bißchen lächeln, sonst werden die Leute da draußen traurig."

„Ich weiß", murmelte er und bemühte sich nun tatsächlich um ein Verziehen des Mundes.

Wieder bedeckte sie mit ihrer Hand die seine. „Ihr seid sehr tapfer", sagte sie leise.

Er drehte den Kopf zu ihr. „Und Ihr ein sehr liebes Kind."

Sie lachte auf. „Ich bin kein Kind mehr, ich sehe nur so aus."

Blumen über Blumen kamen durchs Fenster geflogen. Es regnete geradezu duftende Blüten und Grün. Margherita fiel die Geldbörse ein, die man ihr beim Einsteigen gegeben hatte. „Ach, wozu hab ich denn das viele Geld? Ich muß es doch zum Fenster hinauswerfen."

Mit vollen Händen streute sie die Münzen unters Volk und dazu auch die Blumen, unter deren Last sie fast erstickte. „Hier und hier und hier! Ach, der Tölpel, er sollte doch die Münze haben, jetzt hat sie ein anderer, wie dumm. Komm her, kleines Mädchen, du kriegst ein ganz schönes Goldstück und noch eine Rose dazu. Nicht drängeln, Leute, ihr stoßt ja noch die Sänfte um, wie sollen wir denn da durchkommen? Schlagt euch nicht tot, ihr Lausbuben, ihr kriegt alle was. Hier und hier und hier..."

Langsam bahnte sich die Sänfte ihren Weg durch die Menge, Margherita teilte ihre Gaben aus und lachte und schwatzte auf französisch, das fast niemand verstand, das aber das Volk in einen Zustand der Ekstase versetzte und somit die Sänfte ernsthaft gefährdete.

„Ihr seid doch ein Kind", sagte der Mann neben Margherita. Sie wandte den Kopf zurück und sah, daß er jetzt ganz ungekünstelt lächelte, ja sogar ein wenig lachte. Und irgendwo aus der Menschenmenge hörte sie eine Stimme sagen: „Er ist doch ein freundlicher Herr, unser Re Lodovico!"

„König" und „Königin" hatten nur wenig Zeit, um sich auszuruhen und die Kleider zu wechseln, denn sehr bald begann das große Bankett. Dennoch schien Louis von Anjou sich etwas erholt zu haben. Er saß still und aufrecht an der Tafel neben Margherita, sprach kaum und aß und trank nur wenig, aber sein Gesicht wirkte entspannter, weniger starr und grau als im Dom, hier und da brachte er sogar ein Lächeln zustande. Margherita hoffte, daß der Wein ihm gut tue, und winkte, als sie seinen Becher leer sah, dem Mundschenk, damit er ihn wieder fülle. Doch der Herzog schüttelte den Kopf und wies die silberne Weinkanne mit einer matten Handbewegung zurück.

„Ihr müßt trinken", flüsterte sie. „Damit Ihr fröhlicher werdet."

„Davon werde ich nicht fröhlich, mein liebes Kind", murmelte er kaum hörbar. „Nur betrunken! Ich vertrage nichts mehr. Aber" — er besann sich — „ich werde ja wohl einen Trinkspruch ausbringen müssen, das wird mir nicht erspart bleiben. Also — noch ein wenig Wein in den Becher — nicht viel..."

Besorgt beobachtete Margherita, wie er sich schwerfällig erhob. Doch seine Stimme klang, wenn auch heiser, so doch verständlich und nicht leise, als er eine kurze Ansprache an seine Gäste hielt und ihnen für die Worte dankte, die bereits in vielen, langen Ansprachen an der Tafel erklungen waren. Er leerte seinen Becher und setzte sich wieder. Nur Margherita hörte seinen

Seufzer, der in den allgemeinen Hochrufen unterging.

Jetzt war sein Gesicht wieder ganz grau. Seine Hände umkrampften die Stuhllehnen. „Das war zu anstrengend", flüsterte sie. „Von jetzt an bleibt Ihr aber bitte sitzen, hört Ihr."

„Zu Befehl, mein Kommandant", murmelte er.

Margherita kicherte, aber das Lachen verging ihr. Sie hatte nach seiner Hand getastet und dabei sein Gelenk umspannt. Da spürte sie, wie sein Puls in ungleichem, wirrem Takt geradezu raste.

„Ihr solltet Euch hinlegen."

„Nein", antwortete er nur. „Es wird gleich besser werden."

Er hielt durch.

Ganz so prächtig ging es bei dieser Hochzeit nicht zu wie bei der des Thronerben von Savoyen. Margherita hatte ja die Möglichkeit, Vergleiche zu ziehen. Aber immerhin — es gab Schaugerichte auf der Tafel, einen riesigen Schwan zum Beispiel, dessen Gefieder aus Marzipan gefertigt war, es gab reizende Tanzvorführungen in Volkstrachten und eine Göttin in griechischem Gewand, die eine Hymne zum Lobe der beiden glücklichen Paare sang. Einen Ball nach dem Bankett gab es nicht, sicher mit Rücksicht auf die Tatsache, daß „il re" nicht tanzen konnte.

Margherita hatte sich an den Darbietungen erfreut, aber als Louis und sie unter Fanfarengeschmetter den Saal verließen, konnte sie ein leises „Gott sei Dank — endlich" nicht unterdrücken. René, der ihnen auf dem Fuß folgte, und etliche Diener, die hinzusprangen, führten den Kranken in seine Gemächer, während Margherita mit ihren Damen die ihren aufsuchte.

Nun mußte aber noch zwei weitere Tage gefeiert werden. Das Geld, das Margheritas Vater zugesteuert hatte, reichte offenbar für noch etliche hübsche Vorführungen, wie einen Amorettenwagen und einen Zwergentanz. An diesem zweiten Tag des Festes fand zu allgemeinem Staunen doch ein Ball statt. Margherita hörte, die Gattin des Herzogs von Maine habe darauf bestanden, daß trotz allem getanzt werde. Sie sei ihrem Gatten so lange deswegen in den Ohren gelegen, bis dieser seinen Bruder befragt und die Erlaubnis zur Veranstaltung eines Balles erhalten habe.

„Das ist sehr unrecht", rief Margherita zornig aus, als Herzog René ihr die Nachricht brachte. „Mein Gatte kann nicht tanzen, so brauchen die anderen es auch nicht zu tun. Diese italienische Dame will nur ihre Schönheit zeigen. Sicher sieht sie wundervoll aus, wenn sie tanzt, so schlank und groß wie sie ist, aber dergleichen ist doch unter den jetzigen Umständen ganz unwichtig."

„Ihr habt vollkommen recht", René lächelte, „bei meiner Figur" — er klopfte sich auf sein rundliches Bäuchlein — „lege auch ich keinen großen Wert aufs Tanzen, aber der König hat die Erlaubnis gegeben — also... Er wird zuschauen. Und wenn Ihr, kleine Majestät, mit mir Ungeschicktem als Tänzer vorlieb nehmen wolltet..."

„Ich tanze nicht", erklärte sie würdevoll, „nicht deswegen, weil ich Euch nicht als Tänzer haben möchte — Ihr seid sicher nicht so ungeschickt, wie Ihr vorgebt, aber ich ziehe es vor, auch zuzuschauen, wenn mein Gatte das tun muß."

„Er wünscht, daß Ihr tanzt. So wie ich ihn kenne, würde er es bitter empfinden, wenn er Euch des Vergnügens, das Eure Jugend verlangt, beraubte. Und glaubt Ihr nicht, daß auch Ihr wundervoll aussehen würdet, wenn Ihr tanztet, und daß Euer Reiz den jener großen italienischen Dame weit überstrahlen würde?"

Jetzt lachte sie wieder. „Solch höfisch-höfliche Phrasen beeindrucken mich nicht, lieber Herr Schwager. Sie stehen Euch nicht gut zu Gesicht. Als ehrlicher Mensch müßt Ihr zugeben, daß sie viel schöner ist als ich."

„Aber Ihr seid die Anmut selbst. Ich bin ganz ehrlich, wenn ich das sage. Ich schwöre es. Ihr seht gewißlich aus wie eine Elfe, wenn Ihr im Tanz dahinschwebt."

Ihr Lachen verlor sich. Plötzlich mußte sie an jenen Tag in Ripaille denken, als sie ihrem Vater unter dem

Nußbaum gezeigt hatte, daß sie ebenso schwebend tanzen konnte wie ihre Mutter. Sie hatte ihn dazu gebracht, im Tanzschritt den Weg zum Schloß hinabzugehen. Ihren Gatten aber würde sie selbst dazu nicht bringen können. Würde sie ihm sein können, was die Mutter dem Vater gewesen war? „Meine Mutter tanzte sehr gut", sagte sie unvermittelt aus ihren Gedanken heraus.

„Man hört, daß Ihr Eurer Frau Mutter sehr ähnlich seid. Also müßt Ihr beweisen, daß Ihr ebenso gut tanzt wie sie."

„Wir werden sehen", sagte Margherita.

Als die Fanfaren den Beginn des Tanzes ankündigten und sich der Ballsaal mit reich gekleideten Paaren füllte, mit Frauen in weit ausgeschnittenen, glänzenden Roben und glitzerndem Kopfschmuck und mit Männern, die Schuhe mit langen Spitzen und klirrende Ketten oder Glöckchenschmuck trugen, da wurde auf französisch und italienisch verkündet, der Herr König werde mit der Frau Königin den Tanz eröffnen. Margherita, die eben mit René und dem herzoglichen Paar von Maine die Vorhalle betrat, blieb erschrocken stehen. „Aber nein, das geht doch nicht."

„Er will es", sagte René leise und ergriff ihre Hand.

Aber sie widersetzte sich. „Er darf nicht, er schadet sich."

„Bitte nicht so laut, kleine Majestät. Louis fühlt sich heute recht wohl, wie er sagt. Ich glaube, er kann einen langsamen Schritttanz mit Euch verkraften."

Beim heutigen Bankett hatte der Kranke tatsächlich einen gesünderen Eindruck gemacht als gestern. Er hatte sogar ein paar liebenswürdig scherzende Worte gesprochen. Aber tanzen? ‚Er tut es womöglich um meinetwillen', dachte sie. ‚Damit ich dem Tanz nicht fernbleibe.' Der Gedanke erregte sie noch mehr. „Er soll es nicht tun, er darf es nicht tun", rief sie, unbekümmert darum, ob jemand es höre oder nicht.

„Ruhig, ruhig", mahnte René. Er war nun etwas ärgerlich. „Der Königswille ist Gesetz, fügen wir uns."

Die Fanfaren schmetterten. An der Hand ihres Schwagers betrat Margherita den Saal, den unzählige Kerzen erhellten. Da stand Louis von Anjou ruhig und lächelnd. Sie verneigte sich vor ihm, aber ihre Augen sahen ihn flehend an. Ihre Lippen formten tonlos: „Ihr dürft nicht..."

Er antwortete ebenso: „Ich will aber." Fast unhörbar folgten noch ein paar Worte, deren Sinn sie mehr erriet als vernahm: „Einmal mit Euch — wenigstens einmal..."

Sie begriff, daß sie nichts mehr einwenden durfte, und senkte den Kopf.

Er verneigte sich tief vor ihr, und es sah nicht einmal aus, als mache es ihm Beschwerden. „Wollen Eure Majestät mir die Ehre geben?" fragte er.

Sie reichte ihm die Hand, und sie schritten zur Mitte des Saales, während die Fanfaren die großen Räume mit ihren Rufen erfüllten.

Sie tanzten allein. Die Gäste standen und sahen ihnen zu. Es war eine langsam schwingende, feierliche Sarabande, die sie schritten. Sie verneigten sich, sie drehten sich und gingen wieder Hand in Hand weiter. Margherita dachte: ‚Wie leicht und gut muß er getanzt haben, als er noch gesund war.' Selbst jetzt bewegte er sich noch mit Grazie, wenn auch ein wenig steif und mühsam. Sie drehte sich unter seinem erhobenen Arm durch und sah ihn lächelnd an. „Ihr tanzt, als schwebtet Ihr", sagte er leise, während er sie nochmals drehte. Sie errötete vor Vergnügen. „Ihr auch", antwortete sie.

Aber dann merkte sie, daß feine Schweißperlen auf seiner Stirn standen und sein Atem schwerer ging. Sein Lächeln bekam etwas Verzerrtes, und einmal stolperte er. „Aufhören?" formten ihre Lippen.

„Nein", antworteten die seinen.

Sehr lange dauerte der Tanz nicht. In guter Haltung führte Louis von Anjou Margherita zu dem Sessel, der neben dem seinen stand. An ihrer anderen Seite saß Cambella, die jetzt die Herzogin von Maine war. Ihr schönes Gesicht zeigte einen finsteren Ausdruck, doch ihr Gatte legte leicht den Arm um sie und flüsterte ihr einige Worte ins Ohr. Da lächelte sie, und als Margherita, nur um etwas zu sagen, sie fragte, ob sie gerne tanze, antwortete sie auf italienisch: „O ja, wenn es höfisch dabei zugeht. In Euer Gnaden Heimat tanzt man im allgemeinen drollige Bauerntänze — auch bei Hof, wie ich gehört habe?"

Margherita begriff nicht, warum der Herzog René, der vor ihr stand, um sie zum nächsten Tanz abzuholen, die Stirn runzelte. Im Aufstehen antwortete sie fröhlich: „O ja, höfische Tänze und Bauerntänze, beides." Die Musik fing bereits zu spielen an, und sie rief noch über die Schulter zurück: „Das, was jetzt folgt, ist übrigens auch ein Bauerntanz, das wißt Ihr wohl?"

Als René sie in den raschen Rhythmus des Tanzes schwang, sagte er leise: „Macht Euch nichts draus, kleine Majestät. Sie ist nur eifersüchtig auf Eure Schönheit."

„Ach — meint Ihr, sie habe sagen wollen, ich tanze wie ein Bauernmädchen?"

„So schien es mir, aber..."

Margherita lachte hell. „Sie kennt eben unsere savoyischen Bauernmädchen nicht. Die tanzen behender und lieblicher als die Hofdamen. Das ist kein Vergleich, der mich kränkt."

„Wenn sie so tanzen wie Ihr..." Herzog René war schon ganz außer Atem. Margherita hüpfte, drehte sich, sprang, wie der Tanz es verlangte, schnell und biegsam. Sie genoß den Tanz, ohne jetzt an irgend etwas anderes zu denken. Es war so schön, sich springend zu drehen, so daß der ganze Saal mit all seinem Kerzenlicht sich mitzudrehen schien, immer herum im Kreis, den alle die Paare bildeten, die auch hüpften, sprangen und sich drehten...

Louis von Anjou sah, in seinen Thronsessel zurückgelehnt, zu. Er folgte Margheritas Bewegungen mit den Augen und lächelte. Und im Vorüberwirbeln schickte auch sie ihm einen strahlenden Blick zu.

Aber dann sah sie auf einmal, daß der Thronsessel leer stand, und erspähte einen Zipfel seines roten Mantels, der durch die Tür verschwand.

Mitten im Wirbel blieb sie stehen. „Kommt! Kommt schnell!" flüsterte sie ihrem Tänzer zu und bahnte sich einen Weg zwischen den Tanzenden hindurch, die ihr eilig und verwundert Platz machten. Die Tür war nicht fern, sie stürmte in den Vorsaal hinaus, noch atemlos vom Tanz, René folgte ihr.

Vor der Treppe lag der Herzog auf dem Teppich, zwei Pagen und etliche Diener bemühten sich um ihn. Er war bewußtlos, Margherita glaubte im ersten Augenblick, sie habe einen Toten vor sich, so wächsern gelb sah das Gesicht dort am Boden aus. „Was — was ist...?"

„Er atmet." Der Page, der vor dem hingestreckten Körper kniete, sah zu ihr auf. „Ganz gewiß, Majestät, er atmet noch, wenn auch schwach."

Sie kniete schon neben dem Kranken. „Ein Arzt — ein Arzt muß kommen..."

„Wir haben schon..."

Da eilte der alte Leibarzt des Herzogs bereits herbei. Er fühlte den Puls und legte sein Ohr auf die Brust des Liegenden. „Es ist das Herz", murmelte er. „Seine Gnaden hätte nicht tanzen dürfen."

„Ach ja", stöhnte Margherita, „ich wollte es ja nicht, ich wollte es nicht..."

Eine Bahre wurde gebracht, die Diener schleppten den Ohnmächtigen in sein Schlafzimmer. Im Ballsaal wurde verkündet, seine Majestät habe sich einer kleinen Unpäßlichkeit wegen zurückgezogen, der Tanz solle weitergehen. Auch Herzog René war in den Ballsaal zurückgekehrt, um etwaige besorgte Frager abzuwehren.

Margherita ließ sich nicht zurückschicken.

Sie begleitete die Bahre ins Schlafzimmer und half, den schlaffen Körper auf die Polster zu betten. Der Arzt hantierte mit Wasser und Riechsalz, und endlich kam der Kranke wieder zu Bewußtsein. Er sah Margherita, die sich über ihn beugte, und lächelte. „Geh tanzen, mein

Kleines, geh tanzen", flüsterte er auf französisch. „Ich kann leider im Augenblick nicht..." Er wollte sich aufrichten. Margherita drückte ihn zurück. „Ganz still liegen, ganz still!" flüsterte sie.

Er lächelte wieder, aber dann winkte er dem Arzt. „Ich möchte nicht... Ich bitte..." Eine schwache Handbewegung wies auf Margherita. Der Arzt sah sie flehend an. „Seine Gnaden wünscht, daß Ihr Euch zurückzieht. Darf ich mich dem Wunsch anschließen? Ich muß versuchen..."

Margherita verstand und ging. Dem Arzt im Weg sein wollte sie nicht.

Aber sie brachte es nicht über sich, in den Tanzsaal zurückzukehren. Sie ging müde in ihre Gemächer und ließ sich von ihren Damen und Dienerinnen auskleiden.

5

Schon in der Frühe des nächsten Morgens wurde ihr mitgeteilt, daß ihr Gatte sich erholt habe und sich — den Umständen entsprechend — ziemlich wohl befinde.

Später kam Schwager René, um ihr weiteren Bericht zu geben. „Er ist sehr schwach und leidet wieder arge Schmerzen, aber wenn die Tränklein des Arztes wirken, wird er wohl am heutigen Bankett teilnehmen können."

„Und wohl auch am Tanz, nicht wahr?" rief Margherita aufgebracht. „Ich habe mir solche Vorwürfe gemacht..."

„Daß Ihr ihn nicht mit Gewalt vom Tanzen abgehalten habt?" fragte René, sie betrachtend.

„So ungefähr, ja. Es ist ein Unrecht und eine Schande, daß Ihr zulaßt, daß er den letzten Rest Gesundheit, den er vielleicht noch hat, zerstört, dieser dummen Hochzeitsfestlichkeiten wegen. Ich sage Euch, wenn er heute sein Bett verläßt, um am Bankett teilzunehmen, so lege ich mich in das meine und stehe nicht auf. Was ist das für ein Unsinn, so zu tun, als sei er gesund, wo jeder weiß, daß er's nicht ist? Ihr seht doch, was dabei herauskommt. Es ist ganz einfach: Man sagt, Seine Gnaden sei unpäßlich und nehme heute nicht an den Festlichkeiten teil. Fertig. Ihm hilft es, und niemandem schadet es — also."

René ließ ihren Ausbruch lächelnd über sich ergehen. „Wo nehmt Ihr nur soviel Energie her, kleine Schwägerin?"

„Vielleicht habe ich sie von meinen Ahnen, was weiß ich? Mein Vater kann auch energisch auftreten, wenn es sein muß."

„Und hier und jetzt muß es sein?"

„Ja, natürlich. René, seht Ihr denn nicht, wie Euer Bruder leidet?"

„Ich sehe es. Aber sein eigener Wille..."

„Er ist ungeheuer tapfer. Aber sich weiter zu schaden, wie er es getan hat, darf man ihm nicht erlauben, versteht Ihr?"

„Der Wille des gestrengen Falken von Savoyen ist mir Befehl", René verneigte sich. „Ich werde mein Möglichstes tun, kleine Majestät, Ihr könnt dessen gewiß sein."

Herzog Louis nahm nicht am Bankett dieses Tages teil und nicht am abendlichen Tanz. Am nächsten Tag ritten Herzog Charles und Cambella ab, um ihren Honigmond auf einem Schloß in Maine zu verbringen. René, der noch blieb, verabschiedete das Paar; die neue Herzogin von Anjou war nicht anwesend, sie saß am Bett ihres Gatten.

Margherita hatte es durchgesetzt, daß man sie im Krankenzimmer duldete. „Er ist mein Mann, warum sollte ich nicht bei ihm sein?"

Sie legte dem Kranken, wenn er fieberte, kühlende Tücher auf die Stirn, hielt ihm sein Tränklein an die Lippen und sprach ihm leise tröstend zu, wenn es deutlich wurde, daß er allzusehr litt: „Es wird gleich besser werden, paßt auf, bald, ganz bald werdet Ihr Euch wieder wohler fühlen."

Louis von Anjou stand nicht mehr von seinem Lager auf. Er ließ sich die Pflege, gegen die er sich zuerst gesträubt hatte, bald gefallen und war dankbar für sie.

Wenn es ihm etwas besser ging, saß Margherita dicht neben dem Lager und erzählte dem Kranken mit gedämpfter Stimme allerlei, was ihr gerade durch den Kopf ging. Ihre drolligen Einfälle belustigten ihn so sehr, daß er nicht nur lächelte, sondern auch manchmal herzlich lachte. „Ihr geht über meinen Hofnarren", sagte er. „Wenn der seine Witze reißt, muß ich meistens nicht lachen. Aber bei Euch — da kann ich nicht anders. Ihr versteht die Kunst, einen Menschen, der am Verzweifeln ist, zu erheitern. Wo habt Ihr sie gelernt?"

Es war spielerisch gefragt, aber sie antwortete ernsthaft: „Daheim. Mein Vater ist zwar nicht krank, aber oftmals traurig. Und dann habe ich ihm manchmal auch dummes Zeug vorgeschwatzt, bis er lachen mußte."

„Ihr habt also Übung, das merkt man." Er schwieg eine Weile, und da er den Kopf zurücklegte und schwer atmete, merkte sie, daß die Schmerzen wiederkamen. Sie legte ihre Hand auf die seine, ohne zu sprechen.

Aber dann sprach er, mühsam und gequält: „Meine kleine Pflegerin, du opferst all die Zeit für mich, die du doch, so jung wie du bist, in Tanz und Spiel und schöner Fröhlichkeit genießen solltest. Und ich — ich kann dir gar nichts sein — ich bin ein erbärmlicher Schwächling, ein elender Gatte..." Er schloß die Augen, aber sie sah mit Schrecken, daß eine Träne über seine Wange lief.

„Nein, aber nein", flüsterte sie sanft. „Ihr seid so gut zu mir, ein so lieber, tapferer Kranker..."

„Willst du — willst du mir nicht — wenigstens — einmal einen Kuß geben?" bat er ganz leise.

„Aber ja, natürlich." Sie drückte einen herzlichen Kuß auf seine Stirn und dann einen auf seinen Mund. ‚Sie küßt mich, wie ein Kind seine Eltern oder eine Mutter ihren Jungen küssen würde', dachte er. ‚Wie gerne würde ich sie lehren, zu küssen wie eine Gattin, wie eine Liebste. Aber ich kann es nicht, ich muß mich fügen und dankbar sein für das, was sie mir gibt.'

„Du bist ein sehr liebes Kind", wiederholte er langsam, fast feierlich.

„Nicht immer", wehrte sie lachend ab, ohne diesmal zu versichern, daß sie kein Kind mehr sei.

Die Tage gingen hin, es wurde Sommer. Im alten Schloß war es kühl, aber man mußte doch die Fenster im Krankenzimmer verhängen, damit die heiße Mittagssonne nicht allzusehr eindränge.

„Es ist wirklich nicht gut für Euch, daß Ihr immer in dem düsteren Zimmer sitzt", sagte die Gräfin Antonia di Musetti zu Margherita. „Ich habe Sorge um Euch, Ihr werdet noch selbst krank werden."

Die Gräfin, die auch hier in Cosenza Margheritas Hofstaat vorstand, war eine schlanke, große Frau mittleren Alters, Tochter einer Deutschschweizerin und eines italienischen Adligen, der in savoyischen Diensten stand. Sie war verheiratet gewesen und Witwe. Obwohl sie mit ihrem ruhigen Wesen und ihrer aufrechten Haltung zunächst eher stolz und zurückhaltend wirkte, hatte sie doch viel Wärme und eine Mütterlichkeit, die Margherita in dieser Zeit immer mehr schätzen lernte. Sie, die stets eine Mutter entbehrt hatte, schloß sich eng an die gütige Frau an und fragte sie oft um Rat — „liebe Gräfin, was soll ich tun?" oder „Hab ich's recht gemacht, ja?"

Jetzt aber antwortete sie frischweg: „*Ich* werde doch nicht krank, ich doch nicht. Die Krankheit meines Gatten ist nicht ansteckend, sagt der Arzt, keine Pest, ein Leiden, von dem man nicht weiß, woher es kommt."

„Aber die Gesundheit auch eines jungen Menschen leidet, wenn er immer im Zimmer sitzt. Ihr lebt wie eine Gefangene."

Auch René von Lothringen war dieser Meinung. Er beschwor Margherita, sich doch nicht so aufzuopfern. „Aber von einem Opfer kann da doch nicht die Rede sein", sagte sie ganz verwundert und lachte den besorgten Dicken freundlich aus.

René war und blieb weiterhin in Cosenza. Wer sollte denn wohl die Regierungsgeschäfte führen, wenn er abreiste? Herzog Louis empfing wohl manchmal, wenn es ihm nicht allzu schlecht ging, auf dem Krankenlager seine Räte und Sekretäre, diktierte und traf Entscheidungen. Aber häufig war es ihm nicht möglich, irgend jemand außer den Ärzten und Margherita zu sehen. Dann mußte René, als sein Bruder, die Regierungsgeschäfte übernehmen. Er seufzte darüber, aber er tat doch, was er konnte. „Ihr erinnert mich an meinen Bruder Louis", sagte Margherita zu ihm, „aber der hat jetzt eine Frau, die ihm immer sagt, was er tun soll. Wie steht's eigentlich mit Eurer Gattin? Sie ist in Lothringen, nicht wahr? Vermißt sie Euch nicht sehr, da Ihr so lange fortbleibt?"

„O nein", René lächelte, „sie ist froh, wenn sie mich nicht sehen muß."

Das begriff Margherita nicht. Er war doch ein so netter, freundlicher Mensch, dieser Schwager René. „Lebt Ihr nicht gut mit Eurer Gattin?" fragte sie bekümmert.

„Nein. Glückliche Fürstenehen sind selten, wißt Ihr. Diese Ehen werden eben nicht im Himmel geschlossen, das ist es."

„Ich glaube, die meine ist doch im Himmel geschlossen worden", sagte Margherita nachdenklich.

„Louis ist sicherlich dieser Meinung", antwortete René herzlich, „da er dadurch einen Engel an sein Krankenlager bekommen hat."

René drängte. Er wollte eine Falkenjagd veranstalten, und Margherita sollte mitreiten.

Reiten! Sie atmete tief, um die Sehnsucht nach freier Bewegung in sich zu ersticken. „Nein, ich kann doch meinen Kranken nicht verlassen."

Aber nun zeigte dieser Kranke, daß auch er, wenn es not tat, noch immer energisch sein konnte. Er befahl Margherita mit aller Strenge des königlichen Gatten, sich nicht zu weigern und an der Jagd teilzunehmen.

Margherita gehorchte.

Sie brachen in aller Frühe auf, Herren und Damen zu Pferd, die Falkner mit den Greifvögeln auf der Faust, die Hunde... Hörnergeschmetter und Hufgeklapper auf dem Schloßhof, so ritten sie durch die morgenhelle Stadt ins freie Land hinaus. Margherita war unsagbar glücklich. Einmal wieder reiten, sich den Frühwind um die Nase blasen lassen, die Wolken am Himmel sich färben sehen im ersten Licht. Sie hielt mit René die Spitze der Kavalkade und mußte den kleinen, wunderhübschen Schimmel, den ihr Gatte ihr geschenkt hatte, leider immer wieder zügeln, da Herzog René, der ein recht frommes Pferd ritt, sonst hinter ihr zurückgeblieben wäre. Einmal galoppierte sie ihm allerdings davon, sie konnte nicht anders. Als er sie, die ein Stück Weges weiter auf ihn wartete, einholte, keuchte er: „Ihr seid eine vorzügliche Reiterin."

„Ich stamme aus dem Chablai" — so hieß die Landschaft am See, in der sie zumeist gelebt hatte —, „das hat man immer ‚Pferdeland' geheißen, weil es seit Urzeiten hier die allerbesten Pferde und auch die besten Reiter gab."

In der Sumpfebene des Busento ließ man dann die Falken steigen. Eigentlich liebte Margherita — wie ihr Vater — die Jagd nicht sehr, denn ihr taten die Tiere, die man dabei tötete, allzu leid. Aber als sie nun dem Falken nachsah, wie er sich in den blauen Himmel stürzte, pfeilschnell dahinschoß, stieg und dann plötzlich niederstieß, da jubelte sie auf und vergaß, daß ja jetzt ein armer Wasservogel irgendwo im Schilf daran glauben mußte. Ach, der Falke — Falke von Savoyen, steig ins Blaue! Der Vater hat gesagt, ich sei der Falke. Wär ich's doch, wie selig schösse ich unter dem Himmel dahin!

Am Abend kam sie mit steifen Gliedern und mit Wangen, die von all der Sonne des sommerlichen Tages glühten, zum alten Normannenkastell zurück. Sie wollte sich aber nicht ausruhen, sie eilte sofort zu ihrem Kranken. Noch im Jagdkleid kauerte sie neben seinem Lager und erzählte und erzählte: von dem herrlichen Reiten, vom Frühwind, von den Falken, vom Jagdfrühstück, und wie lustig es gewesen war...

Der Kranke lag still da und lächelte. Und plötzlich fiel ihr ein: Er mußte das alles anhören und hatte nicht dabei sein dürfen... Schnell ergriff sie seine Hand. „Es wäre noch viel schöner gewesen, wenn Ihr dabei gewesen wäret, Louis. Aber wartet nur: René sagt, die großen Jagden kommen im Herbst. Bis dahin seid Ihr wieder ganz gesund, und wir reiten zusammen. Sicher könnt Ihr viel besser und schneller reiten als René, der immer zurückblieb..."

Der Kranke lächelte zur Zimmerdecke hinauf. „Ja, vielleicht werde ich bis dahin gesund sein", sagte er heiser.

Die Tage wurden zu heiß, man konnte nicht mehr jagen. Die Hitze brütete über dem Busentotal, aus dem Fluß stiegen nachts Fiebernebel auf, manche am Hof wurden krank. Sonst war man in dieser heißesten Zeit auf ein Schloß in den Bergen gezogen, aber das war nun des Kranken wegen nicht mehr möglich, denn die Ärzte verboten den Transport.

Trotz allem veranstaltete man manchmal kleine Feste im ziemlich verwilderten Schloßgarten. Da wurde bei Fackelschein musiziert, gesungen und sogar getanzt. Die Musik drang zum Fenster des Kranken hinauf, so konnte auch er sie hören. Margherita nahm auf seinen Befehl an den Festen teil, und er freute sich, wenn er den hellen Klang ihrer süßen Kinderstimme aus dem Chor, der den Kehrreim sang, heraushörte.

Größere Festlichkeiten zu veranstalten, war René von Lothringen allerdings nicht in der Lage. Obwohl man es zunächst vor Margherita zu verbergen suchte, merkte sie doch schnell, wie sehr es der Hofhaltung des künftigen Königs von Neapel und Sizilien an Geldmitteln fehlte. Als sie René dazu gebracht hatte, offen über diese Dinge zu sprechen, erklärte er ihr, daß sich aus den verstreuten kleinen Ländern der Anjou längst nicht genügend Geld ziehen ließ, um die ungeheuren Kriegsschulden auch nur zu einem Teil zu decken, und daß man unaufhörlich neue Anleihen machen mußte, um die gähnenden Löcher zu stopfen.

Vom König von Frankreich, Louis' Schwager, war keine Hilfe zu erlangen, da er selbst in den größten

Schwierigkeiten steckte. Was René nicht sagte, erriet sie: daß ihre Mitgift hier zwar ein wenig Luft geschaffen hatte, in kurzer Zeit aber gleichfalls in diesem Loch ohne Boden verschwunden war. Die Städtchen und Schlösser, die ihr, wie es Brauch war, im Ehevertrag als Gegenleistung zugesprochen worden waren, lagen auf neapolitanischem Gebiet, stellten also auch nur eine Anleihe an eine ungewisse Zukunft dar. Ohne sich gekränkt zu fühlen, erkannte sie, daß man hier in der Tat hauptsächlich aus Geldgründen um eine Tochter des reichen Herzogs von Savoyen geworben hatte. Im Gegenteil, sie bedauerte es von Herzen, daß diese Lasten nun auf den Schultern des gutmütigen, in Gelddingen wohl recht ungeschickten René lagen, und bat darum sogar ihren Vater schriftlich um Hilfe.

Aber Herzog Amédée war durchaus nicht gewillt, noch weitere Summen in eine Sache zu stecken, die sein politisch geschulter Blick jetzt als fast aussichtslos erkannte. Königin Johanna von Neapel-Sizilien lebte ja immer noch, und ehe sie starb, konnte kein Anjou das Erbe antreten, das ihm der über viel mehr Mittel verfügende Aragon wahrscheinlich mit Erfolg streitig machen würde. Diese Heirat war eine Fehlkalkulation gewesen, das wußte Margheritas Vater jetzt. In dem liebevollen Schreiben, das ihre Bitten zurückwies, riet er seiner Tochter sogar, zurückzukehren. Wenn die Ehe nicht vollzogen sei, würde der Papst auch in die Scheidung willigen.

Margherita schüttelte empört den Kopf, als sie das las. So gern sie wieder bei ihrem lieben Herrn Vater gewesen wäre, niemand würde sie bewegen können, dem armen Louis, ihrem Kranken, das anzutun, ihn kaltherzig zu verlassen, weil seine Zukunftsaussichten immer mehr zusammenschrumpften. Nein, es war nicht die Art einer Savoyerin, ihren Platz, auf den sie gestellt war, zu verlassen, das mußte der Vater einsehen, er vor allen anderen.

Von Maria, um die sie sich rechte Sorgen gemacht hatte, kam dagegen eine beruhigende Nachricht. Der Tyrann im Kastell zu Mailand hatte offenbar nichts über

Marias heimliches Glück erfahren — „die Gründe für den Rückruf waren politischer Natur. Der Herzog" — Maria meinte den Visconti — „betreibt zur Zeit eine Annäherung an Aragon. Da hätte die Teilnahme der Herzogin an einer Hochzeit in Cosenza zu Schwierigkeiten führen können. Das ist soweit verständlich, nicht wahr? Ich bin trotzdem sehr traurig, mein Kleines, daß ich nicht teilnehmen konnte. Ich hoffe, Du bist fröhlich wie immer. Was mich betrifft, auch ich bin mit meiner Lage zufrieden."

Margherita brauchte nun wahrhaftig all die Fröhlichkeit, die Gott ihrer Natur gegeben hatte. Der Sommer verging, die Hitze ließ nach, der Herbst begann. Gejagt wurde kaum, und wenn, so nahm Margherita nicht teil. Sie kam nur noch wenig aus dem Krankenzimmer heraus. Trotz Gräfin Antonias besorgtem Einspruch und Renés Bitten blieb sie dort den ganzen Tag und oftmals auch einen Teil der Nacht.

Der Kranke war jetzt zu schwach, um ein Machtwort zu sprechen. Er litt immerfort fürchterliche Schmerzen, die die Ärzte nicht lindern konnten. Nur Margheritas streichelnde Hände, ihre kleinen heiteren Bemerkungen, ihr leises süßes Singen — es waren meist Kinder- oder Schlaflieder, die sie dem Kranken vorsang — konnte dem Geplagten ein wenig Linderung bringen. Manchmal saß sie nur stundenlang still da und hielt seine zuckende Hand, bis er endlich einschlafen konnte.

Einige seiner Glieder waren nun gänzlich gelähmt. Man konnte ihn auch nicht mehr vom Lager bringen. In den Boden der Bettstatt mußte ein Loch gesägt und ein Kübel für die Notdurft darunter gestellt werden. Es war gut, daß man jetzt wieder die Fenster offen lassen konnte, denn die Luft im Krankenzimmer war schauderhaft. Doch wenn es stürmte und regnete, was manchmal geschah, so mußte man die ölgetränkten Tapisserien doch vor die Luken schieben und die Luft ausschließen.

Margheritas Gesicht wurde schmal und blaß. Sie war oft entsetzlich müde, aber sie hielt aus. „Er ist mein

Gatte, und ich muß ihm helfen, so gut ich es eben vermag", sagte sie.

Ende Oktober trat eine leichte Besserung ein, die wieder ein wenig Hoffnung aufkommen ließ. Der Kranke war zwar sehr schwach, aber er hatte doch Stunden, in denen er schmerzfrei war und sogar vernehmlich und zusammenhängend sprechen konnte. Er empfing René und die Räte und besprach einiges mit ihnen. Es sah zwar alles deutlich nach Letztem Willen und Erbverfügung aus, auch Schreiber kamen und nahmen alles auf, wobei Margherita das Zimmer verließ. Aber sie hoffte doch wieder. Wenn er so weit war, daß er so viel sprechen konnte, so mußte der erste Schritt zur Genesung doch wohl erfolgt sein.

Sie täuschte sich. Im November wurde die Lage kritisch. Die Ärzte gaben nicht mehr viel Hoffnung — zunächst — dann gar keine mehr. „Ich bedaure, Euch sagen zu müssen, Madame, daß Seine Gnaden kaum mehr als ein oder zwei Tage zu leben hat", sagte der alte Arzt im Vorzimmer leise zu Margherita.

Nun verließ sie ihren Gatten gar nicht mehr, ließ sich nur manchmal ein wenig Essen ans Bett bringen. Er selbst konnte nichts mehr aufnehmen.

Am 12. November kam dann die Sterbestunde. Die Beichte hatte der Kranke vor einigen Tagen noch flüsternd ablegen und das Sakrament empfangen können. Die Letzte Ölung, alles was nötig war, hatten die Priester vollzogen. Jetzt kniete sogar der Bischof neben anderen Geistlichen im Sterbezimmer, dazu René und Charles mit Gattin und etliche Hofleute, Damen und Herren. Die Schwester des Kranken, die Königin von Frankreich, hatte auch jetzt, der weiten Entfernung wegen, nicht kommen können.

Alle beteten. Das Zimmer war voller Gemurmel und Weihrauchduft. Margherita kniete neben dem Kopfende des Bettes. Sie stützte mit ihrem Arm den Kranken, dessen Kopf sie ein wenig in die Höhe hob, denn er hatte sehr schwer nach Atem gerungen. Jetzt war das vorbei. Sie wußte nicht, ob Louis von Anjou noch hören konnte, aber sie erzählte ihm dennoch ganz leise, wie schön es im Himmel sei. Sie kannte ein kleines Lied, in dem gesagt wurde, was die verklärten Seelen im Himmel für gute Sachen zu essen bekämen und mit welchen Heiligen sie dort zu Tische säßen. Das sang sie ihm ins Ohr. Die im Hintergrund des Zimmmers knieten, hörten ihr Singen wie das feine Klingeln eines fernen Glöckchens über dem Gemurmel der Sterbegebete schwingen.

Auch der Sterbende schien es zu hören. Margherita sah auf einmal, daß seine Augen weit geöffnet waren und auf sie schauten. Es war deutlich, daß der Sterbende lächelte. Dann hob er den Blick wieder zur Decke, als sähe er dort etwas sehr Schönes, das ihn beglückte. Margherita hatte sagen hören, die im Herren stürben, sähen den Himmel offenstehen. Er erblickte sein großes Licht, das war für sie gewiß.

Jetzt schloß er die Augen und legte den Kopf ein klein wenig zur Seite. ‚Er will versuchen zu schlafen‘, dachte Margherita und zog ihren Arm zurück. Da aber sah sie im Licht der Kerzen, daß sein Gesicht sich veränderte. Es war, als streiche eine Hand darüber hin, die die Züge löste, den Mund ein wenig öffnete. Dann erstarrte das Gesicht und sah fremd und gelb aus. Das Leben war aus ihm gewichen.

Margherita erlebte zum ersten Mal das Sterben eines Menschen, und es erschütterte sie tief. Aber sie spürte in sich ein Gefühl der Ruhe und Feierlichkeit, das Schrecken und Grauen nicht aufkommen ließ. Sie hatte die Erlösung des so Vielgeplagten mitgespürt und fühlte sich jetzt fast erleichtert.

Sie erhob sich, wandte sich zu den Knienden und sagte: „Der König ist verschieden." Dann erst begann sie zu weinen.

Als er noch sprechen konnte, hatte der Sterbende allen, die sich um ihn bemüht hatten, gedankt. Zu ihr hatte er gesagt: „Mein Kleines, Liebes — was hätte ich ohne dich anfangen sollen? Ich danke dir tausendmal, und ich danke Gott, daß er dich zu mir sandte."

Sie brauchte sich keine Vorwürfe zu machen, und sie war froh darüber. Und alle, die sie umgaben, liebten und ehrten sie um der Treue ihres Ausharrens willen und versuchten, ihr nun das Zurückfinden in den Tagesablauf leichter zu machen. Antonia di Musetti nahm sie in die Arme, bei ihr konnte sie sich ausweinen.

Ihrer gesunden Natur entsprechend erholte sich Margherita schnell. Die Herbsttage waren jetzt wieder schön und warm hier im Süden, sie konnte mit ihren Damen im Garten sitzen oder mit René ausreiten. So bekamen ihre Wangen schnell wieder Farbe.

Sie schmiedete Reisepläne.

Was sollte sie noch hier in Cosenza? Sie würde nach Savoyen zurückkehren. So sehr man sie hier liebte, sie wußte: Niemand würde sie halten. Bei aller Freundschaft war Herzog René, der jetzt alle Rechte und Erbansprüche, alle Länder seines Bruders, aber leider auch alle seine Schulden erbte, recht froh, sie loszuwerden. Ihr Wittum stand in den Sternen. Margherita war entschlossen, den guten René und seine armen, verschuldeten Länder nicht weiter zu belasten. Sie wollte heim, heim zum Vater. „Er wird schon für meinen Unterhalt Sorge tragen", sagte sie.

Man hatte Herzog Louis von Anjou, dessen Königtum nun doch eine Fiktion und ein Luftschloß geblieben war, im Dom zu Cosenza mit allem gebührenden — wenn auch unbezahlten — Pomp beigesetzt.

Kurz vor ihrer Abreise ging Margherita mit ihren Damen in Trauerkleidung nochmals in den Dom, um Abschied zu nehmen. Noch war das Grabmal ihres Gatten nicht fertiggestellt, man hörte vom Hof her Hammerschläge in die Kirche hereinhallen, dort arbeiteten die Steinmetzen daran.

Margherita ging an anderen Grabmälern vorüber, bei einem blieb sie stehen. Hier ruhte, das wußte sie, ein unglücklicher junger König, der Sohn des Kaisers Friedrich II. von Hohenstaufen, von dem die Anjou sagten, daß er ein sehr gefährlicher Mann und sogar ein Zauberer und Ketzer gewesen sei. Den eigenen Sohn hatte er einsperren lassen, jahrelang. Wie der Arme geendet hatte, wußte man nicht genau, man sagte, er habe sich selbst in einen Abgrund gestürzt, als er von einem Kerker in einen anderen gebracht werden sollte. Das war schon vor zweihundert Jahren geschehen, aber Margherita fürchtete, daß der Unglückliche jetzt noch im Fegefeuer, wenn nicht gar in der Hölle war, wenn er sich wirklich selbst das Leben genommen hatte. Sie betrachtete das schlichte Grabmal voller Mitgefühl.

Am noch kahlen Grabe ihres Gatten kniete sie eine ganze Weile, ihre Damen hinter ihr. Sie betete für die Seele ihres Mannes, der nun erlöst war, aber sie war ganz sicher, daß *er* bereits im Himmel war, er hatte ihn ja sterbend offenstehen sehen. So betete sie anschließend auch noch für die Seele jenes armen Kaisersohnes, sehr lange und inbrünstig.

Und dann kam der Abschied. Er kostete einige Tränen. Denn Margherita hatte diesen kleinen Hof mit seinen freundlichen Menschen liebgewonnen, sogar das alte Kastell, den verwilderten Garten, die enge Stadt am Fluß, das alles war ihr ans Herz gewachsen, vielleicht einfach deshalb, weil sie sich so sehr um den Herrn dieser kleinen Welt hatte mühen und sorgen müssen. Die jungen Hofdamen, die so gerne fröhlich sein wollten, weinten und sagten, jetzt werde es *noch* trauriger werden, als es so schon die ganze Zeit über gewesen sei. Herzog Charles von Maine und seine Gattin waren gekommen, um die kleine Herzogin-Witwe scheiden zu sehen. Cambella, sichtlich erleichtert und erfreut, zeigte sich von ihrer freundlichsten Seite und küßte Margherita herzlich auf beide Wangen. Schwager René sagte, da er ihr seiner Armut wegen sonst nichts schenken könne, gebe er ihr sein Herz mit auf die Reise, worüber Margherita hell auflachte.

Es gab Küsse über Küsse und dann ein Tücherwinken ohne Ende.

In den engen Gassen drängten sich wieder die Leute. „Addio, addio la piccola regina bellissima", schrien sie. Auch hier flossen Tränen, Hände wurden erhoben und die Steigbügel geküßt. „Addio, addio." Und dann zog Margherita davon durch das Land, das noch immer herbstlich schön unter der Sonne lag, obwohl es jetzt schon Dezember war.

Man hatte ein Schiff aufgetrieben, das die Herzogin-Witwe mit ihrem Gefolge bis Nizza brachte. Und da das Wetter mild und gut blieb, hatte Margherita auch diesmal eine angenehme Fahrt. Der Weiterritt mußte allerdings durch das Rhônetal gehen, die Bergpässe waren schon dick verschneit. Da der savoyische Hof zur Zeit nicht in Chambéry war, blieb sie dort nur kurz. Es galt noch einige, wenn auch kleinere und nur leicht verschneite Berghöhen zu überwinden, aber Margherita fand es herrlich, in der frischen Schneeluft zu reiten. Je weiter sie kam, desto mehr blieb alles, was die letzten Monate an Sorge, Mühen und Trauer gebracht hatten, hinter ihr zurück und wurde wesenlos. Sie war wieder die freie, sorglose kleine Margit, die heim zu ihrem Vater ritt. Von jeder Höhe blickte sie glücklicher und befreiter in das geliebte Savoyer Land hinab. Im neuen Jahr war sie wieder daheim.

III Der Verführer

Frühjahr 1435 — Herbst 1438

1

Es war, als sei sie gar nicht fort gewesen: Madame Margit hier, Madame Margit dort, niemand nannte sie mehr Margherita, nur wenige sprachen von ihr als der Hoheit, der Herzogin- oder gar Königin-Witwe. Wie vor ihrer Heirat wohnte sie mit ihrem kleinen Gefolge, mit Gräfin Antonia, Anette, mit Rose und Jean, die nun glücklich verheiratet waren, und einigen anderen Herren und Damen einmal hier, einmal da — in Morge, Nyon, Thonon, am liebsten aber in den roten Zimmern von Ripaille.

Die Einsiedelei war jetzt ganz fertig. Die sieben Ritter des Ordens von St. Maurice wohnten jeder in seinem Haus, stattlich und wehrhaft standen die sieben Türme da, als wollten sie der ganzen Welt Trotz bieten. Um die Welt auszuschließen, brauchte man nur die „glückhafte Zugbrücke" hochzuziehen, um des Glückes des beschaulichen Lebens und der Zwiesprache mit Gott teilhaftig zu werden. Aber in Wahrheit lag die Brücke zu allermeist über dem kleinen Graben, und die Welt flutete hinüber und herüber, wie es leider nicht anders sein konnte. Die Räte kamen zur Versammlung, die Gesandten ritten ein, Boten, Kuriere, es wollte kein Ende nehmen. Louis von Savoyen war zwar Regent, aber sein Vater hatte die Herzogswürde noch nicht an ihn abgegeben und sich die oberste Leitung der Regierungsgeschäfte vorbehalten. Und das war gut so. „*Wenn* Louis jemals etwas tut, dann tut er das Falsche", sagte der Herzog bitter. Louis, jetzt wieder ganz gesund und ohne Schmerzen, stand stark unter dem Einfluß seiner Gattin, und sie trieb ihn zwar manchmal zu Taten an, aber zu solchen, die sein Vater durchaus nicht billigte. „Sie glaubt schlau zu sein, aber sie ist noch dümmer als er", sagte der Herzog unverblümt.

So hatte er noch mehr Arbeit als zuvor, denn zu allem anderen mußte er auch noch Louis' politische Fehler ausbügeln. Zwar hörte er jetzt dreimal am Tag die Messe und hielt lange Andachten mit seinen Rittern ab, doch zu den Abendgesprächen über theologische und naturwissenschaftliche Fragen, auf die er gehofft hatte, kam es nur selten, noch seltener zum ausgiebigen Genuß der schönen Natur.

Doch wenn Margit kam, war ein Spaziergang zum Nußbaum auf der Höhe fällig, dafür mußte die Zeit reichen. Wenn Margit in Thonon oder Ripaille wohnte, überschritt sie häufig die glückhafte Zugbrücke, um bei ihrem Vater zu sein. Denn es war durchaus nicht so, daß Frauen der Zutritt zur Einsiedelei verboten gewesen wäre. Zwei der sechs Ritter, die hier mit dem Vater hausten, waren verwitwet wie er, einer, der verkrüppelte, aber hochintelligente Rat Bolomier unverheiratet, aber drei von ihnen hatten Familien, Gattinnen, die natürlich nicht ganz auf ihre Männer verzichten, und Söhne und Töchter, die ihre Väter besuchen wollten. Amédée VIII., der den Ehestand hoch schätzte und sich abfällig über den Zölibat äußerte, hätte natürlich nie gewagt, seine Ritter gänzlich von ihren Familien zu trennen. Die Gattinnen konnten, so lange sie wollten, im alten Schloß drüben wohnen und samt den Kindern ihre Gatten aufsuchen. Die eine oder andere von ihnen blieb auch wohl einige Tage und Nächte im turmbewehrten Haus ihres Gatten, niemand hatte etwas dagegen.

Wenn Margit ihren Vater aufsuchte, so durchschritt sie zunächst die Konferenzhalle. Das war ein hoher, weiter Raum, im Sommer hell und luftig, da Sonne und Wind durch zwei große offene Torbogen eindringen konnten. Im Winter wurden diese allerdings durch hölzerne Läden verschlossen, und dann brannte auch ein Feuer im großen Kamin. Wappen gab es überall, überm Kamin und an den Wänden, man sah allenthalben das weiße Savoyer Kreuz auf rotem Grund samt dem Falken, aber auch das Lamm von Burgund und die Taube, die an die verstorbene Marie von Burgund erinnern sollten. Dazu kamen die Wappen der einzelnen Landesteile und der Städte von Savoyen. Durch das kleine Dienerzimmer erreichte Margit das Arbeitsgemach des Vaters. Sie saß dann still in einer Ecke, bis der Vater den Sekretär, dem er diktiert hatte, entließ und die Aktenbögen beiseite legte und Zeit für die gemeinsame Andacht und den Spaziergang fand.

In den Jahren, die die heimgekehrte Margit nun wieder in seiner Nähe verbrachte, veränderte sich der Vater überhaupt nicht. Er hatte sich zwar einen langen Bart wachsen lassen, im übrigen blieb er wie eh und je der schöne, nachdenkliche Mann mit den traurigen Augen, die so froh aufleuchten konnten, wenn er Margits Geplauder zuhörte, mit der energischen Hand, die straff die Zügel des Staates führte, der Freude an der Schönheit der verachteten Welt und den großen Plänen, die er mehr oder weniger heimlich hinter seinem Schreibtisch spann.

Sehr gerne hätte er auch für Margit einen großartigen Eheplan gesponnen, aber nach dem Mißerfolg, als den er die Ehe mit dem Anjou betrachtete, war er vorsichtig geworden. Bis jetzt fand sich nichts, was er sich für seine Tochter hätte wünschen mögen. Darüber waren sie aber im Grunde beide froh; so wie es war, war es gut und schön. Margit freute sich, daheim sein und bleiben zu können, ihre Sehnsucht, etwas Neues zu sehen, hatte sich so ziemlich verloren.

Es war auch wahrhaftig kein langweiliges Leben, das sie führte. Der Sommer bot am See ja immer neue Freuden. Und oftmals lebte sie einige Wochen lang am Hof ihres Bruders, des Regenten, in Chambéry oder in Thonon. Anna von Lusignan liebte den Luxus und den Tanz, was ihr Schwiegervater oft tadelte. Er kürzte die Einkünfte des „jungen Hofes", aber Anna hatte eigenes Vermögen und ließ sich ihr Vergnügen nicht nehmen. Es gab Festlichkeiten, Jagden, Lustpartien mit Barken und

Musik, und Margit nahm natürlich mit Vergnügen an dergleichen teil. Sie war am Hof des Bruders ebenso beliebt wie überall sonst. Die schöne Anna kam ihr mit Herzlichkeit entgegen, sie beschenkte sie mit Schmuckstücken und erbat manchmal ihre Vermittlung bei Herzog Amadeus, der die Schwiegertochter nicht leiden konnte und dies deutlich zeigte.

Nach einiger Zeit allerdings änderte die Herzogin ihr Benehmen gegenüber der Schwägerin, grundlos, wie diese zuerst dachte. Sie behandelte sie kühl, ja so unfreundlich, daß Margit argwöhnte, sie wolle sie vom Hof vertreiben. Es brauchte eine gewisse Zeit, bis sie den Grund erriet.

Als sie zuerst Louis' Hof besuchte, war der Achajus dort nicht zu sehen. Der Herzog hatte ihn mit einem diplomatischen Auftrag nach Frankreich geschickt. Dergleichen hatte er schon öfter mit Geschick erledigt, so daß Amadeus, der viel von der Klugheit des „Bastards" hielt, ihm immer wieder Aufgaben in fremden Ländern zuteilte.

Erst nach mehr als einem Jahr kam er an den Hof des Regenten zurück. Als nun zur Abwechslung Louis auf Staatsbesuch nach Frankreich ging und einige Zeit abwesend war, veranstaltete Anna Feste, in deren Mittelpunkt außer ihr unleugbar der Achajus stand. Nach seinen Ideen wurden die Feste gestaltet, er trat immer wieder als Sänger auf, er führte mit Anna den Tanz an. Daß sie ihm gänzlich verfallen war, konnte jeder sehen, der Augen hatte. Natürlich versuchten andere junge Edelleute den Favoriten auszustechen, aber das mißlang stets, Anna hatte nur Augen für den schönsten ihrer Kavaliere und wurde unruhig, wenn sie ihn nur für kurze Zeit nicht sah. Der Achajus widmete sich ihr ganz, er schien sie wie eine Göttin anzubeten, aber trotzdem blieb etwas von der eigentümlichen Kühle seines Wesens, der Fähigkeit, Abstand und Maß zu halten, die ihn immer ausgezeichnet hatte, deutlich in seinem Verhalten zu erkennen. Er sang für sie, er bot ihr in ritterlichem Spiel kniend eine Blume, aber er war und blieb der Troubadour der Ritterromane, der die Dame seines Herzens verehrte, es aber nicht wagte, ihr gegenüber kühner zu werden. Diese Haltung machte es möglich, daß das hübsche Spiel der beiden, das der ganze Hof mit ansah, nicht zum Skandal ausartete, sondern eben ein Spiel blieb, das niemand verdammen konnte.

Margit zwar, obwohl sie keine große Weltkenntnis besaß, zweifelte ein wenig an der Echtheit dessen, was der Achajus all den schauenden Augen da vorspielte. Hätte Anna so Feuer und Flamme sein können, wenn es wirklich bei Anbetung und Ritterspiel blieb? Die eifersüchtigen Damen, zum Beispiel Anette, flüsterten sowieso, er besuche die Herzogin nachts, da trage er eine Maske und schwinge sich zu einem Fenster des Schlosses herein... Die Zwerginnen stünden Wache.

Margit dachte an die glühende Liebeserklärung im morgendlichen Garten von Nizza. Eine kühle Seele war er nicht, das war ohne Zweifel nur Vorspiegelung. Aber sie sah keinen Grund, sich in das Spiel, das alle duldeten, einzumengen. Im Gegenteil, wenn er vergessen hatte, was er ihr damals gesagt hatte und ernstlich für Anna schwärmte, so konnte es ihr nur lieb sein, seine Leidenschaft an jenem Morgen hatte sie erschreckt. Sie war froh, daß er sie selbst mit seinen Huldigungen verschonte und sie überhaupt nicht zu sehen schien.

Aber dann merkte sie eines Tages, daß er sie doch sah. Als sie einmal, erhitzt vom Tanz, allein in den Garten hinaustrat, um sich einen Augenblick abzukühlen, strich plötzlich ein Mann lautlos an ihr vorbei. Er faßte für einen Augenblick nach ihrer Hand, das Licht, das aus den Fenstern des Tanzsaales herabfiel, spiegelte sich in seinen Augen, die sie ernst und bedeutungsvoll ansahen. „Achajus?" fragte sie erschrocken. Aber da war er schon fort, die Schatten der Bäume hatten ihn verschluckt.

Dergleichen ereignete sich jetzt öfter. Sie gewann den Eindruck, daß er ihr auflauerte, um ihr im Geheimen schnell ein Liebeswort zuzuflüstern oder ihren Arm, ihre Hand zu berühren. Das geschah immer nur, wo keiner zuschauen konnte, im Saal hatte er keinen Blick für sie, tanzte nie mit ihr und tat, als kenne er sie nicht.

Ihr war dieses Verhalten unheimlich, sie sprach zu Donna Antonia davon und bat sie, immer an ihrer Seite zu bleiben.

Aber merkwürdigerweise schien Anna doch etwas von diesen heimlichen Seitensprüngen ihres Ritters gemerkt zu haben, früher als Margit selbst sogar. Sie war jetzt deutlich eifersüchtig und darum sehr ungnädig gegen Margit. Diese schüttelte lachend den Kopf über sie. Zierlich und anmutig, wie sie war, konnte sie sich doch an Schönheit und Eleganz nicht mit der „Venus aus Cypern" messen. Und sie hatte wirklich nicht die Absicht, ihr den Achajus abspenstig zu machen. ‚Daß Schwägerinnen immer eifersüchtig und unfreundlich sein müssen', dachte Margit und lachte ein wenig dabei.

In der Fastenzeit, in der keine Feste stattfanden, ging Margit nach Ripaille zu ihrem Vater. Im Sommer kam dann der Hof nach Thonon zurück, nun wohnte sie dort und nahm an den wieder auflebenden Vergnügungen teil.

Der Regent war schon vor Ostern aus Frankreich zurückgekehrt. Doch zog er sich bereits im Mai ein Fieber zu — man war auf dem See gefahren, und die Barke, in der sich Louis befand, hatte aus unerfindlichen Gründen ein Leck bekommen und war rasch gesunken. Man hatte zwar alle Insassen retten können, aber der See war noch kalt gewesen, und es hatte Erkältungen gegeben. Louis' Fieber wich zwar bald wieder, aber er blieb trotzdem zumeist in seinen Gemächern, wo er sich Flötenmusik vorspielen ließ oder selbst spielte. Die Feste fanden ohne ihn statt. Margit dachte, im Grunde sei der gute Louis selbst zum Tanzen zu faul — anders als ihr einstiger Schwager, Herzog René. Sie dachte manchmal in Freundschaft an ihn, der nun an seines Bruders Stelle und als dessen Erbe um die Rechte der Anjou auf Neapel kämpfte. Gelegentlich sandte sie auch einmal ein Brieflein nach Cosenza, um alle ihre dortigen Freunde zu grüßen, denen sie sich immer noch verbunden fühlte.

Es ging auf den Herbst zu. Anna von Lusignan war wieder schwanger, trotz der wallenden orientalischen Schleiergewänder, die sie meist trug, ließ es sich nicht mehr ganz verbergen. Im vorigen Jahr hatte sie dem Hause Savoyen den Erben geboren, der Amadeus genannt wurde und, obwohl ein überaus zartes Kind, zum Glück doch bis jetzt am Leben geblieben war. Anna machten ihre Schwangerschaften nicht sehr viel Beschwer, die Festlichkeiten gingen weiter, sie tanzte noch immer leicht, und keinerlei Veränderungen entstellten ihr ebenmäßiges Gesicht.

Noch war das Wetter strahlend schön, und man tanzte und musizierte in den Gärten und auf den Terrassen hoch über dem See. Das Bootsunglück war bereits vergessen, man fuhr sorglos am Abend in den beleuchteten Barken, es erklang Musik über das schillernde Wasser und man trank Wein aus silbernen Bechern.

Auch am Tage holten die Kavaliere die Damen gerne zu einer Fahrt in kleinen Kähnen ab. Margit, die so gerne auf dem Wasser war, freute sich stets, wenn sie geholt wurde.

So glitt denn ihr Kahn eines Vormittags am Ufer entlang. Ohne Wachsoldaten oder Gefolge, nur mit einer einzigen jungen Dame als Begleitung, saß Margit zurückgelehnt, einen Sonnenhut auf dem Kopf, auf dem kleinen Bänkchen im Heck, Pierre de Coissant, einer der jungen Höflinge ihres Bruders, ruderte.

Sie hatten Eß- und Trinkbares bei sich und bogen nach angenehmer Fahrt in eine winzige, schilfbestandene Bucht ein, um hier zu frühstücken. Auch andere Boote waren draußen auf dem Wasser, sie glitten vorüber und verschwanden.

An Land zu gehen, schien nicht ratsam, da der Boden hier sumpfig war. Sie blieben im Boot sitzen, und Pierre öffnete die zinnerne Weinflasche, als plötzlich ein Mann vom Land her durch das Schilf brach; geduckt wie eine Katze setzte er zum Sprung an und schwang sich in das Boot hinein, entriß dem entgeistert dreinschauenden Pierre die Weinflasche, tat einen Zug daraus und blickte mit kühnem Herrscherblick um sich. „Niemand rührt sich! Das Boot ist in meiner Gewalt", rief er.

Amélie, Margits Begleiterin, kreischte halb lachend auf. „Seeräuber!" jammerte sie. „O weh! Seeräuber."

Pierre hatte ein Ruder aus dem Dollen gerissen und schwang es wie zur Verteidigung Margits, aber auch dies entriß ihm der Eindringling ohne Mühe. „Fort mit euch Gesindel!" schrie er.

Pierre duckte sich und entfloh an Land. Hoch auf der Ruderbank stand der Achajus, schlank und dunkel vor der Helle des Sees, Ruder und Flasche schwingend.

Auch die kleine Amélie sprang, um Hilfe rufend, aus dem Boot. „Hierbleiben!" rief Margit, die sich nicht vom Fleck gerührt hatte. Aber Amélie war schon, ebenso wie Pierre, im dichten Schilfgewirr verschwunden.

Margit blickte zu dem Mann auf, der hoch über ihr stand, das Ruder hatte er weggeworfen, die Weinflasche hob er hoch, rief: „Es lebe meine schöne Beute, Margit von Savoyen!" und trank. Sie hatte ihn nie so gesehen, kühn, mit blitzenden Augen und triumphierendem Lachen. Es war jetzt etwas Wildes, aber auch Mitreißendes und Strahlendes an ihm, das ihn Margit wie einen ganz neuen Menschen erscheinen ließ. Unwillkürlich lachte auch sie, für Augenblicke bewunderte sie ihn, und das zeigte sich in ihrem Gesicht, das nie eine Regung verbergen konnte. „Achajus, du Narr!" rief sie.

„Narr und immer wieder Narr. Noch immer Prinzessin Margits Narr", schrie er, sprang von der Bank, kniete im nächsten Augenblick vor ihr auf den Planken des Bootes und umschlang die Sitzende mit den Armen.

Das aber war zuviel. Sie sprang auf. Wenn auch noch immer lachend, riß sie mit mehr Kraft, als er ihr wohl zugetraut hatte, seine Arme von ihrem Körper. „So geht das nicht, Herr Seeräuber, so nicht. Wer ich bin, wißt Ihr. Also steht auf."

Sie stand nun ihrerseits erhöht auf der Heckbank und sah auf ihn hinunter.

„Margit, Margit!" flehte er kniend. „Nicht böse sein! Ein Scherz! Meine süße Herrin, verzeiht mir."

„Nein, ich verzeihe nicht", sagte sie würdevoll. „Fort mit Euch, Seeräuber! Dies ist nicht die richtige Art, meine Gunst zu gewinnen, Scherz hin oder her." Und da er wieder nach ihr griff, entzog sie sich ihm durch einen Sprung auf den morastigen Uferboden und schritt, ohne sich umzusehen, aber auch ohne Eile auf dem schmalen Pfad, der durch das Schilf führte, davon.

Erst als der Mann im Boot sie nicht mehr sehen konnte, begann sie zu laufen. Aber dann hielt sie inne. Ganz in ihrer Nähe erklang ein unterdrücktes Lachen und das Geräusch von Küssen. Sie bog die hohen Schilfstengel auseinander: Da standen Pierre und Amélie und hielten sich umschlungen.

Sie fuhren auseinander, als Margits rosiges Gesicht im Schilf erschien.

„So, da seid ihr, ihr Verräter", sagte Margit. „Davonlaufen und mich im Stich lassen, wie? Ist das guter Dienst und höfische Sitte? Eine Dame einem Seeräuber ausliefern? Was habt ihr bezahlt bekommen?"

„O Madame Margit", flehte Amélie mit erhobenen Händen. „Es war ja nur ein Scherz. Er hat Euch ja nichts getan."

Und Pierre ergänzte: „Ein ganz harmloser Scherz, liebe Madame. Ihr versteht ja Spaß, das wissen wir doch."

„Nein, das tue ich nicht", sagte Margit. Sie verbiß sich das Lachen und spielte Würde, so gut es ihr möglich war. „Kommt jetzt mit. Wir fahren zurück. Meine Schuhe sind durch und durch naß und die deinen auch, Amélie. Pfui, eine schlammige Gegend, da mag ich nicht bleiben."

Etwas betreten folgten ihr die beiden ins Boot. Der Achajus war verschwunden. Pierre ruderte die beiden Damen zurück zum Schloß, wo sie die vom Schlamm triefenden zarten Seidenschuhe gegen trockene vertauschen konnten.

Beim Bankett am Abend beugte sich der Achajus plötzlich von hinten über Margits Schulter. „Verzeiht Ihr mir?" flüsterte er.

„Nein", sagte Margit, ohne den Kopf zu wenden.

„Liebe, böse Dame, es war ein Scherz. Aber ich will's nicht wieder tun."

Sie antwortete nicht, und er glitt weg, zu einer anderen Frau, über die er sich ebenfalls beugte, und dann zu einer dritten. Anna blickte herüber, und Margit wußte: Es galt, ihren Argwohn zu zerstreuen.

Doch nach dem Bankett im offenen Gartensaal sang der Achajus bei Kerzenschein italienische Liebeslieder. Und diesmal sang er für Margit, ganz offen und für jeden erkennbar huldigte er ihr. Er wandte sich nicht an Anna von Cypern, nicht an Donna Antonia, an Anette oder eine andere Dame, wie er es oft tat. Diesmal waren seine Augen unentwegt auf Margit gerichtet, er näherte sich ihr, er sang bittend, schmeichelnd, werbend. In den klaren, weichen italienischen Lauten konnte seine Stimme ihren eigentümlichen Reiz voll entfalten. Alle Damen seufzten und beneideten Margit.

Sie selbst fühlte, daß diese Stimme sie wider ihren Willen verzauberte, heute mehr als je zuvor. Sie hatte sich oft durch das Singen des Achajus angerührt gefühlt, aber dies heute war anders: Jenes wunderliche Gefühl von Sehnsucht und Hingabe an etwas Unerkanntes, aber Wunderschönes, das sie schon öfter empfunden hatte, wuchs zu ungeahnter Stärke an, so daß es sie ganz erfüllte. Und sie wußte nun auch, wohin diese Sehnsucht zielte: „O bel amore, dolce amore..."

Nachher — in einer Tanzpause — wurde sie dann das Opfer eines neuen Anschlags. Nach einem jener raschen, wirbelnden Bauerntänze, die die Italiener Danze basse nannten, hatte ihr Tänzer sie in einen Nebenraum geführt, wo sie ganz schwindelig und lachend in einen Sessel sank. Er ging, um eine Erfrischung für sie zu holen.

Aber statt seiner schlüpfte der Achajus zwischen den Türvorhängen herein, einen Becher mit Wein und eine

Gebäckschale tragend. „Wollt Ihr mich als Truchseß annehmen, schönste gnädigste Gebieterin?" fragte er.

„Nein, Euch nicht. Was wollt Ihr hier? Geht", antwortete sie sehr ungnädig.

Er bot ihr kniend Becher und Schale. „Was ich will? Immer nur das eine: einen einzigen freundlichen Blick meiner Angebeteten, nicht mehr, nicht weniger."

„Nach Eurer Frechheit von heute vormittag habe ich überhaupt keinen Blick für Euch." Sie hielt das Gesicht abgewandt, aber sie griff nach dem Becher und nippte daran.

„So unbeugsam, so gnadenlos?" Er stellte die Schale in ihren Schoß und erhob sich. Jetzt stand er neben ihr und lächelte auf sie herab. „Verstellt Euch doch nicht, süße Margit", flüsterte er. „Euer Lachen steht Euch weit besser als diese unnatürlich finstere Miene."

Ihr Herz klopfte heftig. Sie trank, aber sie hielt den Kopf gesenkt.

„Margit, Ihr seid siebzehn Jahre alt und schön. Was habt Ihr von Eurer Jugend? Ihr seid weder eine Nonne, eine Betschwester, noch die Gattin eines Mannes, der Euch die Freuden der Liebe lehren könnte. Wollt Ihr Eure besten Jahre in unnatürlicher Sprödigkeit vertrauern, als Witwe eines Mannes, der nie Euer Gatte war?"

Er saß jetzt auf der Armlehne ihres Sessels. Seine kühle Hand spielte mit den Löckchen, die unter ihrem Perlenhäubchen hervorquollen, und berührte dabei leicht ihre heiße Stirn. Sie saß ohne Bewegung. „Mein Vater wird mich wieder verheiraten", sagte sie stockend.

„Euer erlauchter Vater läßt sich Zeit. Er will hoch hinaus mit Euch. Unter einem Kaiser tut er's nicht. Und solch großer Fisch läßt sich nicht so leicht angeln."

Sie sah rasch zu ihm auf. „Das glaubt Ihr ja selbst nicht. Der Kaiser ist verheiratet und alt..."

„Es wird auch einmal wieder einen jüngeren Kaiser geben. Aber da heißt es warten und warten. Vielleicht Jahrzehnte lang. Und so lange wollt Ihr ohne Liebe leben? Altern, welken, ohne je erfahren zu haben, wie süß das Küssen schmeckt?" Er beugte sich plötzlich tief herab, umschlang und küßte sie. Sie versuchte nur schwach, sich zu wehren. Für einen Augenblick fühlte sie ihren Widerstand schwinden, sie lehnte ihr Gesicht an das seidene Wams an ihrer Seite. „Süße, kleine Margit, ich liebe Euch von ganzem Herzen und von ganzer Seele..."

Da aber fuhr er zurück. An der Tür war ein Geräusch, der Vorhang wurde auseinandergeschlagen. Ein böses Wort murmelnd, sprang der Achajus auf, und auch Margit richtete sich empor.

Es war nicht Anna von Cypern, wie Margit erschrocken gedacht hatte, sondern ihre liebe Donna Antonia, die eintrat. Sie beachtete den Achajus, der an ihr vorüberglitt, nicht, sondern sagte mit einer leichten, zeremoniellen Verneigung zu Margit: „Euer Gnaden werden vermißt..."

Margit stand sofort auf. „Es ist gut, ich komme." Ihre Stimme zitterte.

Im Hinausgehen faßte sie die Hand der mütterlichen Freundin. „Wer vermißt mich?"

„Niemand. Nein, das heißt — ich. Ich war in Sorge um Euch."

Margit seufzte und strich das Haar aus der Stirn, auf der sie noch die Berührung der kühlen Hand zu fühlen meinte. „Ich mag nicht mehr tanzen, ich mag nicht hierbleiben, bringt mich hinüber, bitte." Sie wohnte in einem Nebengebäude des Schlosses.

Als sie über den dunklen Hof gingen, sagte Donna Antonia: „Verzeiht mir, daß ich störte. Aber Ihr solltet Euch nicht an diesen Mann verlieren, denn er ist kein guter Mensch, und ich sorge mich, es könne Unglück entstehen."

„Mich selbst verlieren?" flüsterte Margit. „Verlieren, ja. Kein guter Mensch, dieses Gefühl hatte ich immer. Aber trotzdem... Er liebt mich wirklich, Donna Antonia."

„Mag sein, mag auch nicht sein. Männer, die so schmeicheln wie er, meinen es selten gut mit denen, die sie umwerben. Er steht der Herzogin Anna näher, als ratsam ist. Viele wissen darum, und ich warte schon lange darauf, daß es zu einem Eklat kommt. Dann ist er verloren. Wer weiß, wozu er Euch mißbrauchen will — als Rückhalt, als Vorwand. Es wäre schlimm, wenn Ihr Euch in derlei trübe Geschichten hineinziehen ließet."

Margit dachte an Marias Worte damals auf dem Schiff. „Meine Schwester warnte mich auch", sagte sie.

„Wir reiferen Frauen haben mehr Erfahrung als Ihr, mein liebes Kleines." Die Gräfin legte den Arm um Margit.

Diese ließ den Kopf hängen. „Immer bin ich die Kleine, die keine Erfahrung hat", sagte sie traurig. „Aber Ihr habt sicher recht. Ich will mich in acht nehmen. Beschützt mich auch ferner, meine liebe Helferin" — ‚auch gegen mich selbst', fügte sie in Gedanken hinzu.

Aber es war nicht mehr nötig, Schutzmaßnahmen zu treffen. Es wurden keine Feste mehr gefeiert. Herzogin Anna konnte nicht tanzen, sie war zu schwerfällig geworden. Im November gebar sie — verfrüht — einen Sohn, der nach seinem Vater Louis genannt wurde. Es war ein Siebenmonatskind, schwächlich und winzig, zarter noch als sein kränklicher Bruder, der Erbprinz, der anfällig für alle Kinderkrankheiten blieb. Doch gedieh dann in den folgenden Monaten der kleine Louis, von seiner Mutter mit ganz besonderer Zärtlichkeit umsorgt, recht gut und überholte allmählich seinen Bruder sowohl an Gesundheit wie an Größe.

Als um Weihnachten die Festlichkeiten aufs neue begannen, war der Achajus zum Kummer aller Damen auf eine neue Diplomatenreise gezogen.

2

Wieder verging ein Jahr, das Margit abwechselnd in Ripaille bei ihrem Vater und am Hof des Bruders verbrachte. Wieder gab es Festlichkeiten, Musik, Kahnfahrten, doch ohne den Achajus. Wieder kam Anna in die Wochen, diesmal gebar sie ein gesundes Mädchen, das Jeanne genannt wurde. Und als sie sich erholt hatte, festete man weiter.

Margit hatte anfangs noch öfter, als sie eigentlich wollte, an den Achajus gedacht. Sie hörte seine Stimme an ihrem Ohr, spürte seine Hand auf ihrer Stirn. Sie hörte ihn singen. Und dann wieder — vor allem abends vor dem Einschlafen — sah sie ihn plötzlich fast leibhaftig vor sich, wie er im Kahn auf der Ruderbank stand, ein triumphierendes Lachen auf dem schönen Gesicht, das wie aus Himmelshöhen auf sie herabschaute: „Niemand rührt sich, das Boot ist in meiner Gewalt!" Es erschien ihr selbst erstaunlich, daß diese Erinnerung — die Erinnerung an den wilden, gewalttätigen Achajus, der da so unvermutet aus der höfischen Maske hervorgebrochen war — am stärksten in ihr lebte und ihre Sehnsucht nach diesem Mann am meisten schürte. *So* liebe ich ihn wirklich, dachte sie, aber warum gerade *so*? Dort in dem Boot benahm er sich frech, zuchtlos wie nie sonst — und dennoch...

Aber allmählich verblaßte die Erinnerung, anderes schob sich zwischen sie und Margits Gedanken, sie glaubte und hoffte, die Gefahr, die diese Verlockung für sie bedeutete, überwunden zu haben.

Der Sommer des Jahres 1438 wurde sehr heiß. Um der Hitze zu entgehen, zog der Hof des Regenten in die Berge. Bei Annecy — hoch oben in einem waldigen Gebirgstal — besaß Louis eine Jagdhütte, eigentlich einen Hof mit vielen Gebäuden, hübschen Holzhäusern im Stil der savoyischen Alpen mit geschnitztem Giebelschmuck und zierlichen Holzgalerien. Dort richtete man sich ein, ganz ländlich und ungezwungen. Nur ein kleiner Kreis von Höflingen und Damen begleitete das Herzogspaar und seine Kinder, die man alle vier mitgenommen hatte, dazu kamen natürlich Diener und Dienerinnen, Köche, Jäger, Leibwächter und vor allem die Musikanten, ohne die Louis nirgendwo leben konnte.

Auch Margit war dabei. Sie wohnte mit einigen ihrer Damen in einem kleinen, abseitsstehenden, ganz bäuerlichen Hause und genoß das freie Leben im Wald und auf den Höhen mit besonderer Freude.

Und auf einmal war auch der Achajus wieder da. Er tauchte plötzlich auf, seine Mission war beendet, nun war es, als sei er nie fort gewesen. Ohne sichtbare Mühe paßte er sich dem ländlichen Leben in den Bergen an, im leichten Jagdwams zog er mit Louis und den anderen jungen Herren auf die Jagd und bezauberte abends beim bäuerlichen Tanz unter der Linde die Damen wie eh und je.

Margit ging ihm nach Möglichkeit aus dem Weg und ließ sich, selbst wenn sie nur zwischen den Hofgebäuden hin und her ging, von Donna Antonia begleiten. Aber ein heftiges Herzklopfen stellte sich leider immer wieder bei ihr ein, wenn sie irgendwo auch nur den Zipfel des roten Wamses sah, das der Achajus trug, wenn er nicht auf der Jagd war.

Es schien Margit da kaum anders zu ergehen als den anderen Damen. Anette geriet ganz aus dem Häuschen vor Freude, daß der Achajus wieder da war, und glühte wie eine Rose, wenn er sie gelegentlich einmal zum Tanz führte.

Auch Herzogin Anna wirkte sichtlich belebt und gab sich dem Tanz mit viel mehr Schwung als zuvor hin. Doch legte ihr die Gegenwart ihres Gatten einige Zurückhaltung auf, so daß sie dem Bastard gegenüber mehr die herablassende Gönnerin als die liebende Frau spielte.

Übrigens schienen nach etwa acht Tagen Spannungen zwischen ihr und dem Achajus aufzutreten, deren Ursache unbekannt blieb. Die Hofdamen erzählten flüsternd von einem lauten Streit, der geführt wurde, als der Regent auf der Jagd, der Achajus aber zurückgeblieben war. Dabei seien die Namen der Kinder genannt worden, es sei wohl auch von der Erbfolge die Rede gewesen. Deutlich wollte man gehört haben, wie Anna schrie: „Glaubst du vielleicht, ein Bastard habe das Recht, eine Prinzessin von Cypern und Herzogin von Savoyen zu behandeln, als sei sie ein Bauernmädchen, das Kegel in die Welt setzt?"

Margit zuckte die Schultern, als man ihr diese aufregenden Nachrichten überbrachte. „Ach was, ich mag keinen Klatsch hören", sagte sie.

Und dann kam ein sehr warmer Abend, an dem man nicht tanzen mochte, weil die Luft dafür noch zu schwül schien. Man saß auf improvisierten Sitzen, auf Kissen und Decken am Waldrand im Grase, und als die Dämmerung sich senkte, wurden Fackeln entzündet, die wie riesige rote Glühwürmer im Blauschwarz der Schatten aufglühten.

Natürlich mußte nun der Achajus singen.

Es war Rose, die Gräfin de Nyon, die vorschlug, er solle einmal wieder die Ballade von jenem Ritter singen, der die Dame seiner Liebe selbst im Zweikampf tötete, ohne sie zu erkennen.

Margit erinnerte sich sofort daran, daß der Achajus diese Geschichte damals — vor sieben Jahren — im Boot vorgetragen hatte, als sie von Morges nach Ripaille schifften. Hatte er sie seither jemals wieder gesungen? Sie erinnerte sich nicht. Aber sie wußte noch, daß ihr damals zum allerersten Male der Gesang des Achajus wirklich ans Herz gegriffen hatte, daß sie ihn von da an mit anderen Augen gesehen hatte als zuvor. Lebhaft unterstützte sie die Bitte der Freundin.

Wieder wie einst begleitete Jean de Nyon auf der Laute. Der Achajus sang.

Die Fackeln warfen rötliche Lichter auf sein Wams. Auch das Gesicht überglühten sie mit ihrem auflodernden Schein. Zuerst klang die Stimme ruhig und verhalten. Aber allmählich gewann sie immer mehr an Intensität und steigerte sich zu schmerzerfüllter Leidenschaft, die auch das überglühte Gesicht spiegelte. Diesmal sah der Achajus niemanden im besonderen an. Er stand still und schien dem dunklen Bergwald seine

Klage zuzusingen, die Klage des Ritters, den dunkles Unheil gezwungen hatte, mit der einzig Geliebten zu fechten und sie tödlich zu treffen. Da lag sie nun im Staub, er löste Helm und Visier und erkannte die Züge der Toten: „Ich habe sie getötet, ich, ich, der sie liebte mehr als mein Leben, was soll ich noch auf dieser Welt...?"

Viele der zuhörenden Damen weinten. Auch Anna, die Herzogin, sie konnte es nicht verbergen. „Dieser Mann kann einem das Herz brechen", sagte sie zu der buckligen Zwergin, die wie gewöhnlich neben ihr saß.

Auch Margit fühlte sich sehr bewegt. Sie dachte: „Wenn er ein Lied singt wie dieses, dann merkt man, daß da mehr ist als nur der Zauber seiner Stimme, daß da die Gewalt einer Leidenschaft spricht, der nur schwer, nur sehr schwer zu widerstehen ist..."

In der Nacht lag sie eine ganze Weile wach. Ihr war heiß, die Luft in der Kammer kühlte so gar nicht ab. Aber sie wußte, es war nicht die Hitze allein, die sie nicht schlafen ließ, sondern die Sehnsucht, die brennende Sehnsucht nach der Gegenwart jenes Zauberers. Wenn er jetzt käme, hier stände — an meinem Bett — meine Hand nähme, meine Stirn berührte, mich küßte...

Dann schlief sie doch.

Aber nicht lange. Sie erwachte von einem lauten Schreien und fuhr auf. „Feuer, Feuer!" wurde geschrien. „Es brennt! — Wo denn? — Das Haus des Herzogs! — O Gott, o Gott!"

Margit war schon aus dem Bett, als zwei Kammerfrauen ins Zimmer stürzten. „Madame, Madame!"

„Ist es wahr? Mein Bruder? Die Herzogin?"

„Das Haupthaus brennt lichterloh, Madame!"

Sie halfen Margit in den Morgenmantel, und sie lief ins Freie.

Der Feuerschein erleuchtete den Hof. Margit eilte zwischen den Häusern hin. Aus dem Gebäude, in dem Louis und seine Familie wohnten, schlugen die Flammen hoch hinauf in den dunklen Himmel.

Gestalten liefen durcheinander. Es wurde nach Wasser gerufen.

„Wo sind...? Ist noch jemand im Haus?" keuchte Margit.

„Die Herzogin ist hier", rief jemand.

„Die Kinder? Wo sind die Kinder?" fragte Margit in das kopflose Durcheinander der Dienerschaft hinein.

Da kam ihr, an der Hausmauer entlanglaufend, die kleine Margaretha, ihr Patenkind, schreiend entgegen. „Er verbrennt", kreischte sie. „Amédée ist drinnen. Er verbrennt!"

Mit dem erneuten Ruf: „Die Kinder", stürzte Margit blindlings vorwärts. Aus dem Hauseingang drang ihr eine Qualmwolke entgegen, aber sie stürmte hinein, versuchte drinnen in Rauch und Finsternis die Tür zu den Kammern der Kinder zu finden, die zu ebener Erde schliefen. Irgendwoher kam das jammervolle Klagen einer dünnen Stimme. Margit ertastete eine Türklinke. „Amédée, Amédée!" Sie rüttelte, die Tür sprang auf, aber es war der falsche Raum, finster, noch dichter verraucht als der Flur...

Margit rang nach Atem, sie tastete, keuchte, rüttelte an einer anderen Klinke, die sich glutheiß anfühlte. Schon knisterte die Tür und glomm, dahinter hörte sie das Sausen der Flammen, die Tür sperrte sich und ließ sich nicht öffnen. Jetzt bekam Margit keine Luft mehr, alles drehte sich um sie, betäubt schwankte sie und sank hilflos zu Boden.

Sie spürte es kaum mehr, daß sie von starken Armen gepackt und aus dem Rauch gezerrt wurde. Draußen lag sie dann im Schatten eines Hauses auf der Erde, bekam wieder etwas Atem, stöhnte und merkte, daß sich jemand über sie beugte, ihren Kopf hielt und wie ein Wahnsinniger auf sie einsprach: „Du doch nicht, du doch nicht. Das hab' ich nicht gewollt. Nicht dich, nicht dich. O süße Margit, stirb mir nicht!"

Sie richtete sich auf. Heiser und hustend brachte sie hervor: „Ich sterb' doch nicht, ich nicht. Aber um Gott, Achajus, Amédée ist im Haus, der kleine Erbprinz. Hör doch, er weint. Im hinteren Zimmer. Achajus, ich bitte dich, wenn du mich liebst, rette das Kind. Rette es. Oder laß mich..." Keuchend und schluchzend versuchte sie aufzustehen.

Der Achajus, der neben ihr kniete, drückte sie auf die Erde zurück. „Bleib liegen!" Er sprang auf. „Der Wunsch meiner Dame ist mir Befehl", rief er. „Wasser her!"

Die Knechte schleppten jetzt Eimer heran, eine Löschkette war gebildet worden. Der Achajus drückte seinen weiten Umhang ins Wasser und wickelte sich blitzschnell in die triefenden Stoffmassen, die er auch über den Kopf zog, preßte ein nasses Tuch gegen den Mund und verschwand vor Margits Augen wie ein Schemen im Rauch. Sie hörte, wie verzweifelte Stimmen ihm zuriefen, zurückzubleiben, auch die Annas war zu erkennen. Einige Männer mit Wassereimern liefen hinter ihm drein.

Margit hustete und keuchte noch immer. Ein erneuter Versuch, sich zu erheben, mißlang. Ihr war entsetzlich übel, sie würgte und sank zurück. Ein nasses Tuch wurde auf ihre Stirn gelegt, liebevolle Stimmen sprachen ihr zu, Donna Antonia und Anette waren bei ihr.

„Das Kind! Er muß es retten", stammelte sie.

Das ganze Haus vor ihr brannte jetzt. Überall schlugen die Flammen aus den Fenstern. „Da kommt niemand mehr lebend heraus", hörte sie irgend jemanden sagen.

„Wo ist er? Liebe Donna Antonia, wo ist der Achajus?"

„Er ist ums Haus herumgelaufen, wahrscheinlich versucht er von hinten her einzudringen."

Drinnen in den Flammen brach irgend etwas krachend zusammen. Eine Funkengarbe stob empor. Viele Stimmen kreischten auf.

Aber da war der Achajus wieder. Er tauchte aus dem Qualm auf, er hielt etwas im Arm, das sich unter den Falten des schwarz versengten Mantels rührte. Er wollte es wohl zu Margit hinbringen, aber die Herzogin Anna stürzte ihm entgegen. „Mein Kind, mein Kind. Du hast ihn. Philipp Maria — mein ewiger Dank..." Sie weinte und drückte den unverletzten, nur noch leise schluchzenden Erbprinzen an sich. Im anderen Arm hielt sie den kleinen Louis. Ringsum schrien die Leute „Vivat" und weinten und lachten durcheinander.

Margit hatte sich wieder aufgesetzt. Sie sah den Achajus stehen, in seinem geschwärzten Gesicht glänzten die Augen im Flammenschein, den Mantel hatte er abgeworfen, er grüßte herüber und verneigte sich, dann aber wandte er sich dem Brand zu. „Die Flammen greifen auf die anderen Häuser über", rief er mit seiner durchdringenden Stimme. „Hierher mit dem Wasser. Ihr da, was steht ihr da herum? Mehr Eimer her, hier müssen wir das Feuer eindämmen, nicht dort drüben."

Er leitete die Löscharbeiten, griff selbst zu einem Eimer, sprang Stufen hinauf, schüttete von oben zischende Güsse auf glimmendes Holz.

Jetzt erst fiel Margit ihr Bruder ein. War er nicht auch in dem brennenden Haus gewesen? Er, der Langsame, hatte er sich retten können? „Wo — wo ist Louis?"

„Dort, Euer Gnaden, dort drüben."

Ja, da stand er, vollkommen angezogen. Er sah zu, wie Diener, Jäger und Hofherren mit Eimern liefen und den Brand bekämpften. Seine Hand spielte im Haar der kleinen Margaretha, die sich an ihn schmiegte. Anna und die anderen Kinder hatte man bereits in eins der entfernter liegenden, vom Brand nicht gefährdeten Häuser gebracht.

Auch Margit führten und trugen die Ihren jetzt in ihr Häuschen zurück. Dort lag sie dann, immer noch halb betäubt, elend und in Atemnot.

Der Arzt kam zu ihr, er gab ihr ein Tränklein und daraufhin konnte sie einschlafen.

Am nächsten Tag fühlte sie sich besser, sie erholte sich rasch.

Tatsächlich war es schließlich unter der tatkräftigen Führung des Achajus gelungen, des Brandes Herr zu werden. Jetzt glommen und schwelten nur noch die Reste des Haupthauses, von einer Brandwache beobachtet. Man hatte verhindern können, daß der Brand auf eines der anderen Gebäude übergriff.

„Wie konnte das nur so kommen? Wie hat der Brand entstehen können?" fragte Margit ihre Hofdamen, die um sie, die auf einem Ruhebett lag, herumsaßen und mit kühlenden Tüchern und Riechsalz das Kopfweh bekämpften, das Margit noch plagte.

„Das Haus ganz aus Holz — der heiße, trockene Sommer — da genügten wohl schon ein paar Funken — vielleicht vom schlecht verwahrten Herdfeuer..."

„Nein", rief Anette dazwischen, „man spricht von Brandstiftung. Und das ist das Wahrscheinlichste. Das Feuer soll an verschiedenen Stellen zugleich aufgeflammt sein..."

„Aber wer sollte denn? Das ist doch unmöglich", wandte Margit entsetzt ein.

„Böse Menschen gibt es überall."

„Niemand kann doch den guten Louis hassen, und die armen Kinder erst recht nicht. Niemand von denen, die uns dienen oder die mit uns leben, könnte doch so etwas Entsetzliches tun, nein, es ist wirklich unmöglich", sagte Margit bestimmt.

„Der Regent wird trotzdem eine Untersuchung einleiten müssen", sagte Donna Antonia seufzend. „Ja, ein wahrhaft entsetzlicher Vorfall und ein wunderbarer Glücksfall zugleich, daß niemand außer Euch, liebe Madame, ernstlich zu Schaden gekommen ist. Wir haben Gott zu danken."

„Dem Achajus auch", sagte Margit nachdenklich. „Man muß es ihm lassen, er hat sich wunderbar bewährt."

„Ein Held", seufzte Anette schwärmerisch.

„Mir hat er jedenfalls das Leben gerettet", sagte Margit und seufzte unwillkürlich ebenfalls.

„Unsere kleine Prinzessin Jeanne hat auch einiges zur Rettung beigetragen", erzählte Donna Antonia. „Alle im Haus schliefen ja fest. Hätte die Kleine nicht zu schreien begonnen, und wäre die Amme nicht aufgestanden, sie zu trösten und hätte dabei den Rauch gerochen, niemand wäre wohl mehr lebend aus den so rasch um sich greifenden Flammen entkommen."

Margit erfuhr nun weitere Einzelheiten. Das Schreien der Amme hatte die Schläfer geweckt. Diese selbst hatte den Säugling an sich gerissen und war ins Freie gestürzt, Anna war ins Kinderzimmer gelaufen, hatte den kleinen Louis, ihren Liebling, aus seinem Bettchen gerissen und war mit ihm geflüchtet, die Sorge für die anderen Kinder hatte sie den Frauen und Dienerinnen überlassen. Diese aber waren kopflos und schreiend aus dem Hause gerannt, nur darauf bedacht, sich selbst zu retten. Man hatte sie bereits deswegen zur Rede gestellt, und sie hatten weinend erklärt, jede von ihnen habe geglaubt, eine andere habe die Kinder bereits in Sicherheit gebracht. In Wahrheit waren die beiden ältesten Kinder verlassen in dem hintersten Zimmer zurückgeblieben. Die kleine Margaretha, mit ihren viereinhalb Jahren schon geschickt und resolut, war über die glimmende Fensterbank hinweggeklettert und dann ins Freie hinausgesprungen, während der dreijährige Amédée sich heulend in seine Kissen verkroch. Der Achajus war dann durch ein anderes, noch unversehrtes Fenster eingestiegen und hatte das Kind, nach dem schon die Flammen griffen, eben noch nach draußen bringen können.

Anette erzählte Margit dann unter vier Augen, daß der Regent überhaupt nicht im Hause gewesen sei, als der Brand ausbrach und sich erst ein Weilchen später dort eingefunden hatte. Anette flüsterte kichernd, man sage, er sei bei der jungen Hofdame Marion de Grillon gewesen, die, wie man wisse, sich seit einiger Zeit seiner Gunst erfreue, und die ganz abseits — ebenso wie Margit — in einem eigenen Häuschen wohne. Die Herzogin habe ihm deswegen eine böse Szene gemacht, so sage man...

„Er wird erklären, er habe dort Flöte gespielt", sagte Margit, ebenfalls kichernd.

„Er soll gesagt haben, es sei doch immerhin besser, er sei abseits in Sicherheit gewesen, als daß er in seinem Hause verbrannt und seine Gattin zur Witwe geworden sei. Aber ich weiß nicht, ob das wahr ist", setzte Anette lachend hinzu.

Der Hof verließ schon am nächsten Tag die verwüstete Stätte in den Bergen und kehrte nach Thonon zurück. Louis hatte — wenn auch zögernd und nicht gerne — eine Untersuchung des Vorfalls angeordnet. Sie wurde am Brandort begonnen und in Thonon weitergeführt, brachte aber, wie zu erwarten gewesen war, kein Ergebnis. Wo waren die Leibwächter, die doch für die Sicherheit der herzoglichen Familie verantwortlich waren, gewesen? Sie hatten geschlafen, wer dachte schon daran, daß auf friedlicher Waldeshöhe ein Attentat verübt werden könne? Die Diener, die Zofen, die Kinderfrauen und Mägde? Sie alle hatten geschlafen. Niemand hatte etwas Verdächtiges wahrgenommen, keiner irgendwelche düsteren Vermummten um das Haupthaus schleichen sehen.

Auch die Herren und Damen wußten nichts. Schließlich stellte Louis die Untersuchungen ein. Einige Strafen wurden verhängt, einige Entlassungen angeordnet. Damit mußte es dann gut sein. Altgetreue Diener zu verdächtigen, gar die Folter zu gebrauchen, widerstrebte Louis. Er war einerseits zu träge, andererseits zu gutmütig dazu. Und zudem war ihm die Rolle, die er selbst bei der Sache gespielt hatte, und das Geflüster und Gelächter, das deswegen umging, doch ein wenig peinlich, und er war froh, als das Gerede und die Mutmaßungen über die ganze Sache endlich abklangen. Dem Herzog Amadeus in Ripaille wurde sie sowieso als harmloser kleiner Zwischenfall dargestellt; ein Feuerchen, aus Versehen entstanden, bei dem niemand zu Schaden gekommen war und das durch den Mut und die Entschlossenheit des Achajus schnell gelöscht werden konnte...

Dem Achajus blieb der ungeschmälerte Ruhm der großen Tat. Er war der Held der Stunde. Die Damen umschwärmten und feierten ihn. Louis hielt ihm eine offizielle Dankrede und überreichte ihm eine Ehrenkette mit einem Schmuckstück daran, das den savoyischen Falken in Gold und Brillanten ausgelegt zeigte. Auch Margit mußte ihm vor versammeltem Hof ein paar Dankesworte sagen und sich Hand in Hand mit ihrem Lebensretter dem begeisterten Beifall aller Versammelten stellen.

Sie vermutete, er werde früher oder später weiteren Dank unter vier Augen von ihr fordern und fragte sich vergeblich, wie sie sich dann verhalten sollte. Denn merkwürdigerweise fürchtete sie jetzt weit mehr als zuvor seine Huldigungen und seine unerwartet aufflammende Leidenschaft. Er hatte für sie von seinem gefährlichen Zauber eingebüßt, und sie konnte sich nicht erklären, wie das gekommen war. Hätte das Geschehene nicht eher die umgekehrte Wirkung haben und sie vollends in seine Arme treiben sollen? Gewiß wartete er nur eine Gelegenheit ab, zum letzten, entscheidenden Sturm auf die spröde Festung anzusetzen. Was hielt sie ab, ihm nachzugeben, jetzt, da er doch wahrhaftig durch die Tat bewiesen hatte, wie echt, ja todesmutig seine Liebe zu ihr war? Der Gedanke an die Sittlichkeitsgebote, die ihr Vater so ernst nahm, allein war es wohl nicht, obwohl auch sie eine Rolle spielten.

Ihrer geschärften Aufmerksamkeit entging nicht, daß der Achajus, so kühl er die Ehrbezeugungen hinzunehmen schien, doch nicht zögerte, die Lage zu seinen Gunsten auszunutzen. Er erhielt Ehrenämter am Hofe, und es wurde davon gesprochen, daß ein Vertrag vorbereitet werde, der ihm einen Teil des ehemaligen piemont-achajischen Gebiets nach Herzog Amadeus' Tode als Erbe sichern sollte. Auch erfuhr Margit dann, daß er ihrem Vater eine genaue Darstellung seines Eingreifens in jener Brandnacht übermittelt hatte, so daß der erschrockene Herzog erst jetzt erfuhr, in welcher Gefahr seine Enkel und seine Lieblingstochter geschwebt hatten, und die Untersuchungen des Vorfalls aufs neue begannen.

Das alles mißfiel Margit. Und da war noch etwas, worüber sie manchmal nachgrübeln mußte: Was war es doch gewesen, das ihr Retter in seiner wilden Erregung hervorgestoßen hatte, als sie betäubt, vom Qualm umnebelt, am Boden lag? Ganz genau hatte sie nicht aufgepaßt, aber einiges wußte sie noch: Außer „stirb mir doch nicht" hatte er noch „das habe ich nicht gewollt, das nicht", gesagt. Was war es gewesen, das er nicht gewollt hatte? Sie begriff es nicht. Es war seltsam, die Worte schienen aus jener Ballade zu stammen, die er am Abend vorgetragen hatte: „Das hab ich nicht gewollt, Geliebte meines Lebens, das nicht, daß ich dich nun hier leblos vor mir liegen seh', ich selbst war es, der dich, o Süße, fällte... Ich — ich hab' sie getötet..." Aber der Achajus hatte doch nichts getan, das ihn zu einer ähnlichen Klage — einer Selbstanklage — berechtigte? Hatte sie ihn falsch verstanden? Wahrscheinlich. Einen plötzlich aufkeimenden, aber absolut sinnlosen Verdacht unterdrückte Margit sofort in sich. So etwas auch nur zu denken, war der reinste Irrsinn. „Es scheint, ich traue diesem gefährlichen Menschen einfach alles zu, auch die unsinnigsten Verbrechen", dachte Margit, über sich selbst verwundert.

Aber es blieb etwas wie Angst in ihr, Angst vor dem triumphierenden, allseits angebeteten Achajus. Wie immer, wenn sie sich unsicher und in Zweifeln fühlte, floh sie nach Ripaille. Mit ihren Damen wohnte sie in den roten Zimmern und feierte dort auch das Weihnachtsfest. Oft teilte sie die langen, stillen Andachten ihres Vaters in der Kapelle und fühlte, daß von ihnen soviel Beruhigung ausging, daß ihr inneres Gleichgewicht sich von selbst wiederherstellte.

Als in der Fastnachtszeit die Festlichkeiten wieder begannen, kehrte sie an den Hof zurück.

Da aber geschah etwas, was nie ganz aufgeklärt wurde. Der Achajus, der noch am Abend mit der Herzogin, die übrigens wieder hoch in anderen Umständen war, die schönste Sarabande getanzt hatte, war am folgenden Morgen spurlos verschwunden und blieb es auch — er wurde nie wieder am Hof gesehen. Ein großes Getuschel lief um, jeder wußte etwas oder wollte etwas wissen.

Die einen wußten genau, daß endlich geschehen war, was man schon seit Jahren erwartete: Der Regent habe seine Gattin und den Achajus ertappt, und zwar vor Zeugen und in einer Situation, die ihm nicht mehr erlaubte, beide Augen zuzudrücken, wie er es bisher getan hatte. Während der Achajus es verstand, sich davonzustehlen, sei es zu einem heftigen Wortwechsel zwischen den Gatten gekommen, die sich gegenseitig der ehelichen Untreue, der Hurerei und Liederlichkeit bezichtigten, wobei Anna offenbar den Sieg davongetragen hatte, da ihr Gatte schließlich das Schlafgemach verlassen und sich in einen anderen Flügel des Schlosses zurückgezogen hatte.

Das war aber nicht alles. Offenbar war der Sturz des Günstlings beabsichtigt gewesen. Denn gleichzeitig waren Nachrichten eingetroffen, die den Achajus schwer belasteten. Er habe, hieß es, zunächst im Auftrag des Herzogs Amadeus geheime Nachrichten vermittelt und für Savoyen Spionagedienste geleistet. Nun aber sei es klar geworden, daß er auf beiden Schultern Wasser getragen und Alfonso von Aragon gegen Bezahlung wichtige Angaben über savoyische Festungen ebenso wie über die Pläne des Königs von Frankreich geliefert habe. Die Polizei des Herzogtums suche den Verräter, hieß es.

Alle Festlichkeiten wurden, des Gesundheitszustands der Herzogin wegen, abgesagt. Drei Wochen später gebar Anna einen Knaben, der wenige Tage darauf starb. Auch das Leben der Mutter war gefährdet, doch konnten die Ärzte sie durchbringen, und sie erholte sich allmählich wieder. Ein unsinniges Gerücht behauptete, Herzog Louis habe das Kind töten lassen, da der Achajus als Vater vermutet werde. Andere sagten, nein, der Erbprinz sei eigentlich der Sohn des Achajus und nur darum habe dieser das Kind aus den Flammen geholt.

Diesen Gerüchten glaubte Margit nicht, alles andere erschien ihr wahrscheinlich.

Und dann erhielt sie sogar eine Nachricht von dem Verschwundenen. Ein abgerissen aussehendes Kind drängte sich beim Kirchgang an Margit heran, mit ausgestreckter Hand, so als wolle es sie anbetteln, drückte ihr aber dann mit flehendem Blick etwas in die Hand und flüsterte: „Bitte, Madame Margit, lesen, aber niemandem zeigen, bitte."

Das Briefchen, das sie im Schutze ihres Zimmers las, enthielt wenige Zeilen: „Ein zu Unrecht Verfolgter, ein unglücklicher Flüchtling fleht jene, die er den Flammen entzog, um Barmherzigkeit und Hilfe an. Ein paar Worte von ihr könnten einen Verzweifelten von einer Tat abhalten, die sein zerstörtes Leben enden würde. Mein Bote wird bei sinkender Dämmerung unter der Linde am Eingang des Schloßgartens stehen und der sehnsüchtig erwarteten Helferin als Führer dienen. Ich wollte nicht um diese Gunst bitten, würde ich nicht den unbezwingbaren Mut und die große Hilfsbereitschaft derer kennen, die mein Herz für immer und alle Zeit gefangenhält."

Der Appell an ihre Hilfsbereitschaft und ihren Mut verfehlte seine Wirkung auf Margit nicht. „Was soll ich tun? Was soll ich nur tun?" fragte sie sich erregt.

Sie entschloß sich, das Briefchen ihrer mütterlichen Freundin zu zeigen. „Was soll ich tun?" Sie warf sich in Donna Antonias Arme. „Er sagt, er sei zu Unrecht verfolgt. Er deutet die Absicht an, sich zu töten. Aber Selbstmord ist eine große Sünde, nicht wahr? Er liebt mich wirklich, er hat es bewiesen, und ich weiß es. Er hat mein Leben gerettet, das ist wahr. Und das des Erbprinzen unter Einsatz des eigenen — und das nur, weil ich ihn bat. Muß ich nun gehen und ihm zu helfen versuchen?"

„Nein", sagte Donna Antonia entschieden. Sie streichelte Margits zuckende Schultern. „Nein, mein gutes Kleines. Er ist nicht zu Unrecht verfolgt, das wißt Ihr gut genug und ebenso, daß er Euch ködern will. Daß er Euch an seine Rettungstat erinnert, um Eure Dankbarkeit anzustacheln, ist gemein. Kein echter

Edelmann würde das tun. Alles, was er schreibt, ist Berechnung, Euch zu fangen. Er hat nicht die Absicht, sich zu töten, glaubt es mir."

„Meint Ihr", flüsterte Margit. „Ja — ich glaube es — vielleicht — selbst..."

„Er will Euch benutzen — irgendwie. Als Schild, als Vermittlerin, vielleicht sogar als Faustpfand. Wenn Ihr ginget, Ihr würdet Euch in eine große Gefahr begeben."

„Ich weiß nicht — er kann doch nicht... Aber, liebe Donna Antonia, es ist wahr, ich habe Angst."

„Ihr wart — für kurze Zeit — ein wenig gefangen von seinem Zauber, Margit. Aber das ist vorbei, das sehe ich doch."

Margit richtete sich auf. Sie atmete tief. „Ja, Ihr habt recht, es ist vorbei. Jetzt fürchte ich ihn nur noch. Ich habe das sichere Gefühl, ich wäre verloren, wenn ich seinem Ruf folgte."

„Ihr seid ihm auch keinen Dank schuldig. Wer weiß, aus welch dunklen Absichten heraus er Euch rettete. Ihr solltet diesen Brief jenen zukommen lassen, die nach ihm fahnden."

„Nein, das will ich nicht tun." Margit strich sich die Haare aus der Stirn. „Man soll ihn nicht gefangennehmen, er soll gehen, wohin er will, das ist besser. Ich werde ihn vergessen, und das wird das Allerbeste sein."

In der Dämmerung war Schnee gefallen. Unter der Linde am Garteneingang stand eine kleine dunkle Gestalt. Donna Antonia schickte ihre Zofe hinunter. Sie drückte dem Jungen ein Goldstück in die Hand und hieß ihn, heimzulaufen, so schnell er könne. Das Kind verschwand lautlos im Dunkel.

Margit ging im März wieder nach Ripaille. Und da geschahen Dinge, hinter denen der Achajus, und alles, was sich mit ihm begeben hatte, wie wesenloses Schattenwerk zurückblieb.

IV Der Reformpapst

Frühjahr 1439 — Sommer 1442

1

Wenn Margit in Ripaille wohnte, bekam sie gelegentlich allerlei zu hören, das eigentlich nur dem Interessenkreis der Männer angehörte. Die „Ritter vom Orden des heiligen Moritz", die in der „Einsiedelei" wohnten und die alle sechs ältere, ja sogar alte Männer waren, duldeten gerne die kleine Herzogin-Witwe, die sie alle väterlich liebten, im Kreise ihrer abendlichen Gespräche, denen auch der Prior und Herzog beiwohnte, wenn er Zeit dafür fand. Margit redete nicht mit, dafür verstand sie zu wenig von den Dingen, über die hier mit Ernst und Eifer verhandelt wurde. Fragen der Kirchenpolitik beherrschten zur Zeit die Gespräche, ein Thema, das Margit eigentlich nur sehr wenig interessierte, so daß sie manchmal dem Einschlafen nahe war.

Aber mit der Zeit begann sie doch, dies und das zu verstehen, und ihr Interesse wuchs.

Am meisten war stets vom Konzil die Rede. Schon seit Jahren gab es in Basel ein Kirchenkonzil, eine Versammlung von geistlichen Herren, Äbten, Bischöfen — zuletzt waren auch einige Kardinäle dazu gekommen —, die allesamt unzufrieden mit den jetzigen Verhältnissen und Gebräuchen in der christlich-katholischen Kirche waren und Reformen anstrebten, weswegen man diese Basler Versammlung auch das „Reformkonzil" nannte. Margit erfuhr, daß zum Beispiel das sittliche Verhalten sehr vieler Geistlicher zu wünschen übrig lasse, daß sie sich Konkubinen hielten oder gar „herumhurten", wie einer der Herren sich ausdrückte, und darum ihren Stand verunehrten. Auch die Ordnung des Gottesdienstes und das Benehmen von

Geistlichen und Laien in der Kirche verlangte dringend nach einer grundlegenden Veränderung. Und so gab es noch eine Anzahl Punkte, die das Konzil durch neue, strengere Gesetze und Maßnahmen zu ändern wünschte. Man verhandelte in Basel schon lange, kam aber zu keinem Ziel, da der Papst in Rom, Eugen IV., ein zwar sittenreiner, aber überaus starrsinniger alter Mann, jede Reform ablehnte und alle Beschlüsse und Botschaften des Konzils mißachtete oder sogar als „ketzerisch" verdammte. So geriet das Konzil immer tiefer in einen Gegensatz zu Rom hinein, es war jetzt schon so weit gekommen, daß der Papst versuchte, das Konzil aufzulösen und Bannbullen gegen seine Mitglieder aussandte, während man im Konzil von der Absetzung Eugens sprach.

Die Sache hatte aber auch eine politische Seite. Viele, vor allem deutsche Fürsten und Reichsstädte, ebenso auch die Schweiz, Dänemark, der Deutschorden und Tirol standen stützend hinter dem Konzil und wünschten die Reformierung der Kirche; andere Länder, zum Beispiel Frankreich, unterstützten Papst Eugen. Kaiser Sigismund war im Herbst 1438 gestorben. Man wußte bereits, daß die Wahl der Kurfürsten auf einen Habsburger fallen würde, wahrscheinlich auf den Erzherzog Friedrich, der ein maßvoller und kluger Mann sein sollte. Nun kam es sehr darauf an, welche Stellung der neue römische König und künftige Kaiser in dem Konflikt zwischen Konzil und Papst einnehmen würde, doch war vor 1440 nicht mit einer endgültigen Wahlentscheidung zu rechnen.

Margit wußte schon seit langem, daß ihr Vater ein eifriger Verfechter der Rechte des Konzils und der Notwendigkeit von Reformen war. Er stand in enger Verbindung mit den führenden Mitgliedern des Konzils, immer kamen Boten, die ihm die neuen Stellungnahmen und Beschlüsse mitteilten, er unterstützte die Versammlung auch mit Geld und trat überall durch seine Gesandten für sie ein.

Im Kreise der Ritter sagte er einmal: „Das Konzil kann meiner Unterstützung sicher sein. Aber — meine Reformpläne gehen bedeutend weiter als die seinen."

Margit saß öfter — so wie es auch ihre Mutter getan hatte — in einer Ecke des Zimmers, wenn der Vater an seinem Schreibtisch arbeitete. Er hatte das gern, er liebte ihre Gegenwart und lächelte ihr manchmal zu, aber sie mußte ganz still sein. Sie hatte entdeckt, daß das Sticken mit bunten Garnen eine hübsche Beschäftigung war, die ihr Freude machte. So saß sie denn da, stickte und schwieg, und der Vater schrieb, gebückt über seine Papiere.

Sie wußte nicht, was es war, woran er so hingebend arbeitete. Im allgemeinen pflegten Fürsten ihren Sekretären zu diktieren, aber nicht selbst zu schreiben. Einmal jedoch schien er sich plötzlich verpflichtet zu fühlen, ihr eine Erklärung zu geben. „Ich arbeite meine Reformpläne aus", sagte er. — „Aha", antwortete sie, etwas Klügeres fiel ihr nicht ein.

Wenn Boten oder Besucher kamen, die der Vater in seinem Schreibkabinett zu empfangen wünschte, verließ sie natürlich das Zimmer.

So setzte sie sich einmal, als zwei Abgesandte des Konzils den Vater aufsuchten, mit ihrer Stickerei in den großen Konferenzsaal, der zu dieser Vormittagszeit völlig verlassen lag.

Es war Mai und warm, durch die weiten Türöffnungen strömten Licht, Luft und Vogelgesang herein.

Die beiden Besucher waren an Margit vorübergegangen, als sie des Vaters Zimmer verließ. Einen von ihnen hatte sie schon ein paarmal hier gesehen, sie wußte, es war der Sekretär des Konzils, Enea Silvio Piccolomini, ein sehr kluger und hochgebildeter junger Mann, wie es hieß, der im Konzil eine große Rolle spielte, obwohl er kein Geistlicher war. Er trug sich überaus elegant mit einem violetten Wams, verschiedenfarbigen Beinkleidern und einem kurzen Mantel nach der neuesten Mode. Margit fand, daß er mit seinem feinen Gesicht und den gepflegten, weichen Wellen seines langen hellbraunen Haares bildhübsch aussah.

Nach kurzem Zögern konnte sie nicht widerstehen: Sie setzte sich mit ihrer Stickerei in die Ecke neben dem großen Kamin, der jetzt natürlich ungeheizt war. Hier nämlich konnte man, da des Vaters Schreibzimmer direkt hinter dem Kamin lag, sehr gut hören, was drinnen gesprochen wurde.

So hörte sie denn die angenehm weiche Stimme des Sekretärs, die lange und fließend redete. Aber leider war es Latein, was der junge Mann sprach, und so konnte Margit nur einzelne Worte verstehen, die keinen Zusammenhang gaben. Als der Abgesandte des Konzils schwieg, antwortete der Vater, ebenfalls lateinisch, und dann ließ sich auch die Stimme des anderen älteren Mannes hören. Die Reden gingen hin und her, bis der Vater eifrig wurde und, wie immer, wenn er sich für ein Thema sehr erwärmte, ins Französische geriet: „Es ist eben meine feste Überzeugung, daß die Bibel in die Hand jedes Laien gehört, jeder muß die Heilige Schrift mit seinen eigenen Augen lesen und mit dem eigenen Geist bedenken können, ebenso, wie auch jeder Christ das Recht haben muß, ohne Vermittlung eines dritten mit seinem Gott zu sprechen."

„Abgesehen davon, Euer Gnaden, daß dies einen sehr weitgehenden Eingriff in die Tradition unserer Heiligen Kirche voraussetzen würde", antwortete die angenehme Stimme — jetzt auch auf französisch — „möchte ich Euer Hoheit auch zu bedenken geben, daß nicht jeder Laie im Stande sein dürfte, die Heilige Schrift überhaupt zu lesen, geschweige denn zu verstehen."

„Ich bin dabei, die Zahl der Lateinschulen in meinem Lande ständig zu vermehren", antwortete der Vater fast heftig, „bald wird jeder kleine Ort eine haben. Und außerdem halte ich es für dringend nötig, daß die Bibel in unsere Vulgärsprachen, also ins Französische, Deutsche und so weiter übersetzt werde. Ansätze dazu sind ja schon gemacht worden."

„Eure Hoheit fürchtet nicht, daß solche Neuerungen die Hirne und Herzen der einfachen Christenmenschen verwirren könnten?" fragte der andere Mann, der leise und ruhig und ein gutes Französisch sprach.

„Nein, das fürchte ich durchaus nicht. Im Gegenteil. Die enge und eigene Bindung an die göttliche Botschaft würde bei allen Christen eine Vertiefung ihres Glaubens und Denkens bewirken."

Nun sprach der Piccolomini wieder Latein. Offenbar zitierte er irgendeinen Text.

Aber der Vater blieb beim Französischen. „Das Konzil erfüllt seine Aufgabe nicht, wenn es nicht für die Reformen auch im inneren und geistigen Bereich eintritt und sich nur mit unwesentlichen Äußerlichkeiten befaßt. Ich weiß, daß hier die Starrheit und der Unverstand des Papstes ein starkes Hindernis aufrichten. Aber das Konzil hat erklärt, es habe seinen Auftrag und seine Vollmacht direkt von Jesus Christus, und ich bin überzeugt davon, daß dies stimmt. Also — warum die Widerstände des Papstes in Rom überhaupt beachten und sich nicht auf die eigene Kraft und eigene Kräfte" — er betonte das letztere Wort — „verlassen?"

„Eure Hoheit weiß, daß das Konzil hierzu entschlossen ist, daß aber noch weitere Besprechungen nötig sind, um..." Er zögerte.

„Um alle Stimmen in Einklang zu bringen, ich weiß", sagte der Vater abschließend. „Aber das Konzil soll wissen, daß ich bereit bin, jedem annehmbaren Kandidaten, den es erwählt, meine Stimme zu geben."

Die Herren verabschiedeten sich. Der Vater geleitete sie nur bis zur Schwelle seines Zimmers, allein kamen sie in den Saal.

Margit blieb still in ihrem Kaminwinkel sitzen. Offenbar sahen die beiden sie nicht. Während sie nahe an ihr vorübergingen, seufzte der ältere Herr, der ein wenig mühsam ging, leise: „Ein unhöflicher und hochmütiger Herr, er gibt uns nicht einmal die Ehre seines Geleites."

„So ist es immer, das hat nichts zu bedeuten", antwortete der Jüngere gleichmütig.

„Aber dies: Die Bibel gehört in die Hand jedes Laien — ist das nicht Ketzerei?"

Der junge Mann lachte: „Freilich. Wenn Eugen das hörte, er verdammte unseren Eremiten hier in Dantes achten Höllenkreis. Aber sind wir denn nicht alle Ketzer? Jeder nennt jeden so — Eugen uns, wir ihn..."

„Üble Streitigkeiten", murmelte der andere. „Aber ich möchte wissen, ob dieser Mann es ehrlich meint, wenn er sagt, er würde jedem Kandidaten seine Stimme geben."

„Sicherlich nicht. Eine kleine Geste, die Bescheidenheit vortäuschen soll. Unser weltabgewandter, bärtiger Eremit weiß genau, was gespielt wird und spielt unter der Hand mit, das ist klar."

Die Herren hatten die Länge des Saals durchquert und waren jetzt nahe bei den Türen angelangt, wo sie stehenblieben. Der hohe, gewölbte Raum trug den Klang der Stimmen so vorzüglich, daß Margit am anderen Ende genau ihre Worte verstehen konnte, obwohl sie leise sprachen.

„Ihr haltet ihn also nicht für ehrlich?"

„Aber Hochwürden", wieder lachte der Sekretär ein wenig, „wer erwartet in unseren Kreisen noch Ehrlichkeit? Ehrgeiz steht höher im Kurs. Dieser Mann ist entweder ein Narr und Träumer oder ein Fuchs. Ich entscheide mich für den Fuchs. Er weiß, worauf er hinarbeitet."

„So glaubt Ihr, daß der Bischof von Arras, der stets in so hohen Tönen sein Lob verkündet und alle im Konzil mit seinen Berichten über die edle Frömmigkeit des Einsiedlers von Ripaille fast zu Tränen rührt, Ihr glaubt, daß der von ihm..."

„Geschmiert ist? Aber ja, Hochwürden. Wer schmiert denn nicht, wenn er etwas erreichen will? Und wer möchte nicht so hoch erhoben werden wie möglich, wenn es ihn nur einige rührende Reden und etwas Geld oder Ländereien kostet? — Aber da kommt Eure Sänfte, Monsignore."

Am Saaleingang erschienen Träger mit einer Sänfte, in die der ältere Herr einstieg. Der Jüngere verneigte sich mehrmals und wollte dann auch nach draußen gehen.

Aber Margit war aufgesprungen, ihre Stickerei lag am Boden. „Halt", rief sie, so daß es hell durch den Saal schallte.

Der junge Mann blieb stehen und sah sich um.

„Monsieur, auf ein Wort", rief sie und ging rasch auf ihn zu.

Er war groß und blickte von seiner Höhe erstaunt und etwas spöttisch auf die erregte kleine Dame herab — als ob ich eine von Annas Zwerginnen wäre, fuhr es Margit durch den Kopf.

„Monsieur, ich habe gehört, was Ihr sagtet, und möchte Euch nur eines erklären: Der Fuchs seid Ihr. Mein Vater ist der ehrlichste Mensch der Welt. Wenn er in eurem Konzil etwas erreichen will — was, weiß ich nicht —, so geht es ihm um Gott und um die Seele der Christenmenschen und um sonst nichts. Schließt also nicht von Euch auf andere, wenn ich bitten darf."

Zuerst sah er ganz verblüfft aus, dann lächelte er, verneigte sich tief. „Aber Hoheit, ich bitte tausendmal um Vergebung. Wie schön, daß Ihr Euren werten Herrn Vater so liebreich verteidigt. Eine wahre Amazone. Seid gewiß, ich ehre und achte den Herrn Herzog hoch, meine Worte soeben waren zwar nicht für lauschende Mädchenohren gedacht, aber durchaus nicht böse gemeint — ganz allgemeine Feststellungen..."

Aber sie hatte ihm schon den Rücken zugekehrt und ging, hoch aufgerichtet, mit ihren zierlichen Schritten durch den Saal zu ihrer Stickerei zurück.

Er sah ihr lächelnd nach, zuckte dann die Achseln, zog sich den eleganten Mantel gefälliger zurecht und trat durch das großer Portal ins Freie hinaus. „In Wahrheit eine kleine Amazone mit Haaren auf den Zähnen", murmelte er lachend vor sich hin.

2

Margit fragte sich, worauf der Sekretär des Konzils wohl angespielt haben mochte, als er sagte, jedermann habe den Wunsch, hoch erhoben zu werden. Wozu wollte man den Vater denn erheben? Niemand sagte es ihr, und den Vater zu fragen wagte sie bei aller Vertrautheit doch nicht.

Sie erfuhr es dann einige Wochen später durch ihren Bruder Philipp, der nach Ripaille gekommen war, um dort eine Weile in der Nähe des Vaters zu leben. Er hatte in Paris studiert und noch immer die Absicht, in den geistlichen Stand zu treten, doch hatte es ihm der Vater bis jetzt nicht erlaubt. Philipp war außer Louis der einzige lebende Sohn des regierenden Herzogs und somit auch der einzige, der als Regent für den kleinen Amadeus in Frage kommen konnte, sollte Louis je etwas zustoßen. Philipp war noch immer zart von Gesundheit und hatte sich ganz den Büchern und vor allem der Theologie verschrieben; er sagte, sich mit Regierungsgeschäften zu plagen, sei das Letzte, was er sich wünsche. Er war in Basel gewesen und hatte als Beobachter an den Sitzungen des Konzils teilgenommen. Margit, die so ganz anders geartet war als dieser ernste, in sich gekehrte Bruder, hatte früher keine rechte Beziehung zu ihm gehabt. Jetzt aber kamen sich die Geschwister näher.

Ihn wagte sie zu fragen, was eigentlich in bezug auf den Vater im Konzil vor sich gehe. Sie habe da eine Andeutung gehört, die sie nicht verstehe.

Philipp antwortete ruhig und gemessen, wie es seine Art war: „Das Konzil hat ganz offiziell mit Papst Eugen gebrochen und ihn als Ketzer, Meineidigen, Rebellen und Verschleuderer kirchlicher Güter verdammt und für abgesetzt erklärt. Es wird nun ein Konklave abgehalten, das einen neuen Papst wählen soll, einen der gewillt ist, die Reformen durchzuführen, die der Kirche ihren Bestand sichern. Hierfür ist aber unser Herr Vater als Kandidat vorgeschlagen worden, und er wird wohl auch gewählt werden, dreihundert Bischöfe werden für ihn stimmen, das ist sicher."

„Papst? Der Vater — Papst?" Zunächst kam der Gedanke Margit gänzlich absurd vor. „Aber nein — Philipp — das ist doch unmöglich? Der Vater? Unser Vater? Er ist kein Kardinal, überhaupt kein Geistlicher, ein weltlicher Fürst kann doch nicht..."

„O doch, das ist durchaus möglich. Die Weihen können ihm erteilt werden oder auch nicht, das ist Nebensache. Seine große Frömmigkeit ist in ganz Europa bekannt, er ist ein Mann Gottes, unter den Kardinälen gibt es nicht einen, der ihm da das Wasser reichen könnte, und das ist ausschlaggebend. Zudem schätzt das Konzil gerade seine Fähigkeit, in weltlichen Dingen das Richtige zu wählen, seine politische Erfahrung, seine kluge und maßvolle Weise, mit Geld umzugehen..."

„Außer wenn es um Festlichkeiten geht", warf Margit leise ein.

Philipp hörte es nicht, er fuhr fort: „Es wird keine leichte Sache werden: Die Mißstände, die die Kirche verunzieren, abzuschaffen und der reinen Lehre Jesu Christi wieder die alleinige Geltung in ihr zu verschaffen. Aber im Konzil glaubt man, der Vater sei der richtige Mann, das große Werk zu vollbringen. Er hat Pläne ausgearbeitet..."

„Ich weiß", sagte Margit.

„Der Bischof Aleman von Arras, der zur Zeit das Konzil leitet, hat in diesem Sinn für die Wahl des Vaters plädiert, er hat hinreißend gesprochen und die Eigenschaften des Herzogs Amadeus von Savoyen ins rechte Licht gestellt."

Wieder hätte Margit sagen können, daß sie davon wisse. Das also war es, was der kecke junge Sekretär des Konzils gemeint hatte. Der Vater — zum Papst, zum Vater der Christenheit erhoben? Sie konnte sich noch nicht mit dem Gedanken befreunden, so sehr er sie erregte. „Du sagst: Eine schwere Aufgabe. Der arme Vater. Kann er sich das wirklich wünschen?"

„Selbstverständlich wünscht er es sich. Wieviel wird er schaffen können, seine Pläne in die Wirklichkeit umzusetzen — welch ein Glück muß das für ihn bedeuten." Der zurückhaltende Philipp glühte geradezu vor Begeisterung, was Margit nicht an ihm kannte.

„Ach, aber dann muß er nach Rom ziehen und Ripaille verlassen, das er doch so sehr liebt, und den See und seine Einsiedelei und den Orden, alles, was sein Glück war, verlassen, seinen endlich erkämpften Frieden."

„Was bedeutet das gegen das Pontifikat, die Größe des Papsttums, die Möglichkeit, weltweit zu wirken?"

„Ja — natürlich." Margit seufzte. „Aber ich glaube, es wird ihn trotzdem hart ankommen."

Mit dem Vater konnte Margit nicht über den großen Plan des Konzils sprechen, über all das, was sich in Basel vorbereitete. Er wies schon die kleinste Andeutung schroff zurück. Kein Wort durfte in seiner Umgebung darüber gesprochen werden. Er verbrachte aber noch weit mehr Zeit als sonst in der Kapelle oder der Kirche, er bat die Mönche des Klosters, für ihn zu beten, und wanderte stundenlang allein mit seinem Knotenstock durch die Wälder.

Durch Philipp und auch andere hörte Margit, daß das Konklave zur Wahl zusammengetreten war. In steigender Spannung wartete man. Und dann kam die große Nachricht: Am 5. November 1439 hatte sich das Konklave fast ohne Gegenstimmen für Herzog Amadeus VIII. von Savoyen ausgesprochen. Von einem Fenster des Hauses zur „Mücke" in Basel herab hatte Bischof Aleman der Menge der Bürger und Gäste, die den Platz vor dem Hause füllten, zugerufen: „Große Freude verkündige ich euch: Wir haben einen Papst." Die Menge sang: „Wir loben dich, Gott", alle Glocken läuteten, und dann stieg Feuerwerk strahlend in die Höhe.

Diese Erzählungen begeisterten Margit nun doch. Gar zu gerne hätte sie ihre Freude und Erregung dem Vater zugetragen. Aber der ließ sich überhaupt kaum mehr sehen. Er war nur noch für jene zu sprechen, die in dringenden Staatsgeschäften kamen. Alle anderen wurden zurückgewiesen, sogar seine kleine Margit.

Am 14. Dezember langte die Abordnung des Konzils in Ripaille an, die den Herzog offiziell auffordern sollte, die Wahl anzunehmen, dreihundertvierundsechzig Reiter, die in feierlichem Zuge herangeritten kamen und im Hof abstiegen.

Es war ein schöner, klarer Tag, von winterlicher Kälte merkte man noch nicht viel, im Garten blühten sogar noch einige Rosen.

Die Bischöfe formierten sich zum Zuge, voran schritten zwei Kardinäle, ihnen folgte der Bischof Aleman und jener elegante, junge Sekretär, über den sich Margit vor ein paar Monaten so sehr geärgert hatte.

An der „glückhaften Zugbrücke" empfing der Einsiedler von Ripaille die Gesandten — in der grauen, goldverzierten Kutte, den Knotenstock in der Hand. Da stand er aufrecht und ernst. Er räusperte sich zweimal, ehe es ihm gelang, mit heiserer Stimme zu sagen: „Ich heiße die hochwürdigen Herren willkommen." Danach stockte er und rang sichtlich mit seiner Erregung. Die Tränen stiegen ihm in die Augen, er stieß hervor: „Ich bitte Euch, Herren, kehrt nach Thonon zurück, wo alles zu Eurer Erquickung vorbereitet ist. Laßt mir noch zwei oder drei Tage Zeit, ich bitte Euch." Damit wandte er sich um und ging langsam mit gesenktem Kopf zurück.

Ohne Erstaunen zu zeigen bestiegen die Abgesandten wieder ihre Pferde und ritten am See entlang nach Thonon.

Am 17. Dezember fand dann der offizielle Empfang in der großen Halle der Einsiedelei statt. Der ganze herzogliche Hof war anwesend. Margit saß mit Louis, Anna und Philipp in der vordersten Reihe der vorbereiteten Sitze. Nahe vor ihr thronte der Vater auf einem vergoldeten Sessel, der auf einem kleinen Postament stand, doch war er wieder in der Kutte und hielt den unvermeidlichen Stock in der Hand, sein bärtiges

Gesicht sah blaß aus, die großen, schönen Augen schienen ins Leere zu blicken.

Zuerst überreichte Bischof Aleman dem Rat Grandson, der neben dem Thron stand, das Beglaubigungsschreiben des Konzils, dann trat Enea Silvio Piccolomini vor und hielt mit seiner angenehm weichen Stimme eine lange Rede in Latein. Er erklärte, was die Gesandtschaft hergeführt hatte und gab Bericht über die Vorgänge im Konzil und die Wahl des neuen Papstes, soviel erriet Margit. Zuletzt trat der junge Mann noch ein paar Schritte auf den Thron zu, beugte das Knie und sprach in bittendem Ton feierliche Worte. — ‚Jetzt fleht er den Vater an, die Wahl anzunehmen‘, dachte Margit, ‚und sicher lobt er ihn über die Maßen, während er in Wirklichkeit ganz anders denkt und sich vielleicht in seinem Inneren über dies alles lustig macht.‘

Sie vergaß aber ihren Ärger gleich wieder. Die Haltung des Vaters nahm ihre ganze Aufmerksamkeit gefangen. Sie erschreckte sie ein wenig. Er saß so merkwürdig starr auf seinem Sessel und sah aus, als höre er überhaupt nicht, was zu ihm gesprochen wurde.

Der Piccolomini hatte sich erhoben und war mit einer Verneigung zurückgetreten. Jetzt hätte der Vater wohl antworten müssen. Aber er sagte kein Wort und bewegte sich nicht.

Einer der Bischöfe begann nun, die Eidesformel vorzulesen, die der neue Papst nachsprechen sollte.

Als er geendet hatte, trat Stille ein — der Vater schwieg.

Einer der Männer im bischöflichen Ornat drängte sich fast heftig vor. Er rief beschwörende Worte. Der letzte Satz war französisch: „Herzog Amadeus, enttäuscht die Hoffnungen der Christenheit nicht, die sehnsüchtig auf Euch als ihren Retter blickt."

Wie ein Schauer lief es durch die Versammlung. Jetzt wurden hier und dort Stimmen laut, die baten und beschworen. Versprechungen wurden gemacht — „meinen Besitz gebe ich der Kirche, wenn Ihr sie führt" —

„alles wollen wir opfern, alles geben für die große Aufgabe — nehmt an, Herr, nehmt an."

Jetzt endlich stand der Vater langsam auf. Er stützte sich schwer auf seinen Stock, sein bärtiger Kopf hing tief vornüber. Er murmelte, nur den Nächstsitzenden verständlich: „Die große Aufgabe — die große Verantwortung — ich frage Gott unablässig..." Er hob den Kopf. „Gebt mir Zeit, gebt mir Zeit", preßte er heiser hervor.

„Euer Gnaden, das ist nicht möglich", antwortete der Bischof von Arles mit fester Stimme. „Die Wahl ist gültig, die Zeit erfüllt. Gebt uns Eure Antwort, Herr, wir bitten Euch."

Wieder klangen fordernde Rufe auf.

Jetzt kniete der Vater nieder. Margit, die sich mitleidsvoll vorbeugte, sah, daß ihm Tränen über die Wangen liefen. Am liebsten hätte sie ihn in den Arm genommen und aufgehoben. Aber das ging ja nicht...

Der Kniende winkte ein wenig mit der Hand. Der Rat Grandson beugte sich zu ihm nieder, hörte, was er flüsterte, und richtete sich feierlich hoch auf. „Seine Hoheit nimmt die Wahl an", verkündete er laut. „Seine Hoheit beugt sich dem Willen der Vorsehung."

Ein allgemeiner Jubel brach los. „Vivat!" riefen die Herren. „Dank" und „Lobt Gott allesamt".

Der Vater erhob sich von den Knien. Er stand jetzt freier da, er hatte sich entschieden, Margit schien es, er nehme nun, tief atmend und die Schultern hebend, die große Bürde entschlossen auf sich.

Dann hob er die Hand, Schweigen gebietend. Ernst und leise sagte er: „Ich bin der Einsiedler von Ripaille. Ich möchte die hohe Versammlung, die Vertreter der Christenheit bitten, es bleiben zu dürfen. Das heißt, ich möchte hier bei meinen Ordensbrüdern wohnen bleiben, ich möchte meinen Stock, meinen Bart, meine Kutte und — meinen Namen behalten. Ist das statthaft?"

Der Bischof Aleman schüttelte langsam verneinend den Kopf. „Es ist nicht statthaft."

„Dann will ich..." Der Vater stockte — „ich will, da ich auf Gottes Hilfe und glückhaften Segen hoffe, Felix der Fünfte heißen."

„Es lebe Felix der Fünfte!" riefen die Versammelten.

Jetzt sprach der Vater mit fester Stimme die Eidesformel nach. Dann brachte irgend jemand ein weißes Gewand, das ihm angezogen wurde. Und nun erteilte der neue Papst zum erstenmal den Segen.

Alle Anwesenden knieten. Margit blickte zu der weißen Gestalt auf, die hoch über ihr ragte. Der Heilige Vater erteilte den Segen. Plötzlich spürte sie einen starken Schmerz mitten in der erhebenden Feierlichkeit des Augenblicks. Der Heilige Vater war nicht länger mehr *ihr* Vater, *der* Vater, dem nahe zu sein, ihr immer Freude und Pflicht zugleich gewesen war, den sie erheitert, mit dem sie gelacht, gesungen, zum Nußbaum gewandert war und Rosen gepflückt hatte. Jetzt gehörte er der ganzen Christenheit und war so unsagbar hoch über seine kleine Margit erhöht worden, so in den Himmel emporgerückt, daß er beinahe wie Gott selber war. Nun begann auch sie zu weinen, auf den Knien liegend, schluchzte sie leise in sich hinein. Wer es bemerkte, dachte, sie weine vor freudiger Rührung, sie aber konnte jetzt nicht anders, sie mußte den Verlust des besten Freundes, des liebsten Gefährten ihrer Jugend beweinen. Es war, als verlöre sie nun mit ihm ihre Heimat wie ihre Jugendzeit.

Am Weihnachtsabend ließ sich der Vater den Bart abnehmen. Dies erfreute Margit, die sich inzwischen wieder gefaßt hatte. Noch war der Vater ja in Ripaille und so ziemlich der, der er immer gewesen war. Das Papst-Sein hatte noch nicht so richtig begonnen, die Verwandlung mußte sich langsam, eins ums andere vollziehen. So fiel zuerst der Bart. „Gut", sagte Margit. Nun war der hübsche Mund des Vaters wieder voll sichtbar, der mit seiner kleinen, leicht vorgeschobenen Unterlippe und den nach oben gebogenen Winkeln dem sonst so ernsten und männlichen Gesicht etwas fast

Herzog Amadeus VIII. von Savoyen als Papst Felix V.

Kindhaftes und Freundliches gab, der Mund, der das einzige war, was sie selbst von ihm geerbt hatte.

Dann übergab der Vater an Epiphanias in feierlicher Zeremonie den Herzogshut seinem Sohn Louis, der nun nicht mehr nur Statthalter, sondern regierender Herzog wurde, was für Savoyen natürlich nicht vorteilhaft, aber leider unumgänglich war.

Der Abschied kam erst einen Monat später. Da zog der neue Papst mit großem Gefolge fort vom geliebten See, zunächst nach Chambéry, wo es noch vieles, was die Verwaltung des Landes anging, zu regeln gab. Louis mußte auch mitziehen und sich noch viele gute Ratschläge anhören, die er aber sehr bald wieder vergessen würde. Er war nicht glücklich über den Entschluß des Vaters, ebensowenig wie Margit, aber aus anderen Gründen. „Jetzt heißt es arbeiten, mein Sohn", sagte Papst Felix zu ihm, und das war es eben, was dem neuen Herzog nicht gefiel. Er tröstete sich aber einigermaßen damit, daß der Vater ihm einen vortrefflichen Kanzler und verständige Räte zurückließ, die das Schiff Savoyen schon zwischen den politischen Klippen hindurchschaukeln würden, wenn es not tat.

Margit ritt nicht mit nach Chambéry, was sollte sie dort? Der Vater schloß sie zum Abschied in die Arme. Er sagte, selbst stark gerührt: „Wir werden uns immer wieder sehen, mein kleiner Vogel, immer. Wir bleiben verbunden, für dich werde ich immer der sein, der ich stets war, glaube es mir."

Das klang tröstlich, und obwohl ihr die Tränen über die Wangen liefen, lächelte Margit doch, als sie den davonziehenden Reitern nachwinkte.

3

Erst am 24. Juni des Jahres 1440 erfolgte der offizielle Einzug des Reformpapstes, wie man ihn vielfach nannte, in Basel. Es war eine ganz große Sache, von der Europa lange sprach, ein Aufzug von einer Pracht und

Herrlichkeit, über die manche Leute die Köpfe schüttelten, vor allem der hohen Kosten wegen, die der Papst sich weigerte, selbst zu tragen. „Mein Land Savoyen wird nicht ausgebeutet des Pontifikats wegen", erklärte er. „Neue Steuern? Sonst noch etwas? Die Kosten mögen die tragen, die mich gewählt haben. Mein Pontifikat hat nichts, aber auch gar nichts mit Savoyen zu tun."

Die Pläne für den Festzug und die Feierlichkeiten hatte allerdings der neue Papst bis ins kleinste selbst ausgearbeitet.

Margit hatte vorgehabt, nach Basel zu reisen, um den triumphalen Einzug mitzuerleben. Aber sie war bei einem Ausritt in einen Gewitterregen gekommen und hatte sich schwer erkältet. Fiebernd saß sie in einer Gartenlaube in Ripaille und mußte sich mit Philipps Schilderungen begnügen, der eigens hergekommen war, um ihr alles ganz genau zu erzählen.

Vierhundert in Rot gekleidete Trompeter und vierhundert Herolde in den Basler Farben hatten den Zug eröffnet, ihnen waren dreihundert bewaffnete Bürger Basels zu Pferd gefolgt. Dann kamen vierhundert weiß gekleidete Trompeter und vierhundert Herolde in den Savoyer Farben, zweihundert Ritter, achtzig Bogenschützen, zwölf berittene Pagen, dann Philipp selbst als „Graf von Genf" — das war sein offizieller Titel —, in die Farben dieser Stadt gekleidet und von dreihundert Rittern aus Genf, Freiburg und Bern gefolgt, hinter ihnen zwölfhundert Basler Schulkinder, die mit lauten Stimmen: „Es lebe Papst Felix" riefen. Dann folgten die sechshundert Priester der Stadt mit dem Bischof an der Spitze, von zweihundert Bewaffneten geleitet, und in goldenem Schrein auf einem weißen Maultier eine Monstranz, vor der alle Zuschauer auf die Knie sanken. Hinter ihr zogen in ihrer eigentümlichen Tracht die sechs Ritter vom Orden des heiligen Moritz von Ripaille und die Kardinäle des Wegs und dann folgte endlich der Papst auf weißem Saumtier, gekleidet in Weiß und Gold und wunderbar anzusehen. Ihm folgten noch zweihundert Prälaten und Doktoren, zweihundert Diener beschlossen den Zug. Zuallerletzt ging der Almosenier des neuen Papstes, der Geld unter die Menge warf, so wie es sich gehörte.

Nicht weniger großartig als der Festzug war die feierliche Krönung im Münster, mit Weihrauch, Gesang und wunderschöner Musik, auch einem brausenden Tedeum am Schluß. Viele hatten geweint, als Papst Felix V. die edelsteinbesetzte goldene Tiara aufs Haupt gesetzt wurde. Und an dem nachfolgenden Bankett hatten 1500 Geistliche und Ritter teilgenommen.

Es habe zwar einiges Gemurr der Kosten wegen gegeben, fuhr Philipp fort, sogar bei den Mitgliedern des Konzils, und was der Sekretär, dieser Piccolomini, gesagt habe, das dürfe dem Vater nicht zu Ohren kommen, aber im ganzen sei die Begeisterung groß und dieser Anfang sehr imponierend gewesen. Und es sei seine, Philipps, Meinung, daß es gut und richtig sei, dem alten Wirrkopf in Rom zu zeigen, daß es nun hier einen Papst gebe, der mehr sei und vorstelle und Bedeutenderes leisten werde als jener, der nichts könne, als wie ein alter zahnloser Hund zu knurren und zu bellen und wirkungslose Bannbullen auszusenden.

Man hatte im Konzil gehofft, Eugen werde dem neuen Stern weichen oder doch dazu gezwungen werden, und Felix V. könne in Rom ebenso triumphal einziehen wie in Basel. Aber da nicht alle Fürsten und Länder sich hinter den neuen Papst stellten, und vor allem der ganze europäische Süden und Westen ihm die Gefolgschaft verweigerte, so hielt sich Eugen IV. in Rom und dachte nicht daran, zurückzutreten.

In Bullen und Streitschriften nannte er den Reformpapst „Asmodeus, König aller Dämonen, Basilisk und Beelzebub", und die Kanzlei des neuen Papstes mußte im gleichen Stil antworten. So hatte man nun also ein neues Schisma, eine Spaltung der christlichen Kirche, etwas, das eigentlich nicht in der Absicht des Konzils gelegen hatte, nun aber unvermeidlich war und blieb.

Felix V. konnte nicht in Rom einziehen, und im Grunde war er froh darüber. Er wählte als seine Residenz Lausanne, wo die Savoyer ein großes, schönes Schloß besaßen. Dort hielt er Hof, dort war er erreichbar für jene, die ihn gewählt hatten und weiter zu ihm hielten. Und — der Mann, der jetzt Felix V. hieß und der doch immer der alte Amédée von Savoyen blieb, konnte hier täglich aus den Fenstern seines Schlosses den geliebten See sehen, und er konnte, was das Beste von allem war, hie und da, wenn auch selten, nach Ripaille hinüberfahren.

Margit blieb dort im Schloß, um ihn zu empfangen, wann immer er kam. Seine kurzen, seltenen Besuche glichen den Streichen eines Jungen, der glücklich, aber mit etwas schlechtem Gewissen die Schule schwänzte. Mehr oder weniger heimlich entwich der Papst an irgendeinem schönen Tag aus seinen Amtsräumen und ließ sich mit geringem oder gar keinem Gefolge über den blauen See rudern. In Ripaille kamen sofort die graue Kutte und der Knotenstock wieder zum Vorschein — der Bart konnte leider so rasch nicht nachwachsen —, nach einer Messe in der Klosterkirche wurden die Ordensbrüder besucht und ihre wohlgepflegten Gärtchen bewundert, dann folgte die stille Andacht, bei der Margit wie früher an der Seite des Vaters kniete, und die Wanderung zum Nußbaum unter nachdenklichen Gesprächen. Leider konnte der Vater nie lange bleiben, oft nur einige Stunden, höchstens zwei oder drei Tage. Was solch ein Pontifikat für Arbeit machte, es war kaum zu glauben. Und was an Empfängen, an Repräsentation, an Besprechungen geleistet werden mußte, das übertraf bei weitem alles, was zuvor von einem Herzog von Savoyen je gefordert worden war.

Trotz allem war Margit glücklich über die Besuche des Vaters. Wider Erwarten schien er weit weniger verändert, als sie gefürchtet hatte. Zum mindesten hier in Ripaille war er nicht der „Heilige Vater", sondern ihr Vater schlechthin, so wie sie ihn immer gekannt hatte. Von dem, was ihn drüben überm See beschäftigte, redete er hier kaum. Hier sprach er wie einst von Gott, von den Heiligen, auch von Kunst und schönen Dingen, von Blumen und was sonst das Auge erfreute. Von Reformen und Plänen war zunächst nicht die Rede.

So erfuhr Margit von seinen Absichten, die sie selbst betrafen, zuerst durch Philipp, der jetzt in Lausanne am Hof des Papstes lebte und auch manchmal herüberkam.

„Der Vater hat Großes für dich vor", warf er einmal mitten im Gespräch hin. „Weißt du davon?"

„Für mich? Nein, nichts weiß ich. Sag, Philipp, sag's mir. Was hat er vor?"

„Er wird es dir selbst sagen. Ich möchte nicht vorgreifen."

„Wenn du schon gegackert hast, mußt du das Ei auch legen", rief Margit erregt aus. „Pläne, die mich betreffen? Doch nicht Heiratspläne?"

„Richtig geraten, Schwesterchen." Der um drei Jahre jüngere Bruder behandelte Margit, als sei sie noch ein kleines Mädchen, was übrigens alle Welt tat, wahrscheinlich weil sie immer noch so jung aussah.

„Und? So rede doch!"

„Ganz hoch hinaus will der Vater mit dir."

„Doch nicht...?"

„O ja. Er verhandelt, wie ich hörte, mit der Kanzlei des römischen Königs..."

„Des Kaisers?"

„Ja, man nennt ihn schon allgemein so, obwohl er noch nicht in Rom gekrönt wurde. Friedrich III. ist noch unbeweibt, Margit."

„Aber..." Margit starrte den Bruder an. „Das kann der Vater doch nicht..."

„O ja, das kann er. Er möchte, daß seine kleine Margit Kaiserin wird. Das ist einer seiner schönsten Träume, glaube ich."

Also hat der Achajus doch recht geraten, fuhr es Margit durch den Kopf. Sie mußte sich auf einen Stuhl setzen. „Philipp, du bist es, der träumt. Das kann nicht wahr sein. Vielleicht hat der Vater einmal etwas Derartiges gesagt. Aber ernst kann es ihm damit nicht gewesen sein."

„Ich sage dir, er verhandelt ganz im Ernst mit der Kaiserlichen Kanzlei dieser Pläne wegen. Ich weiß es sicher, glaube mir doch."

„Ach Gott", Margit ließ sich wie ermattet zurücksinken. „Ich Kaiserin? Unmöglich. Nichts als Etikette, als Feierlichkeit und Würde? Dazu eigne doch ich mich nicht."

„Das lernt sich", erklärte Philipp fast ärgerlich.

„Und der neue König soll riesengroß sein. Nun stelle dir einmal vor, wie ich neben ihm aussehen würde — wie ein Zwergenkind..." Sie mußte trotz ihres Schreckens lachen.

Philipp stimmte nicht ein. Von dieser Seite hatte er die Sache nicht angesehen, es empörte ihn ein wenig, daß Margit es tat.

„Und eine ganz lange Nase hat er — ich habe ein Bild von ihm gesehen. Und dann ich mit meinem kleinen Näschen..."

Nun mußte auch Philipp lachen, er konnte nicht anders.

„Ach Margit, du Närrin, auf die Nase kommt es doch bei dieser Sache wirklich nicht an. Stell dir doch nur vor, was eine solche Heirat bedeuten würde, für Savoyen, für uns alle..."

„Ach, ich hoffe nur, daß Savoyen auch ohne solche Opfer meinerseits blühen und gedeihen wird."

„Der Vater hat die Papstwürde angenommen, auch das war, wenn du so willst, ein Opfer."

„Ja, er hatte und hat Reformpläne, die er verwirklichen will. Aber du kannst nicht annehmen, daß ich plane, das Heilige Römische Reich Deutscher Nation zu reformieren."

Philipp erhob sich. „Mit dir ist nicht zu reden, du kannst nichts ernst nehmen", sagte er und schritt würdevoll von dannen.

Aber Margit nahm die Sache ernst. Sie grübelte und versuchte, sich mit dem erstaunlichen Plan zu befreunden. Es gelang nicht. Als halbes Kind — damals vor zehn Jahren — hatte ihr der Gedanke, Königin von Neapel zu werden, nicht übel gefallen. Heute wußte sie mehr von der Welt und dem schweren Leben, das die Gekrönten führen mußten, heute sehnte sie sich nicht mehr danach, auf einem Thron zu sitzen und Verbeugungen und Kniefälle entgegenzunehmen, immer das gleiche huldvolle Lächeln und ein paar nichtssagende Worte bereit zu haben, nie zeigen zu können, wie es einem ums Herz war... Sie sollte das freie, fröhliche Leben, das sie hier führte, aufgeben, um sich in die glanzvolle Gefangenschaft kaiserlicher Erhabenheit zu begeben? Sie betrachtete das Bild des künftigen Kaisers, das sie sich verschafft hatte, und fand den Mann herzlich langweilig, ja unsympathisch mit der langen Nase und dem verschleierten Blick. „O Gott, bewahre mich!" flüsterte sie vor sich hin.

Zunächst schien Gott ihre Bitte nicht erhören zu wollen.

Der Vater kam eigens von Lausanne herüber, um ihr die große Nachricht feierlich mitzuteilen. „Du darfst die Werbung eines Kaisers demnächst erwarten, mein Kind."

Sie mußte tun, als wisse sie noch nichts, mußte Erstaunen, ja sogar Entzücken heucheln, um dem Vater, dem die Freude aus den Augen strahlte, nicht zu enttäuschen. Es fiel ihrer geraden Natur schwer, aber sie brachte es fertig, wenigstens nicht in Tränen auszubrechen.

Aber als sie unter dem Nußbaum saßen und er ihr alles über die Verhandlungen mit der Kanzlei des Königs berichtet hatte, konnte sie es doch nicht lassen zu sagen: „Es wird mir trotz allem weh tun, Euch und Ripaille zu verlassen."

„Mein Kind", sagte er, und wieder kam der alte, traurige Blick in seine schönen Augen, „vielleicht weißt du, *wie* schwer es mir wurde, meine Zuflucht auf Erden aufzugeben. Aber wir müssen tun, was Gott von uns fordert. Auch du mußt nun endlich aufhören, Kind zu sein, und einem Manne folgen. Ich habe mir in der letzten Zeit oft schwere Vorwürfe gemacht, daß ich dich von deiner eigentlichen Bestimmung, Frau und Mutter zu sein, aus Eigennutz abhalte. Aber nun ist es ja so, daß ich ein Amt übernommen habe, das mich von allem, was ich am meisten auf der Welt liebe, was mir allein Trost und Freude geben kann, entfernt. Ich werde immer seltener hierher kommen können, Kind. Und nun bietet sich endlich eine Möglichkeit für dich — und was für eine." Er wurde lebhafter. „Ich hatte einige Angebote, aber die Werbung von Grafen oder auch Herzögen mußte ich ablehnen. Die Tochter eines Papstes kann anderes erwarten..."

Wochen und Monate vergingen. Die Verhandlungen mit der Kanzlei Friedrichs III. schienen sich sehr träge hinzuziehen. Um so besser, dachte Margit, vielleicht wird am Ende doch nichts daraus. Sie wünschte es noch immer inbrünstig.

Im Winter konnte der Vater überhaupt nicht nach Ripaille kommen. Margit ging für eine Zeit nach Chambéry an den Hof des Bruders. Dort folgte wieder eine Festlichkeit der anderen. Ein weiteres Söhnlein war inzwischen geboren worden. Anna tanzte, obwohl ihr eine neue Schwangerschaft bereits anzusehen war. Die Gatten hatten sich wieder versöhnt, der Achajus war vergessen.

Margit kehrte im Frühjahr nach Ripaille zurück. Einmal sah sie den Vater. Er war hoffnungsvoll. Im Juni würde König Friedrich nach Aachen reisen, um sich dort krönen zu lassen. Er hatte es zwar abgelehnt, die Krönung durch Felix V. vollziehen zu lassen, er schien immer noch ein wenig zwischen Eugen in Rom und dem Reformpapst zu schwanken, doch wußte Felix aus sicherer Quelle, daß er sich ihm und dem Konzil zuneigte. Die Schwierigkeiten häuften sich in Basel wie in Lausanne, die Reformen, die man endlich beschloß, konnten nicht durchgeführt werden, weil Eugen sich widersetzte und weil allzu wenig weltliche Macht hinter den Beschlüssen des Konzils stand. Das würde anders werden, wenn der Kaiser selbst sich voll für die große Sache einsetzte, soviel war gewiß. Und dazu bestand alle Aussicht: Friedrich würde nach Basel kommen — auf seiner Reise nach Aachen — und sich dort mit Felix V. treffen. „Und dann, mein Kind, wird auch die Sache deiner Heirat besprochen und alles im wesentlichen festgelegt werden. Mache dir keine Sorgen, Margit, es wird werden, es wird werden."

Und dann erhörte Gott Margits Gebete doch. Der Vater kam tief enttäuscht, zornig und niedergeschlagen aus Basel zurück. Zwar war der römische König äußerst höflich gewesen, aber festgelegt hatte er sich in keiner Weise! Er war ein Mann, der wenig sprach, über seine Absichten so gut wie nichts verlauten ließ und im Gespräch immer auszuweichen verstand. Dennoch war klar geworden, daß er den alten Mann in Rom keinesfalls verärgern wollte und weitergehenden Kirchenreformen nicht geneigt war. Er hatte sogar — wenn auch in gewundenen Sätzen — von einer etwaigen Auflösung des Konzils gesprochen. Als Resultat der mit soviel Hoffnung begonnenen Unterredung blieb die traurige Gewißheit: von diesem Kaiser würden das Konzil und sein Papst keine tatkräftige Unterstützung erwarten können. Und was eine etwaige Ehe mit der Papsttochter betraf, auch in dieser Sache mußte Felix-Amédée jede Hoffnung aufgeben. Die Herren der Kanzlei waren deutlicher geworden als Friedrich selbst. Seine Majestät könne sich zu einer solchen Bindung nicht entschließen — leider —, die Verhandlungen mußten als gescheitert betrachtet werden.

Der Vater war nach Ripaille gekommen, Margit von all dem in Kenntnis zu setzen. „Ich bin tief enttäuscht, in jeder Beziehung. Aber wir müssen die Dinge nehmen, wie sie sind und den Kopf oben behalten. Die Reformen werden sich auch ohne kaiserliche Unterstützung durchführen lassen, ich werde nicht nachgeben und glaube trotz allem an meinen endlichen Sieg. Und für dich werden wir andere Möglichkeiten finden. Sei gewiß, wir finden einen Gemahl für dich, der deinem Rang und meinen Erwartungen entspricht, mehr vielleicht als dieser Friedrich, der mir persönlich durchaus nicht gefällt und dich wahrscheinlich nicht glücklich gemacht hätte. Und das wollen wir doch, auch wenn politische Gesichtspunkte bei der Verheiratung einer Fürstentochter leider immer eine Rolle spielen müssen."

Margit umarmte den Vater. Sie durfte nicht zeigen, wie erleichtert sie war. Aber sie preßte den Kopf an seine Schulter und flüsterte: „Ich bin nicht traurig, nein, mein lieber Herr Vater, durchaus nicht. Es wird sich alles so entwickeln, wie Gott es will. Was er beschließt, wird das Richtige sein. Ich glaube fest daran."

„Da hast du ein wahres Wort gesprochen, Kind", der Reformpapst tat einen tiefen Atemzug. „Ich will mich nicht kleinmütiger zeigen, als du es bist. Komm, laß uns in die Kapelle gehen und unseren Willen in seine Hände legen."

V Der Schwache und der Starke

Frühjahr 1445 — Herbst 1452

1

Fast drei Jahre später — im Frühling 1445 — war es dann soweit: Die Tochter Felix des Fünften ritt im großen Hochzeitszuge, prachtvoller noch ausgestattet als vor elf Jahren, fort aus Savoyen, um ihre zweite Ehe anzutreten.

Es war kein Kaiser, auch kein König, der ihr jetzt zum Manne bestimmt worden war, aber immerhin ein Kurfürst des Heiligen Römischen Reiches, was den Ansprüchen des Vaters eben noch genügte.

Die Verhandlungen mit dem kurfürstlich pfälzischen Hof zu Heidelberg waren von Anfang an vielversprechend gewesen. Bereits im Frühsommer 1443 hatte Kurfürst Ludwig IV. durch Gesandte in aller Form um die verwitwete Herzogin von Anjou geworben, und im Oktober 1444 war in Mainz der Ehevertrag unterzeichnet und das hohe Paar, vertreten durch Verwandte, in der Kirche eingesegnet worden. Und nun ritt die Braut nach Basel, wohin ihr Bräutigam ihr entgegenkommen würde.

Ihrer optimistischen Natur entsprechend, sah Margit dieser neuen Ehe mit Hoffnung und sogar mit einiger Freude entgegen. Es war freilich nicht mehr so wie damals, als sie strahlend vor Erwartung nach Cosenza gezogen war. So jung, so unternehmungslustig und so unerfahren in den Dingen des Lebens wie damals war sie nun doch nicht mehr. Aber sie war sich in den letzten Jahren allmählich darüber klar geworden, daß sich in ihrem Dasein nun unweigerlich etwas verändern mußte.

Sie hatte ja die ganze Zeit über immer noch das Leben eines jungen Mädchens geführt, viel zu lange, das wußte sie wohl. Das Wort des Vaters über ihre Bestimmung als Gattin und Mutter hatte ihr zu denken gegeben. Sie war jetzt 26 Jahre alt. Zwar sah sie mit ihrer zierlichen Gestalt, den goldenen Löckchen und den strahlenden Augen im frischen Gesicht noch immer wie ein ganz junges Mädchen aus. Aber die Zeit verging. Andere Töchter hoher Stände verließen das Elternhaus mit fünfzehn — höchstens mit sechzehn oder siebzehn Jahren, um ihrer „Bestimmung" zu leben. Sie hatte dem Vater gelebt, aber auch ihren Vergnügungen, da machte sie sich nichts vor.

Sie mußte endlich heiraten, Pflichten übernehmen, das halbe Jahr in Cosenza konnte man ja gar nicht rechnen. Der Vater hatte seinem Pontifikat und den großen Schwierigkeiten, in die es ihn geführt hatte, zu leben. Er kam kaum je mehr nach Ripaille, er konnte sich seiner kleinen Margit nicht mehr widmen, und sie konnte ihm so gut wie gar nichts mehr sein.

Sie waren beide traurig darüber. Bei einem ihrer seltenen Zusammentreffen hatte er gesagt: „Ich habe mit Gott gerungen, als ich sah, daß man mir diese gewaltige Bürde auf die Schultern legen wollte. Aber er hat tief in mir gesprochen und mir gesagt, daß ich nicht feige und verzagt sein dürfe und auf mich nehmen müsse, was mir auferlegt werde. Es sieht jetzt so aus, als habe ich das Falsche getan. Gott helfe mir, daß ich nicht an ihm und der Notwendigkeit und Güte seiner Weisungen zu zweifeln beginne."

Von Philipp wußte Margit, daß viele von denen, die den Vater gewählt hatten, ihn jetzt schnöde verließen. Das Konzil schien sich langsam und allmählich von selbst aufzulösen, da so viele, die sich einst heftig für die Reformen eingesetzt hatten, jetzt von ihnen abrückten. Es blieb bei lahmen und halben Beschlüssen, und nicht einmal diese konnten praktisch durchgeführt werden. Nichts, gar nichts von seinen eigenen Reformplänen konnte Papst Felix durchsetzen, es fehlte ihm ganz einfach die Macht dazu: „Viele sagen, die Pläne des Vaters seien von Anfang an zu weitgehend und undurchführbar gewesen. Einen klugen Mann hörte ich sagen, die Zeit sei für eine echte Reformation der Kirche nicht reif, und ich glaube nun fast selbst, daß es so ist", sagte Philipp.

Der Sekretär des Konzils, Enea Silvio Piccolomini, hatte schon 1442 auf dem Reichstag zu Frankfurt die Sache des Konzils und seinen Posten dort verlassen und war in die kaiserliche Kanzlei eingetreten. Sein Herr Friedrich III. hatte sich offen zu Eugen IV. bekannt, und der Piccolomini sandte jetzt Schriften in alle Welt hinaus, die Felix V. verleumdeten und ihn lächerlich machen sollten. Margit erinnerte sich mit Zorn und Abscheu des hübschen Burschen, dem sie in der Halle von Ripaille die Meinung gesagt hatte. „Wenn ich ihn jetzt erwischen könnte, würde ich ihm noch ganz etwas anderes sagen", erklärte sie streitlustig.

Auch die Fürsten, die das Konzil unterstützt hatten, zogen sich mehr und mehr zurück.

1442 war in Neapel Königin Johanna gestorben, und es war René von Anjou tatsächlich gelungen, den Aragon aus dem Felde zu schlagen und den Thron von Neapel-Sizilien zu besteigen. Doch er saß nicht lange darauf. Alfonso von Aragon landete mit einer großen Flotte, und René mußte aus seinem Königreich fliehen. Margit hatte mit Bestürzung davon gehört, sich später aber beruhigt, denn man erzählte ihr, René sei nach Angers in das Heimatland der Anjou geflohen und lebe dort recht fröhlich und zufrieden ein bescheidenes und ziemlich müßiges Leben, beliebt bei allen seinen Untertanen, die ihn „le bon roi René" nannten. Alfonso von Aragon aber, der jetzt unbestrittener König von Neapel und Sizilien war, hatte sich anfangs feurig für Felix V. eingesetzt und sich sogar erbötig gemacht, für ihn den Kirchenstaat zu erobern. Dann aber war es Eugen IV., durch Bestechung, wie man annahm, gelungen, ihn ganz und gar für sich zu gewinnen, so daß er sich nun ebenso feurig als Verteidiger des „zu Unrecht böswillig angegriffenen Heiligen Vaters in Rom" aufspielte.

Manche Fürsten machten es so, seit Friedrich III. sich für Papst Eugen erklärt hatte. Es wurde leer um Felix V., und immer deutlicher zeichnete sich die Tatsache ab, daß er auf verlorenem Posten kämpfte.

Wenn Margit daran dachte, zog sich ihr das Herz zusammen. Während sie nach Basel ritt, traten ihr immer wieder im Gedenken an ihn und an den schweren Abschied, den sie beide voneinander genommen hatten, die Tränen in die Augen. Der Vater war in den letzten Jahren erschreckend gealtert. Die aufrechte, männliche Schönheit, die er sich immer noch bewahrt hatte, verlor sich nun, er war dicker geworden, hielt sich schlechter, die Wangen waren schlaff, die Falten auf der Stirn und um den hübschen Mund hatten sich sehr vertieft, und die Augen blickten trauriger denn je aus dem fahl gewordenen Gesicht. Margit erschien es fraglich, ob sie ihn je wiedersehen werde. War es denn wirklich recht von ihr, fortzugehen und ihn, den Vereinsamten, auch noch zu verlassen?

Aber er hatte es selbst so dringend gewollt, daß sie ihm gar nicht hatte widerstreben können. Es mußte so sein, daß sie jetzt aufhörte, nur ihres Vaters Kind zu sein und endlich ein neues Leben begann.

Die Mutter ihres zukünftigen Gatten war eine Savoyerin gewesen, die letzte legitime Erbin aus dem Hause Piemont-Achaja, eine Tante des Achajus.

Der Kurfürst war sehr jung, mehr als vier Jahre jünger als Margit, aber der Vater hatte das als günstig bezeichnet, ein junger Gatte sei immer einem alten vorzuziehen. Dasselbe hatte übrigens Donna Antonia gesagt, die Margit natürlich nach Heidelberg begleitete. „Es lebt sich hübsch mit einem jungen Mann, schlecht mit einem alten." Ein sanfter, friedfertiger Mensch sollte er sein, dazu verständig, gebildet und wohlerzogen. „Ich gebe dich in gute Hände", hatte der Vater gesagt. Sie hatte auch sein Bild empfangen, ein feines, sanftes Gesicht blickte sie daraus mit großem Ernst an — nun, diesen Ernst würde sie schon zu mildern verstehen, das traute sie sich zu. Ein hübsches Leben mit einem jungen Gatten — er war ja noch fast ein Knabe, sie würden fröhlich wie zwei Kinder sein, zusammen lachen, Feste feiern, tanzen, reiten und im Grünen umherstreifen — ein so junger Mensch würde bestimmt nicht viel auf Etikette geben und die Freiheit lieben wie sie selbst...

Philipp geleitete sie nach Heidelberg, dazu eine Schar entfernterer Verwandte, Edelleute, Damen und Herren vom Hof ihres Bruders, ein riesiger Troß folgte, Wagen über Wagen mit der prächtigsten Brautausstattung der Welt. Noch einmal hatte der Vater tief in die Tasche gegriffen, eine Mitgift von 60.000 Gulden war ihrem Gatten bewilligt worden.

Solange man durch Savoyen zog, war des Rufens und Winkens auf den Straßen kein Ende, und auch diesmal hörte sie immer wieder den Ruf: „Adieu, süße Margit, alles Glück, alles Glück unserer kleinen Margit." Sie winkte unermüdlich zurück, lächelte und lachte und unterdrückte fast gewaltsam den Gedanken: Es ist das letzte Mal, nie wieder werden sie der kleinen Margit Glück wünschen, niemals mehr.

Auch in den Ländern der Eidgenossenschaft gab es Huldigungen, feierliche Empfänge, Hochrufe und Glückwünsche. Ein Ehrengeleit von mehr als vierhundert Reitern schloß sich hier an.

So gelangte man schließlich nach Basel. Es war ein schöner Einzug in die Stadt des Konzils, die eben doch so etwas wie ihres Vaters Stadt war. Noch war sein Einzug als Papst vor fünf Jahren in aller Erinnerung. Die Menschen drängten sich in den Straßen, die Häuser waren geschmückt, Fahnen wehten, Wappen glänzten, singende, weiß gekleidete Kinder, ein herrlicher Jubel um die schöne Braut... Margit hätte nicht die Tochter ihres Vaters sein müssen, wenn sie nicht dies alles unbefangen genossen hätte. Sie winkte, fing zugeworfene Blumen auf und gab sie der Menge zurück wie einst in Cosenza und mit der gleichen strahlenden Freude.

Dann hielt der Zug auf dem Rathausplatz, und aus einer Seitengasse nahte ein anderer, der ebenso umjubelt wurde. Der Bräutigam kam, seine Braut zu empfangen, um sie mit sich nach Heidelberg zu führen.

Kurfürst Ludwig IV. von der Pfalz und seine Gemahlin Margarethe von Savoyen.

Prächtig geschmückte Reiter, denen Wappen vorangetragen wurden, vornean zwei Jünglinge in roten Mänteln, auf schönen Pferden — sie stiegen als erste ab...

Die Braut blickte ihnen entgegen. Welcher war es, welcher...? Einer von den beiden wirkte ziemlich klein, er hielt sich nicht gut, es war, als drücke der schwere Mantel seine Schultern nieder, der andere war größer, kräftig, breitschultrig, er hatte den Kopf wie herausfordernd erhoben, Margit sah in ein gebräuntes, keckes Jünglingsgesicht und dachte: ‚Der da gefällt mir.'

Aber es war der andere, der kleinere, der jetzt mit feierlich abgezirkelter Verneigung auf das Pferd zutrat und mit leiser Stimme etwas sagte, das im Lärm der Hochrufe unterging. Er hob langsam die Arme... Margit schwang sich geschwind aus dem Sattel und glitt zu Boden, noch ehe die ausgestreckten Hände sie berührten. Sie war nicht schwer, wahrhaftig, aber sie fürchtete doch, dieser schmale Knabe werde unter ihrem Gewicht zusammenbrechen, wenn sie ihm gestatte, sie vom Pferd zu heben.

Sie wurde zart umarmt und federleicht geküßt, dann trat der Jüngling zurück und verneigte sich wieder mit der gleichen eingelernten Feierlichkeit, hinter der man die Angst, etwas falsch zu machen, deutlich spürte. Ein weißes, verschlossenes Knabengesicht, das kein Lächeln zu kennen schien... ‚Ach, es ist doch wieder wie in Cosenza', fuhr es Margit durch den Kopf. Auch dieser ist krank, auch er nimmt sich mit schwerer Mühe zusammen, um diesen Empfang durchzustehen — ein armes, schwächliches Kind, und den soll ich heiraten? Wieder Krankenpflegerin sein, wieder kein Lachen, kein Frohsinn, kein Tanzen und Reiten...

„Gestattet, edle Dame, daß ich Euch meinen Bruder, den Pfalzgrafen Friedrich vorstelle", sagte die leise Stimme. Da verneigte sich der andere, der mit dem gebräunten Gesicht. Der da ist wenigstens ein Mann, dachte Margit. Schmale blaue Augen sahen sie abschätzend an, die Nase war lang und stand kräftig vor... Hübsch ist er nicht, dieser Bruder, aber ein Mann... und daß er lachen kann, ist einmal gewiß...

Wieder wurde sie geküßt, diesmal kräftig und schallend. Darüber mußte sie lachen, und sofort lachte auch der junge Pfalzgraf Friedrich, etwas widerwillig, weil er eigentlich ernst sein wollte, aber er konnte es nicht lassen. „Ho, Schwägerin", rief er. „Willkommen! Ihr seid ja ein hübsches Stück Jugend, das hätte ich nicht gedacht."

Ringsum wurde gelacht, nur der Bräutigam verzog keine Miene, er blickte ängstlich zu einem älteren, würdig gekleideten Herrn auf, der jetzt herantrat, verweisende Blicke auf den jungen Friedrich werfend, und sich vorstellte. Es war der Oheim der beiden jungen Herren, Pfalzgraf Otto von Mosbach, der bis zur Mündigerklärung des Kurfürsten die Regentschaft geführt hatte und ihm auch jetzt noch beratend zur Seite stand, Margit wußte davon. Mit ruhiger Sicherheit und angenehmer Stimme begrüßte er die Braut und veranlaßte dann den Kurfürsten, sie an der Hand ins Rathaus zu führen, wo er dann die üblichen Vorstellungen vornahm, auch den Dienern winkte, die Margit Süßwein und andere Erfrischungen brachten, während der Bürgermeister der Stadt Basel eine lange Rede zum Lob des jungen Paares hielt.

Nach einem Ruhetag wurde dann die Reise nach Heidelberg angetreten. Streckenweise ritten Margit und ihr Bräutigam Seite an Seite. Er machte gelegentlich einen kläglichen Versuch, ein paar höfliche Worte an sie zu richten. Auch Versuche von ihrer Seite verklangen ohne Echo.

Pfalzgraf Friedrich dagegen, der hinter ihnen ritt, begann auf einmal mit lauter Stimme zu singen — ein Spottlied auf den römischen König Friedrich III., das kein gutes Haar an ihm ließ.

Otto von Mosbach sprengte eilig heran und verwies dem Prinzen seinen Unverstand mit scharfen Worten. „Ach so", sagte Friedrich, ohne die Stimme zu dämpfen,

„das Margretlein von Savoyen sollte die königliche Langnase ja einmal heiraten, daran hab ich nicht gedacht — ich bitte um Verzeihung."

Margit wandte lachend den Kopf. „Meinetwegen könnt Ihr das Lied ruhig singen, Herr Schwager", rief sie zurück, „ich hab' seine Nase auch nicht leiden mögen."

Sie sprach französisch, aber Friedrich schien sie verstanden zu haben, denn er lachte verblüfft auf. „Na, die ist gut", brummte er vor sich hin.

Auch Otto von Mosbach, der junge Kurfürst und einige andere Herren schienen französisch zu verstehen, sie alle aber blickten Margit so entsetzt und mißbilligend an, daß sie rot wurde und dachte: ‚Wie es scheint, darf man sich hier — mindestens als Dame — nicht so unumwunden äußern, niemand außer dem jungen, frohen Friedrich versteht Spaß. Wie gut, daß doch einer da ist, mit dem man reden und lachen kann, wie's einem ums Herz ist!'

In der vornehmen Klosterherberge, in der man für die Nacht abstieg, verschwand der Kurfürst nach einer kurzen Entschuldigung sofort, gefolgt von einem Kammerdiener und einem Mann, der wohl sein Arzt war, in seinem Schlafgemach und wurde nicht mehr gesehen. Margit wandte sich an den Pfalzgrafen Otto. „Darf ich Euch fragen? Ist Seine kurfürstliche Gnaden sehr — leidend? Davon hat man mir nichts gesagt."

Der Graf räusperte sich: „Nicht sehr, nicht sehr, verehrte Dame. Seine Gesundheit läßt zu wünschen übrig, ja, ein zartes Kind war er immer, er muß geschont werden", er räusperte sich zum zweiten Mal, „sein Herz ist nicht kräftig, er leidet gelegentlich an Atemnot. Wir hoffen, das wird sich bessern. Aber — ja, liebe Gnädige, Schonung tut not, Ihr werdet leider ein wenig Geduld mit ihm haben müssen..."

Sie nickte ernst. „Das werde ich selbstverständlich haben. Mein erster Gatte war sehr krank, als ich zu ihm kam", setzte sie leise hinzu, „ich habe ihn gepflegt bis..." Sie brach ab. Nein, das konnte sie nicht sagen. „Ich werde gerne auch Seine kurfürstliche Gnaden pflegen", setzte sie schnell hinzu.

„O nein, aber nein", Graf Otto winkte rasch ab, „das wird nicht nötig sein, durchaus nicht. Das würde der Kurfürst selbst nicht wollen. Er hat Pfleger und Ärzte, und Ruhe, vollständige Ruhe ist das, was er am nötigsten braucht."

Margit seufzte, als sie sich abwandte. „Wir hoffen, das wird sich bessern." Es war nicht ganz wie in Cosenza, aber doch ähnlich genug. Aber man mußte die Dinge nehmen, wie sie sich boten, war man in Cosenza mit den traurigen Umständen fertig geworden, würde man es hier ebenso werden.

Auch der Einzug in Heidelberg war triumphal. Auch hier geschmückte Häuser, Musik und jubelnde Menschen. Auch hier standen sie dicht gedrängt an den Straßen, durch die der Brautzug sich bewegte, winkten und riefen. Aber Margit spürte doch: Hier war es ein wenig anders als in Basel, in Savoyen oder gar in Italien: Tränen, Kniefälle, Steigbügelküsse gab es nicht, auch nicht so viele Blumen wie anderswo. Es war eine freundliche Begrüßung, aber in den Mienen stand neben Freude auch etwas wie Kritik, zurückhaltende Begutachtung: Was ist das nun für eine, die da kommt? Wird sie uns eine gute Kurfürstin sein? Der Jubel schwoll deutlich an, wenn Braut und Bräutigam schon vorüber waren und Pfalzgraf Friedrich auftauchte.

Erst viel später begriff Margit den Grund: Die Pfälzer waren ein heiteres Völkchen. Aber ihren Kurfürsten wollten sie als starken und heldenhaften Herrscher, ihre Kurfürstin als erhabene und würdige Dame sehen. Nicht einen blassen, ermüdeten Knaben und ein lachendes kleines Mädchen war es, was ihrer Sehnsucht und ihren Wünschen entsprach. Graf Friedrichs Haltung aber, der breit auf seinem starken Pferd saß und mit kühnem Herrscherblick die Menge musterte, rief sofort Jubelstürme hervor. Hier war ein Mann nach ihrem Herzen, das sahen und wußten sie. Später, viel später mußte Margit manchmal daran denken.

Das kurfürstliche Schloß war ein schöner Bau aus rötlichem Stein, der Margit entzückte, ihre Gemächer wirkten etwas streng, waren aber prachtvoll ausgestattet. Am Abend sank sie, reichlich müde, zufrieden in die weichen Polster des Bettes.

Am nächsten Tag folgte dann die eigentliche Hochzeitsfeier, die Brautmesse in der Kirche, das Stunden dauernde Bankett, der Tanz. Kurfürst und Kurfürstin waren beide in goldfarbenen Brokat gekleidet und funkelten von Perlen und Juwelen. Nichts fehlte: Erlesene Speisen und Getränke folgten einander in endloser Reihe, Schaugerichte prangten auf den Tischen, mythologische Vorführungen erfreuten die Gäste, erlesene Musik begleitete Essen wie Tanz.

Beim Bankett sprach der Kurfürst sehr wenig, aber als er eine kleine Rede halten mußte, brachte er das zwar mit leiser Stimme, aber doch fließend und gut zustande. Er eröffnete mit Margit den Tanz und machte auch da seine Sache nicht schlecht. Genau wie seine Verbeugungen waren auch seine Tanzschritte sichtlich gut eingeübt, auch sie ließen nur etwas zu wünschen übrig: frohen Schwung und echtes Leben.

Zuletzt wurde Margit, wie es Sitte war, mit Fackeln in die Brautkammer, ein reizend ausgemaltes Gemach mit großem Himmelbett, geleitet. Ihre Damen kleideten sie aus.

Auch Donna Antonia war dabei. Margit sah, daß sie besorgt nach der Tür blickte. „Was ist?" fragte Margit sie.

Donna Antonia zögerte. Dann sagte sie leise: „Ich fürchte, Ihr müßt Euch darauf einstellen, daß der Bräutigam nicht kommen wird."

„Ihr meint...?"

Da tat sich auch schon die Tür auf und herein schritt eine große, füllige Dame in langem, dunklem, nonnenhaftem Gewand, die eine mächtige, mit Juwelen geschmückte weiße Haube auf dem Kopf trug. Margit hatte sie schon in der Kirche und beim Bankett gesehen, sie war ihr als Schwester des Kurfürsten und ehrwürdige Klosterfrau vorgestellt worden und hieß wie sie selbst Margaretha.

Sie verneigte sich, wenn auch nur leicht. Margit hatte in ihrem perlenschimmernden langen Nachtgewand auf dem Bettrand gesessen. Jetzt erhob sie sich und erwiderte die Verneigung.

„Ich bitte Euer Gnaden um Vergebung", begann die Dame mit harter, kräftiger Stimme. „Ich erscheine hier in einer Angelegenheit von intimem, um nicht zu sagen — peinlichem Charakter, die Feingefühl erfordert. Ich bitte, die Damen zu entlassen." Sie sah sich mit strengem Blick um.

Margit winkte, die Damen verließen das Zimmer.

„Sehr gut, so kann ich offen sprechen. Seine Gnaden, der Kurfürst erbittet Eure Verzeihung dafür, daß er sich schon zurückgezogen hat und nicht hierher kommen kann. Seine Ärzte haben ihm dringend geraten, die Ehe zum jetzigen Zeitpunkt nicht zu vollziehen. Sein Gesundheitszustand erlaubt es ihm nicht. Er bittet um Euer Gnaden Verständnis." Die Dame sah Margit aus scharfen blauen Augen befehlend an. ‚Wage es, einen Widerspruch zu äußern', sagte dieser Blick.

„Ja", antwortete Margit schwach, „ich verstehe."

Die Dame verließ sie nach einer wiederholten Entschuldigung.

Margit warf das glitzernde Gewand ab und kroch ins Bett. Donna Antonia eilte herbei und breitete die seidene Decke über sie.

Margit sah zu ihr auf. „Ihr habt es Euch gedacht. Ich eigentlich auch. Aber... trotzdem", sie sprach leise. „Ach, Liebe, ich mache mir gar nichts aus diesem steifen kleinen Mann. Aber mein Vater hat gesagt, es sei meine Bestimmung, Gattin und Mutter zu sein. Und nun ist es wieder dasselbe wie in Cosenza. Gattin zum Schein." Sie sprach stockend, Tränen traten ihr in die Augen. „Mutter, das möchte ich eben doch gerne werden. So ein liebes Kleines im Arm halten..."

Donna Antonia hatte sich auf die Bettkante gesetzt. Sie beugte sich über die Liegende. „Meine kleine Margit, nicht traurig sein. Das wird alles noch werden."

„Ach, was soll denn werden? Dieser Mann hat Angst vor mir, das ist alles. Ich muß an meine Schwester denken. Die wurde auch verschmäht."

„Ihr seid nicht verschmäht. Es wurde gesagt: Vorerst. Es ist noch nicht aller Tage Abend. Viel kann noch kommen, ein Leben liegt noch vor Euch. Ich meine, Ihr werdet noch mehr als einmal ein Kindchen im Arm halten."

„Ihr sagt das so sicher, warum glaubt Ihr das?"

„Ich fühle für Euch wie eine Mutter. Und eine Mutter spürt manchmal voraus, was ihrem Kind beschieden sein wird. Macht Euch keine Sorgen, Margit."

Margit umklammerte die Hand der Trösterin. „Ach, meine liebe Mutter-Stellvertreterin. Ich bin so froh, daß ich Euch habe. Daß Ihr hier bei mir seid. Ich glaube fast, ich werde mich hier nicht wohlfühlen... Diese Nonne, oder was sie ist... Kam sie nicht herein wie ein Gespenst?"

2

Ob es ihr gefiel oder nicht, Margit mußte sich in Heidelberg einleben. Es fiel ihr nicht leicht. Zwar fand sie die Stadt selbst, das Schloß, seine Lage am grünen Hang über dem Neckar sehr hübsch. Aber die Aufgabe, sich in die Hofgesellschaft, deren Sitten und Vorurteile einzufügen, machte ihr Schwierigkeiten.

Sie war hier ja nicht mehr die „süße Margit", sondern Ihre Gnaden, die Frau Kurfürstin, die jederzeit Würde und Zurückhaltung zu zeigen hatte. Sie war Margaretha getauft und hieß hier Margarethe, so wie sie in Cosenza Margherita geheißen hatte. An den Namen gewöhnte sie sich leicht, bald nannte sie sich selbst in Gedanken nicht anders. Auch deutsch statt französisch zu sprechen, fiel ihr nicht sehr schwer. Am Hof zu Savoyen hatte man neben Französisch und Italienisch auch oft Deutsch sprechen hören, allerdings war es mehr das drollige Deutsch der Eidgenossenschaft gewesen, das Margit gern hörte. Aber auch die Sprache der Pfälzer ging ihr leicht ins Ohr, sie hatte ein Gefühl dafür und lernte schnell, sich richtig auszudrücken. Ein kleiner französischer Akzent blieb ihr, manche fanden ihn reizvoll.

Schwer fiel es ihr, sich an die hier herrschende Mode zu gewöhnen. Statt der reizenden Häubchen, die man nach französischem Vorbild in Savoyen trug, zogen sich die Damen hier eine riesige weiße Haube über den Kopf, die gestärkt und gefältelt kein Härchen sehen ließ, und außerdem wurde noch ein langes Tuch um sie geschlungen, das, übers Kinn gelegt, den Mund fast verbarg, und dessen Enden lang herabhingen. Natürlich mußte die Kurfürstin auch solch eine Haube tragen. Aber als sie sich im Spiegel betrachtete, fand sie, daß sie wie eine Nonne aussah. Wenn man so hübsche goldfarbene Löckchen hatte wie sie, war es doch recht bekümmerlich, sie nicht mehr zeigen zu dürfen. Bei kaltem Wind mochte das große Tuch ja guten Schutz bieten, aber wann kam sie schon mit dieser Haube auf dem Kopf in den Wind? Beim Reiten konnte sie sie ja doch nicht tragen.

Auch die Damen, die mit ihr aus Savoyen gekommen waren, seufzten über die Hauben. „Hier heißt es immer ‚sittsam', man soll ‚sittsam' angezogen sein. ‚Sittsam' angezogen ist man, wenn man ein solches Unding auf dem Kopf trägt. Warum? Weil der Anblick von weiblichem Haar die Männer vor Liebe erglühen machen könnte? Dummes Zeug, Madame Margit, haben wir nicht daheim so sittsam gelebt wie nur immer möglich? Streng nach den Regeln Ihres Herrn Vaters? Und haben uns unsere Locken etwa daran gehindert?"

„Nein, natürlich nicht", sagte Margit lachend. „Aber hier ist eben manches anders als daheim, und wir müssen uns dreinfügen. Aber" setzte sie mit einem erneuten Blick in den Spiegel hinzu, „ich finde auch, daß ich mit dieser Haube wie eine Zwergin mit Riesenkopf aussehe und alt und häßlich dazu."

„Nicht alt und häßlich, das nicht", riefen die Damen im Chor und lachten herzlich. „Das ist Euch doch gar nicht möglich, Madame Margit, Euch doch nicht."

„Madame Margit", das war sie immer noch in ihren eigenen Gemächern. Wenn ihre Damen hier auf französisch zwitscherten wie eine Schar Vögel, so hatte sie noch ein klein wenig das Gefühl, mit der Heimat verbunden zu sein. Sie hatte nur ihren engsten Hofstaat mitgenommen, einige Kammerfrauen und dann die Damen und Herren, die ihr am meisten verbunden waren. Anette hatte geheiratet, und da ihr Gatte ein Amt an Louis' Hof bekleidete, hatte sie, wenn auch unter heißen Tränen, zurückbleiben müssen. Aber Rose und ihr Mann waren dabei und einige andere Freundinnen. Daß sie sich am Hof zu Heidelberg ebenso wenig wohl fühlten wie ihre Herrin war Margit-Margarethe so etwas wie ein Trost.

Das größte Hindernis, das hier ihrem Einleben und ihrer natürlichen Lebensfreude im Wege stand, bildete aber jene Dame, die an ihrem Hochzeitsabend „wie ein Gespenst" in ihre Kammer getreten war. Sie war eine ältere Schwester des Kurfürsten und tatsächlich Nonne. Nach dem Tode der Gattin Ludwigs III. von der Pfalz, der Mutter des Kurfürsten, hatte zunächst die zarte und liebenswürdige Gattin Otto von Mosbachs sich der verwaisten Kurfürstenkinder und des Hofes angenommen. Aber auch sie war vor ein paar Jahren gestorben. Da hatte Schwester Margarethe sich von ihrem Kloster Liebenau einen unbefristeten Urlaub erbeten, der ihr als einer Person von hohem Rang auch sogleich gewährt wurde, und war an den Hof zu Heidelberg gekommen, um da „nach dem Rechten zu sehen". Das tat sie von nun an mit äußerster Energie. Sie beherrschte den Hof vollständig, nichts geschah ohne ihren Segen und ihre Einwilligung.

Das wurde vor allem dadurch möglich, da der junge Kurfürst gänzlich unter ihrem Einfluß stand. Sie selbst betonte des öfteren, daß sie „seine Schritte von Kindheit an geleitet" und daß während der wenigen Jahre, die sie fern von ihm in Liebenau verbracht habe, „seine Gesundheit zerstört worden sei". Der zarte und körperlich labile junge Mensch glaubte ihr alles aufs Wort, er verehrte sie und ging so weit, öffentlich zu erklären, seine Schwester sei eine „heilige Frau" und habe immer und in allem recht.

Die „Suora", wie man sie nannte, hatte, wenn auch widerwillig, eingesehen, daß Ludwig IV. aus dynastischen Gründen heiraten müsse. Aber der Gedanke, daß nun eine junge Kurfürstin, der sie im Range nachstand, hier das Heft in die Hand nehmen und ihre Herrschaft beschneiden könnte, war ihr aufs äußerste verhaßt. Von Anfang an setzte sie alles ein, um ein solches Unglück zu verhindern. Sie verletzte zwar die Formen nicht, ließ aber offen oder im geheimen nichts unversucht, um Margarethe zu demütigen und ihr selbst und dem Hof zu zeigen, wie unwürdig sie ihrer hohen Stellung sei. Margarethes Art, frischweg zu sagen, was sie dachte, ihre Fröhlichkeit, ihre Freude an Tanz und raschem Ritt, alles das schien der Suora von „französischer Leichtfertigkeit" und „ungenügender Erziehung" zu zeugen. Da Margarethe, der kleinliche Streiterei und Intrigenspiel nicht lagen, keinerlei Unterstützung durch ihren Gatten hatte, der stets der Suora recht gab, so fiel es ihr äußerst schwer, sich gegen diese Herrscherin zu behaupten, und sie zog häufig den kürzeren.

Die beste Gelegenheit für Sticheleien und halb verschleierte Verweise bot der Suora Margarethes „Unbildung". Noch häufiger als von „Sitte und Anstand" sprach die hohe Dame von „Bildung".

Das Wort hatte einen guten Klang am Hof zu Heidelberg. Anno 1386 hatte Kurfürst Ruprecht I., der Großvater des jetzigen Kurfürsten, die Universität Heidelberg gegründet. Seine Kinder und Enkel betrachteten sie noch immer als ihr ganz persönliches Erbe, dem sie große Aufmerksamkeit, Liebe und Geldspenden zuwandten. Der Hof stand in engem Kontakt zu den Professoren, die dort lehrten, viele von ihnen waren stets bei den abendlichen Zusammenkünften der Hofgesellschaft anwesend, es wurden da Vorträge gehalten, vorgelesen, diskutiert. Man lebte in einer Zeit, in der gerade das griechische und römische Altertum wiederentdeckt und zur großen Mode erhoben worden war. Die Schriften der Autoren der Antike waren bekannter und beliebter als die der Kirchenväter. Damen wie Herren verstanden Latein, manche auch Griechisch, jedermann zitierte Homer oder Cicero und sprach von Äneas oder Hektor, als seien sie seine nahen Anverwandten gewesen.

Die gelehrten Herren, die am Hofe verkehrten, waren fast sämtlich Geistliche. Aber trotzdem stand ihnen die Antike so hoch, daß die Griechengötter ihnen fast mehr zu bedeuten schienen als die christlichen Heiligen. Die Suora, die viel von der Altertumswissenschaft hielt, verband beides ohne Schwierigkeit miteinander. Man las an einem Abend Heiligen-Legenden und homerische Hymnen nacheinander, predigte christliche Tugend und nahm nicht den geringsten Anstoß an der ziemlich schlüpfrigen Liebesgeschichte von Mars und Venus, die Homer in der Odyssee erzählt hatte.

Von all dem aber, was hier mit soviel leidenschaftlichem Eifer vorgetragen und verhandelt wurde, hatte Margarethe nur wenig Ahnung. Sie begann zu bedauern, daß sie ihren Lehrern als Kind so oft davongelaufen war. Sie konnte nicht mitreden. Und da sie kein Talent zur Heuchelei hatte, gelang es ihr schlecht, bei lateinischen Vorträgen ein Gesicht zu machen, als verstehe sie alles. So blieb ihre Unbildung leider nicht verborgen. Man war höflich, aber nicht jeder konnte einen spöttischen Seitenblick ganz verbergen. So geschah, was der Tochter Amadeus' des Achten noch nie vorgekommen war: an solchen Abenden verlor sie etwas von ihrem fröhlichen Selbstbewußtsein, sie fühlte sich unsicher, ja unterlegen. Das gefiel ihr gar nicht. Sie versuchte, andere Themen aufs Tapet zu bringen, von Dingen zu reden, in denen sie Bescheid wußte. Aber sie spürte, daß man hier dem, was in Ripaille zwischen den Ordensbrüdern des Vaters verhandelt worden war, kein Interesse entgegenbrachte. Kirchenpolitik war nicht gefragt. Im Gegenteil, man vermied geflissentlich, darüber zu sprechen. Im Kloster der Suora war man, das erfuhr Margarethe dann auf Umwegen, Papst Eugen IV. und Rom treu ergeben. Daß Margarethe die Tochter des „Gegenpapstes" war, hob sie durchaus nicht in den Augen der Klosterfrau, sondern machte sie ihr noch verhaßter. Die Suora erwähnte ihre Stellung in diesen Dingen zwar nie vor Margarethe, aber diese spürte doch die Ablehnung, die ihr hier entgegenschlug, wenn sie auch nicht glauben wollte, daß wahr sein könne, was man ihr zutrug: daß die Suora im vertrauten Kreise gesagt habe, es sei ihr unbegreiflich, wie ein frommer Christ wie der Kurfürst um eine Tochter jenes Mannes habe freien können, der sich als Papst aufspiele, in Wahrheit aber, wie Papst Eugen richtig gesagt habe, Beelzebub in Person sei.

Margarethes Leben wurde jetzt durch eine strenge Etikette geregelt, was ihr bisher fremd gewesen war. Ihr Vater hatte es bewußt abgelehnt, seine Kinder in die Zwangsjacke strenger Formen zu pressen. Margarethe wußte, daß man ihm das schon früher mehrfach zum Vorwurf gemacht hatte, daß sogar noch Mitglieder des Konzils geäußert hatten, er lasse seinen Söhnen wie seiner Tochter viel zu viel Freiheit. Ja, die kleine Margit war durch all diese Jahre so frei gewesen wie der Falke von Savoyen. Sie hatte gelebt, wo sie wollte — einmal hier, einmal dort — und wie sie wollte. Und nun kam sie sich wie in einem Gefängnis vor. Nichts, was ihr gefiel, konnte sich eine Kurfürstin von der Pfalz erlauben. Weite Ritte, nur in Begleitung einer Dame und eines Reitknechts, waren unmöglich. Was sollten die Untertanen denken? Eine Kurfürstin ritt höchstens einmal aus, um huldvoll lächelnd an der Seite ihres Gatten irgendeine Veranstaltung des Volkes zu begutachten, Ehrengäste zu begrüßen oder für kurze Zeit ein Tanzfest der Winzer vor den Toren der Stadt durch ihre Anwesenheit zu verschönern. Eine Kurfürstin lächelte, aber sie lachte nicht, sie sprach mit leiser Stimme gebildete Worte, aber sie vertrat niemals mit Leidenschaft ihre Meinung, sondern übte in allen Stücken und immer Zurückhaltung.

Margarethes Gatte hatte im Gegensatz zu ihr eine strenge Erziehung genossen, und sie hatte ihn bei seiner Schwäche zum unselbständigen Werkzeug seiner Umgebung gemacht. Sanft fügte er sich in alles, tat alles, was man von ihm verlangte, und verzichtete ängstlich auf jede eigene Willensäußerung. Man nahm ihm alles ab, was nur irgend möglich war, mit Rücksicht auf seinen Gesundheitszustand, wie man sagte.

Margarethe sah ihn wenig. Hie und da, wenn er sich wohl genug dazu fühlte, nahm er an Abendgesellschaften teil oder „zeigte sich dem Volk", was zu seinen Pflichten gehörte. Im übrigen blieb er unsichtbar, verbarg sich in seinen Gemächern. Was er dort tat, wußte Margarethe nicht, ob er arbeitete oder seine „Leiden" pflegte? Wahrscheinlich beides, denn außer Ärzten und Dienern sah man auch würdige Räte und Sekretäre jene abgeschlossene Zimmerflucht betreten.

Trat er einmal daraus hervor, so begegnete er seiner angetrauten Gattin mit der größten Höflichkeit. Er wich nie auch nur einen kleinen Schritt von der vorgeschriebenen Form ab, er bemühte sich auch um Freundlichkeit, wie es seinem sanften Naturell entsprach, aber es blieb eine Wand zwischen ihnen, die nicht zu durchbrechen war, und Margarethe wußte wohl, wieviel Anteil die Suora daran hatte. Sie fühlte zwar Mitleid mit dem armen jungen Menschen, der so gänzlich von jeder Jugendfreude ausgeschlossen war und nie lachte. Aber manchmal befiel sie auch Ungeduld, und sie dachte: „Ach was, wenn man mich so in Watte gepackt hätte, wäre ich auch krank." Sie fragte sich ernstlich, ob seine angeblichen Leiden nicht nur eingebildet und ihm durch seine Umgebung eingeredet seien, und der Hafer stach sie, hier eine Probe zu wagen.

Tatsächlich gelang es ihr denn auch, ihn einmal bei einem Ritt, der sie vor die Stadt hinausgeführt hatte, zu einer raschen Eskapade zu verleiten und ihn den Blicken der nachfolgenden Begleiter für kurze Zeit zu entziehen. Sie appellierte an seinen männlichen Stolz, und das Mittel verfing. Er wagte einen kurzen Galopp an ihrer

Seite. Aber als die entsetzten Begleiter sie einholten und sie umgekehrt waren, merkte sie, daß er mit totenblassem Gesicht heftig keuchte und daß seine Stirn schweißbedeckt war. Am nächsten Tag berichtete der Arzt, Seine Gnaden habe die ganze Nacht im Sessel verbracht und nach Atem gerungen. Margarethe mußte viele vorwurfsvolle Blicke und die strafenden Bemerkungen der Suora aushalten und fühlte sich sehr schuldig. Er war also wirklich krank. Aber es half nichts: Anders als in Cosenza konnte sich hier ihr Mitleid nicht in sorgende Liebe verwandeln. Sie hatte Louis von Anjou seiner Tapferkeit wegen bewundert und, als sie ihn pflegte, töchterlich lieben gelernt, hier war die Wand, die ihr verbot, sich sorgend um den ihr angetrauten Mann zu kümmern, und sie konnte es nicht verhindern, daß sich in ihr Mitgefühl eben doch auch Verachtung mischte.

Da war, weiß Gott, sein Bruder Friedrich doch ein anderer Kerl. Es schien erstaunlich, daß Brüder so verschieden sein konnten. Pfalzgraf Friedrich war in allem das absolute Gegenbild seines Bruders. Wohl hatte auch er die strenge Erziehung eines pfälzischen Prinzen genossen, er hatte gute Lehrer gehabt und war gebildet wie sein Bruder. Aber er zeigte nur Verachtung für Penelope und Dido, die griechischen Götter waren ihm so gleichgültig wie die antiken Philosophen; wenn er etwas in Latein las, so war es Cäsars „Gallischer Krieg" oder sonst eine Schrift, die von römischer Kriegskunst handelte. Seine ganze Liebe galt dem Waffenhandwerk, er konnte mit Eifer darlegen, wie eine Festung sturmreif gemacht und eine gute Schanze erbaut werden könne. Von seinen Erziehern schätzte er nur den Ritter Hans Landschade von Steinach, der noch manchmal an den Hof kam, denn dieser hatte ihn in den Gebrauch der Waffen eingeführt. Er übte sich auch jetzt täglich im Schwertkampf und Lanzenstechen, und er sollte ein sehr guter Reiter und ein angehender Turnierkämpfer von Format sein. Er besaß eine robuste Gesundheit, jagte bei jedem Wetter tagelang in den Wäldern und forderte der es wagte, ihm zu widerstehen, zum Wettkampf in allen Leibesübungen heraus.

Bei Friedrich hatte die Erziehung genau das Gegenteil bewirkt wie bei seinem Bruder. Margarethe war überzeugt davon, daß Friedrichs rohes und flegelhaftes Benehmen, mit dem er so oft den Hof entsetzte, aus dem Widerstand erwuchs, den diese Erziehung in ihm erweckt hatte. Er sprach gern von „Weiberwirtschaft" und gab vor, alle Frauen zu verachten. Das „Gesäusel" der Gelehrten und Dichter verlachte er, und fast täglich kam es zu Wortgefechten zwischen ihm und seiner Schwester.

Die beiden waren einander äußerlich wie im Charakter offenbar recht ähnlich. In beiden lebte der Wille zu herrschen und sich zu behaupten mit besonderer Stärke. Und so gerieten sie unaufhörlich aneinander. Friedrich war der einzige Mensch am Hof, mit dem die Suora nicht fertig wurde, und Margarethe glaubte es seiner Schwester aufs Wort, wenn sie klagte, sie habe Friedrichs wegen schon manche Träne vergossen.

Margarethe mußte heimlich in sich hineinlachen, wenn sie sah, wie Pfalzgraf Friedrich während einer Abendgesellschaft mit schmutzbedeckten Soldatenstiefeln in die Halle hereinstapfte, sich auf einen Stuhl warf und mit lauter Stimme fragte, ob es hier denn nichts zu saufen gäbe. Er winkte einem Diener, der ihm einen Becher Wein brachte, und begann dann mit seiner schönen Baritonstimme ein Trinklied zu singen. Die Gesellschaft, die im Kreise um einen Vortragenden auf der Estrade über dem Saal saß, wurde unruhig, der Redner verstummte. Die Suora, rot vor Zorn, sandte einen Hofherrn hinab, der den Prinzen mit leiser Stimme bat, doch zu bedenken, daß hier eine Vorlesung im Gange sei und ihn ersuchte, sich ruhig zu verhalten. Friedrich hob den Kopf. „Was, du Lackaffe", rief er, „willst du mir Vorhaltungen machen und mir gar Anweisungen erteilen? Sage der Äffin, die dich geschickt hat, daß ich mir das verbitte. Ich bin ein Sohn des seligen

Kurfürsten, nicht anders als mein Bruder, und wünsche, meinem Rang gemäß behandelt zu werden."

Seine Stimme schallte laut zur Estrade hinauf, und während der erschrockene Hofherr zurückeilte, rief die Suora hinab: „Wolltet Ihr Euch wie ein Sohn unseres hochseligen Vaters benehmen und nicht wie ein Bauernknecht oder Söldner, würdet Ihr auch entsprechend behandelt werden, Herr Friedrich." Sie glühte vor Zorn und scheute diesmal den direkten Angriff nicht.

Friedrich lachte laut auf. „Was höre ich da? Die heilige Kneifzange ist auch anwesend, wie? Bitte tausendmal um Vergebung, Ehrwürden. Hätte ich gewußt, daß Euer Heiligkeit da oben sitzt, hätte ich das Wort Äffin verschluckt und statt dessen hochseliges Nashorn gesagt."

Da die Nase der Suora tatsächlich von bedeutender Größe war, mußte Margit wider Willen lachen, was ihr einen bitterbösen Blick der Suora eintrug. Es gelang dem fluchenden, singenden und die Pfaffen und Heiligen verhöhnenden Trinker wirklich, die ganze Gesellschaft in die Flucht zu schlagen. Man zog sich in einen anderen Raum zurück.

Solche Szenen wiederholten sich öfter. Trotz dringender Appelle griff aber der Kurfürst auch hier nicht ein. Margarethe hatte den Eindruck, daß er seinen Bruder noch mehr fürchtete als seine Schwester.

Sie selbst mochte den jungen Rüpel trotz allem leiden. Sie begriff, warum er sich so schlecht benahm, und fand sein Betragen erfrischend — wie einen kalten Windstoß, der die Enge und Steifheit, in die man hier eingespannt war, lockerte. Ihr gefiel sein nicht hübsches, aber kraftvoll geformtes Gesicht, sein heller, kühner Blick, seine muskulöse Gestalt, ihr gefiel vor allem, daß er sich als einziger nicht ducken ließ und seine Selbständigkeit bewahrte.

Sie versuchte manchmal, ihn in ein Gespräch zu ziehen, und fand, daß er, sobald er ernsthaft redete, sein rohes Betragen ablegte und mit ruhiger Sicherheit und Sachlichkeit seine recht vernünftigen Ansichten darlegte, ja sogar verständnisvoll auf ihre Worte einging, obwohl sie doch eins der verachteten Weiber war.

Er dagegen merkte bald, daß sie der besondere Zielpunkt der Sticheleien seiner Schwester war, und so fanden sie sich in einer Art Abwehrbündnis gegen die Suora, warfen einander bei Gelegenheit verständnisinnige Blicke zu und schimpften weidlich auf den „Drachen", wenn sie sich einmal außer Hörweite der anderen unterhalten konnten.

Mit ihm konnte Margarethe auch über die Lage der Kirche und ihre Sorge um den Vater sprechen. Fritz, wie er zumeist genannt wurde, pflegte die Geistlichen nur als „Pfaffen" zu bezeichnen. Seine Ansichten über Sitte und Anstand waren so streng wie die seiner Schwester oder auch Amadeus' des Achten, und die Lockerheit, die beim Klerus überall eingerissen war, empörte auch ihn. Sein Vater, Ludwig III., war sehr fromm und kirchlich gesinnt gewesen und ein Freund und Gönner der „Pfaffen", was den jungen Friedrich schon als Kind geärgert hatte. Heute dachte man allgemein freier. Von den Geistlichen, die Ludwig III. um sich gehabt hatte, war nur ein alter Pater mit Namen Johannes im Hause geblieben, der der Beichtvater des Kurfürsten und nun auch der Margarethes war, ein herzensguter, freundlicher Mann, dem Margarethe manches tröstliche Wort verdankte. Als Fritz auch ihn zu verhöhnen begann, trat sie feurig für ihn ein, und der ungebärdige Aufrührer zeigte sich daraufhin merkwürdigerweise ganz zahm und gab zu, es gäbe natürlich auch in der Kirche solche und solche.

Er hörte aufmerksam zu, wenn sie von den Schwierigkeiten erzählte, die den Reformideen ihres Vaters entgegenstanden, und sagte dann: „Er muß ein vorzüglicher Mann sein, Euer Herr Vater. Ich wollte ihm wünschen, daß er etwas ausrichten könnte. Daß es mit der Kirche so wie jetzt nicht weitergeht, kann jeder sehen. Einmal muß die Reformation kommen, vielleicht erleben wir's nicht mehr, aber unsere Söhne bestimmt. Doch zur Zeit sind die alten Mächte noch zu stark. Daß

Euer Vater es schwer hat, will ich gern glauben. Aber", er legte seine Faust auf den Tisch, „das ist gewiß und war nie anders: Wer Großes will, muß sich immer durch eine Meute von Feinden, von kleinem Gesindel, das nur an seinen eigenen Geldsack denkt, durchschlagen."

Sie nickte und dachte: „Bist du auch so einer, der Großes will? Und der nur um sich schlägt, weil er sich von der Meute der Kleinen umstellt sieht?" Ihre Sympathie für den jungen Raufbold wuchs mit jedem solchen Gespräch.

Bald mußte sie sich eingestehen, daß sie sich sogar ein wenig in ihn verliebt hatte. Wenn *er* mein Gatte wäre, dachte sie, wie schön wäre das! Hatte sie nicht schon etwas dergleichen gedacht, als sie ihn zum ersten Mal neben seinem Bruder stehen sah?

Allmählich gewann sie den Eindruck, daß ihre Gefühle erwidert wurden. Er suchte ihre Gegenwart, es machte ihm sichtlich Freude, mit ihr Gedanken auszutauschen. An seinem Geburtstag am 8. August — er wurde zwanzig Jahre alt — hielt man zu Ehren des Tages ein kleines Turnier ab, bei dem Pfalzgraf Friedrich etliche Gegner glanzvoll in den Sand legte. Margarethe hatte durchgesetzt, daß sie ihm den Siegeskranz reichen durfte. Er kniete vor ihr, in seiner Rüstung anzusehen wie ein junger Stifter auf einem Glasgemälde in der Kirche. Lächelnd setzte sie ihm den Kranz aufs wirre Haar. Dabei sah sie in seinen Augen etwas aufstrahlen, das mehr als nur brüderliche Freundschaft war. Und der übliche Kuß bei Ankunft und Abschied fiel bei ihm jetzt herzlicher und inniger aus, als es sonst der Fall gewesen war.

Leider blieb das alles aber nicht unbemerkt. Was zwischen Margarethe und Friedrich schwang, war so zart wie Spinngewebe, der Hauch einer Neigung, nicht mehr. Aber schon machten sich die bösen Zungen darüber her, zumal die beiden zu redlich und auch zu unschuldig waren, um irgend etwas zu verbergen.

Donna Antonia warnte Margarethe in einem ernsten Gespräch. Die Hofgesellschaft tuschelte. Die Suora sollte bereits gesagt haben, es sei an der Zeit, dem arglosen Kurfürsten ein Licht aufzustecken.

Margarethe war verwirrt und ärgerlich. „Aber da ist doch nichts", sagte sie. „Ja, ich habe ihn gern — er ist so offen — es ist mir ein Trost, daß er hier ist..."

Aber dann hatte auch Friedrich eine Warnung empfangen. Was man ihm gesagt, was er geantwortet hatte, erfuhr Margarethe nicht. Sie merkte nur, daß er von einem Tag auf den anderen sein Benehmen ihr gegenüber änderte. Er mied sie, statt sie zu suchen. Bei öffentlichen Anlässen, wo er ihr nicht ausweichen konnte, sah er mit bösem, verkniffenem Gesicht an ihr vorüber. Und in Gesellschaft versuchte er sogar, sie — schlimmer als die anderen — vor den Kopf zu stoßen und mit höhnischen Bemerkungen zu ärgern.

Sein verändertes Betragen schmerzte Margarethe. Aber sie begriff wohl, wie es um ihn stand. Wahrscheinlich war sich der durch und durch saubere junge Mann jetzt erst über seine Gefühle richtig klar geworden und war darüber erschrocken. Eine Liebelei mit der Frau seines Bruders? So etwas war bei seinen Anschauungen undenkbar. Bemerkungen über Frauen, die nur darauf ausgingen, die Männer in ihren Bann zu schlagen, zeigten ihr, daß er sich vor sich selbst bemühte, die Schuld auf sie zu schieben und daß seine Grobheit nicht nur den Schwätzern am Hof den Mund stopfen, sondern auch ihn selbst vor einer Verlockung bewahren sollte, die er jetzt fürchtete.

Margarethe hatte ihren einzigen Freund verloren und litt darunter. Gemäß ihrer Art beschloß sie, bei Gelegenheit in dieser Sache reinen Tisch zu machen.

Als sie einmal, allein aus ihren Gemächern kommend, Graf Friedrich über den Gang gehen sah, eilte sie ihm nach. Am Fuß einer Wendeltreppe blieb er stehen und drehte sich rasch um, er hatte wohl ihre Schritte gehört. Als er sie sah, verdüsterte sich sein Gesicht. „Was wollt denn Ihr?" stieß er unhöflich hervor.

Er hatte sie an diesem Tag vor aller Ohren eine eitle Ziege genannt. Jetzt sagte sie ruhig, ihn klar ansehend:

Kurfürst Friedrich I. von der Pfalz.

„Euch nur ein Wort sagen, Graf Friedrich, das ist es, was ich will. Nämlich: Wenn Ihr schon nicht mehr mein Bruder und Freund sein wollt, so verschont mich wenigstens mit Schmähungen und schlimmen Namen, die ich nicht verdiene. Ihr wißt genau, daß ich es nicht leichter habe als Ihr. Macht nun nicht noch alles für mich schwerer und meine Tage dunkler. Ich habe Euch ja nichts getan."

Er schwieg, stand regungslos vor der Treppe und starrte sie mit so hilflos traurigem Gesicht an, daß sie ihren Ton änderte. „Ach, Fritz, ich kann ja nicht ändern, daß die Dinge so liegen, wie sie eben liegen."

Da fiel er vor ihr nieder, umfaßte ihre Knie und drückte die Stirn an ihr Kleid wie ein schutzsuchendes Kind. „Margit!" stammelte er. „Margit, wir dürfen uns ja nicht lieben, es wäre Sünde und Schande. Versteh, wir dürfen nicht, es bricht mir das Herz, aber wir dürfen nicht..." Er weinte.

„Ich weiß", sagte sie sanft, die Hände in seinem Haar. „Ich verstehe. Es wäre Sünde und Schande und könnte kein gutes Ende nehmen." Flüchtig dachte sie: Müssen Männer immer auf den Knien liegen und weinen, wenn sie verliebt sind? Aber sie weinte nun selbst, sie spürte die Nässe auf ihrem Gesicht. „Fritz, sei verständig. Es geht nicht anders, wir müssen einander meiden, ja. Aber doch nicht einander böse sein."

Er stand auf und fuhr sich mit dem Handrücken über die Augen. „Heulpeter", sagte er zu sich selbst. „Schluß damit. Verständig sein, ja." Er sah sie an. „Margit, verzeih, wenn ich dummes Zeug geredet habe. Mit mir geht's rundherum, du verstehst. Aber du hast ganz recht, meiden müssen wir einander, sonst werden wir nicht fertig damit. Aber böse sein? Nein. Wir wollen einander immer gut bleiben. Auch du mir, ja?" Seine Stimme klang heiser von verschluckten Tränen.

„Wie einem lieben Bruder und Schwager, ja", sagte sie.

„Behüt dich Gott!"

Er winkte ihr zu und eilte die Treppe hinauf. Sie tastete sich, blind vor Tränen, in ihre Gemächer zurück.

Friedrich verließ bald darauf Heidelberg, um an einem Turnier in München teilzunehmen. Und dann ritt er zu einem Fürstentag nach Regensburg und blieb zuletzt noch längere Zeit auf der Burg eines Freundes. Das war gut so. Das Sich-Meiden wurde ihnen so erleichtert, und wenn er zurückkam, würde er sich wieder in der Hand und die Sache überwunden haben.

Aber sie dachte viel an ihn. „Margit", hatte er gesagt. Also kannte er den Namen, den sie daheim getragen hatte. Woher? Er mochte ihn von ihren Frauen gehört haben. Also hatte er sie in Gedanken so genannt, es rührte sie, machte sie aber noch trauriger.

Sie fühlte sich jetzt einsamer denn je in ihrem „Gefängnis", wie sie das Heidelberger Schloß bei sich nannte.

Sehnsüchtig hinausblickend saß sie am Fenster, neben ihr Donna Antonia. „Wenn ich Euch nicht hätte!" sagte Margarethe immer wieder zu ihr. Aber die mütterliche Freundin konnte doch nicht verhindern, daß sie das Heimweh quälte.

Es waren schöne, warme Herbsttage, obwohl der Oktober schon fortgeschritten war. In den Weinbergen an den Halden über dem Neckar jauchzten die Winzer, die Weinlese war im Gange. Gesang drang herüber. Unten am Burgwall zogen Studenten vorbei und winkten herauf. Margarethe winkte nicht zurück. Vor ihrem inneren Auge war der See, tiefer blau noch jetzt im Herbst als im Sommer, kleine Wellen gluckerten leise am Strand, ein rotes und ein weißes Segel standen weit draußen, langsam wurden sie kleiner... Unter dem Nußbaum saß der Vater — allein — er senkte den Kopf mit der purpurroten Kappe, und sein Knotenstock zeichnete Muster in die lockere Erde.

Margarethe preßte die Hände im Schoß zusammen. Lautlos betete sie: „O mein Gott, führe mich zu ihm, führe mich heim!" Aber sie wußte, daß Gott es nicht tun würde, und als Donna Antonia leise mahnte: „Die Gesandten aus Frankreich, Euer Gnaden", stand sie gehorsam auf und ließ sich für den Empfang umkleiden.

3

Gegen Ende des Winters traf Margarethe ein Schlag, der ihr härter zusetzte als die Trennung von Graf Friedrich. Donna Antonia starb an einer Seuche, die umging und viele Opfer forderte. Obwohl man Margarethe inständig bat, sich doch nicht der Anstekkung auszusetzen, konnte sie sich nicht vom Lager der Freundin trennen. Sie pflegte sie, wie sie vor Jahren Louis von Anjou gepflegt hatte. Sie glaubte immer noch, durch ihre völlige Hingabe an die Pflege das fliehende Leben halten zu können. Aber es war alles umsonst. Wieder, zum zweiten Mal, starb ein Mensch in ihren Armen, und diesmal war es schlimmer für sie als beim ersten Mal. Sie konnte nicht weinen, und als alles vorüber war, fiel sie ohnmächtig zu Boden.

Die Krankheit hatte auch sie gepackt, sie lag lange, von Ludwigs Ärzten betreut, fiebernd und apathisch zu Bett. Aber sie war jünger und kräftiger, als die Freundin gewesen war, und überwand schließlich die Seuche. Doch erholte sie sich nur langsam und konnte erst im Sommer ihren Pflichten wieder nachgehen.

Der Kurfürst hatte sich zweimal während ihrer Krankheit an der Tür gezeigt, näher zu treten war ihm wegen seiner großen Anfälligkeit für derlei Übel nicht erlaubt worden. In ihrer Erholungszeit stattete er ihr hie und da kleine Besuche ab, dann saß er schüchtern und sanft neben ihr, würgte wohlgesetzte Worte hervor und wagte nicht einmal, ihre Hand zu berühren.

Endlich, als der Sommer auf seine Höhe kam, gewann sie ihre alte Spannkraft zurück, fühlte sich wieder so frisch und gesund wie zuvor. Sie hatte viel draußen im Burggarten gelegen und bekam wieder Farbe. Sogar etwas von ihrer Fröhlichkeit kehrte zurück. Während ihrer Krankheit hatte sie viel nachgedacht und sich vorgenommen, sollte sie wirklich wieder gesund werden, sich nicht mehr dem Heimweh und dem Trübsinn hinzugeben, sondern die Dinge so zu nehmen, wie sie nun einmal waren und trotzdem fröhlich zu sein.

Der alte Beichtvater hatte oft bei ihr gesessen, er hatte sogar einige Male die Messe in ihrem Zimmer gelesen, das dann als Kapelle hergerichtet wurde, er hatte ihr Vertrauen auf Gott und ihren Mut gestärkt und ihr soviel Trost gegeben, wie möglich war. Nun sprach er ihr zu, ihre Pflichten bejahend auf sich zu nehmen und der Suora, die er auch nicht leiden konnte, mit christlicher Geduld, aber auch mit der Festigkeit eines geprüften und gereiften Sinnes entgegenzutreten.

Sie bemühte sich, das zu tun, und erzielte einige Erfolge mit dieser Haltung. Ihrer Bestimmtheit gegenüber mußte die Suora hie und da doch klein beigeben, und das hatte zur Folge, daß sie etwas Achtung vor der jungen Kurfürstin gewann.

Und dann geschah eines Tages im Frühherbst das Erstaunliche: Es wurde Margarethe offiziell mitgeteilt, daß Seine Gnaden, der Herr Kurfürst sich allerhöchst entschlossen habe, das Lager mit seiner Gattin zu teilen.

Margarethe wußte nicht, ob sie lachen oder weinen sollte. Sie begriff: Pfalzgraf Otto hatte die Suora endlich davon überzeugt, wie wichtig und notwendig es für die Pfalz sei, daß die Kurfürstin einem Erben das Leben schenke. Für den Fall, daß Kurfürst Ludwig kinderlos starb, war sein Bruder Friedrich Thronerbe. Da aber auch der Suora diese Lösung nicht wünschenswert erscheinen konnte und die Gesundheit des Kurfürsten sich während des Sommers etwas gefestigt hatte, so wurde diesem gestattet, den besagten Erben zu zeugen.

Margarethe war als Kind ihrer Zeit vollständig aufgeklärt und wußte, daß das, was ihrer nun wartete, nicht unbedingt erfreulich sein würde. Sie nahm das hin wie unendlich viele Frauen es hatten hinnehmen müssen, und versuchte redlich, die Scheu und Unbeholfenheit des jungen Gatten durch freundliches Entgegenkommen auszugleichen. Bis zu einem gewissen Grad gelang es ihr, sie kamen einander etwas näher, manchmal fand er sogar zu einer schüchternen Zärtlichkeit, die sie rührte.

Auch an den Tagen öffnete sich die Wand, die sie trennte, ein wenig. Da die Suora nun nicht mehr so ganz und gar zwischen ihnen stand, gewann Margarethe doch etwas mehr Einblick in sein abgeschlossenes Leben und fand da manches, was ihr achtenswert schien. Er pflegte in seinen Gemächern nicht nur seine Gesundheit, er arbeitete auch mit Fleiß und Ernst, besprach sich mit seinen Beratern, fragte und kümmerte sich um das Wohlergehen seiner Untertanen und hörte bekümmert von Streitigkeiten, die in und außerhalb seines Landes ausgefochten wurden. Streit und Krieg waren Dinge, die ihm tief verhaßt waren und ihn ängstigten. Zweimal war er schon auf einer Fürstenversammlung als Friedensstifter aufgetreten. Zwar hatte ihn Graf Otto begleitet, er hatte die eigentlichen Verhandlungen geführt, aber Ludwig selbst hatte es doch fertiggebracht, durch eine mit leiser Stimme vorgetragene, ernste und wohlüberlegte Rede die Fürsten zu beeindrucken.

Zum Weihnachtsfest kam die älteste Schwester des Kurfürsten, Mechthild, die mit dem Grafen von Wirtemberg-Urach verheiratet war, zu Besuch. Margarethe hatte schon einiges über sie gehört. Sie galt offenbar als der Stern der Familie, sogar die Suora lobte merkwürdigerweise diese Schwester in hohen Tönen. Ihre Bildung, ihre Klugheit, ihre anmutige, frauliche wie fürstliche Würde, ihre Sittsamkeit und Tugend wurden, mit deutlicher Wendung gegen Margarethe, als „musterhaft" bezeichnet.

Margarethe sah deswegen dem Besuch der Hochgelobten nicht mit allzu freudiger Erwartung entgegen. Aber sie wurde angenehm überrascht. Alles, was die Suora gesagt hatte, stimmte: Gräfin Mechthild war das Musterbild einer fürstlichen Dame, dabei aber so natürlich und liebenswürdig in ihrem Benehmen, daß man von ihr entzückt sein mußte. Ihr feines, schmales Gesicht blickte anmutig würdevoll aus den Falten der großen Haube hervor. Es glich ein wenig dem ihres Bruders Ludwig, aber was bei ihm Schwäche war, erschien bei ihr als Stärke. Eine heitere Sicherheit machte, daß die zarten Züge von Leben erfüllt waren. Sie kam Margarethe mit einer offenen Herzlichkeit entgegen, die dieser gut tat.

Bald waren die beiden Frauen befreundet und saßen, vertraulich redend, miteinander am Kamin in Margarethes Gemächern, während draußen unaufhörlich der Schnee fiel. Obwohl die Schwägerin gleich alt wie Margarethe war, fühlte diese sich doch als unreifes junges Mädchen gegenüber soviel Ausgeglichenheit und Erfahrung. Sie hatte sogar das Gefühl, sie könne diese neue Freundin ein wenig an die Stelle von Donna Antonia setzen. Dieser Frau konnte man sagen, was einen bedrückte, sie nahm alles mit Verständnis und warmem Mitgefühl auf.

„Ich kann mir denken, daß Ihr's hier nicht leicht habt. Die Suora! Sie meint es nicht ganz so bös', wie's herauskommt, sie meint es sogar in ihrer Art gut — mindestens mit Ludwig und der Pfalz, und Ludwig, der Arme, scheint sie als Stütze zu brauchen. Aber sie ist eine unangenehme Person, ein Sargnagel, ich weiß."

Über diese Bezeichnung mußte Margarethe lachen. „Nun, meinen Sarg soll sie nicht nageln, dafür kann ich jetzt schon sorgen", sagte sie. „Wenn sie nur nicht den des Kurfürsten beschlägt! Wenn er nicht so verzärtelt würde, wenn ihm nicht immer eingeredet würde, er sei wunder wie krank..."

„Er *ist* sehr zart", erwiderte Frau Mechthild ernst, „und diese Atemnot, die ihn so oft befällt, kommt wohl nicht nur vom Einreden. Armer Junge, man muß Mitleid mit ihm haben. Vor lauter Schwäche und Angst, etwas falsch zu machen, kommt er nicht dazu, irgendwelche Wärme in sich zu erzeugen. Er kann nicht lieben, und darum wird ihm auch keine Liebe entgegengebracht. Ihr müßt ihm verzeihen, daß er nicht die Kraft aufbringt, Euch ein wirklicher Gatte zu sein."

„Ich bin schwanger", sagte Margarethe lächelnd.

„Wirklich?" Frau Mechthild umarmte sie. „Wie schön! Also doch. Aber warum weiß davon niemand etwas?"

„Der Arzt hat es mir erst neulich bestätigt. Ich bat ihn, noch zu schweigen."

„Aber warum? Ihr müßt es bekanntmachen. Der Erbe in Sicht, meine Güte, wird das eine Freude geben."

„Ich dachte, daß die Suora..."

„Die Suora wird sich freuen wie alle anderen. Jetzt wird man gut zu dir sein, Margarethe. Man wird dich in Watte packen. Liebes, ich glaube, du bist auch so ein kleiner Angsthase wie mein Bruder."

„Von Natur bestimmt nicht", antwortete Margarethe errötend. „Man hat mir im Gegenteil immer Vorsicht gepredigt, weil ich zu draufgängerisch war. Das hat sich hier freilich geändert."

„Hier verliert jeder den Mut? Wie schade."

„Außer Graf Friedrich, ja."

Jetzt lachte Mechthild. „Ist sein Benehmen immer noch so fürchterlich?"

„Ich weiß nicht. Er war lange fort. Ich muß aber sagen, ich fand ihn..." Sie stotterte. „Zu mir war er..." Nun brach sie ganz ab. Nein, von der Szene vor der Treppe konnte sie selbst Frau Mechthild nichts erzählen.

„Ihr habt es gemerkt", sagte diese heiter. „Den weichen Kern in der stacheligen Schale entdeckt man nicht so leicht. Aber er ist da. Fritz ist im Grund ein guter, redlicher Junge. Ich habe ihn jetzt auch lange nicht gesehen, ich denke, er wird sich mit den Jahren schon mausern. Es ist Substanz in ihm, er ist der einzige in unserer Familie, aus dem etwas wirklich Bedeutendes werden könnte. Habt Ihr gehört, daß in seiner Geburtsstunde ein Komet am Himmel stand? Ich erinnere mich noch, daß man ihn mir gezeigt hat und mir gleichzeitig sagte, ich hätte soeben ein Brüderchen bekommen. Manche schließen Gewaltiges aus dieser Konstellation."

„Was bedeutet ein Komet? Heldengröße, Krieg?"

„Beides, glaube ich. Ich weiß nicht, ob man den Sternen solche Bedeutung zuschreiben kann, wie das jetzt oft geschieht. Ich bin keine Freundin der Astrologie und auch nicht derer, die den Stern der Weisen suchen, das ist nach meiner Meinung Humbug. Aber daß Bruder Fritz seit seiner frühesten Kindheit den Ehrgeiz nährte, einmal ein großer Kriegsheld zu werden, das kann ich bestätigen."

Die Nachricht von Margarethes Schwangerschaft weckte tatsächlich große Freude am Hofe. Alle beglückwünschten die Kurfürstin, als habe sie den Erben bereits geboren. Sogar die Suora lächelte, wenn auch süßsauer, und beschwor Margarethe, auf sich achtzugeben, nicht mehr auszureiten und sich in der Sänfte tragen zu lassen.

„Bei uns daheim reiten die Damen bis kurz vor der Geburt", erwiderte Margarethe lachend.

„Die Savoyerinnen mögen leichtsinnig mit dem Leben ihrer ungeborenen Kinder spielen, hierzulande aber darf es das nicht geben", antwortete die Suora scharf.

Zum neuen Jahr kam Pfalzgraf Friedrich zurück. Es gab am Hof Leute, die meinten, er werde nicht erbaut sein, wenn er von der Schwangerschaft höre, denn die Geburt eines Erben würde ja ihm den Weg zur Kurfürstenwürde verbauen. Es gab ein Getuschel, und Vermutungen tauchten auf, die geeignet gewesen wären, Margarethe zu erschrecken, hätte sie den besorgten Schwätzern geglaubt. Aber sie wußte: Friedrichs Grundsätze, seine Redlichkeit würden ihm nie erlauben, das Kind seines Bruders anzutasten, so wenig, wie sie ihm erlaubt hatten, die Frau seines Bruders zu lieben.

In der Zeit seiner Abwesenheit schien Friedrich an Reife gewonnen zu haben. Wenn er auch noch immer derb und streitlustig erschien, so hatte er sich jetzt doch besser in der Hand, aus dem aufsässigen Jungen war ein kraftvoller Mann von gutem, wenn auch scharfem Urteil und erträglichen Manieren geworden. Er hatte an etlichen Turnieren, aber auch an kleinen kriegerischen Unternehmungen teilgenommen. Gegen Margarethe benahm er sich höflich — soweit bei ihm von Höflichkeit die Rede sein konnte —, zeigte aber im übrigen eine gleichgültige Kühle ihr gegenüber, die jede Gemeinsamkeit ausschloß. ‚Es ist gut so, er hat es überwunden', dachte sie. Aber ein klein wenig schmerzte sie diese Gleichgültigkeit doch.

Margarethes Kind kam im Sommer zur Welt, einen Monat zu früh. Die Geburt war schwer und zog sich lange hin. Das Kind, ein kleines Mädchen, starb kurz nachdem es in der Taufe den Namen Mechthild erhalten hatte.

Margarethe hätte nie gedacht, daß sie, die doch gesund und kräftig war, bei einer Geburt so leiden würde. Sie brauchte lange, bis sie sich erholte. Sie hatte sich auf ihr Kind gefreut und weinte nun viel vor Kummer. „Ich verzweifle fast an Gottes Güte", schrieb sie an ihren Vater. Die Enttäuschung ihrer Umgebung machte die Sache für sie nur noch schwerer. Die Suora sollte geäußert haben, sie habe immer gesagt, daß ein so schmächtiger, dünner Körper wie der der Frau Kurfürstin kein lebensfähiges Kind zur Welt bringen könne. Was der Kurfürst dachte, war nicht leicht zu erraten, sicher war auch er enttäuscht; aber er zeigte seiner Frau ein freundliches Gesicht, faßte manchmal nach ihrer Hand und sprach in sanften, wohlgesetzten Worten vom ewigen Ratschluß Gottes. Margarethe fühlte sich so elend, daß sie sich sogar an diesen schwachen Trost klammerte.

Auch der Vater schrieb tröstend und verwies auf die göttliche Hilfe, die immer dann erscheine, wenn man es am wenigsten erwarte. Ihm selbst schien Gott diese Hilfe noch nicht gewährt zu haben, er rang in Lausanne noch immer, gestützt auf wenige Anhänger, um die Anerkennung der Welt und um die Möglichkeit, seine Reformen durchzuführen. Er schrieb selten und kurz, die Lasten auf seinen Schultern waren nicht leichter, sondern schwerer geworden. Margarethe empfing ein Bild von ihm, einen Kupferstich, der ihn mit der päpstlichen Tiara auf dem Haupt unter dem Savoyer Kreuz zeigte. Das Gesicht sah noch immer schön aus, aber es wirkte verhärmt und traurig.

Doch schließlich erholte sie sich, das Leben ging weiter, und immer konnte man nicht trauern und weinen. Ein Herbst, ein Winter — als die ersten Frühlingslüfte sich regten, wußte Margarethe, daß sie wieder schwanger war.

Jetzt ließ sie sich nur noch in der Sänfte tragen und befolgte gehorsam alle Anweisungen. Mit Erfolg: Im September 1448 gebar sie ohne wesentliche Schwierigkeiten einen gesunden Knaben.

Also war der Erbe nun wirklich erschienen. Die allgemeine Freude war groß, die Glocken läuteten, Feuerwerk stieg in die Luft, es regnete Glückwünsche von allen Seiten. Der junge Vater strahlte, wie man es an ihm noch nie gesehen hatte, und machte Margarethe ein kostbares Perlenhalsband, ein Familienkleinod, zum Geschenk, und sogar die Suora küßte gerührt ihre Stirn.

Sie selbst war so glücklich wie lange nicht mehr. Nun war endlich wahr geworden, was sie sich gewünscht hatte: Sie hielt ein eigenes Kindchen im Arm, das fröhlich krähte und seinen kleinen, mit einem dunklen Schöpfchen verzierten Kopf gegen ihre Brust drückte. Sie stillte das Kind selbst. Die Suora fand, eine Kurfürstin dürfe sich nicht zur Amme erniedrigen, doch hier griff unerwartet der Kurfürst ein. Er, der so viel von Krankheit und Gesundheit wußte, erklärte, es gäbe nichts, was für Mutter und Kind gesünder sei, und so durfte der Kleine an seiner eigenen Mutter Brust trinken, was er mit Hingabe tat.

In der Heiligen Taufe empfing er den Namen Philipp. Der Familienrat hatte ihn gewählt, und Margarethe war einverstanden, da sie an ihren eigenen Bruder Philipp dachte, der leider bereits gestorben war, dessen Andenken sie aber hochhielt.

In prächtiger Wiege geschaukelt, behütet und verhätschelt von den Frauen seiner Umgebung, gedieh der kleine Philipp prächtig. Rose von Nyon behauptete, er sähe seinem Großvater, Seiner päpstlichen Gnaden Felix V., ähnlich. Darüber lachte Margarethe, denn sie fand nicht die geringste Ähnlichkeit zwischen dem

Säuglingsgesichtchen und dem männlich ernsten Antlitz des Vaters. Sie war nur froh, daß dieses Kind nichts von der Schwäche und Überzartheit des Kurfürsten geerbt zu haben schien. Dieser Winter wurde zum glücklichsten, den Margarethe in Heidelberg verbrachte. Sie kümmerte sich soviel es irgend ging um ihr Kind. Ihre Repräsentationspflichten erfüllte sie jetzt freudig und mit einer gewissen Würde, zu der sie sich mit der Zeit doch bequemt hatte. Und sie gewann etwas von der strahlenden Fröhlichkeit zurück, die ihr in früheren Jahren alle Herzen gewonnen hatte. Auch hier blieb sie nicht ohne Wirkung. Und dazu kam: Sie hatte den Erben geboren. Das zählte nicht nur am Hof, sondern auch beim Volk. Überall wurde ihr nun weit mehr Hochachtung entgegengebracht als je zuvor.

Sogar auf den Kurfürsten schien die Tatsache, daß er nun einen eigenen Sohn besaß, eine starke Wirkung auszuüben. Er besuchte den kleinen Philipp täglich, und wenn er auch nicht mit ihm spielte wie Margarethe, so betrachtete er ihn doch mit sichtlichem Stolz. Auch seiner Gattin schenkte er jetzt mehr Aufmerksamkeit. Er richtete manchmal das Wort an sie, stellte sogar Fragen, und wenn sie bei den intimen Abendgesellschaften am Kamin nebeneinandersaßen, hielt er machmal ihre Hand. Margarethe fragte sich, ob Frau Mechthild nicht Unrecht gehabt habe, als sie sagte, ihr Bruder könne nicht lieben. Den kleinen Philipp zumindest liebte er wohl wirklich, wenn er auch nicht die Möglichkeit hatte, das so richtig zu zeigen.

Graf Friedrich war viel auf Reisen. Aber wenn er in Heidelberg war, kam er an den Hof und nahm dann auch wohl an den geselligen Abenden und den spärlichen Festlichkeiten teil. Er hatte noch immer eine harte, herausfordernde Art, jedermann die Wahrheit zu sagen, und war deswegen ein gefürchteter Gesprächspartner. Aber er verfügte auch über einen schlagkräftigen Witz, und so wurde, wenn er zugegen war, oft herzlich gelacht. Gelegentlich ließ er sich bewegen, zu singen. Er war musikalisch, hatte eine schöne, kräftige Stimme und spielte erträglich die Laute. Margarethe hörte ihm gerne, ja mit ein bißchen Herzklopfen zu. Sie dachte daran, wie einst die schmeichelnd-herbe Stimme des Achajus sie wider ihren Willen bezaubert hatte. Hier — in Friedrichs Gesang — war Frische und Kraft und nichts von schwüler Verführung. Aber sie dachte doch wieder und wieder, wenn sie ihm zuhörte, wie schade es sei, daß Schwager Fritz nicht als ältester Sohn seines Vaters zur Welt gekommen sei.

Daß sie den Erben geboren hatte, nahm er ihr sichtlich nicht übel, im Gegenteil, es schien auch ihm Achtung vor ihr einzuflößen. Es herrschte somit jetzt ein ziemlich gutes Einvernehmen zwischen ihnen, das aber leider gegen Ende des Winters gestört wurde.

Er war in München gewesen, dort weilte er öfter am Hof des Herzogs Albrecht und nahm an Turnieren und Festlichkeiten teil. Nach seiner Rückkehr sagte er in kleinem Kreise ohne jede Vorbereitung zu seinem Bruder und Margarethe, die wie gewöhnlich am funkensprühenden Kamin saßen: „In München habe ich übrigens das Mädchen kennengelernt, das ich einmal heiraten werde."

Eine Stille entstand, alle starrten ihn verblüfft an.

Die Suora beugte sich vor: „Eine bayrische Prinzessin?"

Friedrich stand, die Arme in die Seiten gestützt, und sah sie von oben herab an. „O nein, gnädigste Frau Schwester. Ein ganz einfaches Mädchen. Aber lieblich, wie eine der Göttinnen, von denen unsere Dichter so gewaltige Dinge sagen. Sie hat die süßeste Stimme der Welt. Sie sang dort bei einem Fest."

„Eine Sängerin?" fragte Margarethe, lebhaft interessiert.

„Man kann sie so nennen. Man hörte von der Schönheit ihrer Stimme und holte sie an den Hof. Bei einem Bankett überreichte sie den Gästen Blumen im Gewand einer Nymphe. Sie hat ein ganz reines, unschuldiges Wesen, ist auch jetzt noch fast ein Kind, noch kaum dreizehn Jahre alt. Natürlich werde ich mit der Heirat einige Jahre warten." Er sagte das so selbstverständlich hin, als sei diese Heirat eine ausgemachte Sache.

Die Suora räusperte sich. „Das meint Ihr nicht im Ernst, Friedrich", sagte sie scharf. „Von Heirat kann in solchem Fall nicht die Rede sein."

„Zur Mätresse ist dieses Mädchen zu schade", antwortete Friedrich ebenso scharf. Er warf sich in einen Stuhl, so als wolle er nicht weiter über die Angelegenheit reden, und zog ein Schachbrett, das auf dem Tisch stand, zu sich heran. „Wer spielt mit mir?"

Aber die Suora ließ nicht locker: „Ich bitte Euch, wenn dieses Mädchen nicht hochgeboren ist..."

Friedrich sah auf. Jetzt flog ein Lachen über sein Gesicht. „Nicht hochgeboren? Und wie hochgeboren! Ihr Vater ist Türmer in der Freien Reichsstadt Augsburg, daß Ihr's nur wißt."

Einige der Damen lachten, auch Margarethe. Der Kurfürst sagte — und man schwieg sofort, um seine schwache Stimme vernehmen zu können: „Eine Heirat dürfte trotzdem nicht in Frage kommen, die Hausgesetze sprechen dagegen."

Friedrich knurrte, mit den Schachfiguren spielend: „Wohl oder übel wird es eine morganatische Ehe werden müssen! Aber das ändert gar nichts an der Sache."

Jetzt diskutierte man über den Wert und Unwert solcher Ehen. Da sagte Margarethe: „Es besteht sehr wohl ein Unterschied zwischen einer Ehe zur rechten oder einer zur linken Hand, Graf Fritz. Die Kinder aus der letzteren sind nicht erbberechtigt."

Friedrich sah sie mit zusammengezogenen Brauen an. „Und was schadet das?"

Ihr Blick lag ebenso herausfordernd in dem seinen, wie seine Stimme geklungen hatte. „Das kann sehr viel schaden. Diese Kinder, vor allem die Knaben, fühlen sich zurückgesetzt, Ehrgeiz kann sie bis zum Verbrechen führen."

Friedrich lachte kurz auf. „Daß Ihr's nur wißt, kurfürstliche Gnaden, *meine* Kinder werden wohl ausgestattet werden und keinen Grund haben, ehrgeizige Verbrecher zu werden. Lächerlich."

„Wißt Ihr das so gewiß?" antwortete sie, nun auch verärgert. „Wenn sie ihrem Vater gleichen, wird ihnen das Zurückstehen keine Freude machen. Es braucht nicht zum Verbrechen zu kommen. Aber Zank und Streit und Aufruhr genügen auch."

„Woher wollt denn Ihr über dergleichen Bescheid wissen?" rief er mit beleidigender Grobheit.

Sie sah die Röte in sein Gesicht steigen, und das hätte sie warnen sollen. Aber sie flammte nun auch zornig auf. „Ich habe meine Erfahrungen, Schwager. Ich kenne einen entsprechenden Fall."

„In Savoyen", warf er höhnisch ein, „in Savoyen gibt es vielleicht Fälle, die..."

Sie unterbrach ihn. „In meiner Heimat wohnen nicht nur Engel, das ist klar. Aber Ihr werdet mich doch nicht glauben machen, daß es nicht hierzulande auch ehrgeizige, rauflustige Fürstensöhne gibt..."

Sie brach ab. Er hatte das Schachbrett heftig zurückgestoßen, es krachte auf den Boden, die Figuren rollten umher. „Herrgott" fluchte er, „muß ich mir das sagen lassen — von dieser blöden Gans, die nichts weiß und versteht?"

Der Lärm wirkte wie ein Schuß. Alle fuhren zusammen. Zwei oder drei Damen schrien auf.

Friedrich stand aufrecht, die Faust auf dem Tisch, starrte er Margarethe wütend an. Sie erhob sich. Der Lärm hatte sie zur Besinnung gebracht. Ihr war jetzt mehr nach Lachen zumut. Aber sie mußte ihre Würde bewahren. Früher hatte ihr der unbändige junge Fritz zwar manchmal dergleichen Dinge ins Gesicht geschleudert, ohne daß sie dem viel Beachtung geschenkt hätte. Aber heute war das anders, heute war „blöde Gans" eine ernsthafte Beleidigung, die man nicht hinnehmen durfte. „Ihr vergeßt Euch, Herr Pfalzgraf", sagte sie und reckte ihre kleine Gestalt so hoch auf, wie sie konnte. „Ich muß Eure Entschuldigung fordern."

„Den Teufel werde ich mich entschuldigen", schrie Friedrich. „Wenn man den Weibern nicht einmal soll sagen dürfen, was sie wirklich sind..."

Auch der Kurfürst war aufgestanden. Er war totenblaß. „Friedrich", flüsterte er heiser. „Friedrich, ich bitte Euch, Ihr habt Euch wirklich vergessen..."

Margarethe sagte, die Nase in der Luft: „Ich denke, mein Herr Schwager wird zur Besinnung kommen. Inzwischen möchte ich mich entfernen. Ich bitte um Entschuldigung, meine Damen und Herren, wenn ich Sie verlasse." Sie verneigte sich vor ihrem Gemahl und schritt würdevoll hinaus.

In ihren Gemächern angekommen, begann sie zu lachen und schüttelte den Kopf. „Er ist doch immer noch der gleiche Grobian. Schrecklich!" sagte sie vor sich hin.

Dann stand sie vor ihrem kleinen Spiegel und wurde ernst. Vielleicht hatte er gedacht, sie sei eifersüchtig und habe darum gegen die morganatische Ehe gesprochen. „Bin ich eifersüchtig?" fragte sie ihr Spiegelbild. „Bin ich's wirklich? Vielleicht ja. Vielleicht hat es mich doch geschmerzt, daß er eine andere schön und liebreizend findet. Muß ich nicht froh sein, daß er so ganz und gar überwunden hat, froh für ihn und für mich? Schäm dich, Margarethe." Sie wandte ihrem Spiegelbild den Rücken.

Der Kurfürst ließ sich melden. Er war noch immer blaß und seine Augen flackerten angstvoll erregt. „Mein Bruder wird sich entschuldigen", sagte er. „Es tut mir leid, daß so etwas in meiner Gegenwart geschehen konnte. Aber seid nicht auch Ihr in Euren Äußerungen etwas weit gegangen?"

„O ja, das bin ich. Ich gebe das gern zu", sagte Margarethe in beruhigendem Ton. „Bitte regt Euch nicht auf, mein Herr Gemahl, es könnte Euch schaden. Es wird alles wieder gut werden, die Hitzköpfe werden sich vertragen. Ich werde ihn einen Gänserich nennen, damit wird die Sache abgetan sein." Sie lachte.

„Nein", rief der Kurfürst heiser. „Nein, o nein..." Er streckte beschwörend eine Hand aus.

Sie ergriff die Hand und hielt sie fest. Sanft sagte sie: „Ach, Ludwig, er war ja nur ein Scherz. Nein, ich nenne ihn nicht so. Ich werde brav und versöhnlich sein. Ich weiß, daß Euch Streit und lautes Schreien zuwider ist. Verzeiht, daß wir uns hinreißen ließen."

Graf Friedrich entschuldigte sich tatsächlich. Er sagte hart und knapp, auf Margarethe hinunterblickend: „Ich bitte um Verzeihung, sollte ich etwas gesagt haben, das Euer Gnaden kränken konnte, weil es nicht zutrifft."

Es klang zweideutig. Margarethe begriff sofort. Sie lachte leise. „Nein, es trifft wirklich nicht zu, mein lieber Schwager", sagte sie freundlich. „Und somit kann ich Eure Entschuldigung ohne Bedenken annehmen. Begraben wir den dummen Streit, der wirklich keines Wortes wert war." Sie wollte ihm die Hand reichen, aber er war schon in eine tiefe Verneigung versunken, richtete sich dann rasch wieder auf und ging ohne ein weiteres Wort aus dem Saal.

Alle begriffen, daß er den kürzeren gezogen hatte, und beglückwünschten Margarethe in mehr oder weniger verhüllten Wendungen zu ihrem Sieg.

Margarethe aber war ein wenig bekümmert, denn sie wußte, daß er ihr diese Niederlage nicht verzeihen würde. Von da an herrschte wieder ein sehr kühles Verhältnis zwischen ihnen. Friedrich war viel auf Reisen und zeigte sich wenig am Hof.

4

Von Maria aus Mailand hatte Margarethe hie und da ein Briefchen bekommen. Sie schrieb immer kurz und meist über belanglose Dinge. Offenbar fürchtete sie die Zensur ihres Gatten. Doch ging aus ihren Schreiben deutlich hervor, daß sie weiterhin wohl und zufrieden in ihrem Landhaus lebte und keinen Anlaß zur Klage hatte, was Margarethe sehr beruhigte.

1447 aber war Herzog Philipp Maria Visconti gestorben. Und dann kam einige Zeit darauf ein Mailänder Adliger auf der Durchreise nach Heidelberg, der sich Margarethe als einen Vertrauten Marias vorstellte und einen langen Brief mitbrachte. Jetzt erfuhr Margarethe endlich Näheres über das Leben der Schwester. Es war erfüllt und glücklich gewesen. Maria hatte ihrem heimlichen Gatten zwei Kinder geboren, die an ihrem kleinen Hof aufwuchsen, aber als die Kinder einer ihr vertrauten Dame ihres Gefolges galten. „Ich spiele täglich mit ihnen, sie sind reizend", schrieb Maria. Der Herzog hatte sich, wie die Jahre fortschritten, gar nicht mehr um sie gekümmert. „Ich war zufrieden, vergessen zu sein." Jetzt aber zog der neue Herzog Francesco Sforza sie sogar gelegentlich an den Hof, und sie genoß die gebührenden Ehren als Herzogin-Witwe. Ihr „Gatte" lebte als ihr Rechtsberater in ihrer Nähe und konnte sie jetzt frei zu jeder Stunde aufsuchen. Irgendwelche Sehnsucht, Mailand zu verlassen, hatte sie nicht mehr. „Ich bin so glücklich in meiner kleinen weltabgeschlossenen Villa mit ihren Gärten und ihrer Landwirtschaft, wie der Vater es in Ripaille war", schrieb Maria zum Schluß. „Gott gebe ihm, daß er eines Tages wieder dorthin zurückkehren kann."

Margarethe seufzte, als sie das las.

Aber dann kamen auch von Papst Felix Nachrichten, die Veränderungen ankündigten. Schon im Vorjahr war sein Widersacher in Rom, Eugen IV., gestorben. Jetzt — zu Beginn des Jahres 1449 — war das Konzil, das heißt, was von ihm noch übrig war, in Lausanne zusammengetreten. Auf ausdrücklichen Wunsch Felix V. sollte ein neuer Papst gewählt werden, wodurch die Kirchenspaltung überwunden und ihm selbst die Möglichkeit gegeben werden sollte, zurückzutreten. „Ich werde die Bürde abwerfen und wieder ein freier Mensch sein können", schrieb der Vater.

Auch dies erleichterte und erfreute Margarethe. Nun wartete sie mit Spannung auf weitere Neuigkeiten.

Sie kamen im April. Das Konklave hatte den neuen Papst gewählt, er nannte sich Nikolaus V. Auch der Vater hatte ihm seine Stimme gegeben, da er ihn schätzte. Ein milder, verständiger Mann, dem nur am Herzen lag, die bestehenden Streitigkeiten auszugleichen und jedem sein Recht zu geben. Alle Welt begrüßte die Wahl. In freundschaftlichem Gespräch verständigten sich der alte und der neue Papst. Felix V. trat zurück, dafür ernannte ihn Nikolaus zum Kardinal und zum päpstlichen Legaten für all jene Länder, die sich für ihn ausgesprochen hatten. So blieb sein Ansehen gewahrt, er war der zweite Mann in der christlichen Kirche, eine Lösung, die allseits befriedigte. Freilich von den Reformplänen des Vaters war nichts verwirklicht worden. Nikolaus V. sagte — nicht ohne einen Seufzer —: „Die Zeit war und ist nicht reif dafür. Wollten wir jetzt zu reformieren versuchen, würde eine unheilvolle Spaltung der Christenheit Streit, Haß und Krieg die unausbleibliche Folge sein." Der Vater hatte das ohne Zweifel schon seit einiger Zeit selbst erkannt, er resignierte ohne Kummer, er war zu glücklich, wieder „ein freier Mensch" zu sein. Sofort war er nach Ripaille zurückgekehrt und hatte sein Einsiedlergewand wieder angelegt. Der Bart keimte und sproß bereits wieder. Er schrieb an seine Tochter: „Ich danke Gott jeden Tag auf den Knien dafür, daß er die Bürde von mir genommen hat. Jetzt gehöre ich wieder nur ihm und meinen lieben Ordensbrüdern." Auch die Schönheit sollte nun wieder voll zu ihrem Recht kommen. Begeistert schrieb er von seinen Plänen. Die große Kirche, die zwischen der Einsiedelei und dem Kloster zu stehen kommen sollte, würde endlich gebaut werden. Sie sollte „mit großer Pracht" das Lob Gottes verkünden. Im Innern des Ordensschlosses würde vieles verändert und verschönert werden. „Mir wird nur meine kleine Margit fehlen, um ihr alles, was da werden soll, zu zeigen (die Fundamente der Kirche werden bereits ausgeschachtet) und mit mir Gott in stiller Andacht zu preisen. Aber ich weiß, sie hat andere Aufgaben und erfüllt sie tapfer und fröhlich, und so bescheide ich mich und schicke ihr nur meine Gedanken und liebenden Grüße."

Margarethe lachte und weinte über diesen Brief. Die Sehnsucht, zum Vater zu eilen, faßte sie wieder einmal mächtig. „Wenn ich nur fliegen könnte!" dachte sie. Aber sie mußte verzichten, wie er selbst. Dennoch war sie froh, froh, ihn ledig der zu schweren Bürde wieder in seiner eigensten Welt zu wissen.

Es war ein heißer Sommer mit vielen Gewittern. Und auch am politischen Himmel ballten sich Wolken zusammen, die den bisher so sorgfältig gehüteten Frieden der Pfalz bedrohten.

Schon im Sommer 1447 hatte es da ein kleines Gewitter gegeben. Die Herren von Lützelstein, Lehnsleute der Pfälzer im Elsaß, hatten geglaubt, die Schwäche des Kurfürsten ausnutzen zu können, um sich Rechte, ja sogar Landesteile anzueignen, die ihnen nicht zustanden. Zurechtgewiesen, hatten sie mit höhnischen Drohbriefen geantwortet und sogar kurpfälzische Dörfer gebrandschatzt. Daraufhin hatte der Kurfürst — sehr gegen seinen Wunsch — einschreiten müssen, und Pfalzgraf Friedrich war mit einer kleinen Heeresmacht gegen die Empörer gezogen. Er hatte so geschickt operiert, daß er sie ohne großes Blutvergießen zur Unterwerfung brachte, wofür ihm sein Bruder öffentlich dankte.

Aber jetzt rührten sie sich wieder, verjagten einen kurpfälzischen Amtmann und brachen den geschlossenen Vertrag durch neue Einfälle in fremdes Gebiet. Andere elsässische Adlige nahmen sie sich zum Vorbild, überall begannen Fehden aufzuflackern, was den Kurfürsten sehr beunruhigte, während Friedrich zum bewaffneten Eingreifen drängte. Doch der Kurfürst zögerte noch, der Herbst kam, schlechtes Wetter setzte ein, da verging allen Streithähnen die Lust zu kämpfen.

Im November reiste Kurfürst Ludwig nach Worms. Seine Gesundheit schien sich im letzten Jahr etwas gefestigt zu haben, er lehnte es jetzt immer ab, sich in einer Sänfte tragen zu lassen wie eine Frau. Der Weg nach Worms war nicht allzu weit, er legte ihn auch diesmal zu Pferde zurück. Aber das Wetter war schlimm, das Reiten in strömendem Regen über schlammige Wege und im Schneematsch ungewöhnlich anstrengend. Der Kurfürst war stark erkältet, fieberte und kam sehr ermüdet und entkräftet in Worms an. Doch mußte er, ohne sich lange ausruhen zu können, zu den Versammelten sprechen — es galt wieder eine Streitsache beizulegen —, er tat es auch, mit leiser Stimme und sehr atemlos. Nach Beendigung seiner Rede bat er flüsternd, den Saal verlassen zu dürfen. Im Vorzimmer brach er zusammen. Man legte ihn auf eine Bank, und dort starb er wenige Augenblicke darauf. „Er verlosch wie ein Licht, das man ausbläst", sagte einer seiner Begleiter später. Das Herz hatte versagt. Der herbeieilende Priester kam zu spät, doch wurde die Letzte Ölung noch vollzogen. Es weckte einige Beunruhigung, daß er nun so ohne Beichte und Sakrament ins Jenseits gegangen war, aber Pater Johannes sagte, er habe ihm noch am Abend zuvor gebeichtet und die Absolution empfangen, und Gott werde nicht zögern, einen Jüngling, der ein solch reines, christliches Leben geführt habe und stets so fromm und voll guten Willens gewesen sei, in seinen Himmel aufzunehmen, und ihn solle es wundern, wenn er ihn nicht zwischen die Heiligen setze.

Trotzdem wurden dann in Heidelberg, nachdem das prunkvolle Leichenbegängnis vorüber war, viele Seelenmessen für den hohen Verstorbenen gelesen. Margarethe kniete dabei in Trauerkleidung vornean in der Kirche. Sie trauerte ehrlich um den so früh Verstorbenen, der so wenig Freude in seinem Leben gehabt hatte. Sie empfand es als eine Art Schuld, daß sie ihm so wenig hatte nahe sein und ihm nichts von ihrer Fröhlichkeit hatte mitteilen können, wie es ihr einst bei dem anderen kranken Ludwig, bei Louis von Anjou, doch gelungen war. Aber hier hatte ihr selbst die Kraft zur Fröhlichkeit gefehlt, und sie hatte sie keinem anderen geben können. Armer Ludwig! Vielleicht fand er jetzt im Himmel, was ihm auf Erden gefehlt hatte: Kraft, Mut, Gesundheit und die Fähigkeit zu lieben. Sie betete innig darum.

Am Hof zu Heidelberg aber überstürzten sich jetzt die Ereignisse. Nach den Erbgesetzen hatte Pfalzgraf Friedrich die Vormundschaft über den unmündigen Sohn des Verstorbenen und damit die Regentschaft zu übernehmen. Er tat es sofort. Ohne Zögern ergriff er die Zügel der Regierung, und man merkte gleich, was für ein scharfer Wind jetzt wehte. Pfalzgraf Otto zog sich in seine Residenz Mosbach zurück, nicht ungern, er war der politischen Verantwortung längst müde. Der Suora gegenüber kannte Friedrich keine Gnade, sie mußte weichen und sich in ihr Kloster begeben, man sah sie am Hof nie wieder. Auch dieser oder jener Höfling oder Amtsträger wurde durch einen anderen ersetzt, was hier und dort böses Blut machte.

Margarethe hielt sich von allem fern. Zwar erinnerte sie sich daran, daß einst ihre Urgroßmutter Bona in Savoyen die Regentschaft für ihren Sohn geführt hatte und so gut, daß man noch heute ihr vortreffliches Regiment rühmte. Aber dergleichen war hier nach den Erbfolgegesetzen nicht möglich, und sie selbst hätte sich niemals zugetraut, das Land zu regieren, zumal jetzt. Es war ja, als habe alle Welt nur darauf gewartet, daß der Friedensstifter Ludwig das Feld räume, überall drohte jetzt Unfrieden und Gefahr, da mußte ein Mann das Regiment führen, und ein Mann wie Friedrich war, das sah sie ein, dazu wie geschaffen, die jetzige Lage zu meistern.

Das tat er auch. Mit seiner kleinen Heeresmacht bändigte er aufs neue die aufständischen Lützelsteiner und schaffte sich auch bei anderen Fehdelustigen Respekt, so daß es zunächst zu einem leidlichen Frieden kam und der Pfalzgraf im Elsaß als Landvogt offiziell anerkannt wurde.

Margarethe hatte in ihrem Heiratsvertrag verschiedene eigene Besitzungen übertragen bekommen und dazu auch ein Wittumspalais in der Stadt. Dorthin zog sie sich jetzt mit ihren Damen zurück und widmete sich hauptsächlich der Pflege ihres kleinen Sohnes.

Philipp gedieh noch immer gut. Er war zwar ein zierliches Kind und wirkte etwas zart, aber die Ärzte versicherten, er sei ganz gesund. Er zeigte gute Anlagen, blickte aus großen, dunklen Augen intelligent in die Welt, lächelte viel und war alles in allem ein so lieber, freundlicher kleiner Bursche, daß Margarethe ihre helle Freude an ihm hatte.

Aber dann wurde ihr klar, daß gerade hier, wo sie nun so etwas wie ein stilles Glück gefunden zu haben glaubte, eine Gefahr drohte. Sie erfuhr, daß der Regent vorhatte, ihr das Kind wegzunehmen. Er habe gesagt, hieß es, der junge Kurfürst gehöre in männliche Hände und Erziehung, man habe bei seinem Vorgänger genugsam gesehen, welches Unheil die Weiberwirtschaft bei einem heranwachsenden Buben anrichte, den die Verzärtelung und Verweichlichung fürs Leben untüchtig gemacht und in einen frühen Tod geführt habe.

Margarethe erschrak sehr. Sie wußte natürlich, daß man Fürstensöhne für gewöhnlich sehr früh von ihren Müttern trennte, vor allem solche, die später bedeutende Stellungen einnehmen sollten, daß man sie fähigen Hofmeistern oder ritterlichen Verwandten zur Erziehung übergab, um sie von früh an für ihre späteren Aufgaben tüchtig zu machen. Aber Philipp war doch noch so klein! Sie wollte ihn bei sich behalten, sie traute sich zu, ihn so zu führen und zu erziehen, daß er kein verzärtelter Schwächling wurde. Margarethe bereitete sich darauf vor, um ihr Kind zu kämpfen.

Vorerst wurde es ihr belassen. Friedrich hatte mit Fehden und politischen Verwicklungen zuviel zu tun. Aber dann erfuhr sie, und jetzt ganz offiziell, von einem viel weitergehenden Plan, den der Regent und Vormund Philipps zu verwirklichen hoffte. Er wollte die volle Gewalt, den Titel und die Macht eines Kurfürsten statt der bloßen Vormundschaft, er behauptete, die augenblicklich so schwierige Lage des Kurfürstentums verlange das.

Es war der Rat Friedrich von Dalberg, der Margarethe diese Nachricht brachte. Sie kannte ihn lange. Er war Jurist, ein kluger, feingebildeter Mann, den jeder schätzte und auf den sie sich, wie sie wußte, voll verlassen konnte. Er hatte ihr bei Schwierigkeiten schon manchmal zur Seite gestanden, und sie vertraute ihm.

Mit Ernst erklärte er ihr die Sache. „Es ist nicht zu leugnen, gnädigste Frau, daß langwährende Vormundschaften gewisse Risiken in sich bergen. Dies wäre nun das dritte Mal innerhalb von hundert Jahren, daß die Pfalz vormundschaftlich regiert werden müßte."

„Aber was sollte das schaden?" rief Margarethe empört und erregt aus. „Graf Otto zum Beispiel hat die vormundschaftliche Regierung für meinen Gatten vorbildlich geführt. Es war eine fruchtbare Friedenszeit für die Pfalz..."

„Gewiß, gnädigste Frau. Aber die Lage hat sich verändert. Im ganzen Reich gärt es. Wir leben in einer Zeit der Wandlungen und Umbrüche. Eine neue Art zu denken verändert auch zwangsläufig die äußeren Verhältnisse. Wie die Kirchen- so hat auch die Kaisermacht an Autorität verloren. Überall drängen die Fürsten und sogar die kleinen und kleinsten Herrschaften zur Selbständigkeit und Macht. Und somit ist ein Kampf aller gegen alle unvermeidlich. Wir wissen nicht, was die Zukunft noch bringen kann. ‚Wehe dem Lande, dessen König ein Kind ist' — es scheint etwas Wahres an diesem Spruch zu sein."

Aber das wollte Margarethe nicht hören. „Ach was! Es geht Friedrich nur darum, meinem Kind sein Recht zu nehmen, es in die Ecke zu drängen, vielleicht gar..."

Der Rat hob die Hand. „Bitte, gnädigste Frau! Es ist mehr als verständlich, daß Euer Gnaden diese Pläne des Herrn Pfalzgrafen ablehnen. Aber ungerecht dürft Ihr nicht sein. Graf Friedrich spricht mit großer Zuneigung von seinem Mündel. Es würde seinem Charakter nicht entsprechen, ein Kind, noch dazu das Kind seines Bruders zu benachteiligen oder zu betrügen. Soweit ich verstanden habe, denkt er eher an eine vorläufige Übertragung der Kurfürstenwürde an ihn selbst, die Eurem Sohn die Nachfolge durchaus sichert. Er wünscht ihn zu adoptieren."

„Auch das noch!" rief Margarethe verzweifelt. „Nie werde ich da zustimmen, nie. Mein armer Philipp..."
„Ich glaube nicht, daß dies die schlechteste Lösung wäre, Gnädigste. Wie ich Herrn Friedrich einschätze, würde er Eurem Sohn ein guter Vater sein. Er hat eine vortreffliche Hand nicht nur mit jungen Pferden, sondern auch mit jungen Menschen. Man sieht das daran, wie vorbildlich er seine Pagen erzieht und mit welcher Liebe und Verehrung sie an ihm hängen. Bei aller Rauheit zeigt sein Wesen hier eine sonst verborgene Güte und Sorglichkeit..."

Margarethe hatte das selbst beobachtet. Sie hatte auch bei den wenigen Besuchen, die der Regent dem kleinen Kurfürsten abgestattet hatte, gesehen, wie gut er auf das Kind eingehen konnte und auch, wie sehr Philipp den Ohm liebte, wie er aufjauchzte, wenn dieser unter der Tür erschien. Margarethe dachte an das Wort ihrer Schwägerin Mechthild: Ein weicher Kern in der stacheligen Schale... Aber das Aufjauchzen Philipps hatte sie zutiefst geschmerzt, und nun erschütterte sie der beängstigende Gedanke, Friedrich könne ihr nicht nur den Leib, sondern auch die Seele ihres Kindes, seine Liebe und Zuneigung stehlen wollen.

Sie ließ dem Regenten durch den Rat bestellen, daß sie sich mit seinen Plänen nicht einverstanden erklären könne, daß sie die Kurfürstenwürde für ihren Sohn ebenso fordere wie das Recht, ihn mindestens für einige Jahre ganz in ihrer Obhut zu behalten.

Es gab ein ziemlich fruchtloses Hin und Her von Reden und Gegenreden, bei denen nichts weiter herauskam. Inzwischen verfolgte Friedrich seine Pläne konsequent weiter. Er trug sie einer Versammlung der Landstände zu Oppenheim vor, die er zu diesem Zweck einberufen hatte. Doch erhoben die Versammelten hier Bedenken, zum mindesten müsse der Kaiser zustimmen, hieß es, es müsse geprüft werden, ob es tunlich sei, sich über die Bestimmungen des Erbrechtes hinwegzusetzen. Eine Fürstenversammlung in Speyer brachte dasselbe Resultat.

Margarethe triumphierte. Aber nicht lange. Ein knappes Jahr später erlangte Friedrich dann doch, was er wollte.

Aber zuvor erhielt Margarethe eine Nachricht, die ihr zunächst alles andere Geschehen unwichtig erscheinen ließ. Herzog Amadeus VIII. von Savoyen, vormals Papst Felix V., war am 7. Januar 1451 gestorben. Auch dieser Tod war plötzlich und auf einer Reise erfolgt. Wider seinen Wunsch hatte der Einsiedler von Ripaille sich doch wieder mit den Staatsaffären des Landes Savoyen befassen müssen. In winterlicher Kälte war er gezwungen gewesen, nach Piemont zu reisen, um eine höchst schwierige Sache, die sein Sohn Louis, unfähig wie eh und je, verfehlt hatte, wieder ins reine zu bringen. Auf der Rückreise — in Genf — glitt er auf der Straße plötzlich von seinem Maultier. Er wurde in eine nahe Herberge getragen und verschied dort einige Stunden später, nicht ohne noch die Sterbesakramente empfangen zu haben. Es war ein Schlagfluß gewesen, der sein Leben beendet hatte.

Margarethe ging wie eine Schlafwandlerin umher. Der Vater tot — es war nicht zu fassen. Er war seit eh und je der Mittelpunkt ihres Lebens gewesen und war es geblieben, auch während sie fern von ihm lebte, das merkte sie jetzt erst so recht. Immer waren ihre Gedanken zu ihm gegangen, bei allem, was sie tat, hatte sie sich gefragt, was er wohl dazu sagen würde. Sie hatte sich auch brieflich manchen Rat bei ihm geholt, hatte seine Sorgen geteilt und ebenso seine Freude, wieder in Ripaille sein zu können. Ihr einziger Trost war jetzt der Gedanke, daß er wenigstens diese beiden letzten Jahre seines Lebens noch so hatte verbringen können, wie es ihm gemäß war.

Sie träumte in der folgenden Zeit viel von ihm. Und immer war er am Leben in diesen Träumen und trat ihr so schön und liebevoll entgegen wie in früheren Zeiten. Einmal aber nahm er sie bei der Hand und sagte eindringlich: „Meine kleine Margit, mein armes Kind, du bist jetzt eine Waise, jetzt mußt du deinen Weg allein gehen, verstehe das." Da erwachte sie und weinte sehr.

Sie empfing viele Kondolenzen von allen Seiten. Sogar Graf Friedrich stattete ihr einen kurzen, steifen Beileidsbesuch ab. Sie ließ Seelenmessen für den Vater lesen und verbrachte viele Stunden in der Kapelle. Aus Savoyen erhielt sie — als sein letztes Geschenk — das kostbare Gebetbuch des Vaters mit den reizenden Bildern, die sie als Kind so gerne betrachtet hatte. Sie las viel darin.

In der folgenden Zeit fand Margarethe das Leben schwer. Ihre Trauer lag beschattend über ihr, und dazu kam der zermürbende Kampf um ihr Kind, von dem sie bereits wußte, daß sie ihn verlieren würde. Sie hatte eine Unterredung mit ihrem Schwager erzwungen, die sehr unglücklich verlief. Es wurden harte, scharfe Worte getauscht, aber schließlich geschah es, daß Margarethe ihre Tränen nicht zurückhalten konnte. Friedrich hatte sich verächtlich abgewandt und etwas von „Weibergeflenne" gemurmelt, und sie war schluchzend aus dem Saal gegangen, ohne irgend etwas erreicht zu haben.

Im September dieses Jahres berief Friedrich aufs neue eine Versammlung der „Notabeln", der Fürsten, des Adels wie der Vertreter der Stände nach Heidelberg. Inzwischen hatten sich viele Fürsten für seine Pläne ausgesprochen, und nun kam die große Versammlung zu dem Schluß, daß man einer Übernahme des Pfalzgrafenamtes wie der Kurfürstenwürde durch Graf Friedrich zustimmen könne, falls er seinen Neffen adoptiere und durch einen Schwur erhärte, daß er selbst nie eine Ehe schließen und dem jungen Philipp die Nachfolge sichern werde. Dieser Beschluß würde nun Friedrich III., dem römischen König unterbreitet werden.

Der Rat Dalberg brachte Margarethe die Nachricht und setzte hinzu, Graf Friedrich habe, wenn auch inoffiziell, erklärt, er werde, falls Gott ihm ein langes Leben schenke, zu gegebener Zeit abdanken, um seinen Nachfolger nicht allzu lange auf die Herrschaft warten zu lassen.

Margarethe lachte zornig auf, als sie das hörte. „Schöne Reden! Das wird er nie tun, wer täte schon so etwas? Und er wird ein langes Leben haben, er wohl, kräftig wie er ist. Und mein armer Philipp kann graue Haare bekommen, bis er die Erbschaft antreten kann — wenn er es überhaupt erlebt."

„Mir will scheinen", sagte der Rat, behutsam wie immer, „daß es dem gnädigen Grafen mit allem, was er jetzt sagt und verspricht, durchaus ernst ist. Und bedenkt: Es hat sich schon oft als wenig günstig erwiesen, wenn einer, der zu regieren bestimmt war, allzu früh sein Amt antrat. Euer Sohn wird die Möglichkeit haben, sich in der Welt umzusehen, Reife und Einsicht zu gewinnen. Das wird ihm sehr zugute kommen, wenn er zur Herrschaft gelangt."

Der Rat hatte ein Schriftstück mitgebracht, das Margarethe unterzeichnen sollte. Er las es ihr vor. Sie erkläre darin ihr Einverständnis mit der Adoption ihres Sohnes durch Graf Friedrich und den Verzicht auf alle ihre mütterlichen Rechte. Margarethe wies das Schriftstück zurück und brach wieder in Tränen aus.

Gerade um diese Zeit war es, daß ihr mitgeteilt wurde, es sei eine Abordnung des Hofes zu Stuttgart bei der Kurfürstlichen Kanzlei vorstellig geworden; sie habe die Bitte des Grafen Ulrich von Wirtemberg-Stuttgart überbracht, um die Hand der verwitweten Pfalzgräfin Margarethe werben zu dürfen. Die kurfürstliche Kanzlei hatte die Werbung an Margarethes Sekretäre weitergeleitet, die ihr nun davon Mitteilung machten und um Stellungnahme baten.

Margarethe war sehr verwundert. In diesem Augenblick, mitten im Kampf um ihr Kind, kam ihr der Gedanke, wieder heiraten zu sollen, absurd vor. Und wer war dieser Graf von Wirtemberg überhaupt? Von ihm hatte sie nie gehört — ja, es gab da eine entfernte Verwandtschaft zwischen den Heidelberger Wittelsbachern und den Wirtembergern — ach ja, und Gräfin Mechthild lebte in Urach, das war die Hauptstadt des anderen Teils dieses kleinen, zweigeteilten Ländchens — Wirtemberg-Urach und Wirtemberg-Stuttgart, ganz recht...

Ob am Ende Frau Mechthild hinter dieser unerwarteten Werbung steckte? Sie selbst war vor bald zwei Jahren Witwe geworden, lebte aber noch in Urach der Erziehung ihrer Kinder wegen. Doch hörte man, sie habe vor, sich wieder zu vermählen, der österreichische Erzherzog Albrecht werbe um sie. Margarethe und sie hatten einander nur bei der Beisetzung des Kurfürsten Ludwig kurz wiedergesehen. Mechthild hatte gleich zu ihrem schwerkranken Gatten nach Urach zurückkehren müssen. Ob sie am Ende für Margarethe ebenfalls eine neue Ehe wünschte, ob sie ahnte, wie unleidlich die Verhältnisse in Heidelberg für die Schwägerin geworden waren? Oder aber — auch das schien möglich —, sie verdankte vielleicht diesen Antrag dem Schwager Friedrich, der mit den Wirtembergern in Kontakt stand? Wollte er sie aus dem Weg haben, sie durch eine neue Ehe gänzlich von ihrem Kind trennen?

Sie lehnte es ab, die Gesandten des Grafen Ulrich persönlich zu empfangen, besprach die Angelegenheit aber doch mit ihrem klugen Berater Dalberg. Er riet ihr, die Sache noch nicht gänzlich zu verwerfen, sondern vorerst in der Schwebe zu lassen, er werde sich um die Bedingungen eines eventuellen Ehevertrages kümmern. Zwar sei das Angebot für eine Prinzessin von Savoyen, eine verwitwete Herzogin von Anjou und Witwe eines Kurfürsten von der Pfalz nicht gerade vorteilhaft zu nennen, der Wirtemberger sei ja nur Graf, das Land arm, Stuttgart kleiner als Heidelberg, eng und ohne große bauliche Schönheiten, auch das Schloß sollte alt und etwas baufällig sein. Der Graf? Der Rat wußte nicht viel über ihn, er war nicht mehr jung, jedenfalls Witwer auch er, der zwei Frauen begraben hatte — eine Prinzessin von Cleve und eine Bayerin. Gesund? Ja, das sei er sicherlich. Er gelte als guter Turnierkämpfer und Feldhauptmann, sei auch beliebt bei seinen Untertanen, wie man höre... Margarethe sagte, sie glaube kaum, daß sie sich so bald zu einer neuen Ehe entschließen könne.

Am 13. Januar 1452 fand die feierliche Adoption des kleinen Philipp durch seinen Oheim Friedrich und dessen Einsetzung in das Pfalzgrafenamt und die Kurfürstenwürde statt. Zermürbt, elend und zuletzt krank, hatte Margarethe schließlich doch ihre Einwilligung gegeben und das verhaßte Schriftstück unterzeichnet. Sie hatte eingesehen, daß gegen Friedrichs eisernen Willen nicht aufzukommen war. Und vielleicht war es wirklich für Philipp und seine Zukunft das beste, wenn sie nachgab.

Da sie krank lag, blieb es ihr erspart, der Zeremonie beizuwohnen. Doch der kleine Philipp, jetzt dreieinhalb Jahre alt, war anwesend, das hübsche Kind saß mit einer gewissen Würde in einem kleinen Lehnsessel und folgte dem Gang der Handlung mit ruhiger Aufmerksamkeit. Als der Kurfürst den Schwur ablegte, ehelos zu bleiben, lachte er kurz auf, als gefalle ihm die Sache. Und er lächelte strahlend, als Ohm Friedrich ihn emporhob und vor aller Augen und unter dem Beifall der Anwesenden herzhaft küßte.

Doch als er dann, nachdem seine neuen Hofmeister ihn im Schloß zu Heidelberg in ihre Obhut genommen hatten, begriff, daß er nun nicht mehr bei seiner Mutter war und sie nur noch gelegentlich sehen konnte, da war sein Kummer groß, und er weinte viel.

Man hatte Margarethe gestattet, ihr Kind zu besuchen, wann immer sie wollte. Sie tat es, nachdem sie von ihrer Krankheit genesen war, oftmals. Philipp war glücklich, wenn sie kam, aber wenn sie wieder gehen mußte, so weinte er herzzerreißend und schrie immer: „Mama, nicht weggehen, Mama, nicht weggehen." Und die ihn betreuten, sagten, er weine dann jedesmal die ganze Nacht.

Margarethe sah ein, daß nur eine vollkommene Trennung dem Kind Ruhe und Gewöhnung an die neue Ordnung geben konnte. Sie küßte Philipp noch einmal und bat die Kinderfrau, die der Kurfürst dem Kleinen schließlich doch bewilligt hatte, den Kammerdiener und den Hofmeister mit Tränen in den Augen: „Seid gut zu ihm, bitte, seid gut zu ihm!" Sie versicherten es ihr, ebenfalls gerührt. Sie hatten freundliche Gesichter, und Margarethe vertraute ihnen. Sie ging weinend, um sich auf irgendeinem Landsitz zu verkriechen, wo sie durchaus nichts mehr von Heidelberg und seinem Schloß sehen mußte.

Fort, nur fort! dachte sie, Philipps verzweifelte Rufe, die ihr immer noch im Ohr klangen, vergessen. Fort von jenem Mann, den sie einmal — beinahe — geliebt hätte, und den sie jetzt bitter haßte. Ihn nie mehr sehen! Ich glaube, wenn ich ihm noch einmal gegenüberstünde, ich müßte versuchen, ihn zu erwürgen, dachte sie.

Seit sie damals erfahren hatte, daß ihr Vater wieder nach Ripaille zurückgekehrt war, hatte Margarethe der sehnsüchtige Wunsch, die Heimat wiederzusehen, geplagt. Jetzt war der Vater tot, aber die Heimat blieb die Heimat, da war der See, die alten Schlösser riefen sie, Louis war immerhin der einzige Bruder, der ihr geblieben war, vielleicht würde es doch ein annehmbares Leben an seinem Hofe sein — französische Sprache, französische Leichtigkeit, Musik, Tanz...

Den willkommenen Anlaß zur Reise bot eine Einladung zur Hochzeit ihres Neffen Amédée, der eine Tochter des Königs von Frankreich heiratete.

Margarethes Damen jubelten: „O ja, Chambéry, Thonon! Eine Hochzeit. Einmal wieder tanzen, wieder wirklich fröhlich sein wie einst. O ja, liebste Madame, laßt uns reisen. Vielleicht — vielleicht können wir lange dort bleiben."

Margarethe hoffte das im stillen auch. Schon die Reisevorbereitungen machten ihr Freude, sie lebte geradezu auf.

Kurz ehe sie abritt, meldete sich nochmals eine Abordnung aus Wirtemberg bei ihr, man fragte in höflichen Wendungen an, ob sie jetzt vielleicht einer Verbindung mit Graf Ulrich geneigt sei. Sie ließ sagen, sie habe in diesen Tagen — vor der Reise — keine Möglichkeit, der Sache näherzutreten.

Sie lehnte es ab, sich in einer Sänfte tragen zu lassen. Sie ritt — trotz der Sommerhitze — ebenso wie ihr kleines Gefolge. Nur fürs Gepäck kamen zwei Wagen mit. Etliche Bewaffnete zu Pferde hatte ihr der Kurfürst bewilligt. Er hatte keinen Versuch gemacht, sie an ihrer Reise zu hindern. Im allgemeinen tat er, als sei sie nicht vorhanden, und darüber war sie froh. Etwaige Forderungen ihrerseits wurden durch seine Kanzlei bearbeitet, bewilligt oder abgelehnt. Im übrigen besaß sie ja eigene Mittel aus den Einkünften ihrer Güter und eine Rente, so daß sie nicht genötigt war, den Verhaßten um Reisegeld zu bitten.

Je weiter sie sich von Heidelberg entfernte, desto freier wurde ihr zumut. Wenn auch der Kummer um Philipp stets wie ein schwerer Stein auf ihr zu liegen schien, wurde ihr das Atmen jetzt doch leichter. Daß sie immer noch imstande war, gut und lange zu reiten, befriedigte sie. Ihr Körper war trotz allem kräftig geblieben, und Strapazen machten ihr heute so wenig aus wie einst.

Sie und ihre Begleiter überstanden die lange Reise nach Chambéry gut. Sie kamen gerade zum Hochzeitsfest dort an.

Der Empfang war flüchtig und kaum herzlich zu nennen. Sie war im großen Trubel einer der vielen Hochzeitsgäste, um die man sich nur wenig kümmern konnte, doch erhielt sie bei den vielen, großen Banketten stets einen der Ehrenplätze.

Louis und Anna waren beide sehr dick geworden, von Annas einstiger Schönheit war trotz des überladenen Putzes, den sie als Gastgeberin und Mutter des Bräutigams wohl für nötig erachtete, nicht viel geblieben. Sie regierte das Fest und, wie Margarethe bald erfuhr, auch den Staat; Louis' Trägheit hatte sich als unüberwindlich erwiesen. Noch immer konnte ihn außer seinem Flötenspiel nichts wirklich interessieren. Man konnte ihn nur selten dazu bringen, irgendeine Entscheidung zu fällen. Das Regiment war gänzlich in Annas Hände geglitten, wie der alte Rat Grandson

Margarethe in einem vertraulichen Gespräch klagend mitteilte. Sie mache Fehler über Fehler, aber es sei meist unmöglich, ihr zu raten oder sie von ihren vorgefaßten Meinungen abzubringen. Sie umgab sich mit Günstlingen, die einen denkbar schlechten Einfluß auf sie ausübten. Als der Hochzeitstrubel endlich vorbei war, die Gäste abreisten und am Hofe wieder das alltägliche Leben begann, sah Margarethe selbst, daß es hier von neuen Gesichtern nur so wimmelte, die alten waren alle verschwunden. Entfernte Verwandte der Lusignans aus Cypern und deren Freunde spielten sich jetzt in Savoyen groß auf, sie bekamen Staatsstellungen und füllten nach Kräften ihre Taschen. Die alten Räte aber konnten nichts gegen sie unternehmen, weil der Herzog dem Treiben tatenlos zusah und alles seiner Gattin überließ.

Das junge Paar reiste gleich nach der Hochzeit auf ein Schloß in den Bergen ab, da die Luft dort dem Thronfolger bekömmlicher sei, wie es hieß. Margarethes ältester Neffe war jetzt ein langaufgeschossener Jüngling von knapp achtzehn Jahren. Leider ließ seine Gesundheit zu wünschen übrig, er litt an epileptischen Anfällen. Margarethe hörte, er sei sehr fromm, noch frömmer als sein Großvater hieß es, er bringe täglich viel Zeit in Kirche und Kapelle zu und möge überhaupt nur mit Geistlichen und Mönchen verkehren, habe auch selbst den Wunsch geäußert, in ein Kloster einzutreten. Nur mit äußerster Mühe hatte seine Mutter ihn dazu bringen können, die Braut zu ehelichen, die sie so glücklich gewesen war, schon vor vielen Jahren für ihn und Savoyen zu sichern: eine Tochter des Königs von Frankreich, was immerhin eine große Sache war.

Die Braut, Jolanda von Frankreich, war ein reizendes Geschöpf, klein und zierlich wie Margarethe selbst, aber dunkelhaarig mit einem feinen, klugen Gesichtchen. Margarethe konnte nur wenig mit ihr sprechen, aber sie hatte den Eindruck, daß die kleine Sechzehnjährige schon sehr wohl wußte, was sie wollte und ihrem jungen Bräutigam in allem überlegen war. Konnte das nicht mit Hoffnung für Savoyen erfüllen? Würde dieses Kind einst die Zügel der Regierung in die Hand nehmen, wie ihre Schwiegermutter es getan hatte, aber dabei ihre Sache besser machen als diese? Vorerst aber, so fürchtete Margarethe, würde diese Schwiegermutter der jungen Frau noch manche schwere Stunde bereiten.

Margarethe fühlte immer mehr, daß Anna auch sie mit Abneigung und Ungeduld betrachtete und es gerne gesehen hätte, wenn die Schwägerin den Hof wieder verlassen hätte.

Auch zu ihren zahlreichen Nichten und Neffen konnte Margarethe kein näheres Verhältnis gewinnen. Leider war ihr Patenkind, die kleine Margarethe, nicht mehr im Lande, sie hatte den Markgrafen von Montferrat geheiratet und lebte in Frankreich. Der hübscheste von Annas Söhnen, den sie noch immer allen anderen vorzog, war Louis — Margarethe erinnerte sich daran, daß Anna damals beim Brand des Waldhauses nur dieses Kind mit mütterlicher Leidenschaft aus den Flammen gerettet hatte. Sie hatte ihm auch eine ihrer eigenen Verwandten, Charlotte von Lusignan, zur Gattin bestimmt. Der junge Louis war selten am Hof zu sehen, er genoß als Liebling seiner Mutter unumschränkte Freiheit, und man munkelte, daß er allerlei Untaten verübe, über die dann der Mantel der mütterlichen Liebe gebreitet werde. Aus der Schar der übrigen zehn Kinder — ein Sohn war früh gestorben — ragte besonders der fast zehnjährige Philipp hervor, ein überaus gescheites, aber freches und aufsässiges Kerlchen, das mit seinen kecken Reden und Streichen den ganzen Hof in Atem hielt, mit dem aber niemand fertig werden konnte.

Es gab unter diesen Kindern keines, das sich an Margarethe anschloß oder das sie gern an ihr Herz genommen hätte. Und auch sonst fand sich — außer den alten Dienern und Räten — niemand, der ihr mit offener Freundlichkeit entgegengekommen wäre, so daß sie nun auch hier ganz auf die Gesellschaft ihrer eigenen Damen angewiesen war.

Margarethe entschloß sich, abzureisen. Sie wollte an den See gehen, dort war ja ihre eigentliche Heimat, dort würde die Mißstimmung weichen, die am Hof allenthalben herrschte und die auch sie unwiderstehlich ergriff. Da niemand Lust zeigte, sie zu begleiten, verabschiedete sie sich höflich und kurz und ritt mit ihrem ganzen Gefolge, samt Wächtern und Gepäckwagen, nach Thonon.

Es war nun schon tiefer Herbst geworden. Sie langte im strömenden Regen am geliebten See an, von dem aber vor Nebel und Dunst kaum etwas zu sehen war. Doch Thonon war wie einst. Daß das Schloß düster und schwerfällig am Seeufer hockte, daß seine Gärten am Hang trübselig aussahen und die Herbstblumen die Köpfe, schwer von Nässe, hängen ließen, das alles war zu bekannt, zu oft erlebt, um ihre Wiedersehensfreude trüben zu können. Thonon blieb Thonon, ob es regnete oder schneite, es war schön, heimatlich wie immer. Und drüben, jenseits der Bucht, lag Ripaille — ein paar Türme ragten aus den herbstlich gefärbten Wäldern hervor.

Der Kastellan und die alten Diener begrüßten sie mit inniger Freude, ja mit Tränen. Daß doch wenigstens ein Mitglied der Familie sich an Thonon erinnert hatte... Daß Madame Margit aus dem fernen, kalten Norden zu Besuch gekommen war! Nein, hier hatte sich nichts verändert. Aber sonst... Ach Gott, wie schön war es früher gewesen, als der gute Herr Herzog noch lebte. Und jetzt...

Sie hatten recht zu klagen, Margit merkte es schnell. Wohl sahen die Zimmer noch aus wie einst — hier auf diesem Ruhebett hatte Maria gelegen, als sie ihre Schwester besucht hatte, da waren die Vorhänge, die Kissen mit den Initialen A und M — ja, aber wo waren Amédée und Marie, wo das bunte Leben, das einst das Schloß erfüllt hatte? Alles war öde und leer, die Schritte verhallten ohne Echo, wenn man so allein durch den Marmorvorsaal ging...

Als das Wetter besser wurde, ritt sie nach Ripaille hinüber. Sie hatte nicht nur des Wetters wegen gezögert. Jetzt, wo sie die Öde in Thonon verspürt hatte,

fürchtete sie sich fast davor, Ripaille wiederzusehen.
Es war alles noch schlimmer, als sie erwartet hatte. Keine Wächter am Tor, kein Mensch auf den Höfen, Plätzen und Gartenwegen. Dunkel und leblos ragten die sieben Türme der Einsiedelei in den blaßblauen Herbsthimmel, der Graben, der das große Haus von der Welt abgetrennt hatte, war zugeschüttet, die „glückhafte Zugbrücke" entfernt worden. Auf dem Platz zwischen „Einsiedelei" und Kloster lagen große Steinbrocken verlassen im Gras, ein Teil der Fundamente, auf denen die prachtvolle Kirche des Vaters sich hatte erheben sollen, waren noch sichtbar. Man hatte den Bau eingestellt.

Die Augustinermönche waren noch da, sie sangen in der kleinen Klosterkirche. Hier war das Grab des Vaters, ein schönes, einfaches Monument mit dem Savoyerkreuz und der päpstlichen Tiara aus Stein gehauen. Man hatte Margarethe erzählt, der Vater sei mit einer Bibel unter dem Haupt beigesetzt worden, dem Buch, das er so gern in jedes Laien Hand gelegt hätte. Aber nichts von all seinen Plänen war ausgeführt worden. Und nun war er tot. Erst hier, beim Duft der Kerzen, deren Licht sich im geglätteten Stein der Grabplatte spiegelte, wurde es Margarethe so recht klar, daß er tot war. Merkwürdig, bisher hatte sie es, das merkte sie jetzt, nie ganz glauben können, ihr war doch immer noch gewesen, als halte er heimlich ihre Hand. Jetzt wußte sie, daß er sie wirklich losgelassen hatte und fortgegangen war. Sie konnte jetzt nicht einmal mehr glauben, daß er im Himmel auf sie warte, so weit entfernt schien er sich zu haben. Sie kniete vor dem Sarkophag und betete, aber das Gebet verlor sich in der Grenzenlosigkeit des leeren Alls und fand weder Gott noch den heiligen Maurice noch sonst irgendein Ziel. Sie konnte nicht weinen, sie ging stumm aus der Kirche.

Im Schloß, dessen Läden alle geschlossen waren, ließ sie die Begleiterinnen zurück und wanderte allein umher. Auch die „Einsiedelei" war verschlossen, die großen Türen des Konferenzsaales mit Brettern vernagelt. Nur einer der Ordensbrüder, der über achtzigjährige Rat

Chenier lebte noch hier in seinem Haus. Margarethe suchte ihn auf, er küßte gerührt ihre Hände.

„Wohin sind die anderen Herren gegangen?" fragte sie.

„Zwei von ihnen sind zu ihren Familien und auf ihre Besitzungen zurückgekehrt, zwei gestorben, einer, unser kluger Bolomier, wurde von der Herzogin, seiner Rechtskenntnisse wegen, mehrfach zu Rate gezogen. Auf einer Reise nach Chambéry wurde er von Aufständischen ermordet."

„Aufständischen? Ja, gibt es das denn hier in Savoyen?"

„Nicht jeder ist mit dem jetzigen Regiment zufrieden, Euer Gnaden. Es ist viel Unruhe und Unordnung im Land, Banden von Räubern und aufsässigem Volk ziehen umher. Ach, liebe gnädigste Frau Margit, wenn unser Prior und Herzog noch lebte! Ohne ihn ist Savoyen den Mächten der Zerstörung und der Verwahrlosung ausgeliefert. Ihr seht ja: Alles zerbrochen und verkommen, was der Herr Vater aufgebaut hat oder aufbauen wollte. Unser lieber Prior dreht sich wohl manchmal im Grab um, denke ich. Solch eine Lotterwirtschaft, das Weiberregiment, das vollends alles verdirbt... Und unsereins kann nicht helfen, Gott steh uns bei. Es ist am besten, man schließt die Augen und Ohren und baut sein Grünzeug an, da tut man wenigstens etwas Nützliches. Habt Ihr mein Gärtchen gesehen? Ich pflege es selbst, ziehe vorzügliches Gemüse und schöne Blumen. Die Schloßgärten sind ja verwildert, da blüht kaum mehr etwas."

Margit sah es selbst, als sie den Weg zur Höhe emporwanderte: Hier blühten keine Rosen mehr. Die Bank unter dem Nußbaum stand schief, sie war an einer Seite niedergebrochen. Margarethe setzte sich auf die heile Ecke. Dort saß sie lange.

Der Herbstwind raschelte in den Büschen, welke Blätter tanzten um die Bank her. Draußen auf dem bewegten See zeigte sich kein einziges Segel. Öde war alles, öde und traurig. Niemals würde sie wieder hierherkommen. Die Heimat war tot für sie, sie wußte es jetzt. Unter Annas mißgünstigen Blicken zusehen müssen, wie das Erbe des Vaters verschleudert und zerstört würde? Das ging nicht an. Und in Heidelberg konnte sie auch nicht bleiben, dort, wo der Verhaßte ihr Kind in seinen Händen hielt. Alle Wege waren ihr verschlossen — bis auf einen einzigen. Ihn würde sie gehen. Sich in Trübsinn zu verlieren, führte zu nichts, sie mußte einen neuen Anfang wagen, etwas anderes blieb ihr nicht übrig.

Hier in Ripaille, auf der alten Bank unter dem Nußbaum, im Wirbeln des Herbstlaubes, entschloß sich Margarethe von Savoyen, den Grafen Ulrich von Wirtemberg-Stuttgart zu heiraten.

VI Der Vielgeliebte

Sommer 1453 — Herbst 1479

1

So ritt Margarethe denn im Juli 1453, wieder einmal als Braut im Hochzeitszug, einer neuen Ehe zu. Der Zug stellte sich nicht ganz so prächtig dar wie jener, der sie nach Heidelberg gebracht hatte. Aber Gefolge und Ausstattung waren immerhin respektabel. Verwandte aus Savoyen waren nicht dabei, außer Louis lebte ja kein Bruder Margarethes mehr, aber der gute Otto von Mosbach hatte es übernommen, sie mit etlichen pfälzischen Edelleuten ihrem neuen Gatten zuzuführen. Kurfürst Friedrich hatte sie mit dem aufwendigen Zeremoniell verabschiedet, das einer Kurfürstenwitwe gebührt. Sie wußte, er war nur zu froh, sie loszuwerden.

Sie hatte gehofft, ihr zukünftiger Gatte, dem sie wie üblich bereits durch Stellvertreter angetraut war, werde ihr entgegenkommen, um sie nach Stuttgart zu geleiten. Es waren aber nur ein paar würdige Herren, Räte des Grafen Ulrich, gekommen, die sich nun in ihrem Gefolge befanden.

Mit sehr großen Hoffnungen sah Margarethe dieser dritten Ehe nicht entgegen. Zweimal war sie nun ausgezogen, zweimal war sie enttäuscht worden. Jetzt war sie kein Kind und kein Mädchen mehr, sondern eine reife Frau. In ihrem Alter waren die Damen bereits Matronen, die meisten hatten viele Geburten hinter sich, waren dick geworden, schwerfällig, ließen sich in Sänften tragen. So stand es nicht mit ihr: Sie war noch schlank, flink und kräftig, ritt wie eine Amazone und sah viel jünger aus, als ihre Jahre es verlangten. Aber was änderte das schon an der Tatsache, daß eben diese Jahre ihr die Jugendhoffnungen genommen hatten?

Ihren Bräutigam hatte Margarethe noch nicht zu Gesicht bekommen. Er war in Heidelberg gewesen, um sie zu sehen, als sie fern in Savoyen war, und gleich wieder heimgeritten. Ein Bild hatte sie diesmal nicht empfangen, auch keines von sich ausgeschickt. Eine Schönheit war er vermutlich nicht, ein Mann von fast vierzig Jahren, der „zwei Frauen begraben hatte" und als Kriegsmann sicherlich von recht rauhen Sitten war und gerne einen über den Durst trank. Sie war auf alles gefaßt, nahm sich aber vor, wieder einmal das Beste aus dem zu machen, was sich ihr bot.

Der Tag war sehr warm und der Ritt darum ermüdend, selbst für Margarethe. Man rastete einige Male im Grünen, und Margarethe plauderte und scherzte mit ihren Damen, um ihnen und sich über Hitze, Mattigkeit und gedrückte Stimmung hinwegzuhelfen. Sie dachte daran, daß der Achajus damals bei ihrem ersten Hochzeitsritt so herrlich gesungen und sie alle erfreut hatte. Jetzt sang niemand. Würde sie im Lande Wirtemberg überhaupt je Musik und Gesang hören? Man sagte, daß die Leute dort sehr arbeitsam und tüchtig seien, Musik und Tanz aber als „Allotria" verachteten.

Das stellte sich jedoch sehr bald als ein Irrtum heraus — wenigstens, was die Musik betraf. An der Grenze des Wirtembergischen Gebietes — hinter Maulbronn — erwartete Margarethe ein festlicher Empfang: Mehrere Ritter in glänzenden Rüstungen, begleitet von farbenfroh gekleideten Knappen und Pagen, einige würdige Geistliche in ihren Talaren und viel neugieriges Volk begrüßten sie als Abordnung ihres künftigen Gemahls. Und da war nun doch Musik dabei, eine schmucke Kapelle mit Pfeifen, Hörnern und Trommeln, die fröhlich und ohrenbetäubend drauflos spielten, auch weißgekleidete kleine Mädchen mit Blumengirlanden, die mit schrillen Stimmen sangen, sobald die Trommelmusik schwieg.

Margarethe lachte und dankte und freute sich. In gehobener Stimmung wurde die Reise fortgesetzt. Das beträchtlich angeschwollene Geleit folgte. Die Sonne stand schon schräg. Zwischen sanften grünen Höhen, Feldern und Wiesen ging es dahin, später immer dem Lauf des Neckars entlang, auf staubigen weißen Landstraßen, an deren Rändern Obstbäume standen.

In den Dörfern liefen überall die Leute zusammen. Auch hier gab es kein Niederknien und Steigbügelküssen, auch im Blick dieser Leute lag etwas von begutachtender Aufmerksamkeit — wie in Heidelberg. Aber gleichzeitig auch ein so herzliches Entgegenkommen, eine echte Freude, die Margarethe wohl tat. „*Unsere* Frau Gräfin", hieß es immer wieder. „Des isch se, da kommt se, hoch lebe *unsere* Frau Gräfin!" Margarethe fühlte sich aufgenommen, freudig bewillkommt, von Freunden umgeben. Immer wieder wurden ihr Erfrischungen geboten, ein Becher mit Most hier, einer mit Milch dort, die Frauen liefen mit Körben herbei, reichten dem Gefolge Brot, Würste — was sie eben hatten. Es waren keine reichen Dörfer, durch die sie ritt, das sah Margarethe, die Häuser waren klein, selbst die Misthaufen nicht allzu groß. Aber es herrschte Sauberkeit, und die Leute trugen hübsche Kleider, die Frauen kleine schwarze Hauben und große bunte Schürzen — man hatte offensichtlich zu ihren Ehren die Festtracht angelegt.

Zurufe und Musik begleiteten den Zug den ganzen Weg. Die Sonne sank, es wurde kühler, im roten Goldlicht sah das Land noch schöner aus als zuvor. Mattigkeit und Niedergeschlagenheit waren ganz und gar verschwunden, sowohl bei Margarethe wie bei den Ihren. Heimlich stieg nun doch etwas wie hoffnungsvolle Erwartung in ihr auf: Sollte es nicht doch möglich sein, daß sie hier etwas von ihrer alten Fröhlichkeit wiederfinden konnte?

Man verließ den Neckar und näherte sich von Norden der Stadt Stuttgart. Die Straße stieg steil an, Obstwiesen, Wald... Dann erreichte der Zug die Höhe, man konnte tief ins jenseitige Tal hinabblicken. Margarethe hielt ihr Pferd an, der ganze Zug stand, die Musik schwieg.

Die Gräfin, die hier als Herrin einzog, blickte auf die kleine Welt hinab, die nun die ihre sein sollte. Das rote Abendlicht bestrich noch die Hänge der Hügel mit ihren Weinbergen und tiefgrünen Wäldern, drunten lag die Stadt schon im bläulichen Schatten. Ja, sie war nicht groß, kleiner als Heidelberg, die Häuser drängten sich in engen Mauerringen, das Oval der Innenstadt war zu erkennen, ihm südlich vorgelagert eine ebenfalls ummauerte Vorstadt. Nur wenige Häuser schienen außerhalb der Mauern in dem grünen Tal zu stehen, das ein geschlängelter Bach durchfloß. Der Spiegel eines Sees glänzte schwach herauf. Ein paar Kirchtürme ragten aus dem Häusergewirr auf, die Spitzen traf noch das sinkende Licht, es funkelte golden auf — ein Turmhahn wohl. Abendlicher Herdrauch stand als feiner Dunst über den Dächern, er gab dem Bild etwas Heimeliges, sanft Verschleiertes. Heimat, dachte Margarethe auf einmal. Nein, kein großer blauer See grüßte sie hier, keine prachtvollen, turmbewehrten Burgen und Schlösser... Aber das alles war verlorengegangen und konnte niemals wiedergefunden werden. Ob sich aber hier nicht doch ein Ersatz bot, eine kleine, enge Welt, die einen schützend umschloß und etwas wie Glück und Zufriedenheit geben konnte? Sie spürte das mehr, als sie es dachte. Aber sie atmete tief, lächelte, nickte ihren Begleitern zu und sagte: „Hier gefällt's mir." Dann lenkte sie ihr Pferd bergabwärts, und mit großem Musikgetöse ging es über die steile Steige, vorüber an einem wehrhaften Turm, der hier die Straße schützte, nach Stuttgart hinunter.

Erst da fiel es ihr ein: ‚Mein Gatte hätte mir ja wohl auch hier herauf entgegenkommen können.' Warum kam er nicht? War es am Ende wieder ein armer, sich mühsam aufrecht haltender Kranker, der sie drunten erwartete?

An ein paar Seen vorbei, durch saftig grünes Wiesengelände führte die Straße gerade auf das geöffnete Stadttor zu. Und da quoll es plötzlich aus diesem hervor, ein Reitergedränge, Hörner bliesen, Standarten,

Wappenschilde winkten. — „Gnädigste Frau, hier kommt Euer erlauchter Gatte, Euch zu grüßen", sagte jemand neben ihr.

Die Pferde jagten heran, wurden gezügelt und standen. Der vorderste Reiter sprang ab und kam mit großen Schritten heran, ein Knecht übernahm das Pferd.

Auch Margarethe hatte ihren Schimmel angehalten. Sie saß still und blickte auf den Mann hinab, der nun vor ihr auf der Straße stand. Er trug einen blauen, prächtig mit Gold bestickten Umhang, aber darunter sah ein schlichtes Lederwams hervor, und die hohen Stiefel waren schmutzverkrustet. Breitbeinig stand der Mann da, ziemlich groß, sehr schlank, aber mit kräftigen Schultern. Das schmale, sonnverbrannte Gesicht sah aus einem Gewirr rötlich-blonden Haares zu ihr auf, braune Augen strahlten sie an, es war der Blick eines Kindes, dem man überraschend etwas ganz Wunderschönes zeigt. In der Hand hielt Graf Ulrich von Wirtemberg-Stuttgart eine halberblühte Rose.

‚O großer Herr und Gott', dachte Margarethe, von dem gleichen Staunen ergriffen, das aus seinem Gesicht sprach. ‚*Das* ist er? So jugendlich, so frisch und gesund, so lieb? Ist das denn möglich? Hat Gott nach allem anderen diesen für mich aufgehoben, daß ich ihn von Herzen lieb haben sollte, den einen einzigen, zu dem ich gehören möchte für alle Zeiten? Ist das denn möglich?'

Und Graf Ulrich, auf der Straße vor seinem Stadttor stehend, blickte zu seiner Braut auf und dachte: ‚Ist es denn möglich? Da hab ich gemeint, es kommt eine Wittib zu mir, eine Dame in vorgerückten Jahren, räs und sittsam, eine die zwei Männer begraben hat. Und die da auf dem Schimmel, das ist ja ein herziges kleines Ding, schön wie das Sonnenlicht, lieb und lustig, gerade wie für mich geschaffen. Mein Gott, was für ein Glückspilz ich doch bin!'

Mit einem lauten „Euer Gnaden, willkommen", warf er sich vor dem Pferd auf die Knie und streckte die Rose zu ihr hinauf.

Sie lachte und nahm sie, sich herabbeugend. „Merci, Monsieur le Comte", rief sie, vor lauter Glück verfiel sie in ihre Muttersprache.

„Madame", rief er aufspringend, „votre serviteur!" und breitete die Arme aus. Er fing sie auf, als sie sich vom Pferd herabgleiten ließ, hielt sie fest in seinen Armen und küßte sie kräftig auf den Mund. Dann schwang er sie wie ein Kind dreimal im Kreise, daß ihre Röcke flogen. „Willkommen, willkommen, willkommen", rief er dabei.

Seine Begleiter, die von den Pferden gestiegen waren, wiederholten den Ruf und klatschten lachend in die Hände.

Dann stellte ihr Ulrich einige seiner Ritter und Verwandten vor, und sie präsentierte ihre pfälzischen Begleiter. Ulrich kannte die meisten von ihnen und begrüßte sie, indem er ihnen auf die Schulter schlug. Margarethe fand, daß sein Benehmen mehr dem eines fröhlichen Bauernburschen glich als dem eines hochgeborenen Grafen und Landesherrn. ‚Aber das gefällt mir gerade‘, dachte sie. Ihr gefiel, das spürte sie, alles an diesem Mann, ihr gefiel, wie er lachte, was er sagte, was er tat — rundum alles, sogar die schmutzbedeckten Reitstiefel.

Aber sie wurde doch ein wenig rot, als er zu einem der Heidelberger Herren sagte: „Ich dank Euch auch sehr, daß Ihr mir ein so schönes Weible gebracht habt. 'S wundert mich nur, daß Ihr in Heidelberg so was vermissen mögt — ich sag Euch, *ich* hätt's nicht hergegeben. Aber um so besser, daß Ihr's über Euch gebracht habt."

Danach mußte Margarethe noch einige wohlgedrechselte Reden anhören, denn Graf Ulrich hatte auch ein paar gelehrte Herren in seinem Gefolge mitgebracht. Doch machte er selbst dann ganz plötzlich der schönsten Rede ein Ende, indem er rief: „So, jetzt ist Schluß, jetzt reiten wir zum Tor hinein. Vorwärts." Dann legte er aber rasch dem erschreckten Redner die Hand auf die Schulter: „Gelt, bist nicht bös? Mein Weible bekommt müde Füß, wenn's so lang stehen muß, weißt."

Er half Margarethe aufs Pferd und saß selbst auf. Als sie sich in Bewegung setzten und aufs Tor zuritten, sagte Margarethe lächelnd zu dem Mann an ihrer Seite: „Vielen Dank, Monsieur. Ich hab tatsächlich müde Beine bekommen."

„Das lange Gerede, gelt?" erwiderte er. „Kann's auch auf den Tod nicht leiden. Man steht sich die Füße in den Leib und verstehen tut man kein Wort von dem lateinischen Gefasel."

Sie lachte hell auf. „Ihr versteht's auch nicht?"

„Bin viel zu ungebildet", brummte er und blickte sie verschmitzt forschend von der Seite an.

„Seid Ihr auch immer Eurem Lateinlehrer davongelaufen?"

„Ganz gewiß, Ihr auch?"

„Ich muß gestehen — ja. In Heidelberg hab ich zwar etwas aufgeholt, aber wenn's zu dick kommt mit der Gelehrsamkeit..."

„Lauft Ihr noch heute davon." Er lachte. „Liebe Zeit, meine Vorige, die wollte mich immer bilden. Jetzt ergeht's mir besser, wie's scheint."

Sie ritten im Schritt durch das Tor. Eine Menschenmenge erwartete sie. Es wurde „Hoch!" und „Willkommen" geschrien. Ulrich sagte halblaut und beugte sich ein wenig zu ihr herüber: „Jetzt müssen wir noch einiges über uns ergehen lassen, nehmt's mit Geduld auf. Man darf die guten Leute nicht enttäuschen. Wir bleiben aber wenigstens auf den Pferden sitzen."

Wirklich gab es wieder Reden. Lateinische und schwäbische. Margarethe war an den weicheren Pfälzer Dialekt gewöhnt, das Schwäbische kam ihr bäuerisch und drollig vor, sie verstand es fast ebenso schlecht wie das Latein, aber sie lächelte huldvoll, empfing Blumen, dankte, und das Volk jubelte. Mit herzlicher Freundlichkeit sahen die Gesichter zu ihr auf. „Vivat unser Graf! Vivat unsere Gräfin!" So bahnten sich die Pferde langsam ihren Weg durch die abendlichen Gassen mit ihren grüngeschmückten Häusern.

Überall sah man das Wirtemberger Wappen mit den drei Hirschgeweihen und dem Jagdhorn darüber, aber auch das weiße Savoyerkreuz auf rotem Grund. Die Glocken läuteten auch hier, und Margarethe lächelte und blickte von Zeit zu Zeit mit strahlenden Augen zu dem Mann hinüber, der neben ihr ritt und den Blick ebenso strahlend erwiderte. So schön war es noch nie, dachte sie. Prächtigere Empfänge hatte sie erlebt, gewiß, aber nie einen, der sie so in tiefster Seele glücklich gemacht hätte. Die schlichte Freude, die es hier umgab, schien sie zu heben und zu tragen, so daß ihr war, als reite sie in Wolken aus Glück und Sonnenschein durch diese kleine, freundliche Stadt.

So kam man zum Grafenschloß, das hinter der großen Kirche lag. Die Kirche war zum Teil eingerüstet, offenbar wurde noch an ihr gebaut. Das Schloß war alt, das sah man, es hätte wohl auch eine Erneuerung nötig gehabt, ein nicht großer, verwinkelter Bau, den ein Wassergraben, grünüberwachsen, umgab. Aber Margarethe dachte: ‚Es gefällt mir trotzdem. Hier werde ich daheim sein können.' Sie ritt über eine Brücke zum Eingangstor. — ‚Ich glaube, auch dies ist eine „glückhafte" Brücke', dachte sie.

Wieder war es Graf Ulrich, der Margarethe im Hof vom Pferd hob, und wieder hielt er sie in den Armen, als wolle er sie nie mehr loslassen.

Dann aber mußte er's doch tun, er führte sie an der Hand ins Haus. Auch hier gab es Musik, Begrüßungen, Vorstellungen, Ritter, Verwandte, allerdings keine Nahverwandten. Aus Urach, dem anderen Landesteil, waren nur ein paar Räte gekommen. Gräfin Mechthild lebte jetzt in Österreich bei ihrem neuen Gatten, Erzherzog Albrecht. Der Weg wäre zu weit gewesen. Und der junge Graf Ludwig lag krank, das wurde Margarethe erklärt.

Vor dem Bankett sollte sie eine Stunde ruhen dürfen. Sie besichtigte flüchtig ihre Gemächer, sie waren recht einfach eingerichtet, und ihre Damen rümpften die Nasen: „So ärmlich haben wir's noch nie gehabt."

Margarethe aber stand vor dem großen, schön glasierten Ofen in der Ecke. Er war mit allegorischen Figuren geschmückt. In Augenhöhe lachte sie ein kleiner, pausbäckiger Amor an, der mit dem Pfeil auf sie zu zielen schien. Sie sagte und schüttelte dabei lächelnd den Kopf: „Dafür, meine Lieben, werden wir's hier um so fröhlicher haben, und das hat uns doch bisher so sehr gefehlt."

Kaum hatte sie sich ein wenig eingerichtet, als sich die Tür einen Spalt weit öffnete und eine Männerstimme „Darf ich hereinkommen?" fragte.

Ohne eine Antwort abzuwarten, stieß Graf Ulrich die Tür ganz auf und trat ein. „Ihr müßt entschuldigen, Ihr seid sicher recht müd', aber ich kann's halt gar nicht erwarten, bis ich Euer liebes Gesicht wiedersehen darf."

„Kommt nur herein", sagte sie, was unnötig war, da er bereits vor ihr stand. Er trug noch das Lederwams und sogar die ungeputzten Stiefel. Offenbar sah er, daß sie sein Schuhwerk mit einem belustigten Blick streifte, denn er entschuldigte sich mit heiterer Unbekümmertheit. „Ich zieh sie schon noch vor dem Essen aus, keine Angst. Wißt Ihr, ich bin ein bißle spät von der Jagd heimgekommen, da sagt man mir: Die ziehen bereits vom Kriegsberg herunter. Und da hab ich bloß den Mantel übergeworfen und bin wieder losgeritten, Euch zu empfangen."

„Ach so, wenn Ihr Eure Braut empfangen wollt, geht Ihr zuvor noch jagen?"

„Warum nicht?" fragte er verwundert. Dann aber lachte auch er und strahlte sie an. „Ja, wenn ich gewußt hätt, daß Ihr so schön seid, da wär ich schon bälder aus meinem Wald gekommen."

Sie schüttelte sich vor Vergnügen. „Aber Graf, Ihr müßt nicht nur die Stiefel wechseln." Sie versuchte ernsthaft zu tun. „Ihr müßt Euch überhaupt schön und festlich anziehen, ehe wir zum Bankett gehen."

„So? Muß ich?"

Margarethes Damen hatten sich diskret entfernt, Braut und Bräutigam saßen einander gegenüber, sie auf dem Bänkchen beim Ofen, er auf einem steiflehnigen Stuhl.

„Ja, Ihr müßt. Ich will nämlich einen schönen Mann haben."

Da sprang er auf und warf sich wieder vor ihr auf die Knie nieder. „Mit Eurer Schönheit kann ich's nicht aufnehmen, so nicht und so nicht, Margretlein, liebes Margretlein, seid Ihr mir auch ein bißchen gut?"

„Ganz gewiß bin ich das", antwortete sie herzlich. „Aber steht doch auf. Man soll bloß vor Heiligen knien. Und ich bin gar nicht heilig."

„Ihr seht aber aus wie ein heiliges Englein", sagte er. „Ich kann's noch gar nicht fassen, daß ich so eine Frau bekommen habe." Kniend umschlang er sie mit den Armen. „Ich spür's in meinem Herzen, daß ich noch nie eine Frau so lieb gehabt habe wie Euch."

Das ist das dritte Mal, daß ein Mann vor mir kniet, dachte sie. Aber nur jetzt, nur diesmal mag ich es leiden. Dennoch sagte sie: „Im Ernst, steht auf! Spielt nicht den Narren, Graf Ulrich. Vor Eurer eigenen Frau knien, aber nein!"

Er erhob sich, blieb aber dicht vor ihr stehen. „Meine eigene Frau? Ich kann's nicht fassen", wiederholte er. „Hab eine gestrenge Wittib erwartet..."

„Und ich einen humpelbeinigen Witwer..."

Wieder lachten sie einander an. „Meine zwei Verflossenen waren brave Weiblein, alle beide", sagte er versonnen. „Da gibt's nichts, ich hab' gut mit ihnen gelebt, besonders mit der ersten, die Margarethe hieß wie Ihr und so bald gestorben ist. Aber so hübsch und fein wie Ihr war keine von den beiden, und du", er verfiel unversehens ins Du, „du machst einem halt das Herz warm."

Es war, als höre sie ganz von fern ihres Vaters Stimme die gleichen Worte sprechen. Gegen ihren Willen stiegen ihr die Tränen in die Augen. Sie hörte Ulrich sagen: „Ich glaub', ich hab das große Glück erheiratet", und dachte: ‚Das große Glück... Als ganz junges Mädchen träumt man von so etwas wie Eheglück. Dann aber denkt man: Mußt es eben nehmen, wie es kommt, warst eine dumme Gans, das Leben ist nun einmal nicht so. Und dann...' Sie warf einen Blick auf den kleinen Amor, der direkt neben ihr vom Ofen herabschaute, ,dann lacht einem ganz unvermutet der kleine, hinterlistige Kerl da voll und offen und lieb ins Gesicht...'

Sie hob die Arme, zog den Kopf des vor ihr stehenden Mannes zu sich herab und küßte ihn.

Eine ganze Weile küßten sie sich immer wieder. Er hatte sich neben sie auf das Bänkchen gezwängt und hielt sie umschlungen. Er flüsterte ihr ins Ohr: „Sollen wir ins Schlafgemach hinüber gehen, mein schönes Lieb, und einander so ganz und gar gehören...?"

Aber da schob sie ihn lachend zurück. „Ihr seid zu eilfertig, scheint mir. Ihr wißt doch, daß ich müd' bin. Und bald werden wir uns zum Essen umkleiden müssen. Und überdies", jetzt setzte sie sich gerade auf und mimte ernsthafte Würde, „ist es doch wohl angebracht, daß wir erst einmal die Brautmesse hören, wie es Sitte ist."

Er seufzte und nickte. Zögernd stand er auf. „Vergebt." Er fuhr sich mit dem Handrücken über die Stirn wie ein verlegenes Kind. „Ich bin halt immer so stürmisch, vergebt." Er setzte sich wieder artig auf seinen Stuhl nieder.

Sie merkte, daß sie ihn lenken konnte, wie sie wollte. Die Entdeckung war angenehm. „Mein Lieber", sagte sie herzlich, „wir werden's schön zusammen haben, ich seh's. Ich glaube, wir passen ganz ausgezeichnet zueinander."

„So sieht mir's auch aus", sagte er eifrig. „Die Frau Mechthild behält recht wie immer."

„Ach! So hat sie also doch die Hand im Spiel gehabt?"

„Freilich. Sie hat gesagt: Meine Schwägerin ist Witwe, die würde genau zu Euch stimmen. Eine schlaue Frau ist sie schon, die Mechthild."

„Eine wunderbare Frau."

„Ja, ja. Bloß zu gebildet für meinen Geschmack. Liebe Zeit, wo sie auch wohnt, immer liegen überall die

Bücher stapelweis herum, und Dichter sitzen da und raspeln Süßholz, und spitznasige Gelehrte reden spitzfindiges Zeug. Ich mag das nicht, ich komm' mir dann so dumm vor. Ich bin halt ein Kriegsmann und ein Jäger, mir ist's am wohlsten im Feldlager, wo niemand Umstände macht, oder im grünen Wald draußen. Hör lieber die Vöglein singen als das Musikgezirpe, das man in Urach immer hört. Oder Trommeln und Pfeifen... Ihr müßt's nicht krumm nehmen, wenn ich viel draußen bin. Meine Vorige, die mocht's nicht gern leiden."

Sie betrachtete ihn, während er sprach. Sie hatte sich, als sie ganz jung war, einen Mann wie den Vater gewünscht und geglaubt, nur einen solchen lieben zu können. Der aber, der jetzt vor ihr saß, glich dem Vater nicht im mindesten. Es war ein Soldat und ein Jäger, eben das, was der Vater nie gewesen war. Und dennoch gefiel er ihr so sehr, daß zum ersten Mal in ihrem Herzen des Vaters Bild verblaßte, sie fühlte eine fast mütterliche Zärtlichkeit für diesen Menschen in sich wachsen, der trotz seiner vorgerückten Jahre etwas von einem großen Jungen an sich hatte.

„Meine Vorige konnte überhaupt vieles an mir nicht leiden", fuhr er fort. „Nicht nur, daß ich so ungehobelt bin und nicht häuslich. Daß ich in der Politik so viele Fehler mache, das hat sie allerdings nicht gemerkt. Aber Ihr werdet's merken. Ihr seid klüger. Ich muß Euch das alles sagen", erklärte er ernsthaft, „denn sonst seid Ihr nachher enttäuscht. Ich brauch' eine Frau, die gescheiter ist als ich und mich manchmal berät."

Sie war verblüfft. Das hatte sie nicht erwartet. Ein Mann, der sich eine kluge Frau wünschte — gab es so etwas überhaupt? Einer, der zugab, er sei nicht gescheit genug und mache Fehler? So einer war ihr noch nie begegnet.

Sie beugte sich vor. „Es ist nicht wahr, Ihr seid reichlich gescheit genug. Sonst würdet Ihr nämlich gar nicht merken, daß Ihr Fehler macht und Euch für vollkommen halten. Fehler machen alle Leute, aber sie zugeben, das tun nur die Gescheiten."

Jetzt lachte er und schlug sich aufs Knie. „Hab ich's nicht gesagt, daß Ihr klug seid? Sittsam, schön und klug — was für prächtige Kinder werden wir zusammen haben."

Sie lachte auch. „Ihr habt zwei Söhne, so hörte ich", sagte sie dann.

Aber nun verdüsterte sich sein heiteres Gesicht. „Ach, redet mir nicht von denen. Sind mißratene Bälger, alle zwei."

„Aber nein", rief sie erschrocken. Sie hatte sich doch bereits auf die Söhne ihres neuen Gatten gefreut. „Mißraten? Wie denn das?"

„Weiß auch nicht. Unausstehliche Burschen sind's. Der Kleinere geht noch einigermaßen an. Aber der Erstgeborene..." Er schüttelte ärgerlich den Kopf.

„Wie alt sind sie denn?"

„Sechs und fünf."

„Aber das sind ja kleine Kinder. Liebe Zeit, wie kann man so von kleinen Kindern reden? Wenn Ihr sie nicht mögt und nicht gut zu ihnen seid, dann freilich werden sie böse Kinder werden."

„Meint Ihr? Ich hätt' sie schon mögen wollen, ich bin kein Rabenvater. Aber mit dem Großen, so klein er ist, kann niemand fertig werden. Er ist ein wahrer kleiner Teufel. — Vielleicht hat er's von seiner Großmutter", setzte er leise hinzu.

„Von — von wem?"

„Von meiner Frau Mutter. Mit der hat auch niemand auskommen können, auch ich nicht. Hab' sie einmal einsperren müssen. Sie ist jetzt tot, Gott sei Dank."

Margarethe wußte nicht, ob sie über diese unumwundene Erklärung lachen oder sich entsetzen sollte.

„Das ist ein rechtes Kreuz mit unserer Familie", redete er ernst weiter. „Auch das ist etwas, was Ihr wissen müßt, da Ihr bei uns einheiratet: Entweder sind wir böse und lasterhaft oder krank. Mein Bruder zwar, der von Urach, war ein braver, verständiger Mann und auch gesund und hat auch eine gute Frau genommen, aber die Kinder... Dort in Urach gibt's vier, zwei Mädchen, zwei Buben, das wißt Ihr wohl. Die Mädchen kann man passieren lassen, wenn's auch gerade keine Schönheiten sind, aber die Buben: der kleine, der Eberhard, das ist auch so ein Gerissener, nicht gerade so bösartig wie *mein* Eberhard, aber frech und unbändig und weiß mit seinen acht Jahren schon immer alles besser — mit dem haben seine Lehrer eine Not, nicht zu sagen. Und der arme Ludwig, vierzehn ist er jetzt, ein schwaches Büble, immer krank, die fallende Sucht hat er und was sonst noch alles — er ist der Graf seit seines Vaters Tod, und ich bin sein Vormund, zusammen mit einer ganzen Schar von Dummköpfen. Aber wollt Ihr's glauben: Immer redet uns der Pfälzer drein, der Friedrich, er meint, er hat alles zu sagen und zu bestimmen, weil er Frau Mechthilds Bruder ist. Der will das kranke Kind zum regierenden Grafen machen und uns andere abschieben, nur, damit er's ganz in der Hand hat und das Uracher Ländle dazu. Und die Mechthild will auch immer dreinschwätzen. Also — was ich ein Gescher hab' mit dem Urach..." Er hatte sich ganz in Hitze geredet und fuhr sich wieder mit der gleichen kindlichen Bewegung wie zuvor über die Stirn. „Wenn nur den bösen Fritz recht bald der Teufel holte..."

„Den bösen Fritz?"

„So sagt man hier. In Heidelberg haben sie hochtrabende Namen für ihn, die Speichellecker, seine Dichter, die nennen ihn ja den Edlen, den Starken, was weiß ich, den Cäsar, den neuen Achill... Aber Ihr seid seine Schwägerin, das vergeß ich. Wenn Ihr ihn mögt, will ich nichts gesagt haben."

„Ich glaube", sagte sie leise, „mein lieber Gatte und ich stimmen auch in dieser Sache ganz und gar überein. Denkt Ihr nicht daran, daß er mir mein Kind und diesem Kind die Kurfürstenwürde gestohlen hat? Und daß er mich gezwungen hat, das anzuerkennen, auf meinen Philipp zu verzichten, der solch ein liebes, schönes Kind ist..." Sie preßte die Hände im Schoß zusammen.

„Das hab' ich nicht bedacht, ja", sagte er sich vorbeugend. „Margretlein, das war hart für Euch. Vergeßt es, vergeßt, was hinter Euch liegt. Wir fangen zusammen neu an. Und diesem Fritz — eines Tages werd' ich's ihm schon geben..."

„Das würde mich freuen", sie sah ihm dankbar in die Augen. Seine Hand kam zu ihr herüber. Sie spürte ihren warmen Druck und fühlte gleichzeitig, daß sich etwas in ihr löste. Neu anfangen, alles hinter sich lassen. Zusammen mit ihm, der sie so treuherzig zu trösten bestrebt war. „Mein Lieber, ja, wir wollen vergessen, daß es einen bösen Fritz und ein Heidelberg gibt — und ganz neu beginnen — im freundlichen Wirtemberg. Aber von Euren Buben dürft Ihr nicht so hart reden. Sind sie nicht hier?"

„Ich kann Euch nicht zumuten, Euch mit den Bälgern abzugeben. Die sind in Urach gut aufgehoben. Da plagen sie zur Zeit ihre Lehrer und Hofmeister zusammen mit Frau Mechthilds Kindern. Und dort wollen wir sie auch lassen. 's ist besser, glaubt es mir."

Sie gab achselzuckend nach. „Ihr müßt's wissen. Aber hört, müssen wir uns jetzt nicht umkleiden?"

„Ach, das leidige Schönmachen", sagte er und stand auf. „In Gottes Namen, ich will tun, was ich kann, damit Ihr zufrieden seid."

„Und ich werde auch mein Möglichstes tun."

„Ihr seid schön, was Ihr auch anhabt." Er streckte die Arme aus. „Krieg ich noch einen Kuß, lieb's Fraule?"

Er bekam ihn, und dann ging es ans Ankleiden.

Die Trompeten riefen im Saal, da trafen sich die Braut und der Bräutigam im Vorsaal von Margarethes Gemächern. Sie traten durch zwei verschiedene Türen zu gleicher Zeit ein und gingen aufeinander zu. Sie hatten es nicht abgesprochen, aber sie waren beide in Weiß und staunten einander wieder großäugig an, denn das hatten sie doch nicht erwartet: daß sie so schön aussehen würden, beide. Die weiße, mit Gold bestickte Seide umfaßte eng Margarethes schmale Taille und floß dann in weiten Falten auseinander. Sie trug edelsteinblitzende

Ketten und im Haar — nicht das Kurfürstlich Pfälzische Diadem, das sie in Heidelberg bekommen hatte — das lag oben in ihrer Schatztruhe —, sondern das goldene Krönlein, das ihr einst der gute Schwager René in Cosenza überreicht hatte. Als man es ihr im Haar befestigte, dachte sie: ‚Es ist wahr, alles, was schwer war, ist hinter mir versunken, ich bin nicht mehr die Frau Kurfürstin, ich bin wieder — noch einmal — die kleine Margit, die unbeschwert fröhlich zum Tanz geht...'

Jetzt aber dachte sie gar nichts anderes mehr als: ‚Wie schön er doch ist!' Die engen Beinlinge mit den spitzen langen Schuhen, das samtene Wams und der bestickte Mantel, alles leuchtete in Weiß und Silber und blitzte und funkelte von edlen Steinen, über der Stirn des Bräutigams wuchs eine lange Feder mit kleinen Diamanten besetzt aus dem Goldreif hervor, das rotblonde Haar fiel in weichen Locken, schön gekämmt und glänzend um das in stolzer Freude strahlende Gesicht mit den lachenden dunkelbraunen Augen, die ihr triumphierend entgegensahen — „nun, bin ich Euch schön genug?"

Aus ihrer Erinnerung stiegen Gestalten aus einem Ritterroman auf, den sie einst in Heidelberg hatte vortragen hören. „Ihr seid schön wie der Elfenkönig", sagte sie hingerissen.

„Und Ihr wie die Elfenkönigin — akkurat so seht Ihr aus."

Er faßte ihre Hand. Die Fanfaren schmetterten. Durch das Spalier der sich verneigenden Gäste führte er sie in den lichterhellen Saal, der ihr wie der Feenpalast aus dem Märchen entgegenstrahlte.

2

Graf Ulrich hatte alles getan, um die Hochzeit in dem engen, alten Schloß prächtig zu gestalten. Die Zahl der Gäste war nicht übergroß, die Festfreude aber um so größer. Es wurde viel getanzt und herrlich getafelt, die Darbietungen waren hübsch und die Reden nicht allzu lang. Es gab auch ein Lanzenstechen draußen vor dem Stadttor, bei dem Graf Ulrich seiner neuen Gattin seine Gewandtheit im ritterlichen Spiel bei strahlendem Sonnenschein und unter dem gewaltigen Jubel der zuschauenden Stuttgarter vorführen konnte. Wein floß aus den Schloßbrunnen, aber die Betrunkenheit hielt sich trotzdem, wie das in Wirtemberg nicht anders sein konnte, in anständigen Grenzen.

Und dann begann Margarethe von Savoyen sich in Stuttgart einzuleben, was ihr durchaus nicht schwer fiel.

Zum ersten Mal lernte sie jetzt die Freuden eines glücklichen Ehelebens kennen. Sie und ihr Gatte waren so viel wie immer möglich beisammen. Als er das erste Mal auf einen Reichstag reiten mußte, konnten sie sich kaum voneinander trennen. Margarethe begleitete ihren Ulrich ein gutes Stück Weges und weinte sogar ein wenig, als sie endlich, ihm nachwinkend, zurückbleiben mußte. Sie tanzten miteinander, beschwingt und selig und hatten kaum Augen für ihre Umgebung. Sie ritten gemeinsam aus, endlich konnte Margarethe wieder ihr Pferd antreiben, galoppieren und über Gräben setzen wie einst, ihr Gatte hielt kaum Schritt und war voller Bewunderung für ihre Reitkunst und ihren Mut. Auch auf die Jagd, die er so sehr liebte, begleitete sie ihn. Zwar taten ihr die armen Tiere, die man erlegte, immer noch herzlich leid, aber um Ulrichs willen ritt sie mit und nahm mit Vergnügen am Jagdfrühstück bei Horngeschmetter und Vogelgesang teil. Der schöne Herbst lockte immer wieder in die Wälder, aber als es sich zu Winterbeginn zeigte, daß Margarethe schwanger war, wollte ihr auch hier der überbesorgte Gatte das Reiten nicht mehr erlauben und bestand darauf, daß sie sich in der Sänfte tragen lasse. Ihm gehorchte sie. Aber das Tanzen mochte sie nicht lassen, trug lose Gewänder, wie sie es bei Anna von Lusignan — von der sie übrigens nie mehr etwas hörte — gesehen hatte und schwang sich fröhlich an Ulrichs Hand durch den alten, aber schönen Schloßsaal.

Sie lebten in Freude und vielem Lachen miteinander wie zwei ganz junge Verliebte. Sie war vierunddreißig, er noch fünf Jahre älter. Aber Margarethe sah nun in ihrem Glück wieder so frisch und lieblich aus, als sei sie sechzehn und eben zum ersten Mal verheiratet, und auch ihn ließ sein bubenhaftes Wesen erstaunlich jung wirken.

Es war eine glückliche Zeit, ein glücklicher Winter, im weiten Römischen Reich herrschte ungewöhnlicherweise sogar einmal Friede, und Ulrich lockte es zur Zeit auch gar nicht, in den Krieg zu ziehen und sein liebes Weible zu verlassen. Er veranstaltete Fest um Fest für sie, allerdings hielt sich alle die Lustbarkeit in kleinem Rahmen, was ihr lieb war, sie fand, man könne fröhlich sein, auch ohne daß es Unsummen von Geld koste. Die Wirtemberger Schwaben waren ebenso sparsam wie arbeitsam, doch ihr Graf neigte eher dazu, verschwenderisch und über seine Verhältnisse zu leben, so daß seine Finanzen, wie Margarethe allmählich herausbekam, nicht gerade in bester Ordnung waren. Sie versuchte darum, zu bremsen und zur Sparsamkeit zu mahnen, wo es möglich war. Ihr Gatte nahm auch immer wieder, unterstützt von seinen Räten, Anläufe zu sparsamerem Leben, aber für eines mußte stets Geld da sein: für seine Bauten. Sein Stuttgart zu verschönern, Kirchen wenn nicht zu stiften, doch neu aufzubauen und zu verbessern, das war seine Leidenschaft, von der er nicht lassen konnte. Mit Stolz und Eifer zeigte er Margarethe seine Baustellen, kletterte auf ihnen herum, beriet sich mit seinen — übrigens vorzüglichen — Architekten und gab Anweisungen. Margarethe dachte daran, mit wieviel Freude ihr Vater die Türme seiner „Einsiedelei" hatte wachsen sehen und mahnte hier nicht zur Zurückhaltung, sondern versuchte, Ulrichs Begeisterung zu teilen und unterhielt sich sachkundig mit den Bauleuten — in ihrem hübschen, leicht französisch gefärbten Deutsch, in das sie zu Ulrichs großem

Vergnügen ein paar aufgeschnappte schwäbische Brocken zu mischen pflegte.

Wo das Grafenpaar erschien, herrschte eitel Freude. Margarethe war es inzwischen klar geworden, daß sie den herzlichen Empfang, die liebevolle Aufnahme, die sie hier überall fand, in der Hauptsache der großen Beliebtheit verdankte, deren sich ihr Ulrich bei allen seinen Untertanen erfreute. Sie war *„unsere* Frau Gräfin", wie er *„unser* Herr Graf" war. Noch kritischer und karger mit ihrer Zuneigung als die Pfälzer waren die Schwaben, doch um so beständiger, wenn ihre Herzen gewonnen waren. Ulrich war ein „leutseliger" Herr, und das rechnete man ihm hoch an. Margarethe sah es selbst, wenn sie mit ihm durch Stuttgarts Straßen ritt: Immer wieder stieg er ab und sprach mit den Leuten. Sah er irgendwo ein paar Männer beieinander stehen, die mit gewichtigem Ernst die Zeitläufe besprachen, so trat er zu ihnen und mischte sich mit dem gleichen Ernst und dem gleichen breiten Schwäbisch in ihre Unterhaltung. Er kannte die meisten bei ihrem Vornamen und legte wohl auch zweien von ihnen rechts und links die Arme um die Schultern, nickte nachdenklich wie sie mit dem Kopf — „Ja weischt, Martin, sell isch halt net so eifach, wie mer denkt." — „Des wisse mer scho, Herr Graf", kam dann die Antwort, „Ihr könnet au net hexe, mir hent halt bloß denkt, mer könnt vielleicht..." Und dann kamen wohlerwogene Ratschläge, die sich Ulrich sehr aufmerksam anhörte — „freilich, recht hasch, mer könnt's emol versuche..."

Margarethe wußte, es war nicht der Wunsch, sich beliebt zu machen, der Ulrich trieb. Das war alles ganz ehrlich gemeint. Er fühlte sich wohl unter diesen einfachen Leuten, die er verstand und die ihn verstanden, wohler als zwischen adligen Höflingen oder gelehrten Herren. Doch kam er auch mit seinen ritterlichen Kampfgefährten wie mit seinen Räten gut aus.

Die Ritter und Adligen, die mit ihm in seine Fehden und Kriege gezogen waren, ebenso wie seine Turniergegner schätzten ihn als tapferen, ja draufgängerischen Kämpfer und guten Gesellen. Ulrich selbst erzählte viel und gern von seinen Feldzügen und stellte dabei sein Licht nicht unter den Scheffel. Ganz besonders rühmte er sich seiner Erfolge gegen die Reichsstadt Eßlingen, mit der er, wie viele seiner Vorgänger, eine ganze Zeitlang in Fehde gelegen hatte. Daß sein Stuttgart wachse und gedeihe, verdrieße eben die eingebildeten Pfeffersäcke dort, erklärte er, aber er habe es ihnen gegeben, die würden nicht ein zweites Mal versuchen, die Wirtemberger herauszufordern. Margarethe hatte zwar den Eindruck, bei diesem großartigen Krieg gegen Eßlingen sei letztlich auch nicht mehr herausgekommen als ein lahmer Vergleich, der Wirtemberg keine Vorteile brachte. So ging es stets zu bei all den vielen Fehden und kleinen Kriegen, die immerfort in deutschen Landen zu toben pflegten: Man zog mit viel Lärm und Geschrei, mit Trommeln und Pfeifen aus, verheerte hüben wie drüben Dörfer und Höfe, plünderte und brandschatzte, zu echten Schlachten kam es kaum je, schließlich vermittelte irgendwer — zumeist der hochangesehene Markgraf Albrecht Achilles von Brandenburg —, dann kam es zu einem schwachen Frieden, der nie lange hielt, man zog mit Siegergefühlen heim, und die Leidtragenden waren die Bauern, die all ihr Hab und Gut verloren hatten. Zwar hatte der Herr, dessen Untertanen sie waren, die Pflicht, sie zu entschädigen. Ulrich, der Land und Leute ehrlich liebte, tat das auch, so gut es möglich war, aber diese Kriege kosteten eine Menge Geld, und die Staatsschulden stiegen, ohne daß es da ein Absehen gab. Margarethe war klug genug, das alles zu sehen und über die dumme Streiterei der Männer den Kopf zu schütteln, aber wenn ihr Ulrich so feurig und lustig von seinen Heldentaten und Abenteuern berichtete, so machte es ihr doch großen Spaß, und sie ertappte sich bei dem Wunsch, einmal mit ihm hinauszuziehen und das lustige Leben im Feldlager, das er so drollig beschrieb, mit ihm zu teilen.

Bildnis Herzog Ulrichs des Vielgeliebten von Wirtemberg.

Zur Zeit gab es keine Fehde. Dafür aber mußte Ulrich immer wieder nach Urach reiten und sich dort mit den Räten, die mit ihm die Vormundschaft für den jungen Grafen Ludwig führten, herumschlagen, was er gar nicht liebte. Mehrere der Räte, vor allen anderen der Landhofmeister Albrecht von Spät, ein Mann von starkem Willen und ein gescheiter Kopf, standen, ohne daraus ein Hehl zu machen, auf der Seite des Kurfürsten Friedrich von der Pfalz und taten alles, was dieser wünschte, ohne sich um Ulrichs Wunsch und Willen zu scheren. So hatte der Pfälzer es durchgesetzt, daß der junge Graf Ludwig nach wirtembergischem Brauch mit vierzehn Jahren für mündig erklärt und voll in die Herrschaft eingesetzt wurde. Da das arme Kind aber seiner Krankheit wegen in Wahrheit regierungsunfähig war, hatten nun die pfälzisch orientierten Räte und ihr Auftraggeber in Heidelberg freie Hand, alle Dinge so zu lenken, wie es dem „bösen Fritz" gefiel. Ulrich erhob zwar immer wieder Einspruch dagegen und versuchte, seine Rechte durchzusetzen, was aber gar nichts half. So war Ulrich: Er konnte zwar heftig aufbrausen, schelten und drohen, aber wo er auf zähen und energischen Widerstand stieß, vermochte er es nicht, sich durchzusetzen. Plötzlich gab er dann, wenn auch brummend, nach, kehrte allem Widrigen den Rücken und ging auf die Jagd, um den „leidigen Ärger" loszuwerden.

Margarethe hatte nun auch die beiden Stiefsöhne und den Vetter, den jungen Eberhard von Wirtemberg-Urach, kennengelernt. Sie war mit Ulrich im Schloß zu Urach gewesen, und die Kinder hatten auch im Stuttgarter Schloß, geführt von ihren Lehrern und Pflegern, Besuch gemacht. Die beiden Söhne Ulrichs benahmen sich bei diesen Besuchen eigentlich recht artig, so daß Margarethe Ulrichs Abneigung gegen sie und die Klagen ihrer Lehrer nicht ganz verstehen konnte. Der Ältere, der Eberhard hieß wie der Vetter, war ein ausgesprochen hübscher Junge, gewandt und aufgeweckt, der kleine Heinrich dagegen wirkte unselbständig, scheu und ängstlich, offenbar war er auch nicht besonders begabt, so daß er Margarethe leid tat. Die Lehrer und Ulrich allerdings sagten, er sei in Wahrheit nur starrköpfig und faul, der ältere dagegen durch und durch verlogen, ein Blender, der sehr wohl könne, wenn er wolle und sich einzuschmeicheln verstehe, um dann ungehindert seine boshaften Streiche ausführen zu können, mit denen er jedermann plage. Auch über den um zwei Jahre älteren Vetter, den anderen Eberhard, wurde Klage geführt. Er sei zwar gutmütiger als die beiden Vettern aus Stuttgart, aber auch um so verwegener und frecher, ein Anführer bei allen Übeltaten, dem die beiden anderen gehorchen mußten, ob sie wollten oder nicht, dabei so selbstbewußt, daß niemand ihn zügeln könne. Dazu kam, daß sein Vater auf dem Sterbebett verordnet hatte, man dürfe diesen Knaben nicht mit Unterricht in der lateinischen oder griechischen Sprache plagen, sondern vor allem anderen bei seiner Erziehung Gewicht auf körperliche Übungen legen. Der Graf hatte das gewünscht, weil der kleine Eberhard damals ein zartes, kränkliches Büblein gewesen war, ebenso wie sein Bruder Ludwig. Inzwischen aber hatten die körperlichen Übungen bei ihm so gut angeschlagen, daß aus ihm ein wenn auch ungewöhnlich kleiner und dünner, aber trotzdem gesunder, kräftiger und gewandter Junge geworden war, der verwegen ritt, sich kopfüber in jeden Teich oder Fluß stürzte und wie ein Fisch schwamm, der schon sehr gut focht und in jeder Rauferei mit seinesgleichen die Oberhand bekam. Da auch körperliche Züchtigung auf väterliche Anordnung hin verboten war und andere Strafen bei ihm wie bei seinen Vettern durchaus nichts fruchteten, war er — noch mehr als diese — der Schrecken seiner Lehrer, die nicht wußten, wie sie es fertigbringen sollten, ihn zu ernster Arbeit und wissenschaftlichen Studien anzuhalten.

Zusammen mit seinen Vettern machte er seiner Tante zwar recht artig seine Aufwartung, gab auch gescheite Antworten, deren Logik bei einem Achtjährigen verblüffte, stand aber dann unvermittelt auf und sagte: „So, und jetzt gange mer in de Stall und gucke nach dene

Rösser." Margarethes etwas unwilliges Erstaunen parierte er mit einem schlauen Blinzeln und einem Lächeln, das plötzlich etwas von dem Charme seiner Mutter in sein kleines, altkluges und gar nicht hübsches Gesicht zauberte, und erklärte mit freundlicher Offenheit: „Wisset 'r, Frau Tante, hier isch's halt allweil zum Verrecke langweilig, und 's Beschte in Stuegert sind halt immer noch dem Ohm seine Gäul, er hat e paar gute drunter, und die gange mer jetzt b'suche. Kommet, Kerle!" Und nach einer knappen Verbeugung marschierte er, gefolgt von seinen gehorsamen Vettern, aus dem Saal. Margarethe blieb lachend zurück. Sie dachte: ‚Frau Mechthilds Sohn, der Neffe des bösen Fritz — von den Wirtembergern hat er nicht viel, aber ich mag ihn. Die beiden anderen, die tun mir eigentlich nur leid. *Er* wird seinen Weg machen, sie nicht, glaube ich.'

Der Winter verging, Margarethe wurde zu schwerfällig, um noch zu tanzen. Im Mai kam das Kind zur Welt, ein gesundes kleines Mädchen. Graf Ulrich lachte, als man ihn fragte, ob ihm ein Sohn nicht lieber gewesen wäre — er habe gerade genug an den beiden, die er schon habe, erklärte er, ein Mädchen, so herzig wie sein Margretlein, sei ihm bedeutend lieber. Das kleine Mädchen *war* herzig und wurde mit der Zeit immer hübscher. Es wurde Elisabeth genannt. Die Eltern hätschelten es nach Kräften und waren glücklich mit ihm. Und nach nicht allzu langer Zeit wurde es offenbar, daß die Gräfin von Wirtemberg-Stuttgart bereits wieder guter Hoffnung war.

Inzwischen war Frau Mechthild, die man jetzt die Frau Erzherzogin nannte, wieder aus dem fernen Wien zurückgekehrt. Mit ihrem Gatten, Erzherzog Albrecht, lebte sie im Schloß zu Rottenburg am Neckar, das schon seit langem in österreichischem Besitz und nun Frau Mechthild als Gegenwert gegen ihr Heiratsgut überschrieben worden war.

Bald kam sie mit kleinem Gefolge, um Margarethe zu besuchen. Ihr Gatte begleitete sie nicht, man hatte gehört, er jage viel, bechere auch wohl in den umliegenden Schlössern oder gehe sonst auf Reisen. Frau Mechthild erwähnte ihn mit keinem Wort, es war als existiere er gar nicht mehr für sie, woraus Margarethe schloß, daß ihre Ehe nicht so glücklich sei wie die ihre.

Zum alten Stuttgarter Schloß gehörte, jenseits des Wassergrabens gelegen, ein sehr schöner Garten mit geraden Wegen, mit Rosenrabatten und einem kleinen Lusthaus. Er war ein wenig verwildert gewesen, als Margarethe in Stuttgart einzog, aber sie sorgte für seine Pflege und ging besonders gern zwischen den Rosen spazieren, tränkte sie jetzt im Sommer wohl auch selbst mit einer kleinen Kanne. Sie dachte daran, wie sehr ihr Vater den Rosenduft geliebt und daß Ulrich ihr zu ersten Begrüßung eine Rose aufs Pferd heraufgereicht hatte.

Jetzt gingen sie und Frau Mechthild in vertrautem Gespräch dort auf und ab. In einer Laube saß die Pflegerin der kleinen Elisabeth. Die schlief in einem Körbchen und wurde von Frau Mechthild gebührend bewundert. Sie selbst hatte aus ihrer zweiten Ehe bisher keine Kinder und schien das nicht zu bedauern. Mit tiefem Kummer sprach sie über ihren Ältesten. Es schien, daß die schrecklichen Anfälle, die ihn immer öfter heimsuchten, sein Gehirn angriffen. Er war nicht mehr klaren Geistes, schrie viel und litt unter schrecklichen Angstzuständen. „Man kann da gar nichts tun, auch ich nicht, er erkennt mich nur noch in seltenen Augenblicken. Es wäre eigentlich zu wünschen, daß das arme Kind von seinen Leiden erlöst würde." Von ihrem Eberhard sprach sie mit Lachen. „Der größte Lausbub unter der Sonne. Ich versuch's mit Strenge und mit vernünftigem Zureden, dem er gar nicht unzugänglich ist. Aber sogleich ist alles wieder vergessen. Streiche, nicht zu glauben. Aber trotzdem — er ist ein richtig liebes Kind. Wenn er sieht, daß sein Übermut mich bekümmert, dann tröstet er mich wie ein kleiner Vater, so daß man ihm einfach nicht böse sein kann."

„Ich denke", sagte Margarethe, „er wird ein bedeutender Mann werden, einer, der sich in diesen schwierigen Zeiten wird durchsetzen können, so wie Euer Bruder."

„Ich hoffe, auf eine etwas andere Weise, nicht ganz so gewalttätig", sagte Frau Mechthild lächelnd.

Den Winter 1454/55 verlebte Erzherzog Albrecht von Österreich, des Kaisers Bruder, in Rottenburg. Im Frühjahr aber hörte man, daß er es auf Nimmerwiederkehr verlassen hatte. Seine Gattin aber blieb mit einer eigenen Hofhaltung dort am Neckar zurück. Jetzt reiste Margarethe zu ihr, hochschwanger wie sie war, und verbrachte ein paar Tage bei der Strohwitwe im Rottenburger Schloß. Und nun sprach Frau Mechthild ganz offen davon, daß diese Ehe ein Irrtum gewesen sei, den sie bedaure. Der Erzherzog war ein Verschwender und Leichtfuß, das war allgemein bekannt. Aber daß er einen Teil ihres Heiratsgutes verschleudert und sogar das Erbteil ihrer Kinder angegriffen hatte, daß er sich häufig bis zur Bewußtlosigkeit betrank und seine Mätressen, ohne Rücksicht auf seine Gemahlin zu nehmen, ins Haus und gar ins Schlafgemach brachte, das hatte Frau Mechthild nicht ertragen. Sie war keine von den Frauen, die ihren Ehemännern alles nachsahen und sich, wie sie sagte, „auf der Nase herumtanzen" ließen. Sie hatte ihrem Gatten die eheliche Gemeinschaft aufgekündigt, ruhig und stolz, wie es ihre Art war, und der große Kriegsheld hatte sofort klein beigegeben und auf ihren Wunsch hin Schloß und Land verlassen. „Wir werden vielleicht noch gelegentlich zusammenkommen und den Schein wahren", sagte Frau Mechthild, „aber in Wirklichkeit ist alles zwischen uns zu Ende, worüber ich froh bin. Rottenburg bleibt mir, hier will ich wohnen und mir ein Leben aufbauen, wie es meinen Vorstellungen entspricht, danach sehne ich mich schon lange."

„Wie wird das denn sein?" fragte Margarethe neugierig.

„Gesellig", antwortete Mechthild kurz und bündig. „Ich will mir Dichter und Gelehrte einladen und mit ihnen schöne Abende gestalten. Ihr wißt doch, wie sehr ich die Dichtung liebe. Natürlich will ich mich nicht mit solchen Versemachern abgeben, wie sie zu Heidelberg um meinen Bruder herumscharwenzeln. Mir sollen echte Dichter aus ihren Werken vorlesen. Und echte Gelehrte sollen mir von ihrem Wissen mitteilen." Mit blitzenden Augen fügte sie hinzu: „Wenn ich nur die Mittel hätte, würde ich in Wirtemberg eine Universität gründen und die besten Gelehrten unserer Zeit heranziehen. Aber ich habe die Mittel nicht und muß mich bescheiden. Wenigstens aber habe ich meinen Ehegatten dazu gebracht, eine Universität zu gründen — in Freiburg, mit lauter Schulden, was ihm nichts ausmacht —, so hat er doch wenigstens einmal in seinem Leben etwas Vernünftiges getan."

„Wie fühlt Ihr Euch?" fragte sie dann, Margarethes Zustand bedenkend.

Margarethe sagte, daß sie sich rundum wohl fühle wie immer bei ihren Schwangerschaften — „außer der ersten", setzte sie wahrheitsgemäß hinzu.

„Ihr seid glücklich? Immer noch so glücklich wie zuerst?"

„Immer noch so glücklich, wenn nicht noch glücklicher", sagte Margarethe strahlend. „Ihr habt das beste Werk Eures Lebens getan, Frau Mechthild, da Ihr diese Ehe stiftetet."

Mechthild lachte. „Also habe auch ich wenigstens einmal etwas Vernünftiges getan. Übrigens", fügte sie ernster hinzu, „ich war in Heidelberg, ich gehe ja immer von Zeit zu Zeit in meine Kinderheimat zurück. Ich soll Euch von Eurem Sohn grüßen."

Margarethe erblaßte. Das war bei ihr so ungewöhnlich, daß Frau Mechthild darüber erschrak und den Arm um sie legte. „Liebe — ich wußte nicht, daß..."

„Wie geht es ihm?" flüsterte Margarethe mit stockendem Atem.

„Ausgezeichnet. Man könnte sich kaum einen schöneren Knaben denken. Rank und schlank, dunkeläugig, ernst, aber freundlich. Er soll sehr gut lernen und bereits fließend Latein sprechen."

„Ist er — ich meine — ist er auch fröhlich — ist man gut zu ihm?"

„Ja, er hat es gut, Margarethe, sorgt Euch doch nicht. Mein Bruder liebt ihn, ganz als wäre es sein eigener Sohn. Er läßt ihn nicht nur erziehen, er zeigt ihm seine Liebe auch, gibt sich oft mit ihm ab und ist stolz auf ihn. Es mangelt ihm an nichts, glaubt es mir."

Margarethe seufzte. „Wer weiß das denn?" flüsterte sie. Im Geist hörte sie Philipps verzweifeltes Weinen: „Nicht weggehen, Mama, nicht weggehen." — „Und er läßt mich grüßen, wirklich?"

„Er hat es mir selbst gesagt. Es schien ihm am Herzen zu liegen, daß ich es Euch ausrichte. Er ist sehr verständig für sein Alter. Hört Ihr denn nie von ihm?" fragte sie, immer noch besorgt über Margarethes sichtliche Verstörtheit.

„Er schrieb mir hie und da." Es waren kleine, steife Briefchen, die sie zwei- oder dreimal im Jahr empfing, geschrieben von einer Kinderhand, aber sicherlich vom Lehrer diktiert. Höfliche Floskeln, sonst nichts. Sie hatte ähnlich geantwortet und dabei gedacht, daß sie ja eigentlich an den Lehrer, vielleicht sogar an den Kurfürsten, aber nicht an das Kind schreibe.

„Ihr könnt gewiß sein, er denkt immer noch mit Liebe an Euch", sagte Frau Mechthild tröstend.

„Gebe es Gott", murmelte Margarethe und wischte sich die Augen.

3

Nicht sehr lange nach diesem Gespräch wurde dem glücklichen Grafenpaar in Stuttgart eine zweite Tochter geboren. Auf Wunsch des Vaters wurde sie auf den Namen ihrer Mutter getauft — „damit sie so herzig werde wie sie", sagte er.

„Es regnet Mädchen bei uns", bemerkte er im nächsten Jahr, als seine Gattin die dritte Tochter zur Welt brachte. Margarethe hatte dieses Mal ganz sicher mit einem Knaben gerechnet, sie hatte ein entsprechendes „Vorgefühl" gehabt, und man hatte beschlossen, das Kind Philipp zu nennen. Wieder einen kleinen Philipp zu haben, das war Margarethes Wunsch und Sehnsucht. Aber das „Vorgefühl" hatte getrogen, und so mußte sich die Mutter wohl oder übel mit einer kleinen Philippine abfinden, was dann auch geschah. Das Kind hatte — im Gegensatz zu seinen Schwestern — dunkle Augen und ein dunkles Schöpfchen auf dem kleinen Kopf, und Margarethe prophezeite, es werde „eine dunkle Schönheit" werden und einst seine Schwestern ausstechen wie die „jüngste Tochter" im Märchen.

Graf Ulrich sagte: „Vielleicht ist es ganz gut, daß wir keinen Jungen bekommen haben. Ich wäre bestimmt versucht, Euren Sohn meinem unleidlichen Eberhard vorzuziehen und ihm die Herrschaft zu vermachen, und dann würde der Eberhard noch unleidlicher werden, und es gäbe Bruderkrieg, glaube es mir. Den Heinrich werde ich sowieso geistlich werden lassen, damit es da, der Erbfolge wegen, nicht zu Schwierigkeiten kommt."

In diesem Jahr 1456 beehrte der mächtige und berühmte Herzog Philipp von Burgund, Margarethes Verwandter von Mutterseite her, Stuttgart mit seinem Besuch, was große und teure Festlichkeiten nötig machte. Margarethe tanzte mit dem Herzog, der ihr ein Kompliment ums andere machte. Bei diesem Besuch wurde vereinbart, daß Graf Ulrichs Söhne, zuerst nur Eberhard, dann auch Heinrich an den Hof des Herzogs übersiedeln und dort erzogen werden sollten. Graf Ulrich war froh über diese Aussicht. Der burgundische Hof galt als der glänzendste Europas, dort höfische Sitten zu lernen, „Schliff" zu bekommen, war für junge Fürstensöhne eine ersehnte und überaus vorteilhafte Sache.

So reiste der nun neunjährige Eberhard sogleich stolz und vergnügt mit dem glänzenden Herzog nach Burgund. Zum Abschied hatte er seinem greinenden Bruder Heinrich die Zunge herausgestreckt und gesagt:

„Ätsch! Ich darf gleich reisen und ein großer Herr werden. Du mußt noch warten, und später wirst du ein Pfaffe mit dickem Bauch und nackten Füßen. Ätsch."

Der Uracher Eberhard, Frau Mechthilds Sohn, blieb in der Heimat. Man mußte ja mit einem frühen Ableben seines kranken Bruders rechnen, und so hatte er, als Erbe der Herrschaft, zur Verfügung zu bleiben. Überdies drängte es ihn nicht in die Ferne, er erklärte: „Ich will überhaupt nicht an so einen fremden Hof, mir gefällt's daheim viel besser, da kann ich tun, was ich will, und etwas anderes paßt mir nicht."

Zu bändigen war er immer noch nicht. Aber eine Besserung zeichnete sich doch ab. Frau Mechthild hatte einen jungen Gelehrten gefunden, der ihren Sohn als Hofmeister leiten und ihn unterrichten konnte. Er hieß Johannes Verg und wurde nur der „Vergenhans" genannt. Er war ein Mann von vortrefflichem Charakter und starkem Geist und versprach, eine Leuchte der Wissenschaft zu werden. Eberhard gehorchte ihm zwar so wenig wie irgendeinem anderen Menschen, aber er faßte eine starke Zuneigung zu diesem Lehrer, und so gelang es Hans Verg, ihm Freude am Studium und den Wissenschaften zu vermitteln, so daß er erstaunlicherweise in die Fußstapfen seiner Mutter zu treten begann und zu deren Freude ein, wie er selbst sagte, „rechter Büchernarr" wurde.

Es war überhaupt so eine Sache mit den Büchern, Margarethe erfuhr das auch. Hatte es sie in Heidelberg noch recht viel Mühe gekostet, sich mit ihnen zu befreunden, so wirkte jetzt Frau Mechthilds Beispiel so stark auf sie, daß sie selbst in Gefahr geriet, eine „Büchernärrin" zu werden. Sie war oft in Rottenburg. Da wurde viel Dichtung vorgetragen, oder Frau Mechthild selbst las, am Kamin sitzend, dem lauschenden Kreise ihrer Besucher mit ihrer schönen, weichen Stimme aus den Handschriften vor, die sie mit Eifer sammelte. Da gab es gelehrte Abhandlungen, Übersetzungen griechischer Dichter — zum Beispiel des Homer —, aber als echte Frau liebte die Erzherzogin vor allem die Ritterromane, die immer noch oder vielmehr wieder in der höfischen Gesellschaft Europas beliebt und geradezu Mode waren. In Heidelberg hatte man diese farbigen, märchenhaften Abenteuergeschichten, in denen die Liebe eine so große Rolle spielte, eher verachtet, jetzt lernte Margarethe sie kennen und lieben. Sie trank die unzähligen, ebenso unglaublichen wie bezaubernden Abenteuer der stolzen Ritter und wunderschönen Damen förmlich in sich ein, sie tanzten noch lange in ihrem Kopf einen erregenden Reigen, wenn sie von Rottenburg nach Stuttgart zurückritt, ja sie fing sogar zu Ulrichs Belustigung an, sich selbst solche Abenteuer auszudenken, die sie dann ihm und ihren kleinen Mädchen zur Abendstunde erzählte. Auch die Erlebnisse der homerischen Helden begannen sie jetzt mächtig zu interessieren, besonders beschäftigte sie die Geschichte der Liebe zwischen Paris und Helena. „Sollten wir noch eine Tochter bekommen", sagte sie zu Ulrich, „so wollen wir sie Helena nennen, nicht wahr? Vielleicht wird sie dann ebenso schön werden wie diese."

„Und einen trojanischen Krieg entfachen, wie?" fragte Ulrich, der nicht so ungebildet war, wie er sich gerne stellte.

„Nun, dir wäre das gewiß gar nicht so unlieb", parierte sie, „du würdest doch gerne als neuer Achill den Hektor aufs Haupt schlagen, gelt?"

„Wenn er dem Pfälzer Friedrich gliche, ja, weiß Gott. Aber da diese schöne Helena noch gar nicht in Sicht, geschweige denn geboren ist, müssen wir uns vorerst um einen anderen Kriegsgrund bemühen", sagte Ulrich lachend.

Sehr viel Bemühungen waren da übrigens, so wie es aussah, nicht nötig. Der politische Horizont bewölkte sich wieder stark.

In Süddeutschland zeichneten sich immer deutlicher zwei Parteien ab, die kaiserliche und die pfälzische, die einander schroff gegenüberstanden. Kaiser Friedrich hatte es unmißverständlich abgelehnt, seinen Heidelberger Namensbruder als Kurfürsten anzuerkennen. Er hatte ihm befohlen, die eigenmächtig erfolgte Aneignung der Kurfürstenwürde und die Adoption seines Neffen rückgängig zu machen und diesen in seine Rechte einzusetzen. Der böse Fritz aber erklärte ebenso unmißverständlich, daß er sich um solche Befehle einen Dreck schere und spottete über die Machtlosigkeit der Majestät. Es kam zu einem Hin und Her von Anordnungen und Absagen, zu Kontroversen auf Reichstagen, und der widerspenstige Pfälzer wurde mit der Reichsacht bedroht, was ihm nicht den geringsten Eindruck machte.

Hinter den Kaiser aber stellten sich nun alle jene, die dem Pfälzer nicht grün waren, und das waren viele. Allen voran stand da der bedeutende Herzog Albrecht Achilles von Brandenburg, ein in ganz Europa hoch geschätzter Mann, der als die rechte Hand des Kaisers galt und von diesem mit großen Würden bekleidet wurde. Dann auch der Markgraf Karl von Baden, der Schwager des Kaisers, der Friedrich aus persönlichen Gründen haßte.

Auch Ulrich von Wirtemberg hatte persönliche Gründe, sich gegen den Pfälzer zu wenden. Da war vor allem der Zwist um das Heiratsgut seiner Gattin, der immer mehr zum ernsten Streitgrund wurde. Die Sache lag kompliziert. Wie es üblich war, hatte Margarethe bei ihrer Heirat mit dem Kurfürsten von der Pfalz, als Gegenwert gegen einen Teil ihrer Mitgift, etliche Ortschaften und Schlösser aus pfälzischem Besitz übereignet bekommen, dazu eine Jahresrente von annähernd 3000 Gulden aus den Rheinzöllen, die ihr blieben, auch wenn sie eine neue Ehe schloß. Der zweite Teil der Mitgiftsumme sollte ihren etwaigen Kindern zufallen. Nun bestand aber dieser Teil aus Anweisungen auf den Besitz der Herzöge von Anjou und das Königreich Neapel. Es handelte sich um jene Summen, die Margarethes Vater einst als Mitgift seiner Tochter den Anjou überwiesen hatte und die diese nie zurückgezahlt hatten. Solche Schuldscheine auf Neapel waren aber reines Papier, es erwies sich als unmöglich, diese Gelder einzufordern: Neapel war im Besitz des Aragon, und der gute René von Anjou hatte weder die Möglichkeit, noch die Absicht, solchen verjährten Ansprüchen stattzugeben.

Nun forderte die Kanzlei des Kurfürsten von der Pfalz diese uneintreibbaren Gelder von Margarethes drittem Gatten als Erbgut des jungen Pfalzgrafen Philipp ein. Ulrich habe für die Schulden seiner Gemahlin aufzukommen, hieß es in einem zugesandten Rechtsgutachten.

Diese Forderung weckte großen Zorn bei Ulrich und Margarethe. Ulrichs Kanzlei antwortete mit einer schroffen Ablehnung. Auch fanden die Stuttgarter Juristen einen Grund für eine Gegenforderung: Im Heiratsvertrag von 1444 hieß es nämlich, der nicht ausgeglichene Teil der Mitgiftsumme solle Margarethes Kindern zufallen, ohne daß dabei ausdrücklich vermerkt worden war, es solle sich dabei nur um die Kinder aus ihrer Pfälzer Ehe handeln. So wurde daraus der Schluß gezogen, daß auch die drei Töchter aus ihrer Ehe mit Ulrich von Wirtemberg ebenso erbberechtigt seien wie der junge Philipp. Da aber durchaus nicht die ganze in Frage stehende Summe in Anweisungen auf Neapel bestünde und ein beträchtlicher Teil des Geldes noch in Pfälzer Besitz sei, so habe im Gegenteil das wirtembergische Grafenhaus noch Ansprüche auf Auszahlung des Erbteils besagter Töchter zu stellen.

Das nun wieder erkannte Heidelberg nicht an.

Die Juristen strengten ihre Köpfe an, die Kanzleien schrieben Argumente und Gegenargumente, Forderungen und Gegenforderungen — Margarethe sagte: „Wenn das Geld wirklich meinem armen Philipp zugute kommen würde, ich wollt's ihm gerne lassen. Aber das steckt der Fritz ein, das ist sicher."

„Davon kauft er Söldner und Waffen, die er gegen uns einsetzen will, der Schuft. Ja, das ist sicher", knurrte Ulrich.

Im Frühjahr 1457 holte dieser böse Fritz dann zum Schlage aus. Ein Bote mit einem dicken Schreiben, an dem das Siegel der Pfalz hing, erschien in Stuttgart. Der Inhalt der umständlich abgefaßten Botschaft war kurz der: Da der Graf von Wirtemberg den gerechten Forderungen Seiner Gnaden des Kurfürsten, nicht nachkomme und die ausstehenden Zahlungen nicht leiste, so sehe Seine Gnaden ebenfalls keinen Grund mehr, irgendwelche Verpflichtungen gegen die Frau Gräfin Margarethe anzuerkennen und werde deswegen die Zahlung der jährlichen Rente von 2982 Gulden an besagte Frau Gräfin einstellen.

Das war allerdings ein schwerer Schlag für beide Ehegatten. Margarethes Rente war der eigentliche Fixpunkt und eine gewisse Basis für die recht zerrütteten wirtembergischen Finanzen gewesen, etwas, auf das man sicher bauen konnte und das die oftmals spärlichen Einnahmen angenehm ergänzte. Ihr Wegfall würde sich aber gerade jetzt doppelt schlimm auswirken. Denn Ulrich hatte wieder einmal ganz große Baupläne, an denen Margarethe den lebhaftesten Anteil nahm.

Die Stadt Stuttgart wuchs. Die enggeschlossenen Mauern umfaßten ein Gebiet, das für die wachsende Bevölkerung zu klein war, man erkannte das deutlich. Die südliche Vorstadt reichte keineswegs aus, es ergab sich das dringende Bedürfnis, eine neue, größere Vorstadt dem engen Kern anzufügen, die auch und vor allem den wohlhabenderen Bürgern die Möglichkeit gab, ihrem Besitzstand angemessene Häuser zu beziehen. Die Anlage dieser Vorstadt, ihres Mauerrings und ihrer Straßenzüge war, wenn auch die Bürger Geld beisteuerten, doch Sache des Stadtherrn.

Nun traf es sich, daß gerade in diesem Jahr Margarethe unerwartet Besuch entfernter Verwandter aus der alten Heimat bekommen hatte und daß sich in deren Gefolge ein savoyischer Architekt befand, der studienhalber die Länder jenseits der Alpen bereisen wollte. Er stammte aus Turin, wo er auch Bauten errichtet hatte. Margarethe war einst mehrmals in Turin gewesen, das als zweite Hauptstadt Savoyens galt. Sie erinnerte sich der wunderschönen Vorstädte mit ihren breiten und geraden Straßen, durch die sie damals geritten war. „Hör", sagte sie zu Ulrich, „so sollte unsere Vorstadt aussehen, so und nicht anders."

Der savoyische Architekt wurde herangezogen und gab guten Rat. Es gelang Margarethe ohne Mühe, ihn dazu zu bewegen, daß er in der Stadt blieb und es übernahm, zusammen mit dem Grafenpaar die Pläne zu entwerfen.

Mit dem äußersten Eifer gingen Ulrich und Margarethe ans Werk. Das Wiesengelände jenseits des „Turnierackers" nördlich der Stadt bot sich als geeigneter Ort an. Bald wurde ausgemessen, berechnet, ja bereits gegraben. „Unsere" Vorstadt! Margarethe sah sie bereits vor sich mit ihren hellen, geraden Straßen und feinen, lichten Bauten, Ulrich träumte von einer schönen Kirche, einem Kloster... Aber Geld, ja, Geld kostete das alles. Und wenn nun der böse Fritz die Zahlung der Rente einstellte, die Margarethe doch ganz einwandfrei laut Heiratsvertrag zustand... Was dann?

Ulrich bekam einen seiner seltenen, aber heftigen Zornanfälle. Er schlug auf den Tisch und schrie: „Dem werd ich's zeigen, bei Gott, dem werd ich's zeigen." Dann zog er in aller Eile einiges Fußvolk zusammen. Margarethe riet ab, obwohl ihr Zorn nicht geringer war als der seine. Aber ein überstürzter Kriegszug schien ihr kein geeignetes Mittel, die Lage zu verbessern. Doch Ulrich ließ sich nicht zurückhalten. Herrlich gerüstet zog er, begleitet von einigen Rittern und von seinem kleinen Heer gefolgt, aus dem Tor.

Er kam bis Vaihingen an der Enz. Dort vernahm man, daß Kurfürst Friedrich ebenfalls ausgezogen sei und bei Bretten lagere. Doch nun bot sich der große Markgraf Albrecht Achilles von Brandenburg als Vermittler an. Er kam persönlich in die beiden Feldlager und redete den kriegslüsternen Herren gut zu. Ulrich war es inzwischen klar geworden, daß er mit seinem kleinen Heer gegen das viel größere Friedrichs nichts würde ausrichten können. So willigte er in einen Vergleich, der dann zu Maulbronn geschlossen wurde: Friedrich verzichtete auf einen Ausgleich für die nicht einzutreibenden Forderungen an Neapel, Ulrich auf die Zahlung der Rente.

Ein guter Vergleich war das nicht. Brummend und böse kam Ulrich nach Stuttgart zurück. „Und ich werd's ihm doch zeigen", sagte er zu Margarethe. „Ein andermal werd ich bessere Karten haben. Wir verzichten nicht, das ist klar. Wär' noch schöner, sich so etwas bieten zu lassen."

Die Vorstadt jedenfalls wurde weitergebaut.

Gegen Ende des Jahres gab es neuen Ärger. In Urach wurde der junge Graf Ludwig endlich von seinen Leiden erlöst. Seine Mutter war die ganze letzte Zeit über bei ihm gewesen. Jetzt wurde also der kleine Eberhard der Herr des Ländchens Wirtemberg-Urach, und eine neue Vormundschaftsregelung mußte getroffen werden.

Ulrich ritt sofort nach Urach. Aber dort fand er die Stadttore verschlossen, alles Toben vor den Mauern half nichts, er wurde nicht eingelassen. Das war das Werk der Heidelberg hörigen Räte.

Vor Zorn kochend, kam Ulrich zurück. Er sprach von einer Erstürmung Urachs mit Heeresmacht. Aber dann bot die Gegenseite Verhandlungen an. Eine „Tagfahrt", wie man das nannte, sollte in Leonberg, das in Pfälzer Besitz war, stattfinden. Erst weigerte sich Ulrich hinzugehen. Aber dann gelang es ihm, einen Teil der Ritterschaft und der Landstände Urachs in Leonberg zu versammeln. Er ging hin, und hier errang seine persönliche Beliebtheit und der Beifall, den seine feurige Rede fand, doch einen Sieg. Er wurde als Vormund Eberhards anerkannt, allerdings war ihm ein sehr großer Rat von insgesamt dreiundzwanzig Personen beigeordnet, und die letzte Entscheidung bei wichtigen Fragen sollte stets bei Frau Mechthild liegen.

Immerhin, der Pfälzer blieb einigermaßen ausgeschaltet, und das war die Hauptsache. Man feierte ein fröhliches Weihnachtsfest in Stuttgart.

Das Jahr 1458 brachte viel Unfrieden. Überall flammten kleine Brände auf, die nur schwer auszutreten waren. Ein übler Raubritter namens Hans Honeck von Hornberg plünderte auf wirtembergischem Gebiet und schleppte Bauern als Gefangene weg. Ulrich vertrieb ihn, aber dafür lauerte ihm einer von Honecks Kumpanen im dichten Wald auf, als er zum Landtag in Mergentheim ritt. Er entkam dem Überfall mit knapper Not, einer seiner Knechte blieb in den Händen der Räuber und mußte freigekauft werden. Daß Friedrich von der Pfalz seine Hand über die schlimmen Gesellen hielt, war allbekannt. Als Ulrich im Juni gegen sie ausrückte, traf er wieder einmal ganz unvermutet mit dem Pfälzer zusammen. Nur ein kleiner Bach trennte die beiden Heerhaufen. Ulrich machte sich zum Kampf bereit, aber wider Erwarten zog sich Friedrich zurück, worüber Ulrich nur zu froh war, denn die Gegner waren auch diesmal beträchtlich in der Überzahl. Es hieß nachher, seine Räte hätten Friedrich vorgestellt, es dürfe nicht zum Kampf kommen, da keine der beiden Parteien der anderen „abgesagt", das heißt offiziell den Krieg erklärt habe. An diese Version glaubte Ulrich aber nicht. Stolzgeschwellt kam er heim. „Er hat Angst gehabt, der Spitzbube", erklärte er fröhlich.

Margarethe aber begann sich zu sorgen, wenn er wieder einmal auszog. Es war ganz klar, daß sich der echte, große Krieg vorbereitete. Ulrich schloß einen Bund mit Albrecht von Brandenburg „auf Lebenszeit", andere Fürsten schlossen sich an. Immer enger zog sich das Netz um den Pfälzer zusammen. Zu seinen zahllosen Gegnern gehörten der Kurfürst von Sachsen, des Kaisers Schwager Pfalzgraf Ludwig von Velden, Karl von Baden und seine Brüder, die Bischöfe von Metz und Trier und der Bischof von Mainz, der Forderungen an Friedrich hatte und in dessen Gebiet dieser plünderte.

Zu Friedrich hielt als einziger der Herzog von Bayern-Landshut. Er war Ulrichs Schwager, der Bruder seiner zweiten Frau. Aber Ulrich mochte ihn nicht. „Ich habe ihn nie leiden können", erklärte er. „Und in seinem

Haus ist meine zweite Frau gestorben, das verzeih' ich dem Landshuter nicht."

„Sie ist im Kindbett gestorben, dafür dürfte er nicht viel können", erinnerte ihn Margarethe.

„Ach was, die haben nicht genügend achtgegeben dort, darum ist das mit der Geburt schiefgegangen. Dieser Bayer, das ist genauso ein Schuft wie sein Bundesgenosse in Heidelberg."

Dieser bayrische „Schuft" überfiel denn auch im Herbst 1458 mitten im Frieden die Freie Reichsstadt Donauwörth und nahm sie ein, was allgemein Empörung weckte. Der Kaiser rief die Reichsstädte auf, Donauwörth beizustehen, der Reichskrieg drohte.

Bei einem Fürstentag zu Bamberg im Januar gerieten Markgraf Albrecht von Brandenburg und Kurfürst Friedrich von der Pfalz schlimm aneinander. Der Markgraf hatte Friedrich bei Tisch vorgeworfen, er halte seine Hand über ausgemachte Schurken. Da sprang Friedrich auf und schrie: „Schurke, du selbst. Ich bin ein frommer, ehrlicher Fürst und werde mir so etwas von einem Fleischverkäufer wie du einer bist, nicht bieten lassen." Beide zogen die Schwerter, nur mit Mühe konnten die anderen Tischgenossen sie auseinanderbringen.

Im Mai rief der Kaiser zum Krieg gegen den Bayernherzog auf. Überall sammelten sich die Heere. Es kam der Befehl, das Reichspanier „aufzuwerfen". Dieses Banner, die Sturmfahne des Reiches, war seit alten Zeiten in den Händen der Wirtemberger. Stolz zog Ulrich mit ihm aus. Aber es gab Aufenthalte wie stets. Nach seiner Art war der Kaiser ein Zögerer, der rasches Zuschlagen nicht liebte. Zunächst wurde ein „Tag" zu Nürnberg abgehalten, dort sollten vor einem Schiedsgericht von kaiserlichen und päpstlichen Sendboten alle jene, die gegen den Pfälzer Friedrich und den Bayern Ludwig Klagen oder Forderungen hätten, diese vorbringen. Das Endurteil brachte Ulrich einen Triumph: Das Gericht hatte Friedrich von der Pfalz dazu verurteilt, die annähernd 3000 Gulden jährlich an die Gräfin Margarethe von Savoyen, Gattin Ulrichs von Wirtemberg, auszuzahlen. Ulrich ritt heim. Strahlend rief er Margarethe zu: „Weible, gute Botschaft. Wir kriegen unser Geld. Jetzt muß er klein beigeben, der Fritz."

„Das haben wir hauptsächlich dem neuen Papst zu verdanken", sagte er später. „Der hat sich für die Gerechtigkeit eingesetzt. Er droht dem Friedrich bereits mit dem Kirchenbann, was kann der da noch viel machen?"

Ulrich hielt sehr viel von dem neuen Papst, der sich Pius II. nannte, Margarethe aber nicht. Dieser Papst war ja kein anderer als jener Silvio Enea Piccolomini, der einst der Schreiber des Basler Konzils gewesen und dann abtrünnig geworden war. Als sie von der Papstwahl hörte, sagte sie: „So hat er's also erreicht, der Fuchs. Das war zu denken. Von meinem Vater hat er schlecht gesprochen und gesagt, er trachte aus Ehrgeiz nach der Tiara. Und er? Selber hat er danach getrachtet, das ist alles. Ich bin nur froh, daß ich ihm damals die Wahrheit ins Gesicht gesagt habe."

Ulrich mahnte sanft: „So solltest du aber nicht über den Heiligen Vater sprechen, Margretlein."

„Ach was", rief sie, „mein Vater ist auch ein Heiliger Vater gewesen und ein echter, so fromm, wie er war. Und wie hat dieser Fuchs ihm das Leben schwer gemacht!"

„Laß doch die alten Geschichten ruhen. Der Papst ist recht. Er ist für uns und gegen den Fritz, das ist die Hauptsache. Alles andere braucht uns nicht zu kümmern."

Der böse Fritz aber wollte nicht „klein beigeben", trotz Kaiser und Papst. Als er die Mitteilung über den Spruch des Nürnberger Schiedsgerichtes erhielt, zerriß er den Brief in kleine Fetzen und trat mit den Füßen darauf. Der „blinde" Spruch von Nürnberg, so ließ er verlauten, sei nichts als eine üble Machenschaft seiner Feinde, und er denke nicht daran, irgendwem auch nur einen Heller zu bezahlen, am wenigsten dem Wirtemberger.

So war alles beim alten. Es kam zu Plänkeleien an der Grenze, zu gegenseitigen Plünderungen. Ulrich war meist zu Hause, denn auch mit dem „Reichskrieg" wollte es nicht vorwärtsgehen.

Ende 1459 erreichte der junge Eberhard in Urach sein 14. Jahr, nach wirtembergischem Brauch hatte er damit das Alter der Mündigkeit erreicht. Ulrich aber war dagegen, daß man ihn jetzt schon als selbständigen Landesherrn regieren lasse. „Es ist ein Unfug", sagte er, „Kinder für mündig zu erklären und sie gar noch regieren zu lassen. Anderwärts gibt's das auch nicht. Der Bub braucht noch Vormünder, das ist klar, so ein kleiner Tunichtgut, wie der ist." In Wirklichkeit fürchtete Ulrich aber, daß ein regierender Eberhard ganz und gar zur Puppe des Pfälzers werden würde.

Er ritt nach Urach, um mit den anderen Vormündern zu sprechen. Dort aber hörte er, Eberhard sei nicht in Urach, er sei verschwunden. Verschwunden? — Weggeritten, niemand wisse, wohin.

Nach ein paar Tagen brachte ein Schreiben Aufklärung. Der junge Eberhard war erst zu seiner Mutter, dann — mit ihrem Segen — nach Heidelberg geritten. Er schrieb, er werde, da er jetzt mündig werde, die Regierung in Urach selbst übernehmen, und niemand könne ihn daran hindern, sein Recht zu wahren. Sein Oheim, der Kurfürst von der Pfalz, unterstütze ihn in dieser Sache.

„Da sind wir dagestanden und haben dumme Gesichter gemacht", erzählte Ulrich später seiner Margarethe. „Aber er soll machen, was er will, der junge Hund. Ich setze keinen Fuß mehr nach Urach, das ist einmal gewiß."

Im neuen Jahr wurden die Kriegsvorbereitungen ernstlicher betrieben. Ulrich ordnete durch Ausschreibung an die Ämter Rüstungen und Sicherheitsmaßnahmen an. Am 29. Februar sandte er Friedrich von der Pfalz einen offiziellen Absagebrief.

Man hörte, Friedrich „kriege" anderwärts, nämlich im Gebiet des Erzbischofs von Mainz. So zog denn Ulrich mit mehr als tausend Mann in Richtung Pfalz. Ihm entgegen kam der Marschall und Vogt zu Heidelberg, Albrecht von Berwangen, mit einem entsprechenden Heer. Ulrich hatte zunächst versucht, Weinsberg zu nehmen, das von einem pfälzischen Vogt mit Namen Lutz Schott verteidigt wurde. Beim Herannahen der Heidelberger mußte Ulrich sich gegen diese wenden, die Weinsberger rückten ihm nach. Bei Beilstein kam es zur Schlacht, und es sah zuerst so aus, als seien die Wirtemberger übel in die Zange geraten. Die Pfälzer triumphierten schon. Aber Ulrich hatte einen Teil seiner Mannschaft verborgen gehalten, dieser Heerhaufen brach nun hervor und fiel über die Pfälzer her. Der Sieg war vollkommen. Dem Marschall gelang die Flucht. Der tapfere Lutz Schott und etliche Edelleute wurden gefangengenommen. Ulrich schickte sie nach Stuttgart, wo sie in der Herberge zur Krone gesammelt und gut verpflegt und behandelt wurden.

Ulrich zog als Triumphator in Stuttgart ein. Gefolgt von einem Spielmannszug mit Pfeifen und Trommeln ritt er über die Brücke ins Schloß ein, herrlich anzusehen in seiner blitzenden Rüstung, ohne Helm, die Sonne des strahlenden Tages ließ sein Haar wie Gold leuchten. Margarethe stand am Fenster, ihr allerjüngstes Töchterlein im Arm, das sein hellflaumiges Köpfchen gegen ihre Brust drückte. Die schöne Helena hatte ein paar Jahre auf sich warten lassen, aber nun war sie doch erschienen und das lieblichste Kind, das man sich nur vorstellen konnte.

Margarethe faßte das Händchen der Kleinen und ließ sie ihrem siegreichen Vater zuwinken, dann warf sie einen ganzen Arm voll Blumen, die ihr eine ihrer Damen reichte, auf die Einziehenden hinunter. Ulrich fing einige davon auf, küßte sie und winkte mit ihnen strahlend vor Glück Gattin und Tochter zu, während der ganze Schloßhof vom Jubel derer, die auf dem Hof standen oder aus den Fenstern schauten, erdröhnte. Man feierte ein ausgedehntes Siegesfest, und die allgemeine Freude war groß.

Aber dieser Sieg änderte leider gar nichts an der gesamten Lage. Friedrich war inzwischen in Mainz siegreich gewesen und dachte auch weiterhin nicht daran, in puncto Margarethes Heiratsgut nachzugeben.

Man versuchte es wieder einmal mit einem Vergleich. Als Vermittler trat zu aller Staunen der kleine Eberhard von Wirtemberg-Urach auf. Von ihm hatte man Widersprechendes gehört. Zur Puppe des Pfälzers oder auch nur seiner Räte war der Fünfzehnjährige nicht geworden. Wenn er sich überhaupt um die Regierungsgeschäfte kümmerte, so regierte er sehr eigenwillig, aber sehr klug und gut. Nur konnte er das lausbübische Streichemachen offenbar nicht lassen. Sein wildes, ungeregeltes Privatleben, seine tollen Jagden, sein Zechen mit ebenso unbändigen Gesellen und das Ständchenbringen unter den Fenstern hübscher Mädchen, das die Nachtruhe braver Bürger störte, das alles erregte landauf, landab recht viel Kopfschütteln und Entrüstung. Es war, als steckten zwei Seelen in diesem Burschen. Auch Ulrich schüttelte über ihn den Kopf. „Sollte man's glauben", sagte er zu Margarethe. „Du hättest den kleinen Lauskerl nur sehen sollen, wie er dastand bei den Friedensverhandlungen in Vaihingen, so ruhig und selbstsicher, als sei Friedenstiften für ihn nur ein Kinderspiel, und geredet hat er wie ein Alter, und es war nicht einmal dumm, was er sagte, und hat Hand und Fuß gehabt. Alle haben ihm so ehrfürchtig zugehört, als hätt' er die Weisheit mit Löffeln gefressen, ich hab' schließlich auch zu allem ja sagen müssen, es ging nicht anders."

Wegen der Gefangenen kam man leicht zu einem Beschluß. In seiner üblichen Großzügigkeit gab Ulrich sie frei, nur hatten sie Urfehde zu schwören. Aber der Streit um das Heiratsgut, der ließ sich trotz aller Bemühungen Eberhards nicht schlichten, obwohl die Verhandlungen sich bis ins kommende Jahr hinein fortsetzten.

In diesem Jahr 1461 kam es dann endlich zu dem lange vorbereiteten Reichskrieg gegen den Landshuter, dem noch des Kaisers eigener Bruder, der habgierige Albrecht, Frau Mechthilds Exgatte, zu Hilfe gekommen war. Nun endlich setzte der Kaiser ein, was er an Macht besaß. Ulrich von Wirtemberg wurde zum Reichshauptmann ernannt und hatte wieder das Reichspanier zu entfalten.

Das Heer der Kaiserlichen, geführt von Albrecht von Brandenburg, Karl von Baden und Ulrich von Wirtemberg war zwölftausend Mann stark. Es gelang, Ludwig von Bayern-Landshut verschiedene seiner Eroberungen wieder abzunehmen. Der Brandenburger und Ulrich machten nebenbei auch einen kurzen Einfall ins Pfälzische, und schließlich bekam Ulrich für treue Dienste allerlei Titel und das Anrecht auf die Einkünfte aus einer Mühle in Cannstatt als kaiserlichen Lohn.

Die Kämpfe rissen auch im Jahr 1462 nicht ab. Ulrich war einmal hier, einmal dort beteiligt. Der Bayer verheerte die Gegend um Ulm und bedrohte das Ries. Ulrich eroberte Heidenheim, das zu dem Bayern hielt, und belagerte Gundelfingen zusammen mit dem Brandenburger. Da aber erhielt er die Nachricht, die Pfälzischen seien mit großer Macht in sein eigenes Land eingefallen, und eilte mit seinen 300 Reitern sofort in die Heimat zurück. Tatsächlich war ein Heerhaufen Friedrichs bis gegen Stuttgart vorgedrungen, zog sich aber bei Ulrichs Annäherung, Verwüstungen hinterlassend, zurück. Ulrich verfolgte die Feinde nur kurz, er hörte, daß Karl von Baden sie bereits in die Pfalz zurückgejagt hatte, und kehrte nach Stuttgart heim.

Margarethe hatte ihn in der letzten Zeit nur selten gesehen und war froh, ihn wieder einmal zu Hause zu haben. Die kleinen Mädchen gediehen alle prächtig. Eins war hübscher als das andere. Ulrich genoß die Ruhe daheim, spielte mit den Kindern und konferierte mit seinen Räten, denn sich den Regierungsgeschäften zu widmen erwies sich als dringend nötig.

Aber zwischen ihm und den anderen Verbündeten gingen Boten hin und her. Man war sich einig: es wurde höchste Zeit, einmal mit geballter Kraft gegen den bösen Fritz vorzurücken, den der Papst inzwischen mit dem Kirchenbann belegt hatte. Ulrichs Heer war nicht abgemustert worden, es vereinigte sich bereits mit den Heerhaufen der Verbündeten bei Pforzheim. Die Atempause war zu Ende. „Jetzt aber", sagte Ulrich, „jetzt machen wir ein End'. Jetzt geht's dem Fritz an den

Kragen. Was Reichskrieg und Kaiser. Wir haben da lange genug unsere Zeit verplempert. Jetzt werden wir's ihm zeigen."

Bevor er auszog, wollte Ulrich noch ein großes Fest geben. Es verlief herrlich. In den Tischreden wurde der Sieg über den Pfälzer schon vorweggenommen.

Es war Juni und im Schloßgarten blühten die Rosen. Man tanzte erst im Saal, dann auf Margarethes Wunsch im Freien. Das goldene Abendlicht spiegelte sich im sprühenden Tropfenfall der Brunnen, die Ulrich hatte aufstellen lassen. An der Hand ihres Gatten schritt Margarethe auf dem Rasen im Reigen. Alle Festgäste erklärten, daß sie nie ein schöneres Paar gesehen hätten, und daß die beiden sich wohl aus dem Brunnen der Grazien die ewige Jugend geholt hätten. Ein Dichter, den Frau Mechthild zum Fest entsandt hatte, sagte, heute sei ja auch Johannistag, da öffneten sich alle Berge, um ihre Schätze zu offenbaren und die Elfen und Feen seien hervorgekommen, um auf dem Rasen des Stuttgarter Lustgartens zu tanzen. Schlank, zierlich und lieblich wie eh und je schwang sich Margarethe im Kreise, dann schritten Ulrich und sie an der Spitze der Tänzer den langen Weg zwischen den Rosen hinab, in das wundersam verglimmende rote Abendlicht hinein. „Sonnenwende" sagte jemand, und niemand ahnte, daß man in die Sonnenwende des wirtembergischen Glücks hineintanzte.

4

Als Ulrich davonritt, winkten ihm Margarethe und die Kinder eifrig nach. Wie immer, wenn er ins Feld zog, faßte Sorge nach ihr. „Komm heil und gesund wieder, mein Liebster", flüsterte sie und konnte sich eines Schauderns nicht erwehren.

Diesmal fiel es ihr besonders schwer, gegen die Sorge anzukämpfen, obwohl nur gute Nachrichten zu ihr kamen. Das gewaltige Heer der Verbündeten, angeworbenes Fußvolk und eine große Zahl von Rittern unter der Führung mehrerer Fürsten, die alle Todfeinde des Pfälzers waren, drang unaufgehalten, Dörfer, Felder, Weinberge verwüstend, auf Pfälzer Gebiet vor. Diesmal ging es gegen Heidelberg selbst, die schlecht zu verteidigende Stadt würde im Sturm genommen werden, daran hegte niemand Zweifel. Überdies hörte man, daß Friedrichs Streitmacht anderweitig gebunden und in harte Kämpfe mit dem Veldener Pfalzgrafen verwickelt sei, das Heer der Verbündeten also freie Bahn habe.

Gute Nachrichten, ja. Aber Margarethe konnte die Bedrückung nicht abschütteln, so sehr sie sich Mühe gab. Sie pflegte jeden Morgen in der Schloßkapelle die Messe zu hören, das war so Sitte und selbstverständlich. Wenn Ulrich daheim war, hörten sie sie gemeinsam. Doch fügte sie jetzt, in Erinnerung an die Zeit in Ripaille, immer noch eine stille Andacht vor dem Bilde des heiligen Georg an, des drachenbezwingenden Rittersmannes, den Ulrich besonders liebte und als eine Art Vorbild betrachtete. In diesen Andachten betete sie inbrünstig für ihren Gatten, den sie Gottes Schutz befahl.

Danach ging sie gerne in den Garten, begleitet nur von einer jungen schwäbischen Hofdame, Beate von Hohenberg, die ihr nahestand, weil sie ein so liebenswertes, freundliches Mädchen war, das sich auch mit den Kindern besonders gut verstand. Ihre savoyischen Damen hatten fast alle in Wirtemberg Ehegatten gefunden und taten darum nur noch selten Dienst bei ihr. Alles, was an die alte Heimat erinnerte, lag ihr jetzt sehr fern. Sie sprach manchmal französisch mit ihren kleinen Töchtern, nur um die Sprache ihrer Kindheit nicht ganz zu vergessen. Nur selten hörte sie von Bruder und Verwandten. Einmal waren die Neffen Louis und Jean auf einer Studienreise durch Stuttgart gekommen und hatten die Tante aufgesucht. Hübsche Jünglinge, die mit kühler Gleichgültigkeit ihre Verneigungen absolviert und ein paar der üblichen Phrasen heruntergeleiert hatten. Louis war sehr dunkel, er glich seiner Mutter, Jean würde wohl einmal ebenso dick werden wie sein Vater, er zeigte bereits deutliche Ansätze dazu. Margarethe hatte sie ohne Bedauern wieder ziehen sehen, die Begegnung hatte ihr aufs neue gezeigt, daß sie im Grunde nichts mehr mit ihrer Familie daheim verband.

Es war ein schöner Sommermorgen, und auch die Kinder spielten draußen, betreut von ihren Kinderfrauen und Erzieherinnen. Sie liefen alle vier der Mutter entgegen, als sie den Rosenweg herabkam, und umarmten sie stürmisch. Margarethe drückte sie an sich, nahm die kleine Helena auf den Arm und küßte sie. Dann aber kehrten die Kleinen wieder zu ihrem Ballspiel auf dem Rasen zurück. Margarethe schickte ihnen auch Beate von Hohenberg nach, weil sie wußte, wie gerne diese mit den kleinen Mädchen spielte.

Sie selbst setzte sich auf eine Steinbank, die ein über und über blühender Rosenbogen wie in eine Laube schloß und sah dem Hin und Her der kleinen und großen hell gekleideten Gestalten auf dem Rasen zu, hörte ihr Rufen und Lachen und freute sich daran. Welch ein Glück, daß die Kinder alle gesund, hübsch und fröhlich waren! Wie schön hatte sich überhaupt ihr Leben gefügt, wie dankbar durfte sie sein für all das Glück, das sie genoß. Warum nur wurde sie heute das Gefühl nicht los, als liege bei all dem strahlenden Sonnenglanz dieses Morgens ein Schatten über ihr, als warte etwas Drohendes auf sie, sie wußte nicht, was? Hing es mit Ulrich zusammen? War er am Ende in einer ernsten Gefahr? Ging es vor Heidelberg nicht so, wie die Verbündeten erwartet hatten?

Plötzlich hörte sie ein Rascheln hinter sich im Gebüsch und wandte den Kopf. Da sah sie einen Mann gebückt unter den Rosenbogen hereinschlüpfen. Ehe sie aufspringen konnte, lag er schon auf den Knien vor ihr.

Sie war erschrocken, mochte es aber nicht zeigen. Hier in Stuttgart dachte eine Gräfin von Wirtemberg nicht daran, sich von Leibwächtern begleiten zu lassen, wenn sie in den Garten ging. Die waren überhaupt mehr zur Zierde bei Staatsbesuchen da. Auch Ulrich ritt völlig sorglos fast ohne Begleitung durch das Land und die Wälder, wer sollte denn hier im Ländchen „unserem Grafen" oder „unserer Gräfin" etwas anhaben wollen?

Und der Mann hier kniete ja, Böses schien er nicht im Schilde zu führen.

„Was willst du?" fragte sie.

Der Kniende sah schweigend zu ihr auf. Es schien ein fahrender Spielmann zu sein, die Kleidung war grellbunt, aber abgerissen und schlecht im Stand, eine Laute hing ihm an farbigen Bändern auf dem Rücken, das Gesicht war blaß, durchfurcht und eingefallen, das Antlitz eines ältlichen, vielleicht kranken Mannes, umhangen von den ungepflegten Strähnen schwarzen Haares, das weiße Fäden durchzogen. Er blickte zu ihr auf.

„Kennt Ihr mich nicht mehr? Wirklich — kennt Ihr mich nicht?" fragte er mit leiser, heiserer Stimme auf französisch.

Helle Augen, die ein dunkler Rand umschloß... Sie lagen jetzt tief in Höhlen, ein Flackern war in ihnen, doch trotzdem... Margarethe kannte sie. „Aber — aber nein — das — ist unmöglich..."

„Ihr denkt, ich sei ein Geist? Ich bin mein eigenes Gespenst, ja. Das Gespenst des starken, des kühnen Achajus, der die Welt zu erobern trachtete. Heute... Margit — aber Ihr kennt mich, ich sehe es... Margit, kleine Margit — niemals mein, aber dennoch mein..."

„Steht auf", sagte sie, sich mühsam fassend. „Das ist allerdings ein unerwarteter —" sie wollte sagen „Überfall", verschluckte aber das Wort und sagte: „eine unerwartete Begegnung. Steht auf, Monsieur, ich bitte Euch", wiederholte sie.

Er sprang empor und setzte sich, ohne eine Aufforderung abzuwarten, neben sie auf die Bank. Sie rückte ein wenig ab, denn er roch nach Alkohol, und das widerte sie an. Sie fragte sich, was sie tun sollte: Ihn wegschicken? Jemanden zur Hilfe herbeizurufen, wenn er nicht gehen wollte?

Das Fräulein von Hohenberg stand drüben auf dem Rasen, den Ball in der Hand, und blickte fragend herüber. Margarethe winkte ihr ab, da spielte sie weiter.

Der Achajus saß etwas zurückgelehnt. „Hübsche Kinder habt Ihr, Frau Gräfin", sagte er lässig. „Hübschere als das dicke Herzogspaar in Chambéry. Einer der Söhne ist schön von Angesicht, nur einer — Louis..." Er schwieg.

Sie fragte vorsichtig: „Ihr wart dort?" Er war ein Stück ihrer Jugend, rief die Erinnerungen herauf, sie konnte es nicht über sich bringen, ihn wegzuschicken. Ein paar Worte mußte sie mit ihm wechseln. Der Achajus! Nie hatte sie gedacht, daß sie ihn wiedersehen würde...

„Ja, ich war dort. Niemand erkannte mich. Ich trug eine Larve, als ich im Garten sang. Aber es war unnötig. Niemand kennt mich mehr dort... Annas Augenlicht ist seit einiger Zeit getrübt, und die anderen — lieber Gott — alles junge Leute..."

„Ihr zieht als Sänger durch die Länder?"

„Das tue ich. Wer hätte das gedacht, nicht wahr? Philipp Maria von Piemont-Achaja, ein fahrender Spielmann? Und dabei müßte er auf einem Thron sitzen, wenn es Gerechtigkeit bei Gott und den Menschen gäbe."

„Achajus", sagte sie, ihn klar ansehend. „Ihr wißt es selbst: Was Ihr etwa an Rechten besaßet, habt Ihr verspielt."

„Habe ich das? Was wißt denn Ihr, kleine Margit?" Ein geisterhaftes Lächeln erschien auf seinem Gesicht, während er sie mit zurückgelegtem Kopf betrachtete. „Immer noch die kleine Margit. Immer gleich rosig, fein und lieblich, immer noch froh und glücklich..."

„Warum seid Ihr gekommen?" fragte sie ablenkend. „Wollt Ihr..." — nein „betteln" wollte sie doch nicht sagen. „Braucht Ihr Hilfe?" fragte sie.

Er schüttelte den Kopf. „Ich wollte Euch noch einmal sehen, Margit, nur das. Ich bin krank, sehr krank. Mit mir wird es nicht mehr lange gehen. Ich werde hinter irgendeiner Hecke verrecken. Ich wollte Euch noch einmal sehen. Wißt Ihr, daß ich nie eine Frau geliebt habe außer Euch? Keine. Ich habe manchen schönen Leib umarmt, bin in manches Bett gekrochen. Aber geliebt habe ich nur eine — sagte ich Euch das nicht schon einmal? Margit, die süße Margit — meine Liebe — von jeher und für immer und ewig..." Er sprach vor sich hin in einer Art seltsamen Singsangs, so als rede er halb im Traum.

Er wurde ihr unheimlich, aber sie mochte nicht fliehen. „Die mutige Margit", sagte er eben, „sittsam, rein wie ihr Vater, edel und gut... Ein Stern, nie zu erreichen..."

„Kommt auf die Erde zurück, Achajus. Ihr sagt, daß Ihr krank seid. Ihr seht auch so aus. Kann man Euch nicht helfen? Wir haben hier ein Spital und gute Ärzte."

„Nein. Nicht helfen. Man kann es nicht, und ich will's auch nicht. Mein verpfuschtes, verfehltes Leben soll endlich sein Ziel finden. Die Hölle brennt bereits in mir. Warum die irdische Qual verlängern, nur um der zukünftigen für ein paar Wochen, ein paar Jährlein zu entkommen?"

Sie drehte den Kopf zu ihm und sah, daß er sie anstarrte. Dieser Blick der hellen Augen hatte früher etwas Bannendes für sie gehabt. ‚Jetzt flackert wahrhaftig das Höllenfeuer darin', dachte sie entsetzt.

„Ihr seid ein guter Mensch, Margit. Wie könntet Ihr etwas von der Hölle wissen? Aber ich sage Euch, es hat auch Augenblicke gegeben, in denen ich gut war und rein wie ein Engel. Als ich Euch aus den Flammen trug, war ich gut..."

Sie nickte. „Ja, das wart Ihr. Vielleicht macht Ihr Euch jetzt schlechter, als Ihr wirklich seid, Achajus."

„Schlechter als ich bin? Wißt Ihr nicht, süße Margit, daß ich das Feuer selbst gelegt hatte? Nein, Ihr wißt es nicht. Ihr habt nicht gesehen, wie ich mit einem Brand in der Hand von einer Ecke des Hauses zur anderen kroch, wo ich die Reisighaufen aufgeschichtet hatte. Niemand hat es gesehen, alle schliefen, auch Ihr."

„Ihr wollt doch nicht sagen...? Ihr seid wahnsinnig."

„Ich bin nicht wahnsinnig. Ich rede die Wahrheit. Ich wollte sie alle verbrennen, aber es mißlang. Euer dicker Bruder war nicht im Hause, das wußte ich nicht. Die Amme plärrte, die Herzogin rannte ins Kinderzimmer und schleppte den kleinen Louis ins Freie, den sie vor allen anderen liebte, weil er mein Sohn war..."

„Achajus", rief Margarethe zitternd, „das ist Fiebergerede!"

„Nein. Auch das wußte niemand, daß er mein Sohn war — außer ihr natürlich. Ja, und die Hebamme wußte es auch. Man sprach von einer Frühgeburt..."

„Und Euren eigenen Sohn hättet Ihr verbrennen wollen?"

„Warum nicht? Was bedeutete mir schon das Balg? Nichts. Der Sohn dieser Hure? Pfui. Sie war mein Werkzeug, sonst nichts. Lächerlich, wie verliebt sie in mich war! Und dieser Sohn wäre meinen Plänen im Weg gestanden wie alle die anderen auch."

„Ihr habt getrunken und redet irre", flüsterte Margarethe und rückte weiter von ihm ab.

Er lächelte. „Süße Unschuld. Ich habe getrunken, aber ich bin nicht betrunken. Vergeßt nicht, ich bin einer, der von den Brocken lebt, die von der Reichen Tische fallen, und von den kärglichen Tropfen, die in ihren Bechern bleiben. Ich rede nicht irre, ich sage einmal in meinem Leben die Wahrheit. Ich wollte sie mir alle auf einen Schlag aus dem Weg schaffen. Schon früher hatte ich versucht zu verhindern, daß der dicke Louis Kinder in die Welt setzte. Vor seiner Hochzeit hab ich ihm zweimal eine Falle gestellt, er entkam jedesmal um Haaresbreite, ohne überhaupt zu merken, daß ihm einer ans Leben gewollt hatte, der Tropf. Vertrauensvolle Engel, ihr alle. Euren Vater habe ich hoch geschätzt — er mich übrigens auch, ihm hätte ich nie etwas angetan. Aber seiner Brut — unfähig, verdorben, krank. Was konnten sie Savoyen nützen? Sie konnten es nur zugrunde richten, und das tun sie heute nach besten Kräften. Wären sie alle aus dem Weg gewesen, welche Möglichkeiten für mich und für Savoyen. Bastard hin oder her — als Euer Gatte, süße Margit, hätte ich nach Eures Vaters Tod legitime Rechte besessen. Nicht nur das alte Piemont, das ganze, große Savoyen wäre mein gewesen. Und was hätte ich aus ihm gemacht, machen können..."

Er sprach mit zurückgelegtem Kopf leidenschaftlich in den blauen Himmel empor.

Sie blickte ihn ernst und gerade an. „Ich halte, was Ihr da redet, immer noch für die Wahnphantasien eines krankhaft Ehrgeizigen, für Träume..."

„Es waren Träume. Sie blieben es. Gott oder der Teufel — ich weiß nicht, wer — hat verhindert, daß sie Wahrheit wurden."

„Und wenn wirklich stimmen sollte, was Ihr über Eure Mordanschläge sagtet, warum gesteht Ihr mir jetzt das alles?"

„Man muß vor dem Tode einmal eine Beichte ablegen. Ich weiß, daß Ihr mir keine Absolution erteilen werdet..."

„Nein, gewiß nicht." Erregt und verwirrt überlegte sie, ob wirklich stimmen könne, was er da so kaltblütig behauptete.

„Recht so. Ich bereue ja auch nichts. Nur, daß meine Pläne fehlschlugen, bedaure ich."

„Ihr habt mich gerettet. Gut, Ihr dachtet, Ihr könntet einmal mein Ehegemahl werden, was aber nie hätte sein können. Aber Ihr habt mit Lebensgefahr — es war wirklich eine echte Gefahr — den Erbprinzen aus dem Feuer geholt, gerade ihn, der Euch doch, wie Ihr sagt, am meisten im Wege stand, und dann habt Ihr das Feuer löschen helfen."

Er lächelte immer noch ins Blaue empor. „Ach, Margit, Menschen sind seltsame Geschöpfe. Ich liebte Euch und ich war in großer Sorge um meine kleine Margit. Ich mußte alles tun, was sie mir befahl. Und war mein Plan nicht schon zur Hälfte mißlungen? Den Helden und Retter zu spielen war ein Gebot der Klugheit!" Er lachte.

„Ich kann's Euch nicht glauben. Wenn solche Schandtat auf Euch lag und Ihr wolltet sie beichten, warum habt Ihr's nicht längst getan — in der Kirche, wie Gott es befohlen hat?"

„Ich halte nichts von den amtlich bestellten Beichtvätern, den Pfaffen, die selber huren und ehrgeizige Pläne spinnen. Ich wollte und konnte nur dem reinsten Engel beichten. Warum ich's nicht längst getan habe? Vielleicht..." Er änderte plötzlich seine Haltung, lachte nochmals und nahm seine Laute vor, die er zu stimmen begann. „Ich weiß nicht, vielleicht...", summte er. „Ich war einmal in Heidelberg und habe mich nach Euch umgeschaut. Aber die Frau Kurfürstin war nach Chambéry gereist ins alte gelobte Land... Da wanderte ich weiter."

„Gut für Euch. Der jetzige Kurfürst ist einer, der nicht fackelt und Vagabunden nicht duldet."

„Meint Ihr? Ihr irrt, meine Schöne. Ich bin in den letzten Jahren oftmals bei ihm gewesen. Er liebt die Sänger, die Musikanten und hat für sie eine offene Hand. Immer singt und klingt es in seinem Hause. Er singt selbst sehr schön, wißt Ihr das?"

„Er war mein Schwager. Ich weiß es wohl. Aber..."

Er summte, ohne ihr zuzuhören, und ließ die Saiten der Laute sanft aufschwirren. „Ihr habt auch dort ein schönes Kind zurückgelassen, auch der Erbgraf hat eine liebliche Stimme. Ich habe ihn einmal selbst begleitet."

Etwas zupfte an Margarethes Kleid. Sie fuhr zusammen. Dann sah sie, daß die kleine Philippine unbemerkt herübergekommen war und neben ihr stand. Ihre dunklen, klugen Augen waren auf den lautespielenden Fremden gerichtet. Wieder zog sie am Kleid der Mutter. „Was willst du, Philippinchen?"

Das Kind umhalste sie und zog ihren Kopf zu sich herab. Das Fingerchen zeigte. „Den da mag ich nicht", flüsterte das Mädchen ins Ohr der Mutter.

Die legte den Arm um die Kleine. „Er geht gleich, Kind." Sie richtete sich straff auf. „Sprecht mir nicht von meinem Sohn. Sein Name soll nicht von einem verkommenen Vagabunden ausgesprochen werden", sagte sie scharf.

Der Achajus lächelte nur und spielte lauter und kunstvoller. „Ich komme von dort, Gnädigste", summte er. „Ich sah ihn aber nicht. Auch der Herr Kurfürst war abwesend. Er führt Krieg..."

Die kleine Philippine stand noch immer an die Mutter geschmiegt. „Geht fort", rief sie laut. „Ihr sollt fortgehen."

Jetzt sah er sie an und lachte.

Margarethe stand auf. „Das Kind hat recht. Geht. Auch mein Gatte ist im Krieg. Wäre er hier und ich glaubte an das, was Ihr mir gesagt habt, dann würde er Euch festsetzen und für Eure Verbrechen büßen lassen. Ich sage Euch, macht Euch davon. Ich habe Euch lange genug zugehört."

Er stillte mit einem leichten Schlag seiner langen, schönen Hand das Summen der Saiten und blickte mit einem merkwürdig wissenden Lächeln zu ihr auf.

„Liebt Ihr Euren Gatten, Margit?"

„Natürlich. Ich sage Euch, wäre er hier..."

„Er wird nicht so bald wiederkommen, arme Margit. Vielleicht — ich weiß nicht..."

„Was wollt Ihr damit sagen?" schrie sie auf.

„Ich komme, wie gesagt, aus dem Pfälzer Land. Ich bin schnell gegangen. Böse Botschaften brauchen, wie es scheint, mehr Zeit als die Wanderschritte eines Fahrenden."

„Was meint Ihr? Was wollt Ihr sagen?" rief sie, zitternd vor Angst.

Er erhob sich und warf die Laute auf den Rücken. „Ihr werdet es bald genug erfahren. Ich mag nicht Unglücksbote sein." Er sah sie voll an und setzte mit einem Ernst und einer Innigkeit, die sie gänzlich wehrlos machte, hinzu: „Meine süße Margit, Ihr seid immer sehr mutig und tapfer gewesen, und ich zweifle keinen Augenblick: Ihr werdet auch das, was jetzt auf Euch zukommt, mit Mut und Stärke bestehen. Lebt wohl."

Die kleine Philippine begann laut zu weinen. Das Fräulein von Hohenberg lief über den Rasen heran. „Was ist geschehen, gnädigste Frau?" rief sie.

Der Achajus war schon hinter die Bank und ins Gebüsch geschlüpft. Ein Rascheln entfernte sich.

„Was ist geschehen? Ich wäre schon längst gekommen, Frau Gräfin. Aber Ihr winktet ab."

„Ja, es ist gut, Beate. Aber — ich weiß nicht. Es muß etwas geschehen sein..." Margarethe versuchte mit Mühe, sich zu fassen. „Ich gehe gleich ins Schloß."

Das Fräulein hatte Philippinchen in den Arm genommen. „Der böse Mann", schluchzte das Kind.

„Sei still, Phinette. Er hat uns nichts getan. Er ist fort."

„Aber er hat Euch und Phinette erschreckt, gnädigste Frau", rief Beate. „Man sollte..."

„Nichts. Ich gehe ins Haus. Die Kinder sollen hier bleiben, lernen und spielen." Sie hatte gesehen, daß die Erzieherin die beiden älteren Mädchen zum Unterricht in eine Laube jenseits der Rasenfläche geholt hatte. „Bleibt hier. Ich brauche keine Begleitung."

Margarethe eilte durch den Garten zum Schloß. Ihr Herz klopfte wild, sie mußte immer wieder tief Atem holen. Etwas mußte geschehen sein, etwas Schlimmes. Unglücksbotschaft? Ulrich, ach Ulrich, mein Liebster, was ist nur geschehen?

Sie war kaum im Haus, als der Bote eintraf. Sie hörte das Hufgeklapper und die Stimmen und eilte in den Empfangsraum. Kaum war es ihr möglich, die Haltung zu zeigen, die der Gattin eines regierenden Herrn gemäß war.

„Kunde von meinem Gemahl?"

„Leider keine erfreuliche Kunde, gnädigste Frau Gräfin. Bei Seckenheim am Neckar, drei Stunden unter Heidelberg, hat eine Schlacht stattgefunden zwischen den Herren und Rittern des verbündeten kaiserlichen Heeres und Truppen des pfälzischen Kurfürsten. Der Sieg ist bedauerlicherweise den Pfälzern zugefallen."

„Und? Und?" Margarethe konnte ihr Zittern nun doch nicht mehr verbergen.

„Etliche der edlen Herren sind gefallen, die meisten wurden gefangengenommen. Auch Euer erlauchter Gemahl, gnädigste Frau, unser Herr Ulrich, geriet — nach einem Zweikampf mit dem Ritter Hans von Gemmingen in die Gefangenschaft der Pfälzer."

Margarethe schwankte vor Erleichterung. Sie mußte sich setzen, einen Atemzug lang war ihr schwarz vor den Augen geworden. Er lebt, dachte sie nur, er lebt. Gott im Himmel sei Dank. Nicht tot, das ist das Wichtigste, nicht tot, nur gefangen...

„Ist — ist der Graf verwundet worden?" fragte sie mit schwacher Stimme.

„Nicht erheblich, wie es scheint. Er wurde nach Heidelberg in die Stadt gebracht. Noch ist nicht mehr bekannt geworden, Frau Gräfin."

5

Erst am folgenden Tag hörte man Genaueres. Ein junger Ritter, der mit einigen Knechten aus der Schlacht hatte entkommen können, gab eine ausführliche Darstellung der Ereignisse. Margarethe hatte die Herren des gräflichen Rates zusammengerufen, in ihrem Kreis empfing sie den Boten.

„Das kleine Heer der Fürsten und Ritter wurde mit großer Übermacht von den Truppen Kurfürst Friedrichs, der diese selbst führte, angegriffen. Unsere Lage war sehr ungünstig, der Feind brach, für uns völlig unerwartet, aus dem Schwetzinger Wald hervor, wir hatten den Neckar im Rücken und waren von unserem Fußvolk abgeschnitten. Die Söldner und anderen Leute des Kurfürsten waren zudem durch ihre langen Spieße im Vorteil. Sie stachen den Pferden in die Beine, ehe unsere Schwerter sie erreichen konnten. Sehr viele Reiter stürzten. Andere wurden in Zweikämpfe verwickelt. So auch unser Herr Ulrich. Ihm stürmte der Ritter Hans von Gemmingen entgegen. Beide hatten gute Rosse, verfehlten sich aber im ersten Anlauf. Im zweiten schwang unser Herr Ulrich sehr mutig seine Streitkeule, aber sein Gegner hatte die Lanze eingelegt und stach ihn im starken Anprall vom Rosse. Der Herr Graf konnte sich nicht erheben, seines verletzten Fußes oder der Schwere der Rüstung wegen."

„Also doch verletzt?"

„Der Fuß war nur verstaucht, glaube ich. Man sagte so. Er wollte sich dennoch nicht ergeben und dem Gemminger Trotz bieten. Doch der setzte ihm sein Schwert an den Hals. Er soll geschrien haben: Helf mir Gott, so erstech' ich Euer Gnaden. Da mußte der Graf sich ergeben. Er wurde nach Heidelberg geführt wie die anderen Gefangenen auch."

„Ins Schloß?"

„Ich weiß nicht. Viele der Herren waren schlimmer dran, schwer verwundet manche. Auch der Herr Markgraf von Baden und der Erzbischof von Metz. Die sollen im Spital zu Heidelberg liegen, wo ihre Wunden gepflegt werden."

Graf Sigmund von Hohenberg, der erste und vornehmste von Ulrichs Räten, fragte: „Aber wie konnte das zugehen, daß die Herren von ihrem Fußvolk so gänzlich abgeschnitten wurden?"

„Ach, Herr Graf", der junge Ritter seufzte, „wer dachte denn daran, daß der Kurfürst so in der Nähe sei? Man meinte doch für gewiß erfahren zu haben, daß er jenseits des Rheins heerte und überdies nicht mehr als 500 Pferde habe. Da ließen die Herren das gesamte Fußvolk — an die 7000 Mann heißt es — bei der Wagenburg von St. Leon zurück und zogen in der Nacht aus, in den Dörfern am Neckar zu sengen und zu brennen, nur ein kleiner Streifzug sollte es sein, ehe man gen Heidelberg zog. Aber wie es heißt, hatte der Kurfürst Friedrich Nachricht vom Nahen der Feinde bekommen, war mit seinen Reitern in aller Eile zurückgeritten, hatte in den Dörfern und in der Stadt Heidelberg Leute zusammengetrommelt, alles im Geheimen. Und als ihm seine Kundschafter sagten, die Ritter seien an den Neckar gezogen, da schlug er los..."

„Das hätte ich auch getan", murmelte der Graf Sigmund und seufzte ebenfalls.

Margarethe wußte, was die Herren Räte um sie her dachten: ‚Die Ritter und Herren sind für ihren bodenlosen Leichtsinn zu Recht bestraft worden.' Aber natürlich sprach das keiner aus.

Einer fragte: „Und das Fußvolk, wo blieb das?"

Der Ritter ballte die Fäuste. „Davon hab ich erst unterwegs gehört: Auseinandergelaufen sind sie, hierhin und dorthin, als sie die Nachricht von der Niederlage der Herren bei Seckenheim bekamen. So ist das immer mit den Söldnern: kein Verlaß auf das Gesindel. Nur ein Trupp von Wirtembergern soll sich geschlossen wieder nach Pforzheim zurückbegeben haben."

„Was unserem Herrn auch nichts weiter nutzen konnte", sagte Margarethe traurig.

Später beriet sie sich mit den Räten. Graf Sigmund — der Vater ihrer jungen Hofdame — war ein kluger, verläßlicher Mann, den sie hoch schätzte. Sie konnte ihm vertrauen wie einst ihrem guten Rat Dalberg. Er hatte bei Ulrichs häufiger Abwesenheit die Regierung mit Vernunft und Fleiß geführt, und sie betrachtete ihn auch jetzt als ihre wichtigste Stütze.

Sie hatte sich gefaßt, war aber noch sehr blaß. Die erste Erleichterung war gewichen, Sorge und Kummer hatten überhand genommen. Wie würde Ulrich unter diesem grausamen Schlag leiden! Besiegt, gefangen in den Händen des Pfälzers...

Sigmund von Hohenberg sprach ihr tröstend zu. Es sei ein Glück, daß der Graf nicht schwer verletzt sei. Und es sei anzunehmen, daß er in ritterlicher Haft gehalten werde, wie es bei seinem Rang nicht anders sein könne. Freilich, das Lösegeld, das die Pfälzer fordern würden... Das würde wohl ein weiteres Loch in den ohnedies nicht allzu gut gefüllten Staatssäckel reißen...

„Es ist aber doch wohl zu hoffen, daß der Graf bald entlassen wird, nicht wahr?" fragte sie. „Wenn ich denke, wie sorglos und ohne weitere Drangsalierung er selbst die Gefangenen entließ, die aus der Schlacht von Beilstein, die wir hier in Stuttgart hatten! Sie wurden wie Freunde behandelt und bekamen noch Geschenke obendrein."

„So gut wird's den Gefangenen von Herrn Friedrich wohl kaum ergehen, Frau Gräfin. Der ist aus härterem Holz geschnitzt als unser großzügiger Graf, der nie auf Sicherheit bedacht ist."

Die Nachrichten, die aus Heidelberg kamen, lauteten nicht erfreulich. Der Kurfürst habe angeordnet, daß die Gefangenen hart und wie Verbrecher, als die er sie ansehe, zu behandeln seien. Die, deren Zustand es einigermaßen zulasse, lägen in Ketten in den Kerkern des Schlosses. Margarethe erschrak sehr. Sie kannte ja diese Kerker, die kalten, unterirdischen Gewölbe ohne Licht und Luft. Dort sollte ihr Ulrich schmachten? Angekettet? Ohne freie Bewegung? Womöglich bei schmalster Kost. Sie wußte doch, wie gern er gut und reichlich aß, wie sehr es ihm Bedürfnis war, sich im Freien zu bewegen, zu reiten, zu jagen... Sie weinte, wütete in Gedanken gegen den bösen Fritz, lag nachts wach und schmiedete Pläne, die sie tags leider verwerfen mußte. Ach, wäre sie noch die kleine, unbekümmerte Margit gewesen, sie wäre jetzt mit einem Trupp Soldaten losgeritten, ihren Ulrich aus dem Turm herauszuhauen oder sonst irgend etwas Gewaltsames zu seiner Befreiung zu unternehmen. Wie gerne hätte sie den bösen Fritz selbst gefangengenommen und in ein tiefes Verlies gesteckt... Aber sie war eine würdige Landesmutter von 43 Jahren, auf der jetzt die Verantwortung für ganz Wirtemberg-Stuttgart lag. Und ihr Ulrich war in der Gewalt eines rigorosen Siegers, der den Gefangenen für jeden falschen Schritt, den man hier etwa tat, büßen lassen konnte.

Es kam ein Brief von Ulrich selbst, der Margarethes Sorge etwas milderte. Er schrieb, es gehe ihm leidlich, er bewohne allein ein großes, luftiges Zimmer, sei nur mit dem gesunden Fuß angekettet, der verstauchte heile gut, er könne wieder ohne Schmerzen auftreten. Täglich einmal werde er losgemacht und dürfe, solange er wolle und könne, im Schloß und auch im Garten umhergehen.

Er habe zwei Edelleute und einen Knecht zur Bedienung und Unterhaltung. Das Essen sei gut... Freilich sehne er sich sehr nach Frau und Kindern und seinem lieben Stuttgart, in dem, wie er zuversichtlich hoffe, alles zum besten stehe. Aber auch er habe berechtigte Hoffnung, daß er in nicht zu ferner Zeit heimkehren könne. Den armen Karl von Baden gehe es, wie er vernommen habe, weit schlechter als ihm, er dürfe seine Kammer nie verlassen und werde sehr streng gehalten. — Ein kleines, verschlossenes Briefchen war dem Schreiben beigefügt: „Mein lieb's Fraule, sorg Dich nicht, Dein Ulrich wird sicher bald heimkehren, Dich hundertmal zu küssen, mein Lieb. An Dich zu denken, ist mir hier ein rechter Trost."

Herr Sigmund erklärte, er nehme an, der Kurfürst Friedrich hasse den Markgrafen von Baden darum, weil der sein Lehensmann gewesen und ihm treulos geworden sei, indem er sich vom Papst seines Lehenseides habe entbinden lassen. Er habe auch — mit anderen — den Papst beredet, den Pfälzer in den Kirchenbann zu tun. Das verzeihe ihm der nicht. „Aber gegen unseren Herrn kann er ja gar nichts haben, außer etwa, daß er die Zahlung Eurer Rente von ihm gefordert hat..."

„Und das war ja nur unser gutes Recht", ergänzte Margarethe zornig.

Der Graf von Hohenberg führte die Geschäfte zusammen mit anderen Räten, gab aber Margarethe stets Bescheid. Er fragte, ob man nicht jetzt den fünfzehnjährigen, also mündigen Eberhard, Herrn Ulrichs Sohn, aus Burgund kommen lassen solle, wo er noch zusammen mit seinem Bruder Heinrich am dortigen Hofe weilte. Aber Margarethe wußte, daß Ulrich das nicht gewollt hätte, und sagte, damit solle man noch warten, der Herr werde ja sicher nicht lange fern bleiben.

Es waren Bitt- und Denkschriften abgegangen. Margarethe hatte persönlich an ihre Verwandten in Burgund und Savoyen geschrieben, einige Fürsten hatten zugesagt, sich für die Freilassung der Gefangenen zu verwenden, der Papst war angerufen worden, ebenso der Kaiser... Margarethe hatte daran gedacht, Frau Mechthild um ihre Vermittlung zu bitten, aber man hörte, sie liege krank zu Freiburg, wo sie ein Haus besaß.

Eines Tages wurde Margarethe der Graf von Wirtemberg-Urach gemeldet. Sie empfing ihn mit gemischten Gefühlen. Die wenigen Male, da sie den jungen Herrn Neffen gesehen hatte, war ihr der sichere Blick aufgefallen, mit dem der Junge Dinge und Menschen einzuschätzen verstand. Etwas ärgerlich erkannte sie, daß er darin trotz seiner siebzehn Jahre ihrem Ulrich weit überlegen war. Aber immer noch hörte man über seinen Lebenswandel unerfreuliche Dinge.

Mit der gleichen selbstsicheren Bestimmtheit, die er schon als Kind gezeigt hatte, begann er ohne Umschweife das Gespräch: „Frau Tante, ich bin auf dem Wege nach Heidelberg, wollte aber zuvor noch mit Euch reden. Wie die Dinge liegen, wird eine Vermittlung zu Ohm Ulrichs Gunsten ihre Schwierigkeiten haben, aber ich will jedenfalls tun, was ich kann."

Sie atmete tief. Der junge Eberhard stand in ständiger Verbindung mit seinem Oheim in Heidelberg, das wußte man. Dieser hatte offenbar eine spezielle Vorliebe für diesen Neffen gefaßt. Aber Ulrich hatte mit Ärger davon gesprochen, daß Eberhard allgemein als ein Parteigänger, ja als Kreatur des Pfälzers betrachtet werde.

„Ihr wollt wirklich...?" begann sie zögernd und brach ab.

„Gewiß, Frau Tante. Das Unglück von Seckenheim bedrückt uns alle. Meine Mutter schrieb sehr besorgt. Es sind bereits Versuche gemacht worden, sich für die Gefangenen einzusetzen."

„Ich weiß."

Auf ihren Wink ließ er sich lässig in einen Sessel fallen und schlug die Beine übereinander. Er war in Reisekleidung und trug ein einfaches Lederwams. Der gescheite, aufmerksame Blick seiner dunklen Augen ruhte freundlich auf ihr. „Liebe Frau Tante, daß Ihr sehr bekümmert und besorgt seid, ist mehr als verständlich. Schon um Euretwillen muß ich mich einschalten. Das ist auch der Wunsch meiner Mutter. Überdies — ich schätze Ohm Ulrich, das heißt — ich mag ihn, habe ihn immer gern gehabt. Wer könnte ihn kennen und nicht mögen?" Er lächelte.

Unwillkürlich erwiderte sie das Lächeln. Aber dann schüttelte sie den Kopf. „Friedrich von der Pfalz scheint dieser Ansicht nicht zu sein, Graf Eberhard", sagte sie bitter.

„Auch verständlich, Frau Tante. Niemand mag die, die gegen einen gekämpft haben. Liebet Eure Feinde — wir sind Christen, aber dies Wort zu befolgen, das geht doch wohl zu sehr gegen die Natur des Menschen."

Klugredner! dachte sie. „Ritterlichkeit ist offenbar ein Wort, das der Pfälzer nicht kennt", sagte sie zornig.

„Er ist ein Starrkopf von harten Grundsätzen, ja. Das weiß ich wohl. Deswegen bin ich ja auch gar nicht sicher, ob er auf mich hören wird."

„Ihr steht sehr gut mit ihm", sagte sie spitz.

Er hatte eine drollige Art, die Augen zuzukneifen und ein wenig zu blinzeln, wenn ihn etwas belustigte. Eine Spur Verlegenheit war auch dabei. „Wir kommen miteinander aus, sagen wir so. Er ist ein sehr guter Schachspieler und hat es gern, wenn ich mit ihm spiele, was ich immer tue, wenn ich in Heidelberg bin. Auch das Lautenspiel versucht er mir beizubringen. Insofern — als seinen gelehrigen Schüler mag er mich leiden."

„Ein gelehriger Schüler wohl auch in anderen Dingen?"

„Nicht durchaus. Ich bin kein passionierter Kriegsheld wie er. Eben darum habe ich ja kürzlich einen Nichtangriffspakt mit ihm geschlossen. Mein ganzes Bestreben ist, mein armes Ländchen aus diesen unseligen Plünderkriegen herauszuhalten."

‚Wie kann ein Siebzehnjähriger so sprechen?' dachte sie. ‚Er sieht ja auch altklug genug aus. Dies schmale Gesicht mit der Adlernase — tatsächlich, mein Ulrich wirkt mit seinen achtundvierzig Jahren bubenhafter als dieser kleine Gernegroß.' „Ihr habt keine Lust, in den Krieg zu ziehen?"

„Ich werde wohl müssen. Ihr wißt sicher, das kaiserliche Heer rückt wieder gegen Ludwig von Bayern-Landshut vor. Der ist ja auch frech genug. Hat sofort auf die Nachricht vom Ausgang der Seckenheimer Schlacht hin Heidenheim zurückerobert. Es geht nicht anders, ich muß helfen, ihm die Beute wieder abzujagen. Der Kaiser befiehlt und das dringend. Da muß ein rechter Wirtemberger gehorchen. Ich werde ein Kontingent meiner Leute mitschicken. Zudem ist die Aktion dazu bestimmt, Eindruck auf den Sieger in Heidelberg zu machen. Eine Niederlage seines Bundesgenossen würde seinem Gefangenen zugutekommen — meint man. Da schließe ich mich nicht aus."

„Brav von Euch. Aber ein Kriegsheld zu werden ist also nicht Euer Bestreben?"

„Wißt Ihr, Frau Tante, mir scheint, es gebe nichts Sinnloseres und Erbärmlicheres als diese ewigen Kriege, die alle Länder verwüsten und die Landbevölkerung dezimieren. Übrigens glaube ich auch nicht daran, daß dieser Feldzug, an dem ich teilnehmen muß, etwas Gutes bewirken kann. Das gibt für uns nur eine Niederlage, sonst gar nichts. Herr Albrecht von Brandenburg ist ein großer und tapferer Mann, ich schätze ihn hoch, aber der Schlauheit des Landshuters ist er nicht gewachsen, das sieht ein Blinder. Darum führe ich meine Wirtemberger ja so ungern in diesen Kampf. So wie ich es auch abgelehnt habe, mich den Verbündeten gegen Heidelberg anzuschließen. Man konnte wirklich sehen, daß alle Hunde nicht ausreichten, dieses geschickten Hasen Tod zu werden. Ich habe Ohm Ulrich gewarnt, aber..." Er zuckte die Achseln.

Sein Ton ärgerte Margarethe. „Ja", sagte sie, „schon als ich meinen Gatten heiratete — damals wart Ihr acht Jahre alt — sagte er mir, der kleine Eberhard in Urach wisse immer alles besser."

Er blinzelte, dann lachte er ungekränkt. „Das Ei will klüger sein als die Henne, wie? Aber nein, Frau Tante, so schlau, wie ich mich stelle, bin ich gar nicht."

Nun mußte auch sie lachen. „Ihr seid schon ein gescheiter Bursche, Graf. So wie Ihr Euch nach allen Seiten zu sichern versteht. Uns liegt das leider nicht. Euer Ohm Ulrich ist ein zu gerader Mensch, um geschickt zu sein — so wie jener Hase, von dem Ihr sprecht."

„Ihr seid voller Bitterkeit, das ist verständlich. Aber wenn man gerecht sein will — es ist nicht nur sein Feldherrngeschick gewesen, das Herrn Friedrich diesen Sieg verschafft hat. Ich hörte, er ritt in der Nacht durch die Dörfer und durch Heidelberg und rief: ,Wer hilft seinem Kurfürsten gegen die Landverwüster?' Und da rannten sie aus den Häusern und liefen ihm von allen Seiten zu, Bauern und Bürger, die noch nie eine Waffe in der Hand gehabt hatten. Und tatsächlich hat er mit diesen Leuten den Sieg erfochten. Er hat es verstanden, die unbedingte Anhänglichkeit und das Vertrauen der Pfälzer zu gewinnen und das, ohne sich darum zu bemühen."

„Auch Ulrich wird von den Wirtembergern geliebt."

„Das wissen wir. Sie werden ihn jetzt auch nicht im Stich lassen, denke ich. Denn das Lösegeld, das der Kurfürst fordern wird, dürfte nicht niedrig ausfallen, und das wird ihm niemand ausreden können. Seine Kassen sind — der ewigen Kriege wegen — nicht voller als die unseren."

„So hörte ich."

„Man wird Geld aufnehmen, vielleicht höhere Steuern ausschreiben müssen."

„Graf Hohenberg sprach bereits davon. Übrigens — er meinte, man solle, wenn Ulrichs Haft länger dauere, den Erbgrafen aus Burgund zurückrufen. Was haltet Ihr davon?" ,Jetzt frage ich wahrhaftig diesen Grünschnabel um Rat', dachte sie, über sich selbst verwundert.

„Ich weiß nicht. Ich glaube, Ihr und der Hohenberger seid — wenn ich so sagen darf — Manns genug, die

Dinge hier vernünftig zu lenken. Eberhard — nun, wenn Ihr meine ehrliche Meinung hören wollt — er würde wohl versuchen, den letzten Rest des Geldes, das der Ohm und Ihr noch besitzt, zum Fenster hinauszuwerfen."

„Graf Eberhard", sagte sie, ihn gerade ansehend, „wer selber... Ihr wißt, was ich sagen will, der sollte wohl nicht..."

Er blinzelte. „Werfe ich Geld zum Fenster hinaus? Ich bin ein sparsamer Wirtemberger, Frau Tante."

Sie mußte über die scheinheilige Miene, die er aufsetzte, ein wenig lachen. „Wer's glaubt. Man hört Dinge, Graf Eberhard..."

„So, hört man? Ihr seid in keiner Hinsicht mit mir zufrieden, Frau Tante, wie mir scheint."

„So wenig wie Eure liebe Frau Mutter, wie ich glaube. Graf Eberhard, ich bin mehr als fünfundzwanzig Jahre älter als Ihr..."

„Was man Euch nicht ansieht", schaltete er ein.

„Keine Komplimente. Ich bin jedenfalls ebenso alt wie Eure Mutter und die Frau Eures Oheims. Ich darf Euch schon ein offenes Wort sagen. Mir scheint, daß Eure Lebensführung sich nicht mit Eurer Klugheit verträgt."

„'s ist nicht so arg, wie man's macht, Frau Tante, bestimmt nicht." Wieder die spitzbübische Bravheitsmiene, der sie nicht widerstehen konnte.

„Schwindler! Ihr seid ein schlimmer Strolch, Graf Eberhard. Ihr lauft den Weibern nach und setzt Kegel in die Welt..."

„Ich muß zugeben — da habt Ihr recht gehört." Jetzt lachte er sie unverfroren an. „Denkt nur, zwei habe ich schon. Und was für nette! Ich besuche sie allaugenblicks, so lieb sind sie mir. Und ein drittes Kegelein ist bereits unterwegs."

„Schämt Ihr Euch denn gar nicht?"

„Ein wenig, nicht sehr. Man muß die Welt bevölkern. Wie schade wäre es doch, wenn unser braves, tüchtiges Wirtemberger Volk aussürbe."

„Graf Eberhard — nein — Ihr müßt mich nicht immer lachen machen. Hier ist Ernst am Platz. Schaut! Ihr habt von meinem Vater gehört? Er war ein so guter, verständiger und erfolgreicher Fürst, wie Ihr einer zu werden wünscht. Ein Vorbild in jeder Beziehung. Aber er, der auch dem Ärmsten Gerechtigkeit widerfahren ließ, hätte das Verwüsten der Felder durch wilde Jagden für verwerflich gehalten. Schlimmer noch, wenn dergleichen im Übermut geschieht, als wenn's im Krieg vorkommt..."

Er hob die Hand. „Richtig. Es ist leider geschehen, ja, aber es wird nicht mehr geschehen. Ich habe das bereits abgestellt."

„Aber das Singen in den Gassen und das Verführen der Mädchen habt Ihr nicht abgestellt. Wißt Ihr, was mein Vater gesagt hat? Daß die Fürsten dem Volk ein Beispiel zu geben hätten, weil das Volk verkommen und letztlich untergehen werde, verlören sich Anstand und gute Sitte bei ihm."

Nun senkte Eberhard doch den Kopf. „Euer Herr Vater war gewiß ein frommer und weiser Mann. Darum haben sie ihn ja auch zum Papst gemacht. Aber..." Er hob den Kopf, und schon war das spitzbübische Blinzeln wieder da. „Wißt Ihr, liebe gnädige Frau, die Verführungen dieser Welt sind halt übermächtig. Und die Schwabenmädle zu hübsch. Wenn dich eins so herzig anguckt..." Er verfiel in das breite Schwäbisch, das er wohl seinen kleinen Freundinnen gegenüber gebrauchte — „da ka mer halt et anders, mer muess' in Arm nehme und em e Küßle gebe."

Sie mußte wieder lachen. „Wenn's bei einem Küßchen bliebe..."

„Manchmal bleibt's schon dabei", versicherte er, wieder bemüht, seinem kühnen, gescheiten Gesicht einen treuherzigen Ausdruck zu geben.

Sie konnte vor Lachen nicht mehr sprechen.

Er stand auf. „Frau Tante, Ihr versteht den schlimmen Strolch besser, als Ihr zugeben wollt. Dank dafür. Ich gehe, des Fritzens hartes Herz zu erweichen. Lebt wohl."

Auch sie hatte sich erhoben. Er trat dicht vor sie hin und zog sie einfach an sich. Er war, obwohl klein für einen Mann, doch größer als sie, und sie mußte zu ihm aufschauen. „Strolch", sagte sie.

Er sah ihr in die Augen. „So ist's halt — wenn mich eins so lieb anschaut wie Ihr..." Er küßte sie fest und herzlich auf den Mund.

Sie entzog sich ihm, immer noch lachend. „Strolch! Ich bin Eure Tante und kein kleines Mädchen."

„Aber trotzdem herzig", sagte er, verneigte sich tief und ging rasch aus dem Zimmer.

„Mon Dieu", sagte sie vor sich hin. „Ich kann mir nicht helfen: Ich begreife die kleinen schwäbischen Mädchen. Ob er etwas ausrichten wird?"

6

Weder Eberhards Charme noch seine gescheiten Reden hatten in diesem Fall dem Kurfürsten Eindruck machen können, das erfuhr Margarethe bald. Kein Vermittlungsversuch hatte Erfolg. Weder die Drohungen des Kaisers noch die Ermahnungen des Papstes verfingen bei ihm. „Was Kaiser und Papst", sollte er gesagt haben, „mögen sie keifen, wie sie wollen, das wird mich nicht abhalten, ihre Hätschelkinder zu schröpfen."

Die Lösegeldforderungen, die die Grundlage für eine Freilassung des Grafen Ulrich bilden sollten, wurden der gräflichen Kanzlei in Stuttgart übermittelt. Sie waren unglaublich hoch. Man hatte mit einer nicht kleinen Summe gerechnet, aber dies — wahrhaftig, das überstieg alles, was man sich hatte vorstellen können. Das Lösegeld war auf 100.000 Gulden festgelegt worden, zusätzlich der Kosten für Wartung und Beköstigung während der Gefangenschaft des Grafen. Außerdem sollte er wie die anderen Gefangenen schwören, nie wieder gegen den Kurfürsten Friedrich zu kämpfen und ihm ewige Freundschaft zusichern. Jede Verbrüderung und Verbindung mit dem Markgrafen Karl von Baden dagegen abzutun, müsse er sich eidlich verpflichten, auch das bereits geschlossene Verlöbnis seiner ältesten Tochter Elisabeth mit des Markgrafen Sohn wieder lösen. Wie die Summe von 100.000 Gulden zu begleichen sei, war genau aufgeführt. 20.000 Gulden sollten sofort entrichtet werden, als Sicherheit für die weiteren Zahlungen sollten etliche Besitzungen des Grafen, darunter Bottwar und Waiblingen, als Pfänder an die Pfalz fallen, andere — sogar Stuttgart — zu pfälzischen Lehen gemacht werden. Die Gemahlin des Grafen hatte die noch in ihrem Besitz befindlichen, ihr einst bei ihrer Heirat überschriebenen Orte Löwenstein, Beilstein und Möckmühl zurückzugeben, ebenso die damals empfangenen pfälzischen Kleinodien, auch hatte sie auf den Zehnten von Heilbronn und selbstverständlich auf die Rente aus den Rheinzöllen zu verzichten.

Es waren ungeheuerliche Bedingungen. Margarethe geriet, als sie sie hörte, fast außer sich. Das war unerträglich, unwürdig, abscheulich. Was sie besaß, lieber Gott, das wollte sie gerne hergeben, aber wie sollte man denn das übrige aufbringen? Haus und Land Wirtemberg würden gänzlich verarmen — und darauf hatte man es ja wohl abgesehen.

Das meinten auch Graf Sigmund und die anderen Räte, als Margarethe sich so weit gefaßt hatte, daß sie die Sache mit einiger Ruhe mit ihnen besprechen konnte. „Verpfändungen, Geld aufnehmen, Steuern — man wird um das alles nicht herumkommen. Aber die Städte und Besitzungen, die der Pfälzer verlangt — er würde uns dadurch ganz nahe auf den Leib rücken —, uns zur Hälfte umzingeln: Marbach — Waiblingen... Das Schlimmste — Stuttgart pfälzisches Lehen? Das darf nicht geschehen. Die Hauptstadt unseres Landesteils ihrer Souveränität beraubt? Da müssen wir alles aufbieten, das zu verhindern. Da werden sogar die Uracher sich auf die Hinterfüße stellen, denn wenn der Pfälzer einmal so weit seine Hände ausstreckt, wer bürgt dafür, daß er nicht weiter und immer weiter greift?"

Die Verhandlungen begannen. Der Sohn des Hohenbergers und der wirtembergische Kanzler Wyle reisten nach Heidelberg. Sie bekamen den Kurfürsten überhaupt nicht zu Gesicht, und auf der Kanzlei war man unzugänglich. Die Forderungen beständen zu Recht, man müsse in sie willigen, wie sie da seien oder auf die Heimkehr des Grafen für alle Zeiten verzichten. Doch erhielten die Abgesandten die Erlaubnis, Graf Ulrich zu sehen und zu sprechen.

Nach Stuttgart zurückgekehrt, erstatteten sie Margarethe Bericht. Sie konnten nicht genug die Tapferkeit rühmen, mit der der Herr Graf die Unbilden der Gefangenschaft ertrüge. Er sei voller Mut und Hoffnung gewesen, heiter und unbekümmert, ganz wie immer. Lösegeldzahlungen? Da sei er ganz böse geworden. Diese unverschämten Forderungen, ja, man habe sie ihm auch zugestellt. Man solle sich in Stuttgart nur keine Sorgen machen, nichts, aber auch gar nichts werde der Pfälzer von ihm bekommen. „Keinen roten Heller werfe ich dem Löwen in seinen gierigen Rachen" — das habe er ganz laut gesagt, obwohl zwei pfälzische Edelknechte bei der Tür gestanden und zugehört hätten. Er werde auch ohne das aus diesem Loch wieder herauskommen, das sei gewiß. Sie sollten seiner liebwerten Gemahlin sagen, sie brauche gar keine Angst um ihn zu haben, er fühle sich hier recht wohl, und zu Weihnachten werde er wieder bei ihr sein. Auf dem Tisch seien Papiere gelegen, er habe sie ihnen gezeigt. Da entwerfe er Pläne für einen neuen Ausbau und große Verschönerungen in seiner lieben Stadt Stuttgart, die er in nächster Zeit in Angriff nehmen werde...

Margarethe lächelte und dankte den Herren. Einerseits beruhigte sie, was sie gehört hatte, andererseits machte es sie noch besorgter. Das alles war so echt Ulrich. Aber rechnete er denn wirklich so gar nicht mit dem eisernen Willen seines Besiegers?

In Urach war man auch nicht siegessicher gestimmt. Der Krieg gegen Ludwig von Bayern-Landshut hatte sehr rasch mit einem völligen Sieg der Bayern und einem lahmen Vergleich geendet. Es war gekommen, wie der gescheite Eberhard es vorausgesagt hatte. Der Brandenburger war trotz seiner Feldherrenkunst unterlegen, alle Feldzeichen waren in die Hände des Landshuters gefallen, auch das Banner von Wirtemberg-Urach war verlorengegangen und sogar das Reichspanier, da sein Träger, ein Werdenberg, gefangen wurde.

Eberhard sei schon wieder zu Hause, hörte man, verärgert über den nutzlosen Verlust von Menschen und Material. Man sagte den Wirtembergern übrigens nach, sie seien als erste geflohen, und Graf Eberhard, der überhaupt nicht richtig mitgekämpft habe, sollte sie sogar dazu ermutigt haben.

Natürlich triumphierte nun der „böse Fritz" zusammen mit seinem Verbündeten. Von seinen Forderungen an die Gefangenen ging er nicht ab, doch verzichtete er wenigstens auf die Lehenshoheit über Stuttgart, in dieser einen Sache hatte eine Intervention von Wirtemberg-Urach Erfolg.

Der Herbst verging, der Winter begann. Graf Ulrich war auch zu Weihnachten noch nicht zu Hause. In Stuttgart schrieb man zum neuen Jahr Steuern aus, die vor allem die reichen Bürger belasten sollten. Man ging auch daran, Geld aufzunehmen. Es gab übrigens kaum Murren über die Belastungen, denen das Land und seine Bewohner nun ausgesetzt waren. Die Anteilnahme an Ulrichs Schicksal wie an Margarethes Kummer war allgemein. Ganz arme Leute kamen aufs Schloß, um ihr Scherflein zu bringen — „damit der arme Herr Ulrich doch endlich heim kann". Margarethe war oft zu Tränen gerührt, es war ihr nur selten möglich, den guten Leuten klar zu machen, daß man auch ohne ihre Sparpfennige zum Ziel kommen werde. Sie hatte bereits Anweisung gegeben, ihre Güter auf Kurpfalz zu überschreiben. Auch sie wurde innig bedauert. „Sogar ihren Schmuck soll sie hergeben, ist solche Hartherzigkeit nicht eine Schande?"

Nur Ulrich in seinem Kerker blieb trotzig bei seiner Weigerung: mit seinem Willen solle kein Heller bezahlt werden. Auch Karl von Baden schien sich ähnlich zu verhalten. Nur der Erzbischof von Metz, den der Kurfürst übrigens auf Schloß Eichholzheim in leichterer Haft hielt, hatte bereits Zahlungen geleistet.

Weihnachten ging vorüber. Die Räte hatten schließlich doch durchgesetzt, daß der Erbgraf aus Burgund geholt wurde. Aber auch hier ging es, wie Eberhard von Urach vorausgesagt hatte. Der „jüngere Eberhard", wie man ihn zum Unterschied von seinem Vetter nannte, benahm sich so anmaßend und bösartig, daß jedermann ihn sogleich wieder weg wünschte. Das Schicksal seines Vaters kümmerte ihn keinen Deut, ebensowenig interessierten ihn die Regierungsgeschäfte. Er verlangte nur immer Geld und wieder Geld und trieb sich mit zweifelhaften Genossen in übel beleumundeten Schenken herum. Nur zurück mit ihm nach Burgund, das war der allgemeine Wunsch, und es gelang Margarethe auch bald, den jungen Störenfried, der sowieso äußerst ungern im braven Stuttgart weilte, zur Rückreise zu bewegen.

Anfang Februar gingen düstere Gerüchte in Stuttgart um, die Lage der Gefangenen in Heidelberg habe sich drastisch verschlimmert, der Kurfürst habe sie allesamt in den Stock, andere sagten in den Hungerturm, gesetzt, sie bekämen nichts mehr zu essen und seien dem Tode preisgegeben. Dann gelangten genauere Nachrichten an den Rat, Margarethe erfuhr die Wahrheit aber erst nach über zwei Wochen, denn Ulrich hatte brieflich strenge Weisung gegeben, ihr nichts zu sagen, damit sie sich nicht beunruhige.

Schließlich schöpfte sie aber, durch den unbedachten Ausruf eines Edelknechtes aufmerksam gemacht, doch Verdacht. Eindringliche Fragen veranlaßten Sigmund von Hohenberg nun, ihr zu berichten, wie die Dinge in Heidelberg standen: Der Kurfürst hatte tatsächlich die Gefangenen in den sogenannten „Stock" schließen lassen, ein großes, unterirdisches Gewölbe, das für Schwerverbrecher bestimmt war. Dort lagen sie mit Ketten dicht an die Wand gefesselt auf Strohsäcken, alle beieinander, die Fürsten, die Ritter, die Edelleute, alle, von denen sich Lösegeld erpressen ließ. Das Essen war schlecht, der Raum feucht und kalt und von Ratten bevölkert. Noch nie war etwas Derartiges geschehen, niemand begriff die namenlose Härte des Kurfürsten gegen seine Kriegsgefangenen. Von Pfälzer Seite wurde behauptet, der Kurfürst sei Fluchtplänen seiner Gefangenen auf die Spur gekommen, berichtete Graf Sigmund, setzte aber hinzu, das sei nicht zu glauben, es handle sich wohl eher um ein perfides Verfahren, das Lösegeld rascher und sicherer zu erpressen, den Mut der Gefangenen zu brechen und auf ihre Angehörigen einzuwirken, damit sie ihre Anstrengungen, die Gelder beizutreiben, verdoppelten.

„Was sollen wir denn tun?" rief Margarethe verzweifelt aus, „lieber Graf, was können, was sollen wir tun?"

„Da ist guter Rat teuer, gnädigste Frau Gräfin. Wir haben bereits nach Heidelberg geschickt, was wir in der Eile zusammenscharren konnten. Freilich, es ist eine Welle der Empörung durch ganz Europa gegangen, es werden sich manche — auch namhafte und mächtige — Fürsten, wie zum Beispiel der Herzog von Burgund, für die Gefangenen verwenden."

„Ach, wir wissen doch, was solche Verwendungen wert sind! Lieber Himmel, wenn ich nur wüßte, was ich tun soll?"

Margarethe weinte, betete in der Kapelle und grübelte, wieder erschienen alle Pläne, die sie schmiedete, unausführbar.

In ihrer Verzweiflung entschloß sie sich, nach Urach zu reiten. So lächerlich es war, der junge Eberhard mit seinem scharfen Verstand schien ihr der einzige zu sein, der hier Rat geben konnte.

Es lag Schnee. Das Städtchen Urach schmiegte sich mit weißen Dächern anmutig in den Kranz der hell überzuckerten Waldberge. Aus den Kaminen des Schlosses stieg dichter Rauch und verkündete, daß es drinnen warm und gut zu wohnen sei.

So war es auch. In dem mit feinstem Geschmack eingerichteten Saal brannte ein loderndes Feuer im Kamin, dessen Schein sich in den silbernen Schalen und zinnernen Bechern spiegelte, die auf Simsen und Tischen standen. Überall spürte man die schmückende, ordnende Hand Frau Mechthilds. Und sie war auch selbst anwesend — auf Besuch bei ihrem Sohn, wie so oft.

Zu dritt saßen sie vor dem Kamin und berieten, nur Margarethe, Mechthild und Eberhard — ohne Hofdamen und -herren. So konnte man frei sprechen. Ob die Verwendung der Fürsten etwas fruchten würde? „Das ist schwer zu sagen", meinte Frau Mechthild seufzend. „Ich selbst kann leider nichts tun, liebe Frau Margarethe. Ich hab's versucht, habe meine Abfuhr aber schon bekommen. Ich habe nie Einfluß auf meinen Bruder gehabt. Ihr wißt selbst, wie die Dinge einst in Heidelberg lagen. Unsere Schwester Margarethe, die Nonne, hatte erstaunlicherweise eine Vorliebe für mich gefaßt. Sie strich mich bei jeder Gelegenheit heraus und stellte mich meinen Brüdern als leuchtendes Vorbild vor Augen. Das erzeugte in Friedrich — Ihr kennt ihn ja — eine Abneigung gegen mich, die er nie mehr hat ganz überwinden können. Bei Eberhard liegen die Dinge anders, ihn mag er. Aber auch er ist ja bereits abgewiesen worden; es nochmals zu versuchen..."

„Hätte gar keinen Zweck", ergänzte Eberhard, der an einem Pfeiler neben dem Kamin lehnte und auf die beiden Frauen hinabsah. „Ihr wißt ja, je mehr man dem Ohm zuredet, desto störrischer wird er, so ist er nun einmal."

„Aber was soll ich tun? Was soll ich nur tun? Es muß doch etwas geschehen. Am liebsten..."

„Würdet Ihr ein Heer zusammentrommeln und das Heidelberger Schloß stürmen, nicht wahr?" sagte Eberhard, indem er sich lächelnd zu Margarethe hinabneigte.

„Aber Eberhard", mahnte seine Mutter.

„Oh, sie ist solch eine kleine Heldin, die alles wagen würde. Hab' ich nicht recht, Frau Tante?"
„Du bist wieder einmal unsagbar frech."
„Er hat schon recht, Frau Mechthild, aber..."
„Aber Söldner kosten viel Geld. Und der Kurfürst hat jetzt als der ‚Siegreiche', wie sie ihn nennen, alle Karten in der Hand. Die Gefangenen wären schwer gefährdet..."
„Ich weiß es. Aber, Graf Eberhard, was kann ich tun, was?" Sie sah flehend zu ihm auf.
Er betrachtete sie sehr aufmerksam mit schief geneigtem Kopf. „Hm — Frau Tante —, wie wär's denn, wenn Ihr selbst hinreiten und dem Bösewicht die Hölle heiß machen würdet?"
„Sie selbst?" Frau Mechthild schüttelte den Kopf.
„Niemals", rief Margarethe empört. „Als Bettlerin nach Heidelberg reisen? Diesen Mann bitten? Womöglich einen Fußfall tun? Nie. Eher..."
„Eher laßt Ihr Ohm Ulrich von den Ratten auffressen? Nein, Frau Tante, ich meine auch nicht, daß Ihr vor ihm niederfallen sollt..."
„Ich kenne mich", sagte Margarethe. „Ich muß in solchen Fällen sagen, was ich denke, komme, was da wolle. Ich habe als Kind sehr viel Freiheit genossen und mich daran gewöhnt, aus meinem Herzen keine Mördergrube zu machen. Ganz hab' ich das nie abtun können. Ich würde ihm die Wahrheit ins Gesicht sagen."
„Schaden würde ihm das nicht", bemerkte Frau Mechthild. „Er ist, seit er so große Erfolge zu verzeichnen hat, von lauter Schmeichlern umgeben. Es ist schlimm, wie ihn seine Dichter und Schranzen verhimmeln. Er vertrug nie Widerspruch, aber jetzt..."
„Das hab' ich schon damals erfahren", sagte Margarethe. „Ich habe ihm einmal widersprochen, da war es aus mit aller Sympathie — für immer."
„Vielleicht — vielleicht tut er nur so." Eberhard sah Margarethe immer noch forschend an. „Findet Ihr nicht

auch, Frau Mutter, daß die gnädige Frau Gräfin genau die Sorte Frau ist, die Ohm Friedrich Eindruck machen könnte..."

„Mein Sohn spricht aus seiner reichen Erfahrung mit Frauen", sagte Frau Mechthild spöttisch. „Eberhard, ich bitte dich, deine Frechheit..."

„Denk an die Dettin."

„Das ist doch etwas ganz anderes."

„Lebt er jetzt mit der Türmerstochter zusammen? Er sprach schon damals von ihr."

„Ja, Klara Dett ist seit einigen Jahren bei ihm. Sie hat ihm zwei Knaben geboren." Eberhard lachte ein wenig. „Er redet unentwegt von ihr als seiner Gattin. Aber die Ehe ist in Wahrheit nicht geschlossen worden, wenigstens nicht offiziell. Ich glaube, das Pfälzer Hausgesetz steht dagegen. Auf alle Fälle: Ihr braucht keine Sorge wegen des Erbanspruches Eures Sohnes zu haben."

„Das weiß ich. Aber — Graf Eberhard — ich verstehe nicht recht..."

Er setzte sich ihr gegenüber. Vorgebeugt, die Hände zwischen den Knien, sah er sie lächelnd an. „Liebe Frau Gräfin, seid mir nicht bös', aber ich mein' halt, wenn Ihr ihn so anschauen würdet wie mich jetzt — mit Euren klaren Augen voller Tränen, so wie er ist, ein Mensch mit vielen Widersprüchen in sich, er könnte Euch nicht widerstehen — oder doch nur schwer — einer schönen Frau, die nicht darauf ausgeht, ihn zu umgarnen, die ihm die Wahrheit sagt, was er im Grund mag, und die mit Ernst und Mut ihre Liebe verteidigt. Das würde er achten, er, der sonst nicht viel achtet."

Ein Schweigen entstand. Margarethe war rot geworden und sah den jungen Mann unsicher an.

Frau Mechthild wiegte den Kopf. „Vielleicht — ist das sogar richtig", sagte sie langsam. „Eberhard hat einen Blick für Menschen, das stimmt."

„Fahrt hin, Frau Tante, und versucht's", riet Eberhard eindringlich.

„Aber jetzt ist noch tiefer Winter. Eine Reise womöglich bei Schneestürmen?" wandte seine Mutter ein.

„Das wäre das wenigste", sagte Margarethe. „Den Schnee fürchte ich nicht. Aber — es wäre schrecklich, dies tun zu müssen, schrecklich", brach sie aus.

„Warum denn?" fragte Eberhard. „Es muß einer Frau doch Freude machen, einen so störrischen Mann auf die Knie zu zwingen."

„Auf die Knie!" rief Margarethe, dachte aber dabei: ‚Wenn sie wüßten! Einmal hat dieser Mann wirklich vor mir gelegen, aber das ist so lange, so lange vorbei...'

„Es liegt mir nichts daran, ihn auf die Knie zu zwingen, Graf Eberhard, gar nichts. Ich will nur, daß er mir meinen armen Ulrich nicht zugrunde richtet..."

7

Margarethe hatte sich nach vielem Grübeln und Hinundherüberlegen entschlossen, tatsächlich selbst nach Heidelberg zu reiten. Es war ein schwerer Entschluß, denn trotz allem, was Graf Eberhard gesagt hatte — es bedeutete eine Demütigung, die sie innerlich rasend machte. Und doch — wurde Ulrich nicht noch tiefer gedemütigt und mußte es auch ertragen? Wenn es keinen anderen Weg gab... Sie mußte etwas tun. Und so ritt sie denn nach Heidelberg.

Niemand sollte erfahren, daß sie Stuttgart verlassen hatte. Eine ganz geheime Reise... Nur das Fräulein von Hohenberg, ihre alte savoyische Kammerfrau und deren Tochter, begleiteten sie. Sie hatte die Kinder geküßt und gesagt, daß sie für ganz kurze Zeit auf ihr Schloß Löwenstein gehe — das besaß sie noch, würde es aber auch binnen kurzem an Kurpfalz abtreten müssen. In einer Sänfte ohne Wappen ließ sie sich vor die Stadt hinaus tragen. Dort warteten die Pferde. Reisewagen waren allzu unbequem, sie stießen und ratterten entsetzlich auf den unebenen Landstraßen, Pferdesänften schaukelten so, daß man seekrank wurde und für Schlitten lag der Schnee nicht hoch genug. Es war immer noch das beste zu reiten. Ein kleiner Wagen mit Gepäck folgte den vier Reiterinnen. Leibwächter nahm Margarethe nicht mit, zur Zeit war überall Frieden, und auch von Räubern hörte man nichts.

Sie übernachteten im Kloster Maulbronn, das Ulrich einmal erobert hatte, das aber jetzt natürlich wieder kurpfälzisch war. Nach Heidelberg hatte sie einen Boten gesandt, der in der vornehmsten Herberge der Stadt Zimmer für eine Gräfin Löwenstein mit kleinem Gefolge bestellte.

Unterwegs kamen sie zwar nicht in einen Schneesturm, aber sanfte weiße Flocken fielen unaufhörlich auf sie herab, so daß sie die Tücher, die sie um Kopf und Rücken gelegt hatten, immer wieder ausschütteln mußten. Doch kamen sie gut vorwärts. Die Straßen waren im Kurpfälzischen vortrefflich gebahnt und gehalten, für solche Dinge sorgte der Kurfürst. — ‚Bei uns ist's nicht halb so gut‘, dachte Margarethe beschämt. Ulrich kümmerte sich nie um solchen „Kleinkram", der ja Sache der Ämter war — zu kontrollieren, ob die Ämter taten, was sie sollten, fiel ihm nicht ein.

Heidelberg, das sie bei Dunkelwerden erreichten, steckte tief im Schnee. Oben im Schloß waren die Fenster erleuchtet. — ‚Dort ist er‘, dachte sie, und Beklommenheit beengte ihr den Atem. Sie hatte sich erkundigt und erfahren, der Kurfürst weile zur Zeit im Schloß. Aber würde er sie empfangen? Sie war durchaus nicht sicher. Vielleicht war sie ganz umsonst hergeritten.

Sie hielt ihr Pferd an und blickte zu den Mauern auf, die sich in der Dämmerung dunkel vom Weiß des Schnees abhoben. Dort — in den schrecklichen Kellern war Ulrich, dort lag er gefesselt auf einem Strohsack, frierend, hungernd, vielleicht krank. Sie dachte: Ob er spürt, daß ich ihm jetzt so nahe bin? Mit ganzer Intensität dachte sie an ihn — vielleicht merkte er's doch. Sie suchte sein helles Gesicht unter dem Rotschopf vor ihr inneres Auge zu zwingen: „Ulrich, mein Liebster, ich bin hier, ich bin dir nahe, ich werde versuchen, für dich zu tun, was ich kann."

Am nächsten Morgen sandte sie einen Boten mit einem kleinen Schreiben an die kurfürstliche Kanzlei. Hier unterzeichnete sie nicht als Gräfin Löwenstein, sondern mit ihrem vollen Namen: Margarethe von Savoyen, Gräfin von Wirtemberg-Stuttgart.

Gar nicht viel später kam der Bote zurück und brachte die Nachricht, seine Gnaden, der Kurfürst, sei bereit, die Frau Gräfin am Nachmittag zu empfangen.

Sie war verblüfft. Sie hatte sich auf längeres Warten, auf Ausflüchte oder Absagen eingestellt, hatte geglaubt, des öfteren auf der Kanzlei vorsprechen oder ihren lieben alten Rat um Hilfe angehen zu müssen. Sie hatte nicht mehr mit Friedrichs Art — die sie doch kannte —, nie etwas zu verschieben oder einer Sache auszuweichen, gerechnet. „Um so besser, packen wir den Stier gleich bei den Hörnern", sagte sie tief atmend vor sich hin und dachte dann lächelnd: ‚Wie ähnlich er und ich uns in dieser Sache doch sind, in dieser und in mancher anderen...' Einmal, vor langer Zeit, hatten sie das gewußt und einander verstanden, jetzt waren sie Feinde.

Trotz ihres Mutes, der durch ihren Zorn auf den Quäler ihres Mannes sehr gestützt wurde, klopfte ihr Herz heftig, als sie über die Treppen im Innern des Schlosses emporstieg. Diener nahmen ihr Mantel und Tücher ab, sie wurde in ein großes Zimmer geführt, das schlicht und wie eine Bürgerstube eingerichtet war. Ein gewaltiger Ofen erwärmte es angenehm. In der Ecke stand eine leere Wiege.

Sie kannte das Zimmer, die Einrichtung aber wie auch der herrlich verzierte Ofen waren neu. Unwillkürlich dachte sie an ihren geliebten Ofen daheim im Stuttgarter Schloß, von dem herab sie gleich bei ihrem ersten Eintritt der kleine Amor angeschaut hatte. Hier gab es keinen Amor, sondern nur streng wirkende biblische Figuren, Propheten vielleicht oder Könige, Männer, wie es dem Mann entsprach, den sie so oft seine Verachtung alles Weiblichen hatte betonen hören. Aber sie wußte, hatte es auch damals gewußt, daß es ihm damit nicht ganz ernst war, daß gelegentlich auch der kleine Amor

Macht über ihn hatte, obwohl er sich tapfer gegen seine Pfeile wehrte.

Jetzt trat er ein, sie sah ihn auf sich zukommen, und während sie sich leicht verneigte, dachte sie: „Sehr verändert ist er nicht, älter natürlich, ein gereifter, starker Mann und seiner Macht und Stellung voll bewußt, aber doch der alte Fritz von einst — Leute wie er bleiben immer sie selbst, so daß man sie stets aus Hunderten heraus wiedererkennen könnte."

Auch er verbeugte sich, etwas steif, ziemlich hochmütig, in den Augen glomm eine Spur Spott. „Frau Gräfin, ich bin ebenso erstaunt wie erfreut, Euch hier in Heidelberg zu sehen."

Er war ihr Schwager, aber der verwandtschaftliche Kuß fiel aus, sie reichten sich nicht einmal die Hände. „Ich hätte wahrhaftig nicht gedacht, daß mir noch einmal die Ehre zuteil werden würde, Euch hier zu empfangen."

Ihre kleine Gestalt reckte sich so hoch sie konnte. „Um ehrlich zu sein, Herr Kurfürst, ich hätte auch nicht das Bedürfnis gefühlt, nochmals hierherzukommen, wenn die Angelegenheit, die mich herführt, nicht so dringend wäre."

„So, so?" Er sah belustigt auf sie hinunter. „Die Frau Schwägerin ist also in Stuttgart so fest angewachsen, daß sie das alte Heidelberg ganz vergessen und abgetan hat?"

„So ist es, Herr Schwager. Zumal man in Heidelberg nichts dazu getan hat, um die Erinnerung daran..."

„Zu vergolden, meint Ihr?"

Das war ein Hieb, sie steckte ihn unbewegt ein. „Auch das, Euer Gnaden. Aber darum geht es jetzt nicht. Es geht um — nun, um eine Bitte..." Das auszusprechen fiel ihr schwer.

„Dacht ich's doch. Aber setzen wir uns." Er bot ihr einen Sessel nahe beim Ofen an und setzte sich selbst. „Also — heraus damit — wo drückt der Schuh?"

Es war so charakteristisch für ihn, daß er ohne Floskeln aufs Ziel zustrebte und sich betont volkstümlich ausdrückte, daß sie wider Willen ein bißchen lächeln mußte.

„Ihr wißt, wo er drückt, Herr Kurfürst. Das heißt, meinen Gatten drücken die Fesseln, in die Ihr ihn geschmiedet habt, und ich bin gekommen, darüber mit Euch zu sprechen."

„Wenn's darum geht, Frau Gräfin, sind wir schnell fertig. Ihr könnt Euch die Bitte sparen, die ich doch nicht zu erfüllen vermag."

„Und warum nicht?"

Seine Brauen zogen sich zusammen. „Ihr müßt wissen, daß ich das ganze Geschrei wegen der Gefangenen in meinem Turm jetzt gründlich satt habe. Alle diese Verwendungen... Der Papst hetzt die halbe Welt gegen mich. Sie werden sich alle getäuscht sehen..." Er redete sich in Zorn. Es ist, wie der kluge, kleine Eberhard gesagt hat, je mehr er gedrängt wird, desto störrischer wird er. Aber sei's drum...

„Herr Kurfürst", sagte sie mit großem Ernst, seinen Blick in den ihren zwingend. „Ihr ärgert Euch, aber im Grund Eurer Seele wißt Ihr ganz genau, daß alle diese Leute recht haben, und gerade weil Ihr das wißt, ärgert Ihr Euch."

„Hoppla!" sagte er verblüfft. Er war sogar ein wenig zurückgefahren.

„Sie haben recht", wiederholte Margarethe fest. „Ganz Europa empört sich über die Grausamkeit und Unritterlichkeit, mit der Ihr in dieser Sache vorgeht. Es ist unerhört, im Kriege gefangene Gegner wie Schwerverbrecher zu behandeln. Eine neue Sitte, die Friedrich von Kurpfalz einführt. Wenn das Schule macht, wird Europa den Heidenländern mit ihren Sultanen gleich werden. Es ist viele Jahre her, Euer Gnaden wird's vergessen haben, aber einst haben wir — zwei halbe Kinder allerdings noch — einige Male von dem geredet, was ein Fürst tun darf und was nicht, und ich habe damals einen jungen Burschen kennengelernt, der eifrig für das Gute und Rechte eintrat und auch in Zukunft eintreten wollte. Aber der scheint inzwischen gestorben zu sein..." Zu ihrem eigenen Schrecken traten ihr plötzlich Tränen in die Augen. Sie brach ab und schluckte. Sie hatte ihn doch gar nicht an jene Zeiten, an das, was damals zwischen ihnen gewesen war, erinnern wollen, wahrhaftig, gerade das nicht...

Aber gewollt oder ungewollt, sie hatte direkt ins Schwarze getroffen. Der selbstsichere Mann starrte sie ganz erschrocken, fast hilflos an. Einen Angriff von dieser Seite her hatte er wohl nicht erwartet. Schließlich sagte er mit erzwungenem Spott: „Ich muß sagen, ich bewundere den Mut der Frau Gräfin. Mir Vorhaltungen zu machen, wo sie doch gekommen ist, mich zu bitten, und ich — nun — ich alle Möglichkeiten in der Hand habe..."

„Wenn in Wahrheit Mut dazu gehören sollte, Euer Gnaden das zu sagen, was wahr ist und auf der Hand liegt, dann — dann wäre es hier allerdings nicht mehr weit bis..."

„Zum Sultan?" ergänzte er.

Daß er dies aussprach, freute sie. Ihre Augen leuchteten auf. „Ganz recht. Was muß ich denn da viel reden? Ihr wißt's ja selber."

Wieder ein Treffer. Er lachte kurz auf, zwang sich aber dann zum Ernst. Tief atmend sagte er: „Wenn man jung ist, Frau Gräfin, hat man es noch leicht, vom Guten und Rechten zu reden. Wenn man ein Mann geworden ist und die Verantwortung für ein Land auf seinen Schultern hat, sieht manches anders aus. Da darf man auch harte Maßregeln nicht scheuen, wenn man dieser Verantwortung nachkommen will. Frau Gräfin, seit ich die Kurfürstenwürde hier übernommen habe — ja, schon ein Jahr zuvor hat's angefangen — werden ich und mein armes Land in eine Fehde um die andere hineingezwungen."

„Ihr habt immer Freude am Kriegführen gehabt, soviel ich weiß. Früher bestimmt."

„Mag sein. Aber ich habe keinen dieser kleinen und großen Kriege selbst begonnen, immer hat man mich angegriffen. Immer mehr und mehr sind's geworden, die sich ein Stück von der Pfalz holen wollten. Immer größer ist die Meute der kläffenden Hunde angewachsen.

Kaiser und Papst, Reichsacht und Kirchenbann, Fürsten und Grafen, kleine und große... Zuletzt sind sie mit einem riesigen Heer in mein Land eingefallen. Nur ihre eigene, bodenlose Dummheit, ihr Leichtsinn, der sie trieb, erst noch ein wenig herumzuräubern, hat meine Stadt bewahrt und mir den Sieg gegeben. Darin hab' ich Gottes Hand gesehen, Frau Gräfin, und ich glaube seinem Willen nicht zuwider zu handeln, wenn ich jetzt sage: Schluß — ein für allemal. Das darf nicht noch einmal so kommen. Jetzt mach' ich sie so klein, daß sie's nie mehr wagen, mich anzugreifen. Frieden für alle Zeit müssen sie mir schwören, und wenn sie's nicht wollen, so zwinge ich sie dazu."

Sie hatte ihn in die Verteidigung getrieben. Daß er ihr dies alles sagte, sah sie als einen Erfolg an.

„Mit allen Mitteln?"

„Mit allen Mitteln."

„Herr Kurfürst", stieß sie weiter vor, „da Ihr kein Sultan seid, so darf ich Euch doch auch noch dies sagen: Niemals ist einer selber ganz unschuldig daran, wenn er viele Feinde hat. Und ich meine, auch Ihr seid's nicht. Da sind einige unter Euren Gegnern, die berechtigte Forderungen an Euch hatten und haben — und Ihr..."

„Ach", er lachte verächtlich auf. „Wollt Ihr auf Eure Rente aus den Rheinzöllen anspielen? Euer Gatte hat sich beträchtlich Mühe gegeben, sie einzuheimsen, aber er kriegt sie nicht — niemals. Ihr habt rechtens keinen Anspruch mehr darauf, Frau Margarethe, mögen Eure Stuttgarter Rechtsverdreher sagen, was sie wollen."

„Das Recht ist bei uns, Herr Kurfürst. Aber lassen wir das. Ich bin nicht gekommen, um über Geld und Gut mit Euch zu streiten."

„Ihr reist als Gräfin Löwenstein, wie ich höre. Aber Ihr wißt doch wohl, die Grafschaft Löwenstein gehört auch zu jenen verfallenen Besitzungen, die einmal kurpfälzisch waren und es jetzt wieder werden müssen", sagte er drohend.

„Ich weiß es. Ich brauchte einen Namen, weiter nichts. Glaubt Ihr, daß mir an diesen Besitzungen etwas liegt? Die geb' ich Euch genauso gern zurück, wie jene Juwelen, nach denen Ihr so dringend verlangt..."

Jetzt blitzten sie einander gleich zornig an.

„Die pfälzischen Familienkleinodien..", fauchte er.

„Die ich bei meiner Hochzeit mit Eurem Bruder und bei der Geburt meines Sohnes, der jetzt Euer Nachfolger ist, empfing. Aber ich sagte ja schon, an ihnen liegt mir nichts. Ich habe sie nie mehr getragen. Ich besitze anderen Schmuck, den ich lieber trage."

„Das ist gut. Denn Eurem Gatten wird, wenn er bezahlt hat, was er mir schuldig ist, und freikommt, nicht mehr viel bleiben, Euch Juwelen zu schenken."

Das war böse. Rot vor Zorn schrie sie ihn an: „Begreift Ihr denn nicht, daß weder mir noch meinem Ulrich an derlei Dingen irgend etwas liegt? Woran uns liegt, was uns Not und Beschwer macht, ist, daß wir, um Eure unsinnigen Forderungen zu erfüllen, auch unser Land und seine Leute belasten müssen, daß Wirtemberg ein armes Land werden wird..."

„Die Wirtemberger", sagte er ruhiger, „sind gar so arm nicht, wie sie tun. Da gibt's viele, die sind — wie man bei Euch sagt — ‚hehlinge' reich. Die können sehr wohl für ihren vielgeliebten Herrn etwas aufwenden, ohne daß das Ländle gleich daran zugrunde gehen muß." Er setzte sich steil in seinem Stuhl auf. „Frau Gräfin, nicht ohne Grund oder aus Habgier verlange ich diese Lösegelder. *Mein* Land hat gelitten in diesem Krieg und nicht das Eure. Die Dörfer verbrannt, das Vieh geschlachtet, die Weinstöcke abgehauen, die Felder verwüstet — ich als der Landesherr muß dafür sorgen, daß dies alles wieder ausgeglichen wird und die Leute zu leben haben. Ich brauche Geld und noch einmal Geld, um mein Land wieder in die Höhe zu bringen, das die Euren mir so schändlich verwüstet haben."

„Habt Ihr selbst nie Dörfer geplündert und Felder zerstört?" fragte sie dagegen.

„Wenn man herausgefordert wird, muß man sich wehren und auf einen groben Klotz einen groben Keil setzen, das ist nun einmal nicht anders. Aber ich hab's nie so getrieben, wie es jetzt das sogenannte kaiserliche Heer gemacht hat. Wißt Ihr, daß sie Zweige und ganze Bäume hinten an die Pferde gebunden haben und so kreuz und quer durch die Felder geritten sind, die in diesem Jahr besonders schön standen. Die ganze Ernte ist vernichtet. Und sagt nur nicht, daß Eure Wirtemberger da nicht mitgemacht haben. Sie waren die Schlimmsten."

Sie war beeindruckt. Aber sie mochte nicht klein beigeben. „Ich denke, es wird auf beiden Seiten nicht fein hergegangen sein. Aber dies, daß Ihr Eurem Land wieder aufhelfen müßt, das rechtfertigt vielleicht die hohen Lösegelder — möglich. Nicht aber, daß Ihr die Gefangenen demütigt und quält, im besonderen, daß Ihr meinen im ritterlichen Kampf besiegten Gatten wie einen Bösewicht behandelt. So ist mir wenigstens berichtet worden."

„Sie liegen im Stock, weil sie immer noch aufsässig sind", sagte er hart.

„Kennt Ihr in Eurer Größe die Menschen so schlecht? Sie wären weniger aufsässig, wenn Ihr großmütiger wäret. Wir haben auch Gefangene — aus der Beilsteiner Schlacht — in Stuttgart gehabt. Die haben in der Herberge zur Krone in ritterlicher Haft gewohnt, und es hat ihnen an nichts gefehlt. Und was glaubt Ihr, heute sind sie die Freunde meines Mannes. Ihm ist Großzügigkeit ein Bedürfnis seiner Natur. Und gerade ihn, der so gerne draußen reitet, ihn, der die Freiheit wie die Freundlichkeit selbst ist, ihn legt Ihr in Fesseln..." Jetzt stiegen ihr wieder die Tränen in die Augen, aber sie hörte nicht auf, ihn anzusehen.

Sein Gesichtsausdruck veränderte sich. Sie hätte nicht sagen können, was es war, das seine kraftvollen Züge weicher erscheinen ließ.

„Ihr bittet für ihn?" fragte er leise, sich ein wenig vorneigend.

„Erwartet Ihr, daß ich einen Fußfall tue?" fragte sie mit erstickter Stimme.

„Nein, ganz gewiß nicht. Es wäre mir nur peinlich, zumal ich Euch nicht willfahren kann. Ich will und werde die Gefangenen nicht freigeben, ehe nicht wenigstens ein Viertel des Lösegeldes bezahlt und Sicherheit für den Rest gegeben ist und auch meine übrigen Bedingungen erfüllt sind." Er sagte das ernst und bestimmt, aber ohne Härte jetzt. Und sie eindringlich ansehend, fügte er ganz unvermittelt hinzu: „Es ist erstaunlich, daß Ihr Euch mit den Jahren so wenig verändert habt. Daß Ihr noch immer so aussehet und seid wie damals, als Ihr hier die Hausherrin wart."

„Ihr wißt, daß ich's nicht war", sagte sie unwillkürlich, während sie sich die Augen wischte.

„Ach ja, ich weiß es wohl." Jetzt lachte er. „Die Suora steckt jetzt wieder in ihrem Kloster, Gott sei's gedankt. Wir beide, Ihr und ich, haben wacker gegen sie gefochten, wie?"

Sie war verblüfft, daß er jetzt auf die alten Zeiten zu sprechen kam. Hatte ihre Frage wegen des Fußfalles ihn an die Szene vor der Wendeltreppe erinnert? Kaum. Diese Jugendtorheiten hatte er sicherlich ganz und gar aus seinem Leben und seiner Erinnerung gestrichen. Oder doch nicht ganz? Plötzlich spürte sie, daß trotz allem noch immer etwas Unwägbares zwischen ihnen schwang, ein ganz zartes Band der Zuneigung, das sie beide nie hatten zerreißen können, so sehr sie sich darum bemüht hatten.

In diesem Augenblick öffnete sich leise die Tür. Eine Frau trat ein. Sie war groß gewachsen, blond, mit einem schönen klaren Gesicht. Auf dem Arm trug sie ein Steckkissen mit einem Säugling darin, ein kleines Bübchen von drei oder vier Jahren drückte sich an ihr vorbei und lief auf den Kurfürsten zu. „Oh, um Vergebung", sagte die Frau mit einem Blick auf Margarethe. „Ich wußte nicht... Soll ich wieder gehen?"

Aber der kleine Junge war schon auf des Kurfürsten Knie geklettert, wo er wie auf einem Pferderücken auf und ab hüpfte. „Hoppe Reiter", sagte er befehlend.

„Nein, bleibt da. Ich möchte Euch mit der Frau Gräfin von Wirtemberg bekannt machen. — Dies ist meine Frau", dabei sah er Margarethe an, als wolle er sagen: Wage es, etwas anderes zu behaupten. „Und das sind meine beiden Söhne Hans und Ludwig." Er stellte auch den Säugling mit einer Handbewegung vor.

Die Frau verneigte sich vor Margarethe. Sie sah etwas schüchtern aus. „Ich wollte nicht stören", entschuldigte sie sich nochmals. „Hänslein, komm."

„Nein, ich will reiten", sagte Hänslein fröhlich. Er war ein hübsches, frisches Kind mit blondem Lockenschopf.

Der Kurfürst ließ ihn auf und ab tanzen. „Hoppe, hoppe Reiter", sang er. Dann blickte er abbrechend zu Margarethe auf, die sich erhoben hatte: „Der da bekommt Beilstein und der andere Löwenstein", sagte er mit Betonung. „Ich werde sie so reich ausstatten, daß sie keinen Grund haben werden, ehrgeizig nach mehr zu verlangen."

Das zeigte ihr, daß er ihre Bemerkung von damals nicht vergessen, wohl auch nicht verziehen hatte. Er war offenbar ein Mensch, der nichts vergaß, weder Gutes noch Böses.

Sie sagte ruhig: „Ich sehe, Ihr haltet Euer Wort und wollt meinen Sohn nicht an seinen Rechten verkürzen."

„Ich halte immer mein Wort", stieß er ärgerlich hervor.

Der Junge auf seinem Knie war aufmerksam geworden. Er rutschte herab und wandte sich, ans Bein seines Vaters gelehnt, der fremden Dame zu. „Wer bist du?" fragte er. In seinem Blick stand das freundliche Vertrauen des liebevoll umhegten Kindes.

Sie beugte sich zu ihm herab. „Ich bin deine Tante, Hänslein. Weißt du, ich war einmal die Frau deines Onkels, der früher hier Kurfürst war und gestorben ist."

„Sie ist Philipps Mutter", ergänzte Friedrich.

Der Junge lächelte sie an. „Es ist nett, daß du gekommen bist", sagte er. „Aber Philipp ist nicht da", setzte er bedauernd hinzu.

„Schade", sagte Margarethe leise, den Blick auf den Kurfürsten gerichtet.

Er stand auf, die Hand auf dem Kopf des Kindes. „Es tut mir leid, daß ich Euch Euren Sohn nicht präsentieren kann. Er reist zur Zeit in Frankreich. Ich wünsche, daß er für ein Jahr die Universität in Paris bezieht, ehe er dann hier in Heidelberg weiterstudiert. Er hat einen hellen Kopf und Sinn für die Wissenschaften und soll das ganze Wissen seiner Zeit kennenlernen und auch die Sitten und die Zustände in anderen Gegenden, vielleicht auch ins Heilige Land reisen, wie es jetzt viele tun. Als zukünftiger Kurfürst muß er etwas von der Welt kennen. Er wird ein guter Kurfürst werden, das ist zu sehen. Ihr könnt stolz auf ihn sein."

Sie mußte kämpfen, um nicht wieder in Tränen auszubrechen. Sie hatte beim Durchschreiten der Vorräume nach rechts und links geblickt und doch ein wenig gehofft, Philipp zu begegnen. Aber sie war dankbar für die Worte des Kurfürsten.

Klara Dett stand immer noch im Hintergrund. Sie hatte das Wickelkind, das fest schlief, in die Wiege gelegt.

Margarethe trat mit ausgestreckter Hand auf sie zu. „Ich habe mich gefreut, Euch kennen zu lernen, Frau Klara. Aber da meine Mission gescheitert ist, so werde ich..."

Der Kurfürst unterbrach sie. „Die Frau Gräfin ist hergekommen, um nach ihrem Mann zu schauen — ob wir ihn noch nicht umgebracht haben", sagte er.

Die Frau ergriff Margarethes Hand. Ihre Augen, so blau und vertrauend wie die des Kindes, sahen Margarethe mitfühlend an. „Ach, Frau Gräfin, das tut mir von Herzen leid, daß Ihr deswegen herkommen mußtet. Seine kurfürstliche Gnaden ist in dieser Sache recht unbarmherzig, ich hab's ihm oft gesagt."

Ihre ernste Herzlichkeit tat Margarethe wohl. „Ach, Frau Klara, ich danke Euch", stieß sie hervor. „Daß hier doch jemand ist, der Verständnis für meinen Kummer und meine Sorge hat..." Als Frau Klara ihr die Hand küssen wollte, zog sie sie an sich und umarmte sie.

Klara Dett war viel größer als Margarethe. Sie hielt sie tröstend an sich gedrückt und blickte über sie weg den Kurfürsten vorwurfsvoll an. Auch in ihren Augen standen jetzt Tränen.

Der Kurfürst erwiderte den Blick mit einem Versuch, spöttisch den Kopf zu schütteln. „Ist gar nicht nötig, Klärsch, daß Ihr sie so arg bedauert. Sie hat Haare genug auf den Zähnen und hat mir die Hölle heiß gemacht. Da braucht Ihr nicht auch noch anzufangen."

Margarethe löste sich von der Frau und wischte sich die Augen. Klara Dett aber sagte: „Ihr solltet nicht auch noch spotten. Ich denke, der Weg hierher ist ihr schwer genug gefallen."

„Ist das wahr?" fragte er Margarethe.

„Freilich ist es wahr", sagte sie zornig. „Wie könnte es anders sein? Aber Eure Frau hätte im umgekehrten Fall das gleiche für Euch getan." Sie drehte den Kopf, unter Tränen lächelnd, zu Klara Dett.

„Ja, weiß Gott", sagte diese.

In seinen Augen hatte es aufgeleuchtet — vielleicht, weil sie so einfach „Eure Frau" gesagt hatte. Jetzt stand er mit gespreizten Beinen und übereinander geschlagenen Armen da und betrachtete die beiden, die sich noch an den Händen hielten. „Die Frauen, die Frauen", murmelte er, aber nun ohne Spott, fast bewundernd.

„So lieb habt Ihr Euren Gatten?" fragte er Margarethe.

„Was für eine Frage! Natürlich", sagte sie.

„Natürlich? Den Vielgeliebten, wie?"

„Das sagtet Ihr schon einmal. Was...?"

„Wißt Ihr nicht, daß man ihn so nennt? Überall heißt er so."

„Es wird wohl einen Grund haben, wenn einer von so vielen geliebt wird", sagte sie herb.

„Das denke ich auch", gab er ruhig zu. Er räusperte sich und änderte den Ton. „Frau Gräfin, aus Gründen, die ich Euch bereits klargelegt habe, kann ich nicht viel für Euch tun. Nur eines: Wenn Ihr wollt, könnt Ihr Euren Gatten besuchen."

Sie atmete tief. „Ihn sehen? Ach ja. Ach", jetzt seufzte sie. „Ihn in seinen Fesseln sehen?" flüsterte sie.

„Ja, das meine ich. Wollt Ihr?"

„Ja, ich will."

„Gut. Für heute ist's zu spät." Es war dunkel geworden, Pagen brachten soeben Lichter. „Morgen. Da bleibt dann Zeit für einen ausgiebigen Besuch." Er wandte sich an Klara Dett. „Jetzt müssen wir dafür sorgen, daß die Frau Gräfin etwas zu essen bekommt. Fechten und kämpfen macht hungrig, und sie hat wacker gefochten. Darf ich Euch zu unserem bescheidenen Mahl laden? Und zu unserer Abendbelustigung, bei der wir im kleinen Kreise musizieren?"

Sie sah ihn an. „Ich möchte nicht in einem Hause essen oder Musik hören, in dem mein Mann hungert und darbt", sagte sie leise.

„Unsinn", wies er sie ab. „Er darbt keineswegs. So weit treiben wir's gar nicht. Er wird ein ebenso gutes Essen haben wie Ihr. Und was die Musik betrifft — wir spielen Laute und singen, und er liebt, soviel ich weiß, nur Trommeln und Pfeifen..."

„Und Trompeten." Sie mußte lächeln und zögerte.

Der kleine Hans, der inzwischen auf dem großen Sessel herumgeturnt und sich nicht mehr um die Erwachsenen gekümmert hatte, kam jetzt heran und zupfte Margarethe am Kleid. „Bleibt die Frau Tante da?" fragte er.

„Ja, sie bleibt da", bestimmte der Kurfürst kurzerhand. „Am besten, Ihr übernachtet hier. Was sollt Ihr in die Herberge, wo Ihr früher hier zu Hause wart?"

Sie schlief in einem ihrer ehemaligen Zimmer und erwachte früh mit Sehnsucht, Vorfreude und Bangen. Gestern hatte sie das Mahl der kurfürstlichen Familie geteilt, das tatsächlich ohne Höflinge in einfacher Weise vor sich ging. Der Kurfürst hatte das Brot ausgeteilt als der rechte gute Hausvater, als den er sich offenbar besonders gerne sah. Von den Schranzen und Schmeichlern, von denen Frau Mechthild gesprochen hatte, sah Margarethe nichts.

Auch das Musizieren hatte in einem sehr kleinen Kreise stattgefunden. Nur wenige Gäste, die offenbar alle Musikliebhaber waren und gelegentlich den Kehrreim mitsangen, nahmen teil. Der Kurfürst hatte die Laute gespielt, ein paar junge Leute griffen manchmal zu Gamben und Krummhörnern, Klara Dett sang; ihre süße, klare Stimme führte auch, wo der Chor einfiel, und im Zwiegesang mit dem Kurfürsten hatte die Harmonie der beiden Stimmen der tiefen Verbundenheit entsprochen, die sichtlich zwischen diesen beiden Menschen herrschte. Sie dachte plötzlich, daß es doch schade sei, daß Ulrich nur Pfeifen, Trommeln und Trompeten liebte und die Musica nuova, die kürzlich aus Italien gekommen war und ebenso kunstvoll wie lieblich klang, verachtete.

Aber nun — nach dem Frühmahl — war die Stunde gekommen, da sie Ulrich besuchen durfte. Während sie dem führenden Pagen durch die Gänge des Schlosses folgte, rang sie mit der Beklommenheit und der Furcht, die sie immer wieder zu überwältigen drohte. Wie würde sie ihn finden? Was konnte ein solcher Besuch in einem Raum, in dem die vielen Gefangenen dicht beieinander lagen — in Kälte, Elend und wohl auch Schmutz — für sie beide bedeuten? Scham und Demütigung für ihn, für sie Qual und Mitleid.

Aber merkwürdigerweise führte sie der Page, als sie den Gefängnisturm erreicht hatten, nicht die dunkle Treppe abwärts, sondern die hölzernen Stiegen hinauf, die nach oben führten. Staunend, verwirrt, stieg sie höher und höher. Vor einer Tür standen zwei junge Männer, einer von ihnen drehte einen Schlüssel im Schloß, und beide verneigten sich. „Bitte, die Frau Gräfin möge geruhen, einzutreten."

Ein heller Raum. Zu verglasten Fenstern fiel Sonnenlicht herein. Sie war so geblendet, daß sie zuerst den Mann gar nicht erkannte, der an einem Tisch stand und ihr entgegenblickte. Sie starrte ihn an und sah nun, daß er's wirklich war — Ulrich, ihr Liebster, der mit frohen Augen und ausgestreckten Armen auf sie zukam.

„Ulrich! Mein Utz, mein lieber Utz!" rief sie und warf sich ihm an den Hals.

Sie waren beieinander. Sie küßten sich und hielten sich umschlungen. Was war alles andere dagegen?

„Ulrich, ich hab' dich wieder."

„Mein Lieb, mein Stern, meine Sonne. Du bist gekommen. Jetzt ist alles gut, alles."

Erst nach einer Weile konnte sie sich lösen, um ihn zu betrachten. Sein Gesicht war schmaler geworden, er war blaß, aber die braunen Augen strahlten so glücklich, daß die Blässe kaum auffiel. Im übrigen war er gut gekleidet, schön gekämmt und rasiert, offenbar gesund und heiter. „Ach, du bist ja gar nicht in dem abscheulichen Gewölbe, nicht —" Ja, doch, gefesselt war er, aber nur an einem Fuß mit einer leichten, glänzenden Kette, die so lang war, daß er das ganze Zimmer durchschreiten konnte. „Warst du denn nicht...?"

„O ja. Abscheulich war's da unten, kann ich dir sagen, menschenunwürdig, Feuchtigkeit, Gestank..."

„Ratten?"

„Eine oder zwei habe ich gesehen, ja. Aber jetzt ist ein Wunder geschehen. Gestern abend hieß es auf einmal: Befehl des Kurfürsten, Verlegung der Gefangenen. Der Graf von Wirtemberg wird gebeten, sich als erster zu erheben. Ich wurde losgemacht und aus dem Loch hinausgeführt, ich wußte wahrhaftig nicht, wie mir geschah. Baden hab' ich dürfen, mich in einem großen Zuber waschen, bekam frische Kleider, heut' morgen bin ich noch vom kurfürstlichen Bader rasiert worden. Und was glaubst du? Gestern abend gab's noch ein opulentes Mahl hier auf dieser Stube, Wein dazu, frisches Brot, Fleisch."

„Kleine Klöße in Buttersauce?"

„Ja. Woher...?"

„Da hat er tatsächlich wieder einmal Wort gehalten!" rief sie. „Er sagte zu mir: Euer Gatte wird nicht schlechter essen als Ihr. Wir hatten auch Klöße gestern abend..." Sie lachte unter Tränen.

„Dir verdank' ich das alles. Dacht ich's doch. Du hast den Drachen besiegt, meine heilige Margarethe! Dacht ich's doch."

„Kein großer Sieg, Ulrich. Ich hätte dich so gerne ganz und gar frei bekommen. Aber er will erst ein Viertel des Lösegeldes haben und Sicherheiten für den Rest..."

„Soll er haben, soll er haben." Das war sein altes, unbekümmertes Lachen. „Nun ich dich in den Armen halte, brauche ich sonst nichts mehr auf der Welt."

„Wir tun in Stuttgart, was wir können, Ulrich."

Sie saßen eng umschlungen auf dem Rand des breiten Bettes, das einen großen Teil der Stube ausfüllte. „Das weiß ich doch. Aber erzähl, wie geht's daheim? Was machen die Mädchen?"

„Sie sehnen sich nach ihrem Herrn Vater und fragen täglich nach dir. Besonders Philippinchen. Sie sind gesund, es geht alles gut, Graf Sigmund arbeitet treu und tüchtig, es fehlt eben nur an Geld..."

„Geld, Geld", er winkte ab. „Laß den bösen Fritz sich um Geld sorgen."

Die beiden jungen Edelknechte, die vor der Tür gestanden hatten, traten ein. Sie brachten Karaffen mit Wein und Wasser, auch ein Gläschen Süßwein — „für die gnädige Frau Gräfin", sagte einer der Burschen mit einer Verneigung und lächelte Margarethe freundlich verstehend an.

„Danke." Sie sah zu ihm auf. „Wie lange darf ich hier bei meinem Mann bleiben, wißt Ihr das?"

„Solange die Frau Gräfin es wünscht. Bis morgen bestimmt..."

Die Gatten sahen einander leuchtenden Auges an.

„Vortrefflich", sagte Ulrich. „Aber hört — eine Frage: Wie steht's mit den anderen Gefangenen? Hat man auch sie wieder in ihre alten Quartiere heraufgelegt?"

„Alle, jawohl, Herr Graf."

„Na also. Auch den Herrn Markgrafen — hoffentlich?"

„Auch ihn, Herr Graf."

Die jungen Männer zogen sich wieder zurück. „Da bin ich doch froh", sagte Ulrich freudig. „Der arme Karl von Baden hat furchtbar gelitten. Er ist ja noch gar nicht richtig geheilt. Seine Wunde schwärt noch — und unter diesen Umständen..."

„Hoffentlich bekommt er jetzt ärztliche Hilfe."

„Wahrscheinlich. Das hast alles du fertiggebracht, Drachenbezwingerin. Wie hast du's nur angestellt?"

„Ihm die Wahrheit gesagt. Aber du mußt nicht Drachenbezwingerin sagen. Es war doch der heilige Georg, nicht die Margarethe, der den Drachen erschlagen hat."

„Ach was. Ich hab' einmal ein Bild gesehen, da stach sie mit einer Lanze ganz hübsch und zierlich nach dem Drachen. Weißt du, solch ein Bild stellen wir in der Stiftskirche auf. Und die Margarethe soll dein Gesicht haben, dein liebes, süßes Gesicht..." Sie küßten sich.

Dann aber fuhr Ulrich eifrig fort: „Ich hab' überhaupt eine Menge Pläne. Weißt du, ich hatte hier so schön Zeit, mir alles auszudenken: Eine neue Kirche kommt mitten hinein in unsere Vorstadt und ein Kloster. Die Pläne für die Vorstadt hab' ich hier neu gezeichnet, die beiden da haben mir geholfen, es sind wirklich nette, liebe Burschen, die mich mögen. Und weißt du, was mir eingefallen ist: Der Kaiser könnte doch das königliche Hofgericht, das in Rottweil viel zu sehr an der Peripherie des Reiches und bei dem Gebiet der aufsässigen Schweizer liegt, nach Stuttgart verlegen, das brächte für unsere Stadt hübsche Vorteile, Handel, Reisende, Verkehr... Ich hab' ihm in diesem Sinn geschrieben."

„Wem? Dem Kaiser doch nicht?"

„Natürlich ihm. Ich bin ja sein Feldhauptmann und hab' doch, weiß Gott, manches für das Reich getan und erfochten, da kann er meine Wünsche schon berücksichtigen. Wär' ich hier, wenn er nicht diesen Krieg befohlen und unterstützt hätte? Er hat noch nicht geantwortet, der Langweiler, aber das wird schon noch kommen."

„Von hier aus hast du das an ihn geschrieben?"
„Versteht sich. Anfangs durfte ich schreiben, soviel und an wen ich wollte."

Sie drückte ihren Kopf an seine Schulter. „O Utz, Utz, du ewig Hoffnungsvoller."

„Bist du das nicht selber? Hoffnungsvoll? Sagst du nicht auch immer: Das geht schon, das wird schon? Wärst du hierhergekommen, wenn du nicht gehofft hättest, du vermöchtest sogar diesen bösen Fritz zu bezwingen?"

„Ach, Ulrich, ich bin freilich so. Aber daß es einen geben könnte, der dem Schicksal noch mehr zutrauen mag als ich, das hätt' ich nicht gedacht."

„Sagen wir statt Schicksal doch lieber: Dem guten Herrgott oder auch Unserer lieben Frau. Oder am besten: der heiligen Margarethe", sagte er und küßte sie wieder.

Als Margarethe nach zwei Tagen wieder gen Stuttgart ritt, war alles rings um sie verändert. Tauwind und milder Regen hatten allen Schnee weggewaschen. Frühlingshauch lag in der Luft, die Erde duftete, und die Sonne schien.

8

Ende April konnte Ulrich dann heimkehren. Man hatte viel bezahlt und Güter verpfändet, und weiteres mußte folgen. Zum Abschied hatte der Kurfürst doch die Sitte eingehalten, die vorschrieb, daß Gefangene zum Abschied reichlich bewirtet werden mußten und Geschenke erhielten.

Ulrich kam auf einem schönen, feurigen Rappen heimgeritten, den er vom Kurfürsten erhalten hatte, und erzählte daheim lachend, das Abschiedsmahl sei großartig gewesen, nur habe es kein Brot gegeben, der Kurfürst habe gesagt, da die ganze Ernte von den Herren vernichtet worden sei, so könne er ihnen leider auch kein Brot vorsetzen. Aber es habe soviel andere, leckere Speisen gegeben, daß man das Brot wahrhaftig nicht vermißt habe.

Der Einzug des Grafen in seine gute Stadt Stuttgart erfolgte gegen Abend und war nicht gerade ein Triumphzug zu nennen. Aber die Leute liefen doch zusammen und riefen ihm ihr „Grüß Euch Gott" und „Jetzt isch aber doch noch guet gange, Herr Graf, mir hent schon denkt, Ihr kommet gar nemme" entgegen. Er dankte nach allen Seiten, rief, soweit sei's nun doch nicht gekommen, daß ihn der böse Fritz mit Haut und Haar verschluckt habe, lachte und freute sich, daß er wieder daheim war.

Großer Jubel war bei den Kindern, sie mochten sich gar nicht mehr vom Vater trennen. Elisabeth, die jetzt neun Jahre alt war, erklärte, das sei ihr gerade recht, daß sie den dummen Sohn des Badeners nicht heiraten müsse, der Herr Vater werde schon eine bessere Partie für sie finden, was Ulrich auch eifrig versprach.

Er wirkte glücklich, erlöst, hoffnungsfroh. Aber Margarethe merkte doch, daß das Erlebte nicht spurlos an ihm vorübergegangen war. Er hatte zuerst ziemliche Mühe mit dem Gehen, schleppte sich nur so vorwärts, die Muskeln waren durch den Mangel an Bewegung erschlafft. Doch das überwand er bald und ritt wieder viel auf die Jagd. Daß er oft Gliederschmerzen hatte, die wahrscheinlich rheumatischer Natur und durch den Aufenthalt in dem feuchten Gewölbe verursacht worden waren, brachte Margarethe erst nach einer Weile aus ihm heraus, denn dergleichen wollte er nie wahrhaben. Aber sie sah auch, daß er sich oft ermüdet in einen Sessel fallen ließ und daß Zorn und Mißmut sich öfter bei ihm einstellten, als das früher geschehen war. Sie vermutete, daß er, all seinem fröhlichen Großtun zum Trotz, doch heimlich immer noch unter der Demütigung litt, die man ihm zugefügt hatte.

Seine Baupläne aber wollte er trotz akuten Geldmangels durchaus nicht aufgeben. In dem großen Areal, das man für die Vorstadt abgesteckt hatte und das bis an die Seen reichte, sah es trostlos aus. Nur ein paar ganz reiche Bürger hatten ihre Häuser dort fertig bauen können. Alles übrige war steckengeblieben, den von den Sondersteuern belasteten Bauherren fehlte das Geld, und Staatszuschüsse gab es nicht mehr. Grundmauern standen verlassen hier und dort, Schutthalden überwuchs bereits das Gras, Bauholz verkam unbenutzt, die riesengroße Umwallung hatte nur an einigen Abschnitten schon Mauern, im übrigen war die Vorstadt von Hecken, Reisiggeflecht oder Erdhaufen notdürftig umgrenzt. Margarethe mochte dort gar nicht mehr hindurchreiten, es schnitt ihr ins Herz — ihre geliebte Vorstadt, deren Pläne sie so eifrig befürwortet hatte — ach, sie würde niemals mehr fertig gebaut werden und als trostloser Trümmerhaufen verkommen.

Ulrich war anderer Ansicht. Er erklärte eines Tages, jetzt müsse endlich mit dem Bau der Kirche und des Klosters, das er stiften wollte, begonnen werden. Beide sollten den Mittelpunkt der neuen Vorstadt bilden. „Weißt, als ich in dem elenden Loch lag, da hab' ich geschworen, sollt' ich je einmal herauskommen, dann würde ich der lieben Gottesmutter ein Kloster errichten. Schließlich haben alle die bedeutenden Fürstenresidenzen ein Kloster, wir brauchen unbedingt auch eins. Die Kirche wird schön, die Pläne hab' ich schon. Und weißt du, was wir vor die Kirche stellen: eine Statue der heiligen Margarethe über einem Brunnen. So hab' ich mir das in der Gefangenschaft ausgedacht, und so wird's werden."

„Ulrich, das Lösegeld ist noch nicht voll abgezahlt, die ganze Landschaft stöhnt unter den Lasten, wir haben Schulden über Schulden — wo sollen die Mittel für das Kloster herkommen?"

„Vielleicht wird der Papst einen Ablaß ausschreiben, ich werde mal bei ihm anfragen. Im übrigen — wir müssen halt borgen..."

„Glaubst du, daß uns noch irgendeiner Kredit geben wird?"

„Ich werd' schon einen finden, keine Sorge."

„Ulrich, die Stiftskirche ist noch nicht einmal fertig ausgebaut, und du willst..."

„Lirum, larum, nicht so mutlos, mein lieb's Weible. Gott wird uns helfen, es wird schon alles werden."

Aber vorerst blieb es doch beim Planen. Eine Sache aber wurde wenigstens fertig: Schon ehe er in den unglücklichen Krieg zog, hatte Ulrich bei einem begabten Ulmer Maler einen Flügelaltar für eine Seitenkapelle der Stiftskirche bestellt. Der eigentliche Altar war nun fertig geworden: Maria mit dem Jesukind, umgeben von den wirtembergischen Hausheiligen Elisabeth, Margarethe, Ludwig und Ulrich. Jetzt begab sich der Maler mit Eifer an die beiden Seitenflügel des Altars, die den Stifter und seine drei Gattinnen zeigen sollten. Er kam ins Schloß und machte sowohl von Ulrich wie auch von Margarethe Porträtskizzen, „damit's au ähnlich wird", wie er sagte.

Zwei Monate später konnte er dem Grafenpaar stolz sein Werk vorzeigen. Die Farben der Gewänder glänzten noch frisch und klar, der goldene Grund leuchtete. Ulrich nickte befriedigt: „Schön, Meisterlein, schön", und der Maler strahlte.

Aber dann fand Ulrich doch etwas auszusetzen. „Die drei Damen sind ja recht prächtig geraten, aber warum knien meine zwei ersten Gattinnen so großmächtig vornean, und die dritte, die Frau Gräfin hier, schaut nur noch so klein und dürftig hinter ihnen vor?"

Der Meister kratzte sich verlegen am Kopf.

„Ja, da haben gräfliche Gnaden schon recht. 's ist halt so: Da hat der Platz nemme recht g'langt. Mir hent's falsch ausg'messe, die Lehrbube hen des versaut... Aber i han denkt, weil die gnädige Frau Gräfin sowieso e bißle klein gewachsen ist..." Er sah Margarethe hilfesuchend an.

Die lachte. „Ganz recht, schadet gar nichts, Meister. Ich bin die letzte, da kann ich schon ein bißchen hinten vorgucken."

Aber Ulrich fiel wieder etwas auf. „Jetzt hör' aber einmal, du Erzschelm: Die drei, die sehen sich ja ganz gleich. Da hat eine wie die andere das gleiche liebe G'sichtle meiner jetzigen Frau, und meine zwei ersten

Die drei Ehefrauen Ulrichs des Vielgeliebten.

haben doch ganz und gar anders ausgesehen, die Bayerin zumal, die hat ein viel grämlicheres Aussehen gehabt..."

Jetzt wurde der Meister rot. „Bitt' recht schön um Vergebung, Euer Gnaden. Aber ich bin ja erst nach Stuttgart gekommen, als Eure zwei ersten Gemahlinnen schon verstorben waren. Ich weiß ja gar nicht, wie die ausgeschaut haben. Und da — da hab' ich halt denkt — man sagt doch, Euer Gnaden hat alle seine drei Gemahlinnen so von Herzen lieb gehabt, und da mögen sie einander doch wohl ähnlich gesehen haben. Aber wenn's Euer Gnaden so nicht recht ist, könnt man's ja noch ein bißle übermalen, daß die gnädige Frau von Bayern grämlicher dreinschaut..."

„Nein, nein", rief Ulrich, und er und Margarethe lachten im Duett, „laßt's, wie's ist. Dreimal Margarethe, das ist mir im Grunde ganz recht — kann sowieso gar nicht genug von ihr bekommen", flüsterte er ihr zu.

Dann wurde die andere Tafel besichtigt. Hier hatte Ulrich nichts auszusetzen. Er kniete, wie es die Stifter auf allen Altarbildern taten, voll gerüstet in blitzendem Eisen da und hob die Hände, als wolle er beten, zu der Mutter Maria des Hauptbildes auf. Das Geschmeide auf der Stirn, aus dem eine Feder emporwuchs, das lockige, rötliche Haar und, wie er fand, auch das Gesicht, alles war wohl getroffen und so wie er's haben wollte. Aber während er dem Meister seine Anerkennung aussprach, vertiefte sich Margarethe in das Studium eben dieses Gesichtes und erschrak. Was, wenn er sprach und lachte durch seine lebhafte, fröhliche Art verdeckt wurde, trat hier mit einer Deutlichkeit zutage, die ihr ins Herz schnitt: Ihr Ulrich war nun doch gealtert. Zwar zeigte sich kein Grau im Haar, aber da war ein müder Ausdruck um die dunklen Augen, die hier so ernst und wie hilfesuchend zur Madonna aufschauten, die eingefallenen Wangen, der zusammengepreßte, schmallippige Mund, dessen Winkel sich etwas nach unten zogen — wie in Mißmut oder verhaltenem Schmerz, das waren die Zeichen, die von jener Leidenszeit in Heidelberg zeugten, das, was davon geblieben und nicht mehr wegzuwischen war, so sehr er versuchte, es zu überspielen und vor ihr zu verbergen. — „Ach, mein Ulrich", dachte sie, „so kommst du nun auf die Nachwelt, als ein Schwergeprüfter, du, der so gerne lacht und den man mit einem Rosenkranz im Haar und jungen, lachenden Augen hätte abbilden sollen." Aber der Meister hatte nur gemalt, was er gesehen hatte, man konnte ihm keinen Vorwurf machen.

Traurig wandte sie sich ab. Warum sich selbst betrügen? Ulrich hatte Schaden genommen an Leib und Seele, das zeigte sich ja auch oft genug in seinem Verhalten, immer dann, wenn er sich gehen ließ. In diesem Augenblick wußte sie, daß es nun Zeit für sie war, wieder ihr altes Amt als Freudenbringerin anzutreten, daß es an ihr war, aufs neue einem geliebten Menschen, der gelitten hatte, so viel Fröhlichkeit zu geben, wie sie irgend aufbringen konnte!

Es waren für das Land Wirtemberg-Stuttgart keine leichten Jahre, die nun folgten. Die großen Summen, die man hatte aufbringen müssen, die Steuern, die Bürgschaften, die Landverluste — alles das lähmte Handel und Wandel. Armut trat vielfach zutage, auch die Reichen sparten. Ulrichs Bauten stockten, der Bau der Stiftskirche schritt nicht voran, sie war immer noch eingerüstet, und in der Vorstadt wuchsen Gras und Nesseln weiter über Angefangenes und Halbfertiges.

Da aber Ulrich unfähig war zu sparen und doch immer einmal wieder ein großes Fest feiern, fremde Staatsmänner empfangen oder ein Bauvorhaben wenigstens anfangen mußte, so gerieten die Finanzen des Hauses Wirtemberg immer mehr in heillose Unordnung, es war kein Durchkommen mehr. Die Räte wußten nicht zu raten, die Kanzleibeamten plagten sich umsonst. Schließlich blieb nichts übrig, als den jungen Eberhard in Urach um Hilfe und Beistand anzugehen.

Das Ländchen Wirtemberg-Urach blühte und gedieh. Dort herrschte Wohlstand, Staatsschulden gab es nicht. Der junge Eberhard zeigte sich als ein wahres Finanzgenie. Die verwickeltsten Geldverhältnisse könne er im Handumdrehen in Ordnung bringen, sagte man ihm nach. Es war Margarethe, die auf den Gedanken kam, ihn zu bitten, sich ein wenig der Finanzen seines Ohms anzunehmen.

Er kam wirklich, saß in der Kanzlei und verhandelte mit den Räten, prüfte die Bücher, die Schuldscheine — „eigenhändig" — wie man bewundernd sagte, denn dergleichen tat sonst nie ein Fürst.

Er kam dann ins Schloß, legte die Resultate seiner Ermittlungen dar, gab guten Rat und redete dem Ohm ins Gewissen — auf eine so nette Art, daß der nicht beleidigt, sondern dankbar war.

Margarethe fand ihn sehr gereift. Er war ernster geworden, konzentrierte sich jetzt sichtlich ganz auf seine Arbeit, von wilden Jagden und vom Ständchenbringen hörte man nichts mehr. Überall im Land war man verwundert über die Wandlung, die mit dem jungen Herrscher vorgegangen war: Von einem Tag auf den anderen hatte er das leichtfertige Wesen abgestreift wie ein Gewand, das er fallen ließ, hatte die Genossen seiner Streiche entlassen, war nur noch Landesvater und Politiker und ein glänzender Verwalter seines Landesteiles.

„Ja, er ist jetzt so brav und so fleißig und tüchtig, daß ich meine helle Freude an ihm habe und richtig stolz auf ihn bin", sagte Frau Mechthild. „Doch hätte ich gern, daß er sich noch ein wenig in der Welt umsähe, ehe er sich ganz seinen Landesvaterpflichten widmet. Er hat gute Räte, die für eine Weile auch ohne ihn auskommen. Er wünscht sich, das Heilige Land zu sehen und am Grab des Herrn zu beten. Ich rate ihm zu der Pilgerfahrt, die ja heute häufig von jungen Herren hohen Standes unternommen wird, nicht nur um des heiligen Ziels willen, sondern auch weil es lehrreich für sie ist, alle diese Länder und fremden Völker kennenzulernen, die politischen Verhältnisse dort zu studieren und auch, weil die Überwindung der mancherlei Schwierigkeiten und Gefahren, die eine solche Reise mit sich bringt, die Entschlußkraft stärkt."

Margarethe bewunderte uneingeschränkt Frau Mechthilds kluge Sicherheit des Urteils und dachte, daß sie selbst soviel Reife und Überlegenheit nie erreichen werde. Aber sie fand viel Freude daran, Frau Mechthild, die jetzt wieder ganz in Rottenburg wohnte, so oft als möglich zu besuchen. Immer lieber wurden ihr die Lieder und Geschichten, die Frau Mechthild vorlas, ebenso wie die Dichtungen, die ihre hochgeistigen Verehrer Frau Mechthild widmeten. Da war ein grauhaariger Ritter Frau Mechthilds wegen noch auf seine alten Tage zum Dichter geworden und pries sie in prächtigen Versen als seine Muse. Sie lachte freundlich und ein wenig schelmisch über seine Huldigungen, hörte seine Gedichte aber mit gebührendem Ernst und viel Anteilnahme an. Überhaupt wurde an diesem Musenhof der Schönheit ebenso fröhlich wie sittsam gehuldigt, es wurde musiziert und sogar hie und da getanzt. Auch die Wissenschaft zeigte hier kein so strenges Gesicht wie in Heidelberg. Was die Gelehrten in Rottenburg vortrugen, wirkte nicht trocken und unverständlich. Margarethe diskutierte jetzt sogar mit und fand, daß man sie und ihre so offen und frisch vorgetragene Meinung ernst nahm. Sie geriet sogar in einen gelehrten Briefwechsel mit einem Doktor der Naturwissenschaften und hörte mit Vergnügen, daß Eberhards einstiger Lehrer Vergenhans, der sich jetzt lateinisiert Nauclerus nannte und als allseits verehrter Humanist glänzte, sich anerkennend nicht nur über ihre Schönheit und Tugend, sondern auch über ihren Geist ausgesprochen hatte.

Ulrich lachte sie aus, dieser verspäteten gelehrten Neigungen wegen. Im Grunde mochte er es nicht, daß seine Frau sich mit Dingen, die ihn nie angezogen hatten, abgab. So unterließ sie es, ihm viel davon zu sagen, jagte und ritt mit ihm wie einst und machte ihn durch allerlei lustige Reden lachen, was er liebte und was ihm, wie sie wußte, gut tat.

Denn zu den ewigen Geldsorgen, über die er von seinen Räten und den Vertretern der Landschaft oder

Bürgerschaft nur allzuviel hören mußte, kam nun der Kummer und Ärger über seine Söhne, der in diesen Jahren begann und sein ganzes ferneres Leben vergiften sollte.

Eberhard, „der Jüngere", kam endlich aus Burgund und Frankreich, wo er an verschiedenen Höfen gelebt hatte, zurück. Zu Ulrichs Freude hatte der von ihm hochverehrte Kriegsheld Albrecht von Brandenburg eingewilligt, ihm eine spät geborene Tochter für seinen ältesten Sohn zur Ehe zu geben. Der Vertrag war schon vor einiger Zeit geschlossen worden, jetzt wurde im Frühjahr 1467 die Hochzeit in Stuttgart mit großem Pomp gefeiert.

Ulrich war nur zu froh, einen Anlaß für ein rauschendes Fest zu haben, aber die Freude wurde ihm vergällt. Eberhard trat mit einer Arroganz auf, die alle am Hof empörte. Er verlangte für sich und seine junge Frau eine eigene Residenz und eine eigene Hofhaltung. Niemand könne ihm zumuten, erklärte er, in dem alten Kasten in Stuttgart zu leben, zusammen auch noch mit seiner Stiefmutter, die sich mit ihren bald fünfzig Jahren aufspiele, als sei sie noch eine junge Frau und für ihren Putz und ihre Spielereien soviel Platz brauche, daß seine Gattin sich in ein Eckchen quetschen und die zweite Geige spielen müsse. Dies veranlaßte einen der seltenen Zornausbrüche Ulrichs und trübte von Anfang an das Verhältnis zu Margarethe, die sich bisher immer noch bemüht hatte, Ulrich seinen Söhnen gegenüber freundlich zu stimmen, jetzt aber genauso böse über den „jungen Lumpen" war wie Ulrich.

Eberhard sah gut aus, er war schlank und gewandt und hatte ein sicheres, aber auch sehr anmaßendes Auftreten. Schon bald nach der Hochzeit hörte man die übelsten Dinge von ihm. Das junge Paar wohnte in dem schönen „Herrenhaus", das Ulrich einst für seine Ämter gebaut hatte. Aber Eberhard war fast nie zu Hause. Wieder wie bei seinem kurzen Besuch anno 1463 trieb er sich in den Kaschemmen herum, zuerst in Stuttgart selbst, dann hier und dort im Lande. Mit einem Gefolge anrüchiger Gesellen, unter denen besonders ein entlaufener Augustinermönch, Konrad Holzinger, ihm eng befreundet und, wie man sagte, sein „Hurenzutreiber" war, verursachte er überall durch seine zügellosen Ausschweifungen öffentliches Ärgernis. Nicht nur, daß er in das verrufene Nonnenkloster Offenhausen zum Tanz ging, was viele junge Adlige taten, er brach auch gewaltsam in das Kloster zu Kirchheim/Teck ein, tanzte und zechte dort jede Nacht mit den Nonnen, was der Verführung und Unzucht Tür und Tor öffnete.

Ulrich wütete gegen seinen verworfenen Sohn, er schrieb ihm zornige Mahnbriefe, was gar nichts half. Kam Eberhard einmal nach Stuttgart, so ließ er sich im Schloß gar nicht sehen. Seine junge Frau aber flüchtete weinend zu Margarethe, ihr Gatte hatte sie in einem Jähzornsanfall geschlagen und sogar mit dem Messer bedroht. Elisabeth von Brandenburg war ein zartes, feines Geschöpf, schüchtern und fromm, überaus sittsam erzogen. Jetzt flehte sie Margarethe und Ulrich verzweifelt an, sie bei sich zu behalten und sie nicht mehr diesem entsetzlichen Menschen auszuliefern.

Ulrich drohte, Eberhard zu entmündigen oder zu enterben. Es kam zu schlimmen Auftritten, die nichts änderten. Margarethe wünschte den anderen Eberhard herbei. Er hatte schon in der Knabenzeit eine erstaunliche Macht über seine jüngeren Vettern gehabt, vielleicht würde es ihm auch jetzt gelingen, den Unhold zu bändigen. Aber Eberhard war übers Meer gezogen und weit weg im Heiligen Land, er konnte nicht helfen, und die Briefe, die der Markgraf von Brandenburg schrieb, blieben ebenfalls ohne Wirkung.

Schließlich aber bekam Eberhard selbst das Leben in dem „langweiligen Wirtemberg" so satt, daß er wieder nach Frankreich abzog, zusammen mit dem Holzinger und den anderen Genossen, unter Mitnahme von großen Summen Geldes und Hinterlassung von Schulden, die nun sein Vater auch noch bezahlen mußte. Aber wiederum waren alle in Stuttgart so froh, ihn los zu sein, daß man diese Opfer gering achtete.

Der zweite Sohn, Heinrich, zeigte sich dort überhaupt kaum je. Er hatte wie sein Bruder lange am burgundischen Hof gelebt, sich aber entschlossen, nach dem Wunsch seines Vaters geistlich zu werden, war bereits Domherr der Stifte Eichstätt und Mainz, Besitzer mehrerer Pfründe und hatte eine gewisse Aussicht, einst die Nachfolge des Erzbischofs von Mainz antreten zu können. Aber plötzlich erklärte er, keine höheren geistlichen Weihen mehr nehmen zu wollen und zog als Kriegsmann umher. Er wollte heiraten, verlangte eine eigene Grafschaft, dann aber wollte er das doch wieder nicht und kehrte in sein Domherrenstift zurück. Als er einmal kurz in Stuttgart Besuch machte, gewann Margarethe den Eindruck, er sei nicht ganz bei Verstand.

Die Töchter dagegen machten Freude. Zu den vieren gesellte sich nun noch die sanfte Elisabeth von Brandenburg, die Margarethe im Schloß behielt und als ihre älteste Tochter betrachtete. Für die vier heranwachsenden Mädchen wurden bereits Ehemänner gleichen Standes gesucht, denn das war nun einmal so: Fürstentöchter mußten früh heiraten. Ulrich suchte nach guten Verbindungen. Margarethe war es darum zu tun, daß die Gatten der Töchter auch brave und liebenswerte junge Burschen seien. Um ihre älteste Tochter Elisabeth, genannt Betle, machte sie sich keine Sorgen, sie war eine energische, robuste kleine Person, die sich überall durchsetzen würde, und auch Gretle, die zweite, war sicheren und fröhlichen Gemüts. Mehr Gedanken machte sie sich um die Zukunft der kleinen Philippine, die ein zartes, versonnenes Kind war, anders als ihre Schwestern. Sie war keine „dunkle Schönheit" geworden, wie Margarethe gehofft hatte, sondern „sah nichts Besonderem gleich", wie Ulrich sagte. Blaß und unscheinbar, wie sie war, mußte man sehen, sie so zu verheiraten, daß sie nicht allzu große Ansprüche zu befriedigen brauchte und bei einem anständigen, freundlichen Gatten gut aufgehoben war. Helena dagegen, die jetzt erst neun war, versprach, ihrem Namen Ehre zu machen und eine Schönheit zu werden. Ihr glänzendes goldblondes Haar war jetzt schon das Entzücken aller, die sie sahen.

Und dann wurde Margarethe im Sommer 1468 noch eine ganz große und unerwartete Freude zuteil.

Sie hatte Ulrich ein Stück Weges begleitet. Er ritt zum Reichstag nach Speyer, immer noch in der Hoffnung, der Kaiser werde doch einmal seine Verdienste als Feldhauptmann honorieren, was bisher nie geschehen war. Er hatte es gern, wenn sein Margarethle ein Stück Weges mit ihm kam, er trennte sich jetzt überhaupt noch schwerer von ihr als früher.

Schließlich mußte sie aber doch umkehren. Sie winkte aus dem kleinen Fenster ihrer Sänfte, während Ulrich sich noch ein paarmal auf dem Pferd umwandte und zurückgrüßte.

Margarethe benutzte jetzt manchmal die Sänfte, nicht, daß ihr das Reiten Beschwer gemacht hätte, aber getragen zu werden schien eben doch ihrem Alter und Stand angemessener, so fanden wenigstens die Stuttgarter, und sie tat ihnen den Gefallen, sich als würdige Matrone und Landesmutter zu zeigen.

Als sie dann — wieder in der Stadt — durch eine enge Gasse nahe der Stiftskirche getragen wurde, mußten die Träger für kurze Zeit anhalten und die Sänfte absetzen, da vor ihnen ein Wagen voller Warenballen aus irgendeinem Grund nicht weiterkam und stehenblieb. Margarethe blickte ohne Ungeduld in die belebte Gasse hinaus und sah dabei einem kleinen Reitertrupp gerade entgegen, der sich an dem haltenden Wagen vorbeidrängen mußte. Voran ritt ein junger Mann in Reisekleidung, ein Adliger ohne Zweifel. Er kam langsam im Schritt auf Margarethe zu, sie sah sein leicht gebräuntes Gesicht und erschrak bis ins Herz hinein. Diese großen dunklen Augen, die mit einem ernsten, suchenden oder fragenden Ausdruck geradeaus gerichtet waren, sie kannte sie ja so gut, sie tauchten aus der Tiefe der Zeit auf wie ein Gruß aus dem Jenseits. Die breite Stirn, die feinen Brauenbögen — die Nase war anders — aber der Mund, dieser kleine, fast frauenhafte Mund mit den leicht nach oben sich biegenden Winkeln und der kurzen, vorgewölbten Unterlippe, ihrem eigenen Mund so ähnlich...

Es kann nicht sein, es kann nicht sein, dachte sie und wußte gleichzeitig ganz genau, wer das war, der da eben an ihr vorüber ritt, ohne sie zu sehen. Zitternd streckte sie den Kopf aus dem Sänftenfenster. „Monsieur", rief sie. „S'il vous plaît!" Wie immer, wenn sie sehr erregt war, fiel sie in ihre Muttersprache, korrigierte sich aber gleich und rief noch lauter: „Mein Herr! Ich bitte!" Er darf nicht weiterreiten, dachte sie, o Gott, er darf doch nicht einfach weiterreiten...

Aber der junge Mann hatte sich schon umgewandt. Sie winkte, und er drehte das Pferd und kam zurück. „Madame?" fragte er.

Sie sah zu ihm auf, immer noch zitternd, der hoch vom Pferd verwundert auf sie herabblickte. Dann aber glitt sein Blick von ihrem Gesicht zu dem Wappen am Schlag der Sänfte. Sie sah, wie sich die großen Augen noch weiter öffneten und ein tiefer Atemzug seine Brust hob. Rasch sprang er vom Pferd und kam vollends heran. Er verneigte sich. Margarethe sah seine Augen ganz nahe mit erregter Frage auf sie gerichtet. „Gnädigste Frau — Gräfin?"

„Ja", sagte Margarethe und versuchte ein Lächeln. „Ich bin die Gräfin von Wirtemberg. Darf ich — darf ich fragen, wer Ihr seid?"

„Ich nenne mich von Amberg, aber ich bin..." Er schluckte.

„Ihr seid Philipp von Wittelsbach, Philipp von der Pfalz, nicht wahr?"

Er nickte. Auch seine Erregung war so groß, daß er nicht zu sprechen vermochte.

„Wollt Ihr mir ins Schloß folgen? Nur für ein kurzes Gespräch. Ich will Euch nicht lange aufhalten, aber..."

Er verneigte sich wieder. „Ich stehe zu Euer Gnaden Diensten", brachte er hervor.

Der Wagen vor ihnen hatte sich weiterbewegt, die Träger nahmen die Sänfte auf. Der junge Mann winkte seinen Gefährten, der kleine Reiterzug folgte der Sänfte über den Kirchplatz und die Grabenbrücke durchs Tor in den Schloßhof hinein.

Margarethe stieg aus. Sofort stürzten zwei Pagen herbei, ihr zu helfen. Sie hatte sich jetzt gefaßt und gab ruhig ihre Anweisungen. Die Pferde der Fremden wurden in die Ställe gebracht, die Begleiter des jungen Herren in die Hofstube geführt, er selbst folgte der Gräfin in ihre Gemächer.

Doch er zögerte: „Wollen Gnädigste nicht erst..."

„Nein", sagte sie und warf ihren Umhang der Kammerfrau zu, „ich will und kann jetzt gar nichts anderes als Euch — Euch ansehen, mit Euch sprechen. Kommt."

Sie traten in das Zimmer, in dem der Ofen mit dem Amor war, und setzten sich einander gegenüber in die Fensternische.

Jetzt waren sie beide verlegen und wußten im ersten Augenblick nicht, was sagen.

„Philipp", murmelte sie dann, den Blick in dem seinen, „nach all den Jahren — endlich. Ach, und Ihr wärt beinahe an mir vorbeigeritten."

„Und dabei", sagte er leise, „habe ich doch die ganze Zeit über gehofft, meiner Mutter zu begegnen, wenn ich durch Stuttgart ritte. Meine Augen suchten nach Euch, aber Ihr wart es, die mich fand."

„Ihr hättet nicht — hier Besuch gemacht?"

„Die Bestimmungen meiner Reise hätten mir einen offiziellen Besuch nicht erlaubt. Ich bin inkognito und mit wichtigen Aufträgen nach Landshut unterwegs."

„Aber der Herr von Amberg darf doch eine alte Bekannte besuchen. Mein Gatte ist gerade fortgeritten."

„Das bedauere ich", sagte er höflich.

Sie schwiegen. Dann streckte Margarethe ihre Hand aus. „Philipp!" sagte sie.

Er nahm die Hand, beugte sich über sie und küßte sie.

Dann hob er den Kopf, behielt ihre Hand aber in der seinen. „Es war wie ein Wunder", sagte er mit schwankender Stimme, „daß Ihr mich erkanntet — das Umgekehrte wäre so leicht gewesen."

„Ihr wart ein kleines Kind, als ich Euch verlassen mußte", wandte sie erstaunt ein.

„Denkt Ihr im Ernst, daß ein Kind von drei bis vier Jahren nicht das Bild seiner Mutter im Gedächtnis und — im Herzen behielte?" Und da ihre Augen aufleuchteten, fuhr er fast heftig fort: „Ich habe so viel nach Euch geweint, und das sollte ich vergessen haben?"

„Geweint? Nicht nur im Augenblick — als ich ging, auch — auch später noch?"

„Oft. Ich konnte es nicht begreifen, daß man mich nicht mehr zu Euch ließ. Ich fürchte, ich bin meiner Umgebung sehr lästig gefallen." Jetzt versuchte er zu lächeln. „Diese Trennung war etwas, das ich nie ganz überwinden konnte."

„Ach, Philipp, und ich auch nicht", rief sie weinend. „Wie ein Stein ist dieser Kummer in mir gelegen. Ach, warum bist du nicht fortgelaufen und zu mir gekommen?"

„Das durfte ich nicht tun", sagte er ernst.

„Nein, ich weiß. Aber auch jetzt wärst du vorbeigeritten", wiederholte sie vorwurfsvoll.

„Herr Friedrich weiß nicht, daß ich Stuttgart passiere. Er — er wünscht keine Verbindung zwischen Eurem Gatten und mir."

„Das ist zu denken", rief sie zornig. „Aber du bist erwachsen, Philipp. Stehst du wie ein Kind unter seinem Befehl?"

„Als sein Nachfolger trage ich Verantwortung, Madame." Das kam zurechtweisend.

Sie sagte etwas kläglich: „Ich bitte um Vergebung. Ich sage du — und Euer Rang..."

„Ach was, Rang!" rief er mit einem innig liebevollen Blick. „Ich bin Euer Kind und immer noch — du..."

Da sprang sie auf und fiel ihm um den Hals. „Mein Kind — mein Sohn", stammelte sie, „mein Verlorener, Wiedergefundener..." Sie hielten sich umschlungen.

Doch dann löste sie sich von ihm. „Ich habe um dich gekämpft. Aber er — ich konnte zuletzt doch nicht gegen ihn aufkommen."

Wieder erschien das verhaltene Lächeln auf dem schönen, jungen Gesicht. „Niemand kann gegen ihn aufkommen, das muß ich am besten wissen."

„Aber sag, Philipp, war — war man gut zu dir? Hast du nicht leiden müssen?"

„Nein. Er war immer sehr gut zu mir. Wie ein wirklicher Vater."

„Ich habe gesehen, wie er zu seinen eigenen Kindern war."

„Zu mir war er geradeso. Ich habe nichts vermißt als eben die Mutter. Ich durfte lernen, soviel ich wollte."

„Als ich in Heidelberg war, da warst du gerade in Paris."

„Ich habe auf beiden Hochschulen studiert, dort und in Heidelberg."

Sie sah ihn mit kämpferischem Blick an. „Aber du solltest jetzt Kurfürst sein, Philipp, nicht er. Dir stünde das zu."

Er winkte ab. „Ich bin froh, daß ich es noch nicht sein muß. Daß ich Zeit habe zu lernen und zu reisen. Ich habe eine große Liebe zu den Wissenschaften und den Künsten. Ich kann sie unbehindert befriedigen. Herr Friedrich sagt oft, daß er nicht genug Gelegenheit dazu hatte. Ich habe sie. Frau Mutter, ich habe, als ich mündig wurde, eine Erklärung abgegeben, daß ich aus freiem Willen vorerst zu seinen Gunsten auf die Kurfürstenwürde verzichte. Es war mein freier Wille. Politik ist ein schweres, ein hartes Handwerk, Madame. Man muß Zeit haben, es zu lernen. Wie froh bin ich, wenn ich sehe, wie er kämpfen muß, daß ich davon vorerst noch verschont bleibe. Ich weiß nicht, ob ich seine Stärke besäße."

„Aber du wirst ein guter Kurfürst werden, Philipp. Er sagte es selbst. Ein besserer als er. Du wirst Frieden halten."

„Vergeßt nicht, daß er keinen dieser Kriege vom Zaun gebrochen hat. Auch ich müßte mich wehren, wenn man mich überfiele und die halbe Welt gegen mich stünde."

„Aber du wärst nicht so hart, nicht so grausam. Das sehe ich dir doch an, Philipp."

„Ach, gnädige Frau Mutter", sagte er bittend, „ich weiß ja, Ihr und Euer Gatte habt viel durch ihn gelitten. Ich verstehe vollkommen, daß Ihr ihn haßt. Aber ich sehe auch die andere Seite. Ich stehe zwischen Euch."

„Du liebst ihn", sagte sie leise.

Er nickte. „Er hat zwei Seiten — wie vielleicht alle Menschen."

„Ich weiß", gab sie zu. Sie setzte sich auf. „Du reist also, Philipp?" wechselte sie das Thema.

„Jetzt nur nach Landshut. Später will ich wieder größere Reisen antreten."

„Ins Heilige Land? Dort reist der junge Eberhard von Urach zur Zeit."

„So weit doch nicht. Das Abendland ist für mich wichtiger. Hier sind die Herrscherhäuser, von deren Einstellung ich für später Kenntnis haben muß. Den Uracher Eberhard sah ich einige Male in Heidelberg, aber vor Jahren. Jetzt war ich ja nur so selten daheim."

Es schnitt ihr ins Herz, daß er Heidelberg „daheim" nannte. Aber er war ja dort geboren und aufgewachsen, sie war es, die sich gelöst hatte.

„Du sagst, für später. Du bist ganz sicher, daß er dir den Thron überlassen wird, wenn..."

„Wenn er es für an der Zeit hält. Wenn er nicht vorher stirbt, heißt das. Ich bin ganz sicher. Sein Wort hält er immer."

„Doch ja. Auch das weiß ich."

Er, immer wieder — *er*. Friedrichs Schatten stand zwischen ihnen. Aber es war kein düsterer und wirklich trennender Schatten. Sie verstanden einander.

Margarethe ließ Wein kommen, essen wollte Philipp nichts. Sie saßen und redeten und erzählten, und die ganze Zeit über war die tiefe Liebe und das große Verstehen von Mutter und Sohn zwischen ihnen.

Sie sagte: „Weißt du, warum ich dich auf der Straße erkannte? Weil du meinem Vater so gleichst." Sie beugte sich vor und strich ihm die kleinen Locken, die ihm in die Stirn fielen, zur Seite. „So wie du jetzt, so muß er ausgesehen haben, als er seine Marie, meine Mutter, heiratete."

„Euer Vater? Er war ein großer, ein besonderer Mann. Ich gleiche ihm gern."

„Ich habe ihm sehr nahe gestanden. Aber sag, Philipp, hast du denn nicht vor, zu heiraten? Du hättest das Alter, du bist zwanzig. Hat dein Adoptivvater noch keine Frau für dich ausgesucht?"

„Er wollte es tun. Aber ich habe abgelehnt. Ich will noch frei bleiben, noch keine Familie gründen, die mich bindet. Und dann — ich will mir die Dame, die ich heiraten möchte, selbst aussuchen." Er lächelte stolz.

„Das wird er verstehen?"

„Gewiß. Er hat es selbst nicht anders gemacht."

„Ist Frau Klara noch bei ihm?"

„Sie wird es bleiben bis an seinen oder ihren Tod."

„In dieser Sache bewundere ich ihn. Er sagte schon, nachdem er sie zum ersten Mal gesehen hatte, diese Frau werde er sich nehmen und nie eine andere. Wirst du ebenso treu sein, Philipp?"

„Ich hoffe es."

Das Gespräch glitt auf andere Dinge über. Margarethe erzählte von ihrem Leben, von ihren Kindern. „Du mußt deine Schwestern noch sehen, ehe du gehst. Es sind prächtige Mädchen alle vier. Ulrich liebt sie fast so sehr wie seine Bauten."

Ach, die Bauten! Jetzt kamen sie an die Reihe. Margarethe erzählte und beschrieb. Lächelnd sah ihr Sohn, wie ihr Gesicht, das die kindhafte Lieblichkeit nicht verloren hatte, sich rötete, wie ihre Augen im Eifer blitzten. ‚Welch ein süßes, kleines Ding meine Mutter doch ist', dachte er. ‚Wie sie sich erwärmen, begeistern kann.' Er selbst war ruhiger, überlegter geartet. Aber eben deswegen griff es ihm ans Herz, ihre Klagen zu hören: „Die Vorstadt — wir hatten so wundervolle Pläne gemacht. Es sollte werden wie in Turin: ganz gerade Straßen, Häuserblöcke, doch nicht einer wie der andere, lebendig alles, Häuser verschiedenster Art, aber alle schön gebaut, Gärten dazwischen und am Rande viel Raum, damit die Stadt immer noch wachsen kann, ehe sie an ihre Mauern stößt. Und wie das alles nun daliegt, ein Trümmerhaufen, nichts ist vollendet, nur Dornengehege. Bretter statt festen, umfassenden Mauern..."

„Ja", sagte er. „Ich bin ja dort vorbeigeritten und habe es gesehen."

„Ich mag's gar nicht anschauen, reite immer andere Wege, wenn's irgend möglich ist. Wir haben ja kein Geld. Alle Einkünfte, alle Renten, alle Orte, die ich selbst besessen habe, sind verloren. Ich hatte noch den größten Teil meiner Mitgift aus meiner ersten Ehe zu bekommen, aber die Schulden lassen sich nicht eintreiben, alles Schreiben nutzt nichts, Neapel und Sizilien gehören dem Aragon, und König René, der Gute, in seinem Angers bedauert unendlich — er hat ebensowenig Geld wie wir. Ulrich fällt das Sparen so schwer, er möchte so gern viel für sein Stuttgart und sein Land tun, er möchte Feste feiern, und ich kann nichts, gar nichts dazu beitragen. Ich weiß nicht, wie das gehen soll, da wir unsere Töchter doch ausstatten müssen. Aber ich klage dir etwas vor, das soll nicht sein. Das leidige Geld, reden wir von etwas anderem."

Sie redeten von dem und jenem und immer weiter, stundenlang, sie konnten gar nicht aufhören. Zuletzt mußte er noch seine Schwestern begrüßen, die den fremden großen Bruder zunächst höchst verwundert, dann kritisch — sie waren ja Schwäbinnen — und schließlich erfreut und zutraulich betrachteten. Besonders schön fanden sie es, daß sie — ihre Mutter schärfte ihnen das ein — zu niemandem von diesem jungen Mann sprechen, vor allem nichts von einem Bruder sagen durften, allenfalls hinwerfen: „Ach, da war so ein Herr von Amberg hier, hatte irgendwelche Geschäfte in Stuttgart..." Sie versprachen es mit lachenden Augen.

Als Philipp mit seiner Mutter die Treppe hinabging, sagte er: „Wißt Ihr, diese kleine Helena — wenn sie nicht meine Schwester wäre, ich wäre versucht, um ihre

Hand — für später — zu bitten. Ihr gebt sie nur einem Mann, der Schönheit zu schätzen weiß, nicht wahr?"

„Selbstverständlich", sagte sie.

Als er endlich doch gehen mußte, hielt sie seine Hand fest. „Es war so schön, daß ich dich — darf ich sagen — kennengelernt habe? Gesehen habe, was für ein guter, klarer, aufrechter Mann aus dir geworden ist. Werde wie dein Großvater, dem du gleichst. Ich hoffe, wir werden uns eines Tages wiedersehen."

„Das hoffe ich auch von Herzen, liebste Mutter." Sie küßten sich.

Dann ritt er weg, und traurig und glücklich zugleich sah sie ihm vom Erkerfenster aus nach.

Sie erzählte Ulrich von dem Besuch, als er zurückkam. „Aber sprich bitte nicht darüber. Der böse Fritz könnte ihm Schwierigkeiten machen."

„Gewiß", sagte er. Sie merkte, daß sein Interesse an der Sache nicht sehr groß war.

Mehrere Monate waren verflossen, es ging schon auf Weihnachten zu. Da gelangte an die gräfliche Kanzlei zu Stuttgart ein Schreiben aus Heidelberg, das ankündigte, mit spezieller Bewilligung Seiner Gnaden, des Kurfürsten, werde von nun an die jährliche Rente der ehemaligen Frau Kurfürstin Margarethe, jetziger Gräfin von Wirtemberg, aus den Rheinzöllen, reduziert auf 2000 Gulden pro Jahr, wiedergewährt und erstlich im Januar kommenden Jahres ausgezahlt werden.

Nachdem der Kanzler Wyle, der dies in trockenem Ton dem gräflichen Paare vorgetragen hatte, wieder gegangen war, sahen Ulrich und Margarethe einander sprachlos an. „Verstehst du das?" murmelte er endlich.

Sie fiel ihm um den Hals. „Ulrich, Ulrich, jetzt bauen wir unsere Vorstadt weiter!"

Nun lachte er. „Das tun wir, das tun wir. Ein Wunder! Das hast wieder du fertiggebracht, du allein, heilige Margarethe, Drachenbesiegerin." Er schwang sie in die Runde.

„Nein", rief sie atemlos. „Nein, da steckt mein Philipp dahinter. Ich habe ihm doch vorgeklagt. Er hat

Einfluß auf den Kurfürsten. Kein Wunder." Sie glühte vor Stolz auf ihren Sohn.

Ulrich stellte sie zu Boden. „Viel ist es ja nicht gerade. Und eigentlich so etwas wie ein Almosen."

„Ach was, Almosen. Ich habe ein Recht darauf, das weißt du, und das weiß der böse Fritz im Grund auch ganz genau. Wenn Philipp es gemacht hat wie ich und ein bißchen an sein Gewissen gerührt hat, dann kannst du dafür genauso dankbar sein wie ich. Und jetzt wird gebaut."

„Jawohl, gebaut wird", sagte er.

9

Und es wurde gebaut. Mauern wuchsen um die Vorstadt, Disteln wurden gerodet, Fundamente ausgehoben. Glücklich betrachteten Ulrich und Margarethe fast täglich, was da wuchs und entstand. Auch an der Stiftskirche und anderen Bauvorhaben Ulrichs wurde weitergearbeitet und die Pläne für das Kloster und seine Kirche mit dem tüchtigen Baumeister Aberlin Jörg besprochen und gründlich ausgearbeitet.

Aber das alles kostete natürlich viel Geld. Im ganzen Reich nahm die Geldentwertung zu, die Preise stiegen und mit ihnen die Löhne. Da waren die 2000 Gulden Rente, die Margarethe nun wieder in jedem Januar bekam, im Grunde ein Tropfen auf den heißen Stein, und wenn Ulrich und Margarethe auch des fröhlichen Glaubens waren, daß man angesichts eines so unverhofften Gottesgeschenkes munter in den Säckel greifen könne, so wuchs der Schuldenberg doch unaufhaltsam an.

Seufzend schrieben Ulrichs Finanzräte neue Steuern aus. Da aber wehrte sich die Stuttgarter Bürgerschaft. Im Rat der Stadt saß die „Ehrbarkeit", eine starke Gruppe miteinander versippter und verschwägerter, wohlhabender und sehr selbstbewußter Bürger, die sich nicht scheuten, ihrem Stadtherrn deutlich die Meinung zu sagen. Es gab Proteste und heftige Kontroversen. Ulrich mußte zu diesen Männern sprechen und sich verteidigen. Die Stadt wuchs und gedieh, seine Bauten kosteten nicht nur, sie förderten auch den Wohlstand, da sie den Bürgern Arbeit und Lohn gaben, die Geldentwertung, an der er weiß Gott nicht schuld war, verringerte auch seine Einkünfte, und trotzdem schuf er Werke, die der jungen Stadt zugute kamen und ihr ein großes Ansehen auch in fernen Landen sicherte.

Aber die Ehrbaren erkannten das nicht an. Das Ansehen Stuttgarts sei gesichert, auch ohne daß man Schulden auf Schulden häufe und die Bürger belaste, meinten sie. Ulrich könne nun einmal nicht sparen, er habe mehrfach versprochen, sich einzuschränken, das Gegenteil sei geschehen. Und dann folgte ein Satz, der eine deutliche Spitze gegen Margarethe enthielt: Früher — unter den beiden ersten Gemahlinnen des Herrn Grafen — sei es sparsamer zugegangen, da habe ein „löbliches, ehrsames" Leben geherrscht, jetzt — man sehe nur die Unordnung an, die heute in den gräflichen Finanzen herrsche.

Margarethe wurde sehr böse. „Jetzt soll ich schuld sein, ich, die immer zur Sparsamkeit gemahnt hat. Was denken diese Unverschämten sich eigentlich? Gerade sie sind es, die in unserer Vorstadt in schönen Häusern wohnen werden, ihnen kommt sie zugute, ihnen, die sowieso im Fett sitzen, aber ihre Mäuler nicht weit genug aufreißen können."

Das mit der Unordnung in den Finanzen stimmte allerdings. Margarethe und Ulrich berieten, und dann wurde wieder einmal nach Urach um Hilfe geschickt.

Eberhard kam. Er war jetzt längst von seiner Reise ins Heilige Land zurück und führte in Urach die Regierung mit soviel Geschick, daß sein Ländchen immer mehr aufblühte. Da gab es keine Schulden und keinen Ärger mit den Bürgern, sondern nur wachsenden Wohlstand und allgemeine Zufriedenheit.

„Wie macht er das nur?" fragte sich Margarethe bewundernd. Nach getaner Arbeit setzte sich Eberhard wieder zu ihr in den Erker ihres Ofenzimmers, und sie plauderten bei einem Gläschen Wein, wie sie's immer taten, wenn er nach Stuttgart kam.

Eberhard hatte offenbar eine tiefe Zuneigung zu seiner kleinen Tante gefaßt, er betrachtete sie als seine zweite Mutter und Vertraute. Es hatte sich so eingespielt: Er erzählte ihr mehr von sich, als er es sonst je tat, Dinge, die er vielleicht nicht einmal seiner Mutter anvertraute.

Ulrich jagte natürlich wieder in den Schönbucher Wäldern, sie waren allein.

Margarethe lobte den getreuen Helfer gebührend. „Wenn wir Euch nicht hätten... Ist die Unordnung wirklich so groß?"

„Heillos. Aber keine Sorge, liebe Frau Tante. Wir vermeiden den Staatsbankrott. Irgendwie geht alles."

„Ich sag's ja: ohne Euch, ich glaube, da wären wir armen Stuttgarter verloren."

„Ihr armen Stuttgarter mit Eurer Bauwut und Euren Festen", sagte er und lachte.

„Ihr meint, die frechen Ehrbaren haben recht?" fragte sie etwas kläglich. „Aber — die Vorstadt — Ihr müßt doch selbst sagen..."

„Sie muß fertig werden, das ist sicher. Aber man muß langsam vorgehen, Schritt für Schritt, Einnahmen und Ausgaben immer gegeneinander abwägen..."

„Ach, Eberhard, sie sagen, ich sei schuld. Aber was tu ich denn Schlimmes oder Leichtfertiges? Ich könnte sehr bescheiden leben. Daß Ulrich mir immer wieder einmal Schmuck schenkt, das tut er doch nur, um den bösen Fritz Lügen zu strafen, der gesagt hat, meinem Gatten würde kein Geld bleiben, mir etwas Schönes zu kaufen."

Eberhard betrachtete sie mit schief geneigtem Kopf. „Sicherlich nicht nur deswegen, liebwerte Frau Tante. Wenn ich Euer Gatte wäre, ich würde Euch auch Schmuck schenken."

Sie lachte errötend. „Soll das ein Kompliment sein? Eberhard, Ihr seid jetzt so brav und sittsam und nur der Arbeit ergeben. Hat der Besuch des Heiligen Grabes unseres Herren Euch so verwandelt?" Während sie fragte, dachte sie: Nein, es ist ja früher geschehen — die plötzliche Wandlung — vor sechs Jahren...

Er sah vor sich nieder. „Das war die Folge, nicht die Ursache."

Er schwieg. Sie hatte Gerüchte gehört: Man hatte von einer sehr ernsten Liebschaft mit einem adeligen Fräulein gesprochen... Sie fragte unvermittelt: „Mögt Ihr nicht bald einmal heiraten, Graf Eberhard?"

Er blickte nicht auf und spielte mit den Fransen an seinem Wams. „Später", murmelte er. „Natürlich." Dann sagte er sehr ernst: „Da war einmal eine, die hab ich heiraten wollen. Sie war nur aus dem kleinen Adel, es hätt' vielleicht Kämpfe gesetzt, aber die hätt' ich durchgefochten. Sie ist mir aber gestorben, ehe... Im Kindbett", vollendete er und senkte den Blick wieder.

„Ach." Margarethe sah ihn mitfühlend an. „Armer Eberhard. Die Mutter Eures..."

„Meines Ludwigs, ja." Margarethe wußte von diesem Kind, seinem jüngsten illegitimen Sohn, den er Frau Mechthild gebracht hatte, die ihn in Rottenburg aufzog.

Er sprach leise weiter. „Das hat mir einen Stoß versetzt, Frau Tante. Ich war doch sozusagen schuld an ihrem Tod. Davon bin ich nicht losgekommen. Ich hab' mir gesagt: So darf's nicht weitergehen. Jetzt muß Schluß sein mit dem Leichtsinn und dem liederlichen Leben, Schluß für immer." Er lächelte etwas verzerrt. „Ihr könnt nun mit mir zufrieden sein, Frau Tante."

„Das bin ich auch", sagte sie herzlich und legte ihre Hand auf die seine. „Daß Ihr so Schluß machen konntet, das zeigt, daß Ihr ein ganzer Mann seid, Eberhard."

Sie dachte an Ulrich. Zu solcher Selbstzucht wäre er niemals fähig gewesen. Er hatte ihr gestanden, daß er früher auch hier und da einmal „nebenaus" gegangen sei und ein paar uneheliche Kinder habe — einer seiner Söhne, ein sehr tüchtiger Mann, saß in der gräflichen Kanzlei —, aber jetzt, da er sein Margarethlein habe, behauptete er, sei er brav geworden. Sie war aber nicht ganz sicher, ob er's während ihrer Ehe immer gewesen war. Jetzt freilich, wo er sich mit leiblichen Übeln und vielen äußeren Schwierigkeiten herumschlagen mußte, da war es ihr oft, als klammere er sich an sie wie ein hilfesuchendes Kind. Nun war und blieb er freilich „brav". Aber der ernste Entschluß des jungen Eberhard, das war doch etwas ganz anderes.

Er hatte geschwiegen, jetzt blickte er wieder auf und sagte: „Aber denkt, Frau Tante, was mir geschehen ist. Auf der Rückreise vom Heiligen Land — in Italien — als ich von Revere nach Ostiglia über den Po setzte, da war auf der Fähre ein Mädchen, das meiner toten Liebsten ganz erstaunlich ähnlich gesehen hat. Sie war noch ganz jung, vielleicht vierzehn, aber von einer klaren Schönheit, die mich zum Staunen brachte. Ich konnt's gar nicht recht glauben, diese Ähnlichkeit und... Wir haben nur ein paar Worte gewechselt, sie konnte ein wenig Deutsch — ich Esel war so erschlagen, daß ich vergaß zu fragen, wer sie sei. Sie wurde wie eine Prinzessin behandelt. Aber sie hatte kein Gefolge bei sich — nur zwei kleine Freundinnen. Und dennoch — dort in Revere hat der Markgraf von Mantua ein Schloß, er hat Töchter, hörte ich, und die Markgräfin ist eine Brandenburgerin..."

„Ihr müßt Euch erkundigen", drängte Margarethe.

„Ich habe meine Fühler ausgestreckt." Seine Miene zeigte ihr, daß er nicht mehr sagen wollte.

„Das wäre ja wie aus einem Ritterroman", rief sie begeistert aus.

Er hob lächelnd die Hand. „Warten wir's ab. Wie meine Wirtemberger sagen: Eile mit Weile — no nix narret's."

Er ist doch ein echter Schwabe, dachte Margarethe.

1471, am Margarethentag, wurde der Grundstein zu Ulrichs Kloster gelegt. Dominikaner sollten dort einziehen, das war schon ausgemacht. Die Klosterkirche wollte Ulrich der heiligen Margarethe weihen, und die ganze Vorstadt sollte St. Margarethen-Vorstadt heißen.

Aber die so Geehrte winkte ab. „Ulrich, das kannst du nicht machen. Margarethe und noch einmal Margarethe.

Denkmal Margarethes von Savoyen.

Man wird sagen, du seist völlig vernarrt in deine Frau."

„Bin ich ja auch."

„Aber schlimmer: Die Stuttgarter, die sowieso schon einen Pick auf mich haben, werden glauben, ich sei so eingebildet und eitel, daß ich überall als Heilige verehrt werden wolle. Die verstehen das doch nicht, wie du bist. Die denken, ich, die Verschwenderin, hätt' das alles, was soviel kostet, veranlaßt, um recht geehrt auf die Nachwelt zu kommen."

Ulrich überlegte das. „Na ja", sagte er, „dann weihen Wir, Graf Ulrich von Wirtemberg, eben die Kirche, wie Wir schon im Kerker zu Heidelberg geschworen haben, *Unserer* lieben Frau."

Sie schüttelte sich vor Lachen. „Utz, du Verworfener! Das ist Blasphemie!"

„Lirum, larum", sagte er, „wenn ich irgendwem eine Kirche weihe, dann kann ich, der Stifter, mir dabei denken, was ich will, oder nicht?"

Im gleichen Jahr hatte es in Stuttgart eine prächtige Doppelhochzeit gegeben. Betle hatte einen Grafen von Henneberg geheiratet, Gretle einen von Eppstein-Königstein. Sie hatte, zumal sie begeistert für ihren Bräutigam, einen schönen, großen jungen Mann, schwärmte, unbedingt mit der älteren Schwester zugleich heiraten wollen. Auch Philippinchen war bereits versprochen. Aber mit der Hochzeit sollte bei der zarten Gesundheit der kleinen Braut noch gewartet werden. Für die schöne Helena hatten sich ebenfalls schon Bewerber eingestellt, aber hier mußte die Wahl mit besonderem Bedacht getroffen werden, und Ulrich wollte sich noch nicht entscheiden. „Nur sobald keine Hochzeit mehr", sagte er. „Erstens muß man die lieben Mädle hergeben, wer weiß, wie weit fort, und dann kostet die Sach' auch ein Heidengeld. Jetzt haben wir endlich den Grundstein fürs Kloster gelegt, und jetzt geht's mit dem Bau erst nicht weiter vor lauter Hochzeitmachen und Töchter ausstatten."

„Besser ist es, man stattet Töchter aus, als man führt Krieg, der kostet noch mehr Geld", sagte Margarethe.

Ulrich gab ihr recht. Es hatte in diesen Jahren nicht an Versuchen gefehlt, Ulrich wie auch den Uracher Eberhard in Fehden und Kämpfe hineinzuziehen. Aber seit Ulrich mit den rheumatischen Schmerzen, zu denen auch noch die Gicht kam, zu tun hatte, fehlte ihm die Lust, in den Kampf zu ziehen. Er nahm sich an Eberhard ein Beispiel, der es meist mit viel Geschick verstand, sich aus all den üblen Wirren herauszuhalten und, wenn es nicht anders ging und er doch einmal losziehen mußte, seinen Vorteil so gut zu wahren wußte, daß er alsbald siegreich heimkehrte, ohne einen einzigen Mann verloren zu haben.

Eberhard und Ulrich traten jetzt oftmals als Vermittler und Schiedsrichter in den zahlreichen Fehden der Schweizer auf, auch Frau Mechthild vermittelte hier und dort mit Geschick und Feingefühl.

Gegen den bösen Fritz mochte keiner seiner ehemaligen Gegner mehr ziehen, das hatte er ihnen verleidet. Aber Ruhe bekam er trotzdem nicht.

Im Juni 1473 beehrte Kaiser Friedrich Stuttgart mit seinem Besuch. Es gab große Feste, die sehr viel kosteten, zumal auch noch die Schulden des Kaisers beglichen werden mußten, der nie zahlte, wenn er irgendwo reiste, denn er hatte noch weniger Geld als seine Gastgeber.

Von Stuttgart aus aber zog der Kaiser nach Baden-Baden zu seinem Schwager Karl. Daß er dort nicht gerade das Lob des Pfälzers singen hörte, verstand sich von selbst. So entschloß er sich endlich, seine Drohungen wahr zu machen und die Reichsacht über den bösen Fritz zu verhängen.

Friedrich von der Pfalz tat zwar, als mache er sich daraus nicht das geringste. Aber er war doch getroffen und zeigte sich, wenn auch zögernd, zu Verhandlungen bereit. Schließlich kam es zu einem Vergleich zwischen Friedrich und all jenen, die Klagen gegen ihn hatten, und er erließ unter anderem Karl von Baden 10.000 noch nicht entrichtete Gulden der Lösegeldsumme und Ulrich von Wirtemberg 5000 —„immerhin etwas", sagte Ulrich.

Das war 1474, in jenem Jahr, das Margarethe später immer „das Jahr der Hochzeiten" nannte.

Es begann damit, daß Eberhard von Urach die seine ankündigte. Neujahr war das Wetter mild, es lag kein Schnee, und Margarethe ritt wieder einmal nach Rottenburg, während Ulrich jagen ging.

Eberhard war bei seiner Mutter, und wieder saßen die drei gemütlich plaudernd am Kamin. „Frau Tante", sagte Eberhard ohne Einleitung. „Ihr werdet in den nächsten Tagen eine Einladung zu meiner Hochzeit erhalten. Was sagt Ihr nun?"

„Daß ich mich riesig freue. Ich habe schon etwas läuten hören — von Verhandlungen mit dem Hof zu Mantua."

„Ostern reite ich hin", warf Eberhard ein.

„Aber sagt — was ich wissen möchte: *Ist* es das Mädchen von der Fähre?"

„Sie ist's. Habe ich nicht ein erstaunliches Glück entwickelt? Da macht der Markgraf Albrecht mich feierlich auf eine Tochter des Herrn von Mantua aufmerksam, seine Nichte, eine passende Verbindung, Mitgift und so weiter — alles in Ordnung, das Mädchen schön und wohlerzogen..."

Margarethe schlug lachend in die Hände. „Und derweil habt Ihr selbst bereits nach eben diesem schönen Mädchen gesucht! Wahrhaftig — ein Roman."

„Unser Eberhard, der sich jetzt so gern nüchtern und vernünftig gibt", sagte Frau Mechthild neckend, „glüht schon vor Sehnsucht wie einer der romantischen Ritter und kann's gar nicht erwarten, bis er über die Alpen reiten darf."

Eberhard wurde wahrhaftig ein wenig rot, doch warf er seiner Mutter einen strafenden Blick zu. „So schlimm steht's doch nicht mit mir. Aber ich freue mich. Frau Tante, das gibt eine Hochzeit nach Eurem und Ohm Ulrichs Herzen. Den gesamten deutschen Hochadel lade ich ein. Das Schloß zu Urach laß ich umbauen und die Amanduskirche auch. Wir werden im Mai ein herrliches Fest haben."

„Nein! Der sparsame Eberhard will so tief in die Tasche greifen?"

„Frau Tante, wenn man lang und ernstlich gespart hat, dann kann man das ohne Bedenken tun."

„Einnahmen und Ausgaben im Gleichgewicht, ich weiß. Könnten wir das doch auch lernen, wir Stuttgarter."

„Erzähl von dem, was du weiter vorhast, Eberhard", lenkte Frau Mechthild ab. „Du willst nicht? Dann sage ich's. Hört und staunt: Er will zu Tübingen eine Universität gründen."

„Den Floh habt Ihr ihm ins Ohr gesetzt", rief Margarethe sofort.

„Ich muß das zugeben, ja. Es war mein Traum — schon lange. Aber ich dachte: das arme, kleine Wirtemberg-Urach und eine Universität? Unmöglich. Doch nun hat Eberhard einen wirklich genialen Finanzierungsplan ausgearbeitet..."

„Er ist wie mein Vater. Der hat ja auch einmal eine Universität gegründet — lange vor meiner Geburt. Er war auch so geschickt im Finanzieren — wenn ich das nur geerbt hätte!"

„Euer Vater hat eine Einsiedelei mit sieben Türmen gebaut, das hat mir imponiert", sagte Eberhard. Margarethe sah sein Blinzeln und blickte ihn mißtrauisch an — spottete er?

„Ich mein's im Ernst", versicherte er. „Ich denke oft an das, was Ihr mir über Euren Herrn Vater erzählt habt. Ich sehe so etwas wie ein Vorbild in ihm. Wißt Ihr, daß ich bereits mein liebstes Jagdhaus, das kleine — oben über Kirchentellinsfurt — meine ‚Einsiedelei' genannt hab? Und mindestens einen Turm soll es auch bekommen. Ich möchte zu gern dort einen weltlich-geistlichen Orden installieren, so einen wie den Ritterorden Eures Herrn Vaters. Das war eine sehr gute Sache, sie hätte segensreich wirken können..."

„Am Ende willst du auch noch die Kirche reformieren?" fragte Frau Mechthild lächelnd.

„Nötig wäre es, wahrhaftig", sagte Eberhard ernst. „Die Ideen und Pläne Eures Herrn Vaters bejahe ich vollkommen. Aber es würde mir sicher gehen wie ihm — hier muß die Zeit für uns arbeiten. Inzwischen reformiere ich einmal unsere schlimmen Nonnenklöster und habe damit Scherererei genug."

Margarethes Augen leuchteten. „Mich freut schon, daß Ihr meines Vaters Absichten versteht und ehrt. Ach, ich kann mit niemanden hier über ihn sprechen, außer mit Euch. Auch mit meinem Gatten nicht."

„Er wird eifersüchtig sein", warf Eberhard hin.

„Ich glaub's auch. So dumm. Die Liebe zwischen Vater und Kind, das ist doch ganz etwas anderes als die zwischen Mann und Frau. Wißt Ihr, manchmal ist mir's, als wäre meine Kindheit und Jugend, die ganze Zeit, die ich bei meinem lieben Herrn Vater verbracht habe, wie hinter sieben Bergen versunken. Und das sollte doch nicht sein. Man ist doch der gleiche Mensch wie einst. Es sollte alles in einem lebendig bleiben und sich auswirken — was man einmal erlebt, gehört, gesehen und — geliebt hat", setzte sie leiser hinzu.

„Es bleibt ja auch in Euch lebendig und wirkt sich aus, Frau Margarethe", sagte Mechthild mit ihrer warmen Stimme. „Wäre es sonst möglich, daß auf dem Wege über Eure Erzählungen die Gedanken und Taten Eures Herrn Vaters meinen Eberhard so sehr anspornen könnten?"

Eine andere Hochzeit fand noch vor der Eberhards statt. Philipp von Kurpfalz heiratete die Prinzessin Margarethe von Bayern-Landshut. Ulrich und seine Gattin waren zum Fest geladen. Aber Ulrich benutzte seine rheumatischen Schmerzen als Vorwand, um sich entschuldigen zu lassen. Er wollte nicht mit Kurfürst Friedrich zusammentreffen. Margarethe reiste in Begleitung von Eberhard und Frau Mechthild.

Der Kurfürst hatte Philipp schon vor einiger Zeit als Regenten der Oberpfalz eingesetzt. „Da kann er sich im Regieren üben", sagte er. Philipp residierte in Amberg, dort hatte er seine Auserkorene kennengelernt, und dort würde auch die Hochzeit stattfinden. Margarethe hoffte inständig, daß Philipp mit der „Dame seiner Wahl" glücklich werden möge.

Auch Philipp glaubte und hoffte das. Trotz der vielen Gäste, des ganzen Hochzeitstrubels und all seiner Verpflichtungen nahm sich der Bräutigam Zeit zu einem kleinen Gespräch unter vier Augen mit seiner Mutter. Sie war sehr glücklich und glühte vor Stolz über ihren Sohn. Die Braut war reizend, aber Philipp überstrahlte sie noch mit seiner ernsten, würdevollen Schönheit. In blauer Seide sah er wundervoll aus, „fast so schön wie mein Ulrich bei unserer Hochzeit", sagte Margarethe.

Natürlich begegnete nun Margarethe bei diesem Fest auch dem bösen Fritz wieder. Kurfürst Friedrich führte sie sogar zum Bankett an der Hand zu dem Ehrenplatz, der ihr als Mutter des Bräutigams gebührte. Als er, sich verneigend, vor ihr stand, sahen sie einander in die Augen, fragend beide, zaudernd — sind wir nun Feind oder Freund? Dann lächelten sie beide, er mit einiger Scheu und um Selbstverspottung bemüht, sie ernst und offen. Und wieder — zum letzten Mal — spürte Margarethe das feine Band, das trotz allem zwischen ihnen schwang. Er hatte einmal — vor langer Zeit — gesagt: Wir wollen einander immer gut bleiben. Sie waren beide von der Art, die trotz allem Wort hält.

Und dann folgte im Mai Eberhards Hochzeit mit Barbara Gonzaga von Mantua. Ein riesiger Brautzug wälzte sich von Blaubeuren auf Urach zu. Margarethe stand mit Ulrich unter all den Hochzeitsgästen, den Fürsten, Grafen und Herren mit ihren Damen, die zusammen mit Eberhard und Frau Mechthild die Braut vor der Amanduskirche erwarteten. Die Glocken läuteten, sie ritt heran, ruhig und würdevoll saß sie auf ihrem Schimmel, ein wahrhaft schönes, blondes Mädchen mit einem klaren, ovalen Gesicht und einem stillen, freundlichen Lächeln. „Sie hat viel mehr Würde, als ich je aufgebracht habe", dachte Margarethe neidisch. Eberhard hob seine Braut vom Pferd. Als er sie nach der großen Vorstellung an der Hand durch das neugeschaffene „Brauttor" in die Kirche führte, leuchteten seine Augen vor Stolz. „Licht, rein und klar wie ein Kristall", so hatte Eberhard sie beschrieben. Margarethe hatte sich über den bei ihm so ungewohnten Überschwang gewundert. ‚Aber es stimmt', dachte sie. ‚Dies Mädchen ist nicht nur schön, sondern rein, offen und gut und dabei von natürlicher Bescheidenheit.'

Am Abend eröffnete Barbara Gonzaga den Tanz in der großen Halle des Uracher Schlosses mit ihrem Bruder Rodolfo, der sie nach Urach geleitet hatte. Die beiden tanzten allein eine italienische Danza bassa, Eberhard hatte das so gewünscht. Vierundzwanzig Pagen hielten die Lichter. In deren Schein schwang sich das Paar im raschen Wirbel des Bauerntanzes durch den freien Raum, den die Gäste umstanden. Margarethe glaubte niemals etwas Schöneres gesehen zu haben als diesen Tanz der jungen Geschwister, die beide gleich hochgewachsen und kraftvoll einander in die Runde schwangen, während der Lichterschein über die weiße und rote Seide ihrer Kleider, die glühenden Gesichter und fliegenden hellen Haaren hinspielte. Als Eberhard dann nachher mit seiner Braut den offiziellen Reigen schritt, machte er, der nicht größer war als sie, neben ihr eine weit weniger gute Figur als der schöne Rodolfo, zumal er auch nicht besonders gut tanzte. Aber das schadete nichts. Margarethe sah die Blicke, die das Paar beim Tanzen tauschte und in denen soviel innige Glückseligkeit stand, daß Margarethe die Tränen in die Augen traten. ‚Daß er so dreinblicken könnte, das hätte ich unserem neunmal gescheiten Eberhard nie zugetraut', fuhr es ihr durch den Kopf, und dann: ‚da sage noch einmal einer, es gäbe keine glücklichen Fürstenehen! Diese hier wird genauso werden wie die meiner Eltern und meine eigene. Ich gönn's dem guten Eberhard von Herzen.'

Aber auch im Hause Wirtemberg-Stuttgart mußte wieder Hochzeit gemacht werden. Die kleine Philippine hatte schon im vergangenen Jahr geheiratet, einen Grafen Horn. Der Bräutigam war so wie Margarethe ihn sich für ihr Sorgen- und Lieblingskind gewünscht hatte:

ein ruhiger, freundlicher, nicht mehr ganz junger Mann, bei dem das zarte, ängstliche Mädchen gut aufgehoben war. Er hatte einige Zeit am Hof zu Stuttgart geweilt und Philippines Vertrauen und schüchterne Liebe gewonnen. So sah Margarethe die Tochter ohne große Sorge nach Norden in die weit entfernte Residenz des Grafen ziehen.

Und nun kam auch die schöne Helena als letzte an die Reihe. Sie war mit ihren kaum sechzehn Jahren zu einer so selbstbewußten, kühl überlegenen Schönheit herangewachsen, daß sie alle Männer faszinierte. Ihr goldblondes Haar wurde bereits in gedrechselten Versen besungen. Aus dem Wettstreit um ihre Hand war der junge Graf Kraft VI. von Hohenlohe als Sieger hervorgegangen. Er entstammte einem berühmten alten Geschlecht, das einst mit dem der Stauferkaiser eng verbunden und versippt gewesen war und hatte seine junge Frau gleich nach der Hochzeit auf sein auf waldiger Berghöhe gelegenes Schloß Langenburg entführt, wo sie wie eine Feenkönigin aus dem Ritterroman über einen kleinen, aber erlesenen Hofstaat und eine ebenfalls nicht allzu große Zahl ergebener Untertanen in Glanz und Gloria herrschte.

10

Leider brachte die Zeit, die auf das Jahr der Hochzeiten folgte, mehr Kummer und Ärger als Freude, und Margarethe mußte sich sehr anstrengen, um Ulrich über all das Mißgeschick zu trösten und bei einigermaßen guter Laune zu halten.

Da war das Unglück mit seinen Söhnen. Heinrich, der jüngere Sohn, hatte sich vor einigen Jahren endlich zum weltlichen Leben entschlossen und stürmisch eine eigene Grafschaft verlangt. Er bekam Mömpelgard, das französische Montbéliard, das als Erbteil von Ulrichs Mutter in wirtembergischen Besitz gekommen war, aber von dem eigentlichen Ländchen abgetrennt, einen eigenen Regenten brauchte. Doch zeigte es sich nach einiger Zeit, daß der kühne und immer landhungrige Herzog Karl von Burgund die kleine Grafschaft ebenfalls begehrte. Kurzerhand überfiel er den Regenten Heinrich, der friedlich durch seine Wälder ritt, und ließ ihn gefangensetzen. Dann zog er vor die Festung Mömpelgard, die der Landvogt Markwart von Stein für Heinrich befehligte. Der weigerte sich standhaft, die Festung an Burgund zu übergeben, er werde sie halten, solange ein Graf von Wirtemberg lebe, schwur er. Da ließ Karl von Burgund den unglücklichen Heinrich vor die Festung führen und drohte, ihm den Kopf abschlagen zu lassen, wenn der Vogt nicht übergebe. Tagelang mußte Graf Heinrich immer wieder vor der Mauer knien, während der Scharfrichter mit dem Schwert hinter ihm stand, aber Markwart von Stein gab nicht nach. Zum äußersten kam es nicht, Karl zog schließlich grollend ab und nahm Heinrich mit. Bei dem aber hatte die Todesangst eine Geisteskrankheit zum Ausbruch gebracht, die sich zunächst als Verfolgungswahn äußerte, dann aber, wenn auch mit Pausen, immer schlimmere Ausmaße annahm. Bis zu seinem Tode 1477 hielt Herzog Karl den Kranken in Haft, später mußte man ihn, seiner Tobsuchtsanfälle wegen, auf Hohen-Urach gefangen halten.

Ulrich erregten diese Nachrichten sehr. Er versuchte alles, um den Sohn freizubekommen, aber gegen den großen Herzog von Burgund war er machtlos.

Der Sohn Eberhard zeigte sich jetzt wieder öfter in Stuttgart. Er wohnte im Herrenhaus und benahm sich zunächst ganz manierlich, so daß Ulrich schon hoffte, er habe sich endlich etwas gemausert und man könne mit ihm auskommen. Doch erwies es sich bald, daß er nur einen Plan verfolgte: Er hatte es sich in den Kopf gesetzt, nicht länger Erbgraf zu bleiben. Er wollte seinen Vater überreden, zurückzutreten und schon jetzt die Herrschaft an ihn abzugeben.

Ulrich lehnte das empört ab. So alt und krank sei er denn doch noch nicht. Aber der Sohn bedrängte ihn immer wieder, er wollte dem Vater durchaus beweisen, wie gichtbrüchig, unfähig und geistesschwach er bereits sei, und ließ nicht ab, zu bitten und zu drohen.

Margarethe sah mit Schrecken, wie diese Reden ihren armen Ulrich beeindruckten. Sie fürchtete, er werde eines Tages dem Sohn wirklich glauben und nachgeben. Es war ihm ja so schwer möglich, auf die Dauer hartnäckigen und stoßkräftigen Angriffen zu widerstehen.

Nach ihrer Art sprang sie in die Bresche. Sie sagte dem ungeratenen Sohn zornflammend die Wahrheit, nannte ihn einen Erbschleicher und verbot ihm das Haus, was er aber nicht ernst nahm, sondern nur mit höhnischem Lachen quittierte. So mußte Margarethe aufs neue Frau Mechthilds Sohn zu Hilfe rufen, der es denn auch glücklich fertigbrachte, daß der Unhold wieder einmal nach Paris abzog.

Kaum hatte Ulrich sich etwas erholt, so kam die Trauernachricht aus Horn. Die zarte Philippine war im ersten Kindbett gestorben, auch das Kind war tot, der Gatte tief getroffen.

Beide Eltern trauerten sehr um ihr Philippinchen. Ulrich weinte heiße Tränen, auch ihm war das Sorgenkind besonders ans Herz gewachsen.

Elisabeth von Brandenburg lebte jetzt in Urach bei Eberhard und Barbara. Sie war ja eine nahe Verwandte Barbaras, und zwischen den jungen Frauen hatte sich eine innige Freundschaft entwickelt. Gemeinsam gingen sie der Elisabeth besonders am Herzen liegenden Aufgabe nach, für Kranke, Arme und Unglückliche zu sorgen. Margarethe aber hatte nun keine Tochter mehr im Hause, was sie bekümmerte.

Anfang Dezember 1476 kam aus Heidelberg die Nachricht vom plötzlichen Ableben des Kurfürsten Friedrich. Er war einem Schlaganfall erlegen. Margarethe nahm die Botschaft mit zwiespältigen Gefühlen auf. Friedrich war schuld an dem Schaden, den Ulrich genommen hatte und an dem er jetzt in steigendem Maße litt, das verzieh sie auch dem Toten nicht. Und jetzt würde ihr Philipp das Amt übernehmen, für das er geboren und erzogen war, der Gedanke erfüllte sie mit Freude. Aber dennoch trauerte sie. Ihre tiefe innere Verbundenheit mit dem harten, charaktervollen Mann wurde ihr jetzt mehr denn je bewußt. Trotz allem — sie hatte einen Freund verloren.

Auch Ulrich triumphierte merkwürdigerweise nicht. Es war seltsam, ja fast erschreckend, daß der Feind zu Heidelberg, an den er immer mit Groll gedacht hatte und dem er es doch irgendwann nochmals hatte „zeigen" wollen, nun plötzlich nicht mehr da war. „So muß auch der Stärkste dahingehen", sagte er zu Margarethe. „Es ist sonderbar zu denken: Er war viel jünger als ich und um so viel stärker — an Gesundheit und überhaupt. Und jetzt hat ihn der Tod ausgelöscht, und wir haben nichts mehr, worauf wir schimpfen können."

Am 12. Dezember übernahm Philipp, umjubelt von den Pfälzern, die Kurfürstenwürde. Aber erst am 27. Januar 1477 fand nach langen Vorbereitungen die prunkvolle Leichenfeier für Friedrich in Heidelberg statt. Ulrich nahm an ihr teil, zusammen mit den beiden Eberharden, denn auch sein Sohn war wieder einmal im Lande. Dem Lebenden hatte Ulrich nicht mehr begegnen wollen, dem Toten mußte er die letzte Ehre erweisen — als einem Fürsten und Standesgenossen, so verlangte es Sitte und Anstand.

Die ganze Bevölkerung trauerte um ihren leidenschaftlich verehrten siegreichen Herrn. Neben dem gewaltigen, schwarz verhangenen, wappengeschmückten Katafalk stand Klara Dett als trauernde Witwe — die Ehe war doch noch geschlossen worden —, neben ihr der jüngere Sohn, der jetzt Graf Löwenstein war — das Hänslein hatte einen tollkühnen Ritt vor ein paar Jahren mit dem Leben bezahlt. Kurfürst Philipp drückte der Witwe mit einer Verneigung die Hand, viele Gäste — auch Ulrich — taten es ihm nach.

Ulrich kehrte nach Stuttgart zurück, leider begleitete ihn sein Sohn Eberhard. Der begann nun wieder Ulrich mit seinen Ansprüchen und Bosheiten zu quälen. Aber

Kurfürst Philipp der Aufrichtige von der Pfalz, einziger Sohn des Kurfürsten Ludwig IV. und seiner Gemahlin Margarethe.

Margarethe sah diesmal nicht lange zu. Ruhig und energisch erklärte sie dem Unhold, wenn er nicht aufhöre, seinen Vater zu bedrängen, werde man sich an den Kaiser um Hilfe wenden. Der sei Ulrich wohlgesinnt, und dieser habe ja auch noch Ansprüche an die Majestät zu stellen. Da werde er sich wohl nicht besinnen, einen ungeratenen Sohn zu lehren, wie er sich seinem Vater gegenüber zu verhalten habe. Sie wußte natürlich sehr gut, daß der langsam denkende und handelnde Kaiser sich vermutlich lange besinnen würde, und Eberhard wußte es auch. Aber ihre Rede hatte doch Erfolg. Darin war dieser Sohn dem Vater ähnlich: Einem energischen Widerstand gegenüber zog er sich zurück. Margarethe hörte zwar, er habe mächtig auf sie gescholten und gesagt, der „Alte" hätte längst nachgegeben, wenn nicht die einem päpstlichen Hurenhaus entsprungene, hoffärtige Savoyerin seinen Widerstand stärke. Doch reiste er ab, und Ulrich sagte: „Meiner heiligen Margarethe gelingt es wahrhaftig, auch diesen Drachen aus dem Feld zu schlagen."

Auch dem Drachen der Trübsal mußte Margarethe immer wieder zu Leibe gehen und tat es redlich. Oftmals, wenn sie Ulrich in der Ofenecke sitzen sah, wie er, sich Arme und Beine reibend, mißmutig vor sich hinblickte, munterte sie ihn auf und schleppte ihn, keinen Widerstand duldend, in die geliebte Vorstadt hinaus.

Dort herrschte jetzt immer geschäftiges Leben. Die Mauern von Kloster und Kirche wuchsen, dem Schuldenberg zum Trotz, prächtig empor, an den geraden Straßen wurden Häuser errichtet. Da lebte Ulrich auf, kletterte auf den Baustellen herum, redete schwäbisch mit den Arbeitern, die ihn umdrängten. Dann hörte Margarethe wieder sein altes, unbeschwertes Lachen, seine immer noch helle, kräftige Stimme rief Anweisungen, aber auch deftige Späße über die Köpfe hin, der Chor der Werkleute antwortete mit brüllendem Gelächter. Hier war ihr Liebster wieder der eifrige, fröhliche Ulrich von einst, trotz Rheuma, Gicht und Ärger, der Vielgeliebte. Dann saß Margarethe in ihrer Sänfte und lächelte befriedigt vor sich hin.

Weiter wechselten Freud und Leid. Es gab neue Todesfälle. Auch das heitere Gretle erlag nach kurzer Ehe einer heimtückischen Seuche. Treue Räte und Freunde gingen dahin und ließen sich schwer ersetzen. Doch Wirtemberg-Stuttgart erholte sich allmählich von den Schlägen des Jahres 1463, und wenn auch die Schulden nicht weniger wurden, so begannen doch Handel und Wandel sich zu beleben.

Um so wichtiger erschien es Margarethe, daß das Ländchen nicht in die Hände des zerstörenden Unholds falle, der trotz Margarethes strenger Abwehr immer aufs neue, Geld und Herrschaft fordernd, Unfrieden stiftete. Das gräfliche Paar wich ihm gerne nach Urach aus, wo sich in dem prächtig ausgebauten Schloß unter Barbaras liebevoller Obhut jeder Bedrängte sicher und glücklich fühlen konnte.

Zwar blieb das junge Paar dort auch nicht von Kummer verschont. Barbaras erstes Kind lebte nur kurze Zeit, zwei andere kamen tot auf die Welt. Kindersegen blieb den beiden verwehrt. Sie fanden einen gewissen Ersatz in Eberhards illegitimen Kindern, die Barbara regelmäßig aufsuchte. Eberhard hatte für sie ein schönes Haus in Urach gebaut, dort waren sie erzogen und von den besten Lehrern unterrichtet worden. Jetzt waren die meisten von ihnen schon so gut wie erwachsen. Für die Mädchen wurden bereits angesehene Ehepartner gesucht, die Burschen sollten die Universität Tübingen beziehen.

Die Universität war tatsächlich gebaut und eröffnet worden. Der große Nauclerus leitete sie als ihr Kanzler, bedeutende Gelehrte unterrichteten die von allen Seiten herzuströmenden Studenten. Frau Mechthild, die sich stolz als die eigentliche Urheberin des großen Werkes fühlen durfte, kümmerte sich um alle Belange der Hohen Schule.

Nach wie vor war Eberhard der getreue Helfer der Stuttgarter, und immer noch unterhielt er sich besonders gern mit Margarethe. Er hatte sich einen Bart stehen lassen, was Margarethe mißfiel. Aber er sagte: „Ihr seht, ich eifre auch in dieser Sache Eurem Herrn Vater nach." — „Ach", antwortete sie, „ich hab das Gestrüpp gar nicht gern an ihm gesehen und war froh, daß er's als Papst wieder lassen mußte." Aber sie gab zu, daß Eberhard bärtig sehr würdig aussehe, allerdings auch viel älter, als er wirklich war.

Wenn es in Stuttgart jetzt auch keine großen Festlichkeiten mehr gab, so besuchte das gräfliche Paar doch gelegentlich eine der prachtvollen Fürstenhochzeiten, die weiterhin zahlreich stattfanden. Da kam es vor, daß Margarethe von irgendeinem hohen Herrn zu einem Ehrentanz aufgefordert wurde. Dann staunten alle Gäste darüber, wie leicht die Gräfin von Wirtemberg trotz ihrer fast sechzig Jahre an der Hand ihres Tänzers durch den Saal mehr schwebte als schritt, wie frisch und rosig ihr Gesicht noch aussah, wie fröhlich sie lachte, wieviel Liebreiz ihre zierliche Erscheinung immer noch ausstrahlte.

Nichts konnte ihre fröhliche Energie auf die Dauer stören. Mit ihr erquickte sie täglich ihren Ulrich, der nun nur noch selten jagen ging, da auch sein Augenlicht nachließ.

Dann aber — ganz unerwartet — erkrankte die sonst immer Gesunde. Starke Schmerzen im Leib, hohes Fieber stellten sich ein. Die Ärzte gaben Tränklein, ließen zur Ader und verordneten Umschläge. Nichts half. Die Kranke konnte kaum etwas essen und verfiel sichtlich.

Ulrich saß viel an ihrem Bett und betrachtete sie mit Angst in den Augen. „Gelt, Margrethle, heut geht's dir doch schon besser?" fragte er immer wieder.

„Ein bißle", antwortete sie dann, was aber nicht der Wahrheit entsprach.

Meist lag sie still und rang mit den Schmerzen, die nicht weichen wollten. Sie dachte oft an ihren ersten Gatten Louis von Anjou und an die Tapferkeit, mit der er seine furchtbaren Schmerzen ertragen hatte. Sie wollte nicht hinter ihm zurückstehen und klagte fast nie. Sie versuchte ein Lächeln, wenn Ulrich sich über sie beugte. „Tu dich nicht sorgen, mein Utz. Ich werde schon wieder."

Plötzlich waren die Schmerzen fort, und Ulrich und alle im Schloß atmeten auf. Auch Margarethe selbst war voller Hoffnung. „Mir geht's jetzt recht gut, bald bin ich wieder auf den Füßen. Ulrich, du hast zuviel bei mir gesessen. Geh einmal wieder jagen. Brauchst ja nicht viel zu schießen. Aber der grüne Wald wird dir gut tun."

„Der gilbt jetzt schon", sagte Ulrich, es war Ende September.

Aber er ritt dennoch in den Schönbuch zur Sauhatz. Als er zurückkam, lag Margarethe in einem neuen Fieberdelirium.

Ulrich berief fremde Ärzte, die man ihm empfohlen hatte. Auch der Leibarzt des Kurfürsten von der Pfalz reiste an.

Ulrich beschwor die Ärzte, seiner Gattin zu helfen. Sie versuchten das Mögliche, ganz ohne Erfolg. Sie schüttelten die Köpfe und zuckten die Schultern. Schließlich konnten sie dem Grafen nicht mehr verhehlen, daß kaum noch Hoffnung auf Genesung bestand.

Ulrich hatte Botschaft an die Töchter Elisabeth und Helena gesandt. Sie kamen und etliche ihrer Kinder mit ihnen. Kurfürst Philipp von der Pfalz war in eine schwere Regierungskrise verwickelt und konnte nicht kommen. Er sandte Briefe voller Teilnahme und Aufmunterung, die man der Kranken vorlas.

In klaren Augenblicken freute Margarethe sich an den Enkelkindern, die um ihr Bett herumwuselten. Aber ihre Schwäche nahm zu, sie wußte nun selbst, daß sie sterben mußte. Plötzlich erinnerte sie sich daran, wie schwer einst der kleine Amadeus von Savoyen am Sterbebett seines Vaters gelitten und welchen Schaden er genommen hatte. Sie sagte mit schwacher Stimme: „Tut die Kinder hinaus. Das hier ist nichts mehr für sie. Geht jetzt alle, meine Lieben. Es ist besser. Nur mein Ulrich darf bleiben."

Die weinenden Verwandten, die Damen und Höflinge verließen das Zimmer, dann auch die Töchter, die die Mutter noch geküßt hatten. Ulrich saß am Bett. Im Hintergrund kniete der Hauskaplan, der der Gräfin Absolution erteilt und ihr die Letzte Ölung verabreicht hatte. Sein leises Beten störte nicht.

Margarethes Gedanken wanderten. Sie war nicht ganz klar bei Bewußtsein. Leise redete sie zur Zimmerdecke hinauf: „Weißt, mir ist wirklich recht wohl, viel besser als zuvor. So leicht ist mir. Ich könnt' beinahe fliegen. Vielleicht flieg' ich auch schon, was meinst? Mein Vater, der wartet auf mich. Der hat mich sein Vögelchen genannt..." Sie verstummte und flüsterte dann noch abgebrochen: „Der Falke von Savoyen..." Ihre Augen blickten zu den bemalten Deckenbalken auf, als sähe sie dort oben etwas Schönes, das sie lockte und nach ihr rief.

Über Ulrichs Gesicht liefen die Tränen. „Verlaß mich doch nicht, Margretlein. Verlaß mich nicht", bettelte er. „Was soll ich denn anfangen ohne dich?"

Sie wandte ihm die Augen zu, die Spur eines Lächelns lag um ihren Mund. Sprechen konnte sie nicht mehr, aber sie hob ein wenig den Finger und zeigte nach oben. Er begriff und senkte die Stirn auf ihre Hand.

Margarethe von Savoyen starb am 30. September 1479.

Nach ihrem Tod brach Ulrich gänzlich zusammen. Krank und apathisch geworden, sagte er ja zu allem, was sein Sohn Eberhard von ihm forderte. Er entsagte der Herrschaft über den Landesteil Wirtemberg-Stuttgart zugunsten des Erbgrafen, der nun mit großem Pomp seinen offiziellen Einzug in Stuttgart hielt. Ulrich hatte man auf seinen Wunsch nach Urach gebracht.

Unter Barbaras und Eberhards Pflege erholte er sich allmählich wieder. Im folgenden Sommer konnte er sogar wieder jagen gehen. Doch auf einer Jagd im Glemswald, die Eberhard veranstaltete, stürzte er plötzlich bewußtlos zu Boden. Man brachte ihn nach Leonberg in das dortige Schloß.

Er kam noch einmal zu Bewußtsein und versuchte, mit Eberhard zu sprechen. „Gelt", sagte er, „jagst meinen Unhold aus dem Land, versprich mir das. Er wird's sonst gänzlich ruinieren. Das Beste wird sein, du übernimmst beide Teile von Wirtemberg. Wir hätten das Ländle nie teilen sollen. Das war dumm. Du kannst's wieder vereinigen und die Finanzen in Ordnung bringen. Du verstehst so was. Ich hab' das nie fertiggebracht. Ich gehe jetzt zu meinem Margretle, das ist das Beste für mich. Sie war all meine Freud', droben wird sie's wieder sein."

Er starb, seine Hand in der Eberhards.

Vor seinem Wegzug von Stuttgart hatte Ulrich noch einem Stuttgarter Steinmetzen, der als tüchtiger Künstler bekannt war, den Auftrag erteilt, die Platte für das Grab seiner Gattin zu fertigen, und ihm genau angegeben, was darauf zu sehen sein sollte. Ulrich erlebte die Fertigstellung des Grabsteins nicht mehr.

Als die Platte dann in der Stuttgarter Stiftskirche das Grab der verewigten Gräfin Margarethe deckte, bildete sie das Entzücken aller, die sie sahen. Das feine Bildwerk zeigte in einem Rahmen aus Maßwerk, Ranken und Laub das Bild der heiligen Margarethe. Der Meister hatte die Gräfin oft gesehen und sie ganz so dargestellt, wie sie im Leben gewesen war. Mit all dem jugendlichen Liebreiz, den sie nie verloren hatte, stand sie, den Glorienschein um das gekrönte Haupt, anmutig unter dem geschwungenen Bogen, ihre Hand hielt den Stab mit dem Kreuz und am Band das Hifthorn, das zum Wappen der Wirtemberger gehörte und dessen Ton so oft bei Ulrichs Jagden den grünen Wald durchhallt hatte. Zu ihren Füßen ringelte sich zwischen dem Hirschhornwappen Wirtembergs und dem Kreuz der Savoyer der besiegte Drache.

Bildquellennachweis

Schloß und Kloster von Ripaille am Genfer See zur Zeit der Regierung Amadeus VIII. von Savoyen, Herzog und Papst (Vor- und Nachsatz).

Amadeus VIII. von Savoyen als Papst Felix V. (Seite 137).

Kurfürst Ludwig IV. von der Pfalz und Margarethe von Savoyen. Kupferstich von Jost Amman. Kurpfälzisches Museum der Stadt Heidelberg (Seite 151).

Kurfürst Friedrich I. von der Pfalz. Mittelrheinischer Maler um 1500. Kurpfälzisches Museum der Stadt Heidelberg (Seite 171).

Bildnis Herzog Ulrichs des Vielgeliebten von Wirtemberg. Seitenflügel eines Altarbildes. Schwäbischer Maler um 1470. Landesmuseum im Alten Schloß Stuttgart (Seite 229).

Die drei Ehefrauen Ulrichs des Vielgeliebten. Seitenflügel eines Altarbildes. Schwäbischer Maler um 1470. Landesmuseum im Alten Schloß Stuttgart (Seite 305).

Denkmal Margarethes, verschollen. Zeichnung von Carl Heideloff, zu dessen Zeit das Denkmal in der Stuttgarter Stiftskirche noch bestand (Seite 327).

Kurfürst Philipp der Aufrichtige von der Pfalz, einziger Sohn des Kurfürsten Ludwig IV. und seiner Gemahlin Margarethe. Maler der pfälzischen Ahnengalerie, Anfang 18. Jahrhundert. Kurpfälzisches Museum der Stadt Heidelberg (Seite 339).

Inhalt

I Der Vater 7

II Der Kranke 42

III Der Verführer 93

IV Der Reformpapst 121

V Der Schwache und der Starke 146

VI Der Vielgeliebte 209

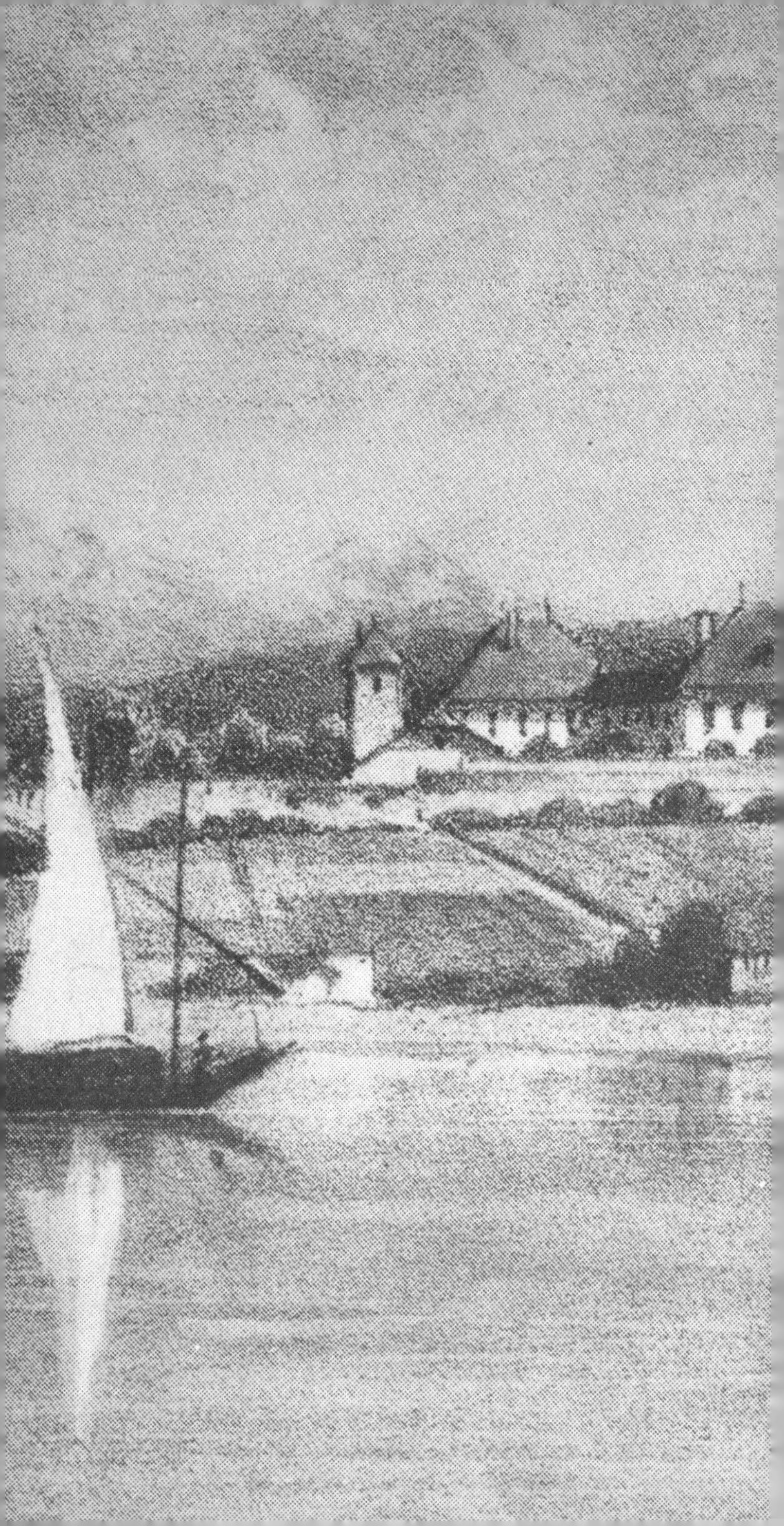